유럽학연구총서 1

유럽연합의 법, 정치와 대외관계

유럽학연구총서 1

유럽연합의 법, 정치와 대외관계

한국유럽학회 편

한국학술정보㈜

유럽학연구총서를 발간하면서

2011년 7월 1일 한-EU FTA가 잠정발효됨으로써 한국과 유럽의 관계는 그 어느 때보다 긴밀한 관계로 발전하는 계기가 되었습니다. 유럽연합(European Union: EU)은 27개 회원국의 인구를 모두 합하면 약 5억 명이며, 세계 전체 GDP의 약 30%를 차지하는 세계 최대의 경제권입니다. 세계 전체 상품교역규모면에서 EU는 세계 1위이며, 한국과의 상품교역규모도 중국 다음으로 2위의 위치에 있습니다. 한-EU FTA는 상품교역과 투자와 같은 경제·통상 분야가 주된 관심사이지만 이를 계기로 한국과 EU는 전략적 동반자 관계로 격상되면서 정치·사회·문화 전반에서 교류가 활발해질 것입니다.

하지만 아직 한국사회에서 유럽의 위상은 앞에 언급한 세계경제에서 EU의 경제규모나 현재 진행되고 있는 한국과 유럽의 관계 발전만큼 자리매김 못하고 있는 것 같습니다. 언론보도에서도 유럽에 관한 뉴스가 1면에 게재되는 경우는 타 지역에 비해 적은 편이고, 한국의 학계에서도 유럽 전공자들의 비중이나 영향력이 제대로 드러나지 않고 있습니다. 여기에는 지리적, 심리적, 구조적 이유 이외에도, 유럽 전공자들이 긴밀한 네트워크를 가지고 한국 내의 현안들과 한국을 둘러싼 국제환경변화에 대해 적극적인 방향을 제시하지 못한 원인도 있다고 생각합니다. 7월 1일 잠정발효일을 전후하여 언론매체들에서 한-EU FTA의 의미와 영향에 대해 집중적으로 보도하였지만 대개 경제·통상 분야에 대한 내용을 주로 다루었습니다. 유럽 27개국과 자유로운 경제교류는 상품교역과 상호 투자에만 머물지 않고 한국의 정치·사회·문화 모든 분야에도 영향을 미치게 될 것입니다.

한국유럽학회는 이런 점을 심층적으로 논의하기 위해 7월 1일 제5회 한국유럽학연합학술대회의 주제를 '한-EU FTA 잠정발효와 한-EU 전략적 동반자관계 발전전망'으로 정했습니다. 이 대회에는 유럽학 관련 10개 학회와 연구기관들이 참여하여, 한-EU FTA를 계기로 한국과 유럽에 미치는 영향을 정치·경제·법·사회·문화 분야의 전공자들이 다양한 측면에서 분석하였습니다. 또 참석자들은 한-EU 기본협력협정과 전략적 동반자 관계 발전을 위해 양측이 어떤 노력을 기울일 것인가 그리고 앞으로의 협력 방안은 무엇인가에 대해 심도 있는 논의를 하였습니다.

최근 한국의 정치권에서 쟁점이 되고 있는 복지 문제에 대해서도 지난 5월 20일 춘계 학술대회에서 '복지와 성장의 갈림길에 선 한국사회: 복지논쟁을 위한 유럽의 사례와 정책적 제안'으로 주제를 선정하여, 각 분야별 최고의 전문가들을 발표자와 토론자로 모시고 복지정책에 대해 다양한 학술적 논의의 자리를 마련하였습니다. 우리보다 먼저 복지의 거의 모든 사례를 경험한 유럽 복지정책의 성공과 실패를 면밀히 살펴보면서, 특히 신자유주의 체제하에서의 유럽복지정책과 최근 세계경제위기 이후의 유럽복지정책의 변화들을 분석한 후, 한국에 적용할 수 있는 복지정책에 대한 학자들의 혜안들을 모아 보았습니다. 한국의 복지정책이 여야의 정쟁에 그치거나, 선거에서 지지표를 확보하기 위한 수단으로만 활용되지 말고, 국민 삶의 질 향상을 실현할 수 있기를 바라는 염원을 함께 담은 학술대회였습니다. 앞으로 한국사회의 발전과 한국과 유럽의 관계 증진을 위한 시의적절한 주제를 선택하여 학술대회를 개최할 것입니다.

그리고 EU는 대북한 관계에서도 중요한 역할을 하고 있습니다. EU는 한반도의 긴장해결이 국제안보질서 형성의 핵심과제로 인식하고 있으며, 인도적 차원에서 북한을 경제적으로 지원하며, 개혁개방을 통해 국제시장에 통합시키려는 대북한정책을 유지하고 있습니다. 또한 북한 대량살상무기의 확산과 민감한 군사기술의 수출을 방지하고 남북 간 직접 대화를 지지하는 것이 일관된 기조입니다. 2001년 북한과의 수교 이후에는 북한의 핵개발포기와 테러리즘을 예방하고 북한이 국제사회에 책임 있는 일원이 되기를 강조하였습니다.

한국과의 최근 관계증진의 중요한 사례들을 살펴보면, 2010년 10월 벨기에 브뤼셀에서 개최된 제8차 ASEM 정상회의에서 한국과 유럽의 정상들은 세계경제위기 극복방안을 논의하였고, 금융안전망 구축과 국제금융기구 개혁 그리고 G20과의 협력 등에 대해 활발한 의견을 교환하였습니다. 아울러 2010년 서울에서 개최된 G20 정상회담의 성공적인 개최를 위해 협력을 다짐했고 G20 정상회의 이후 한국의 국제적인 위상이 한층 격상되었습니다. 또한 한국이 주도하는 ASEM 협력사업들을 인준하여, 아시아-유럽 정보통신망 협력센터가 설치되었고, ASEM DUO 장학사업이 연장되었으며, 아시아-유럽 중소기업혁신센터도 구축하게 되었습니다.

이처럼 한국과 EU의 관계가 유사 이래 그 어느 때보다도 긴밀해지고 있는 시점에 한국유럽학회는 한국사회의 지도자들과 일반시민들의 유럽에 대한 이해를 증진시키는 방안을 모색하였습니다. 그 일환으로 유럽대상을 신설하여 유럽과의 관계 증진에 노력한 분들을 찾아 그 공적을 치하하기로 하였습니다. 그리고 학자들 간의 학술적 논의들을 학회지나 논문의 형태로만 발표하였는데, 이 내용들을 주제별로 분류하여 단행본 형태로 발간하기로 하였습니다. 우선 2005년부터 2010년까지『유럽연구』에 발표한 논문들 중에서 필자들이 단행본 발행에 동의한 원고들을 분야별로 편집하였습니다. 첫 권은 유럽연합의 법, 정치와 대외관계로 주제를 분류하였고, 둘째 권은 유럽의 사회통합과 사회정책, 셋째 권은 유럽 각국의 정치, 넷째 권은 유럽연합의 통상 및 산업정책으로 분류하여 유럽학연구총서 1권부터 4권으로 발간하게 되었습니다. 이번에 출판되는 유럽학연구총서 4권은 일반시민들과 유럽에 대한 지식을 공유하고 소통하는 데 도움이 될 것입니다.

이를 시작으로 유럽에 관한 다양한 주제들에 대한 원고를 모집하여 지속적으로 유럽관련 주제의 단행본을 출간할 계획입니다. 한국유럽학회 회원들뿐만 아니라 유럽에 관한 좋은 원고를 작성하신 분들께서 학회사무국으로 원고를 보내주시면 유럽학연구총서 발간위원회의 소정의 절차를 거쳐 단행본으로 출판할 예정입니다. 이런 노력들이 한국사회의 유럽에 대한 이해를 증진시키고 한국과 유럽의 관계 발전에 기여하게 될 것이라 믿습니다.

이번 총서시리즈 4권 출간을 위해 연구와 교육에 몰두하시는 중에 귀한 시간을 할애하여 편집과 기획을 해주신 유럽학연구총서 발간위원회 이승근 위원장님과 구문모, 김민서, 박선희, 박채복, 배정생, 송병준, 신두철, 윤성욱, 이병문 위원님들께 깊이 감사드립니다. 요즘 어려운 출판업계의 현황에서도 학술전문서적 출판을 흔쾌히 수락해주신 한국학술정보(주)의 채종준 대표이사님 그리고 출판사업부 김영권 이사님과 강태우 차장님, 전체적인 총서 편집을 맡아 수고해주신 편집부 여러분께 진심으로 고마운 마음을 전합니다.

한국유럽학회 회장

정해조

목 차

제1부 유럽연합의 법과 제도

제2부 유럽연합의 정치와 대외관계

■■■**제1부**

유럽연합의 법과 제도

제1장 EU 통합과정상 회원국 국내법원의 역할

김두수

한국외국어대학교 강사

I. 서론

유럽연합(European Union: EU)법의 적용은 모든 회원국 내에서 일관적이어야 한다. 만일 EU법의 일관된 해석과 일관된 적용[1]이 보장되지 않는다면, EU는 존립할 수 없게 된다.[2] 따라서 EU법의 직접적용 문제는 회원국 국내법질서의 간과라는 측면이 아니라,

---

1) EU는 회원국들 내에 개별적인 EU법 관할법원을 사법제도로서 창설할 것을 규정하고 있지 않다. 이는 곧 개인이 국가기관의 작위 또는 부작위 또는 다른 개인에 의해 EU법이 부여한 권리를 침해받았을 경우, 그 개인이 의지할 수 있는 기관은 오직 국내법원뿐임을 전제로 하는 것이다. 따라서 국내법원은 EU의 법원으로서 ECJ 또는 일반재판소(General Court - 구 제1심법원(Court of First Instance: CFI))의 관할에 속하지 않는 모든 사건들에 대해서 심리하고 판결할 권한을 가진다. 국내법원은 당해 개인의 회원국 사법제도상 EU 사법질서의 교두보로서 ECJ와 협력하며 이를 통해 EU법의 이행을 보장한다. 이처럼 선결적 판결 소송에 있어서 모든 사건의 재판은 국내법원에서 시작된다. 이런 의미에서 해석에 관한 ECJ의 선결적 판결은 본안소송의 결과를 결정하는 내용이 무엇이든 간에 항상 선결적인 것이다. Koen Lenaerts, Dirk Arts & Robert Bray, *Procedural Law of the European Union*(London: Sweet & Maxwell, 1999), pp.129~130; L. Neville Brown and Tom Kennedy, *The Court of Justice of the European Communities*(London: Sweet & Maxwell, 2000), p.206.

2) P. S. R. F. Mathijsen, *A Guide to European Union Law*(London: Sweet & Maxwell, 1999), p.140.

EU의 존립이라는 측면에서 이해되어야 한다. 이를 통하여 EU는 지역경제통합체의 법 지배(rule of law)[3] 기초를 확립할 수 있고,[4] 역내 기본적 자유질서를 보장할 수 있게 된다. 이와 같이 EU법의 직접효력이 EU의 회원국 내에서 보장되기 위해서 개인은 EU법의 직접효력을 이유로 하여 역내분쟁의 모든 사건에 있어 제소가 가능해야 한다. 이는 회원국의 사법질서에 있어서의 '국내법원'(national courts)의 선결적 부탁의 의무와 관련이 있으며, 또한 이러한 선결적 부탁에 대한 국내적 효력의 보장과 관련이 있다. 이러한 관련 문제의 해법을 통해 EU 시민인 개인의 권리는 직접적으로 보호받을 수 있다.[5] 그런데 무엇보다도 회원국 국내법원이 EU법 우위에 대하여 어떠한 유보 없이 수용하여 유럽사법법원(European Court of Justice: ECJ)의 EU법 우위의 판결을 그대로 수용하고 있다는 사실은 EU의 사법적 통합에 있어서 매우 중요한 일이라 할 수 있다.

이처럼 EU는 법의 지배에 근거하고 있으며, 어떤 회원국이나 EU 기관도 EU법의 해석과 적용 영역에서 면제될 수 없다. 마찬가지로, EU법에 의해 자연인과 법인도 EU법의 해석과 적용 영역에서 면제될 수 없다. 이러한 역내 사법질서의 통합을 위하여 ECJ가 설립·운영되고 있으며, TFEU 제267조(구 EC 조약 제234조)상의 ECJ의 주요한 임무는 EU법의 해석과 적용상의 문제를 해결하여

---

3) 지역주의 발전의 잠재적인 동인의 하나로서 법의 지배(rule of law)를 제시할 수 있다. 즉 지역주의 성공에 대한 잠재적 요인도 보편 국제사회에서의 세계무역기구(World Trade Organization: WTO)와 같이 법에 의한 분쟁해결제도의 존재 여부에 달려 있다고 볼 수 있다. 지역주의의 미래에 대한 불확실성은 법에 의한 분쟁해결, 즉 사법적 분쟁해결방식에 의하여 극복될 수 있을 것이다. R. Faini and E. Grille (eds.), *Multilateralism and Regionalism after the Uruguay Round*(London: Macmillan Press, 1997), p.224.

4) Case 294/83, *Les Verts v. European Parliament*, [1986] ECR 1339, at 1365, para.23.

5) P. S. R. F. Mathijsen, *op.cit.*, p.142.

EU법의 준수6)를 보장하는 것이라고 볼 수 있다.7) 이를 위하여 ECJ
는 회원국 국내법원의 협력을 통하여 지역통합의 임무를 수행하였
다. 선결적 판결 소송은 국내법원에 의하여 제기되는데, 이는 회원
국 국내법원이 자체적으로든지 아니면 소송 중인 당사자 일방의
요구에 의해 국내법원에서 제기된다. 이러한 경우 국내법은 선결적
판결을 요청하는 일체의 권리행사에 있어 어떠한 방해도 할 수 없
다.8) 모든 국내법원은 EU법상 선결적 판결을 부탁할 권리와 의무
를 가지며, 이는 TFEU 제267조가 보장하는 권리와 의무이다. 한편,
ECJ가 일정한 범위에서 선결적 판결의 부탁에 대해 회답할 능력을
행사할 수 있을지라도, 그러한 선결적 판결의 제소 여부에 관한
'관련성'의 판단은 국내법원9)의 재량행위10)에 의한다. 주목할 만한

---

6) EC 조약 제220조(구 제164조).

7) T. C. Hartley, *Constitutional Problems of the European Union*(Oxford: Hart Publishing, 2000),
p.149; Margot Horspool, *European Union Law*(London: Butterworths, 2003), p.114.

8) ECJ의 선결적 판결은 원칙적으로 국내법에 의해 시행된다. 왜냐하면 EU는 자체적인 국내이행법을 갖고
있지 않아 개별회원국의 국내 사법제도에 의하기 때문이다. 이로 인해 EU법의 적용에 있어서, 이행조치
에 관한 국내법이 EU법의 효과적 적용을 방해할 수 있고, 이로써 EU법의 우위와 직접효력을 침해할 우
려가 있어 EU법의 통일된 적용을 위협할 수 있다. 그러나 이러한 난점을 해결하기 위해 국내법원은
'EU법의 완전한 효력'을 보장할 의무가 있다. 이에 대하여 ECJ는 판결과 동시에 국내법과 관련하여 두
가지 기본적인 원칙을 제시하였다. 첫째, 관련 법률은 회원국의 유사 국내 법률보다 덜 우호적이지 않아
야 한다는 동등성의 원칙(principle of equivalence)이고, 둘째, 관련 법률은 EU법이 부여한 권리의 실
행을 본질적으로 불가능하게 하거나 또는 지나치게 곤란케 해서는 아니 된다는 효력의 원칙(principle of
effectiveness)이다. Koen Lenaerts, Dirk Arts & Robert Bray, *op.cit.*, p.57; Case 33/76, *Rewe
v. Landwirtschaftskammer Saarland*, [1976] ECR 1989, at 1998, para.5, subparas. 3, 6.

9) 선결적 부탁에 있어서의 '국내법원의 지위'에 관해서는 1978년 Pigs Marketing Board 사건에서 "EC
조약 제177조(TFEU 제267조)상의 국내법원과 ECJ의 관할권배분과 관련하여, 본 사건에 대한 사실과
당사자분쟁의 쟁점을 직접적으로 알고 있는 유일한 기관이고 본 사건을 최종적으로 판결해야 할 기관인
국내법원은, 본 사안에 대한 풍부한 이해를 통해 사안의 관련성과 선결적 판결의 필요성을 평가하기에
가장 적절한 지위에 있다"고 판결한 이래로 이를 판례법을 근거로 해결하고 있다. 따라서 선결적 판결을
요청하기 위한 사안의 '관련성'을 평가해야 하는 국내법원의 책임은 '부탁의 책임'과 '관련성의 인정 여
부에 관한 판단의 책임'이라는 이원적인 기초를 이룬다. Case 83/78, *Pigs Marketing Board v.
Redmond*, [1978] ECR 2347, at 2367, para.25.

10) 국내법원이 선결적 판결을 부탁하는 유일한 기관이라는 것은 국내법원이 선결적 부탁의 내용을 결정하
는 실질적인 기관임을 의미한다. John Fairhurst & Christopher Vincenzi, *Law of the European
Community*(London: Pearson Longman, 2003), pp.135~136; L. Neville Brown & Tom

점은 TFEU 제267조의 '국내법상 사법 구제가 불가능한 경우에 회원국의 국내법원'이란 표현은, 국내법원에서 계쟁 중인 사건은 선결적 판결의 대상에 해당되는 한 선결적 판결을 위하여 ECJ로의 제소가 본질상 강제됨을 의미한다는 것이다.[11] 그러나 선결적 판결의 부탁 여부 결정에 대한 국내법원의 사법정책은 어느 한편으로 치우쳐서는 아니 되며 성실하고도 정의롭게 이루어져야 한다. 따라서 본 연구에서는 EU 통합에서의 국내법원의 지위, 권한 및 역할을 검토하여 EU 통합과정상 발생할 수 있는 문제에 대한 해결방안을 모색하고자 한다.

Ⅱ. EU 통합과 신기능주의상의 ECJ

1. ECJ에 관한 관심과 신기능주의

1990년대 이후 ECJ는 EU 통합의 주요 관심의 대상이 되었다. 만일, ECJ가 EU 사법질서의 창시자로서의 역할에 실패했다면,[12] ECJ는 더 이상 EU법 전문가들의 관심사가 되지 않았을 것이다.[13] 이

Kennedy, *op.cit.*, p.321.

11) Stephen Weatherill & Paul Beaumont, *EC Law*(London: Penguin Books, 1995), p.301; Koen Lenaerts, Dirk Arts & Robert Bray, *op.cit.*, p.47.

12) 지역통합에 있어서 EU의 ECJ를 통한 사법적 통합의 경험은 제3자의 개입을 통한 분쟁해결에 대하여 긍정적인 해답을 제공할 수 있다. ECJ는 EU 기초설립조약을 헌법적 지위로 변환시켰으며, 초국가적 사법질서를 형성하였다. J. H. H. Weiler, *The Constitution of Europe: Do the New Clothes Have an Emperor?* (London: Cambridge Univ. Press, 1999), pp.221~224 참조.

13) Walter Mattli & Anne-Marie Slaughter, "The Role of National Courts in the Process of

러한 ECJ에 관한 관심은 1992년 2월 Maastricht조약(Treaty on European Union: TEU)의 체결로 인하여 EU 통합이 다시 활기를 띠면서 대두되었다. 이러한 관심사는 1986년의 단일유럽의정서(Single European Act: SEA)에서 시작되어, 1992년 역내 단일시장의 완성으로 인해 추진력을 갖게 되었다. 이제 이러한 ECJ라는 지역법원을 통한 지역통합[14]을 이해하는 것은 더 이상 구식의 연구가 아니며, 법률가들과 정치학자들은 사법적 통합이 경제적·정치적 통합을 능가하고 있다는 것을 인식하게 되었다. 나아가 ECJ는 신기능주의(neofunctionalism)의 부활을 위한 전제가 되었으며, 한동안 단일유럽의정서가 정부간거래(inter-governmental bargain)로서 이해될 때,[15] 효과적인 EU 사법제도의 성립을 위한 ECJ의 성공은 신기능주의자들의 견해에 의하여 가장 잘 설명될 수 있었다.[16]

정부간주의자들(intergovernmentalist)은 ECJ를 통한 실질적인 EU 통합이 예측하지 못한 것이었다고 하였다. 비록 EU 통합 과정상 ECJ의 불확실한 지위로 말미암아 한계적 상황이 있었지만, 일반적으로 ECJ는 회원국 이익의 믿음직한 대리인으로 행동하였다는 것이다.[17] 이에 대하여 ECJ 결정과 회원국 이익 사이의 일치에 관한

European Integration: Accounting for Judicial Preferences and Constraints", Anne-Marie Slaughter, Alec Stone Sweet & J. H. H. Weiler(eds.), *The European Court and National Courts-Doctrine and Jurisprudence: Legal Change in Its Social Context*(Oxford: Hart Publishing, 2000), p.253.

14) EU 통합에 있어서의 ECJ의 중요성에 관해서는 김두수, 『EU소송법상 선결적 부탁절차』(파주: 한국학술정보, 2005), pp.43~62 참조.

15) Andrew Moravcsik, "Negotiating the Single European Act: National Interests and Conventional Statecraft in the European Community", *International organization*, Vol.45(1991), pp.19~45 참조.

16) Anne-Marie Burley & Walter Mattli, "Europe Before the Court: A Political Theory of Legal Integration", *International Organization*, Vol.47(1993), pp.41~76 참조.

17) Geoffrey Garrett, "International Cooperation and Institutional Choice: The European Community's

경험적인 증거가 제시되어, 보다 기본적으로 경제적 통합의 이익과 국가의 이익의 일치를 제시하였다.[18] 이러한 측면에서 EU 통합 과정상의 특별한 행위 주체인 ECJ의 유용성을 구체적으로 설명함에 있어서 다소 부족했던 이론적 기초가 강화될 수 있었다.

EU 통합에 관한 신기능주의자들의 설명은 EU의 사법적 통합에 관한 목적론적 귀결이라는 특성이 있다. Haas의 초기 신기능주의에 관한 분석은 유럽공동체 자체의 운명에 따라 성쇠가 좌우되었고, EU가 통합된 현재적 측면에서의 신기능주의는 마치 성공적 사례를 설명하기 위하여 맞추어진 이론처럼 여겨질 수 있다.[19] 즉 신기능주의는 상이한 행위 주체가 공동목적(common goal)의 달성을 위해 어떻게 한계를 극복할 수 있었는가를 설명하는 이론처럼 보인다. 따라서 신기능주의는 통합이 미래를 향하여 언제 발생하고 발생하지 않고를 설명하는 이론으로는 한계가 있으며, 오히려 통합이 과거에 어떻게 이루어졌는지 과정을 설명하는 데에 적합한 이론이라고 볼 수 있다.

2. 신기능주의체제에 관한 재인식

위와 같은 신기능주의에 대한 견해에 대하여 신기능주의자들의 이론적 체제를 재검토할 필요가 있다. EU 통합상의 경험적 증거들

Internal Market", *International Organization*, Vol.46(1992), pp.533~560 참조.

18) Walter Mattli & Anne-Marie Slaughter, *op.cit.*, p.254.

19) *Ibid.*

은 주요 행위자들의 운영상의 정황, 상호작용의 역학관계, 동기의 확인수단으로서 신기능주의체제의 가치를 강화시켜 준다. EU법의 영역에 있어서는 법률공동체에서 행위하는 국가 부속의 행위자(sub-national actors)와 초국가적 행위자(supra-national actors) 사이에는 긴밀하고도 유기적인 구조적 체제가 존재한다는 사실을 점점 인식하고 있다. 이러한 구조적 이해에 있어서는 신기능주의적 관점이 유익하다고 할 수 있다.

1) 국가 부속행위자들의 특별이익에 관한 관심

EU의 사법적 통합의 문맥상 국가 부속의 행위자가 EU 사법제도의 성립을 위해 ECJ와 협력하였다. 그러나 상대적으로 이러한 국가 부속의 행위자들에게 활력을 주는 특별한 동기와 이익은 일반적인 관심 대상이 되지 않았고, 이들 국가 부속의 행위자들이 자신의 이익만을 추구하고 있을 뿐이었다는 비판을 받기도 하였다.[20] 사법적 통합에 관한 이러한 개괄적 설명으로는 다양한 국내법원들 중에 존재하는 EU법의 중요 원칙의 수용의 범위와 중요 원칙의 수용을 위한 시간조절상의 이해관계의 다양성을 설명할 수 없다.

EU의 사법적 통합의 속도와 범위에 있어서의 회원국의 다양성을 설명하기 위해서는 국가 자체를 구성하는 국가 부속의 행위자들을 분석해야 한다. 신기능주의자들에 의하면 완전한 통합체로서의 국가는 국가 부속의 행위자와 초국가적 행위자의 제휴에 의해 영향을 받을 수 있다.[21] 그러나 실제적인 사법적 통합의 과정을 면

---

20) *Ibid.*, p.255.

밀하게 살펴보면, 회원국의 국내적 변형뿐 아니라, 국내법원·입법부·행정부가 행위자로서 상호작용하고 있음을 알 수 있다. 이들 기관들은 각각 개별적인 정치제도에 의해 입법상 또는 재판상 형성된 특별이익을 향유하며 특별한 정치적 지반의 요청에 의하여 특별이익을 향유한다고 볼 수 있다.

2) 특별이익의 존재와 사법적 강제와의 관계

EU 통합의 과정상 연루된 국가 부속의 행위자들의 특별이익에 관한 상세한 설명이 필요하며, 따라서 이에 관한 몇몇 회원국의 보고서[22]에 근거한 설명이 필요하다. 이들 몇몇 회원국의 보고서는 벨기에, 프랑스, 독일, 영국, 이탈리아, 네덜란드에 있어서의 EU법의 직접효력 원칙과 우위에 대한 수용과정을 조사 및 검토한 것이다. 그러나 EU 통합상 관련 행위자들에게 특별이익이 존재한다는 설명만으로는 사법적 통합을 설명하기에 불충분하다. 행위자들이 자신의 특별이익 추구에 직면하게 된다는 것은, 곧 행위자들의 이러한 특별이익 추구에 대한 사법적 강제가 요구된다고 간주되어야 하기 때문이다.

---

21) *Ibid.* 통합과정상 EU 시민권의 민주적 반영에 관해서는 채형복, "다양성 속에서의 통합: 유럽시민권과 합리적 의사결정제도", 『유럽연구』, 제18호(2003), pp.143~162 참조.

22) Anne-Marie Slaughter, Alec Stone Sweet & J. H. H. Weiler, *op.cit.*

Ⅲ. EU 통합상 국내법원의 사법심사권

1. ECJ와 국내재판관의 관계

TFEU 제267조(구 EC 조약 제234조)는 ECJ와 국가 부속행위자 연결체제의 법적 기초가 된다. 특별히 ECJ는 ECJ의 판례법을 통해 개별적 소송당사자들과 이들의 변호사들에게 EU법에 관심을 갖도록 노력한다. ECJ는 주말마다 Luxembourg에서 사법적 동반자(judicial partnership)인 국내재판관들에 대하여 교육 및 호소를 하는 등 노력을 한다. 다수의 국가보고서들도 이러한 상황을 설명하였다. 예를 들면, 이탈리아 보고서에 의하면 이탈리아 하위법원의 재판관들은 변호사들의 관심이 집중되는 ECJ에 사건을 부탁하려는 동기를 갖고 있다는 것이다.[23] 그러나 많은 법학자들과 최고법원의 재판관들은 이러한 현실을 인식하고 있지 않았다.[24]

프랑스의 보고서도 ECJ를 통한 개별 국내재판관들의 사회화(socialisation)에 관한 잠재적 중요성을 강조하였다. 프랑스의 보고서는 프랑스의 국참사원(Conseil d'Etat)의 구성원이며 ECJ의 재판관으로 임명되었던 Yves Galmot 재판관의 사례를 인용하였다. Yves Galmot는 EU 차원의 사법질서의 유지가 기대되는 가운데 Luxembourg의 ECJ에 파견되었다. 1년 뒤 그는 국참사원으로 돌아왔고, 철저하

---

23) Francesco P. Ruggeri Laderchi, "Report on Italy", Anne-Marie Slaughter, Alec Stone Sweet & J. H. H. Weiler(eds.), *The European Court and National Courts—Doctrine and Jurisprudence: Legal Change in Its Social Context*(Oxford: Hart Publishing, 2000), p.147.

24) *Ibid.*

게 EU법의 원칙을 수용하였으며, 재판관들에게 EU의 기초설립조
약이 국내법보다 우위에 있다는 결정을 채택할 수 있는 권위를 부
여하는 데 일조하였다.[25]

2. 국내법원의 사법심사 강제와 사법적 이해관계

위와 같이 국가 부속적 법률행위의 주체인 EU의 기초설립조약
상의 독립적 참가자로서의 국내법원에 관심이 집중되었고, '사법적
권한의 부여'를 통하여 이들 국내법원은 일반적으로 자신의 사법
적 이익의 추구라는 동기에 의하여 사법적 권한을 행사한다고 볼
수 있다.[26] 이와 같은 분석은 지나치게 직설적이라는 비판도 제기
될 수 있다.[27] 왜냐하면, 국내법원의 재판관들이 추구하는 이익이
무엇인지를 상세히 설명하지 못하며, 또한 국내법원의 재판관들이
어떻게 ECJ의 권위를 통하여 자신의 이익 추구에 관한 권한을 취
득할 수 있는지를 설명할 수 없다는 것이다. 따라서 국내법원의 이
익 추구에 관한 사법심사의 강제와 아울러 사법적 이익이 구체적
으로 무엇인지에 관한 상세한 설명이 필요하게 된다.

따라서 국내법원들이 추구하는 사법적 이익의 내용에 관한 보다

---

25) Jens Plötner, "Report on France", Anne-Marie Slaughter, Alec Stone Sweet & J. H. H.
Weiler(eds.), *The European Court and National Courts-Doctrine and Jurisprudence: Legal
Change in Its Social Context*(Oxford: Hart Publishing, 2000), pp.68~69.

26) Anne-Marie Burley & Walter Mattli, *op.cit.*, p.63.

27) Karen Alter, "Explaining National Court Acceptance of European Court Jurisprudence: A
Critical Evaluation of Theories of Legal Integration", Anne-Marie Slaughter, Alec Stone
Sweet & J. H. H. Weiler(eds.), *The European Court and National Courts-Doctrine and
Jurisprudence: Legal Change in Its Social Context*(Oxford: Hart Publishing, 2000), p.227.

구체적인 정의를 내릴 필요가 있다. 첫째, EU법의 국내적 수용에 있어서의 국내입법 유효성에 관한 사법심사(judicial review)의 행사이다. 이는 EU의 정책사안에 관한 국내입법기관의 권한의 증가를 의미한다. 둘째, 동일한 국내 사법제도에서 다른 국내법원과의 관계에 대한 권위와 명성을 위한 사법심사의 행사이다. 이와 관련하여, Karen Alter는 EU의 사법적 통합을 설명하기 위해 법원 간 경쟁(inter-court competetion)의 접근방식을 주장하여 발전시켰다.[28] 셋째, 일정한 실질적 정책을 촉진시키기 위한 사법심사의 행사이다. 즉 EU법과 국내법이 상이한 정책을 촉진시키는 경우에 EU법의 적용을 통해 일개의 국가보다는 전체로서의 EU에 적합한 실질적인 정책을 촉진시킬 수 있다.

3. 국내법원의 사법심사 선호와 남용금지의 문제

EU 통합에 있어서 사법심사의 사법적 이익의 핵심 주체는 결국 ECJ라는 것이다. 국내법원이 EU의 법률문제에 대한 사법심사권을 이미 실행하고 있고, 이러한 국내법원의 사법심사권 행사를 ECJ의 사법심사권과 동등한 것으로 이해할 수 있다고 할지라도, ECJ만이 실질적인 사법심사권을 행사하는 것으로 보아야 한다.[29] 왜냐하면, 어떤 국내법원은 다른 국내법원이 EU법을 수용함에 대하여 사법 정책에 대한 다양성[30]을 이유로 사법심사에 대한 자존심을 내세워

---

28) *Ibid.*, pp.229, 241.

29) Alec Stone Sweet, "Constitutional Dialogues in the European Community", European University Institute, Florence, working paper, 1996, pp.10~15.

당해 EU법의 수용을 거부할 우려가 있기 때문이다. 또한 국내법원
은 국내법의 적용에 의해 발생하는 결과에 익숙하고, 그러한 결과
를 선호하기 때문에 EU법의 적용에 대하여 부정적일 수 있다. 그
러나 국내법원은 약자의 보호자로서, 정의의 공평한 분배자로서,
다른 국내법원의 사법심사권 남용의 감독자로서, 그리고 신의 성실
한 법 적용을 통한 사회질서 보호자로서의 역할을 해야 한다.

Ⅳ. EU 통합상 국내법원의 사법심사 선호상의 효과

EU법의 직접효력과 우위의 원칙에 대한 회원국들의 적용은 다
양한 모습으로 나타난다. 먼저 중요한 점은 회원국들의 국내법원들
이 EU법적 사안에 관한 사법심사권에 대하여 관심을 갖는다는 것
이고, 이러한 과정에서 이들 사법기관들은 수평적으로 또한 수직적
으로 경쟁이 발생하게 된다. 이러한 과정에서 회원국 내 일정한 사
법정책이 촉진될 수 있으며, 회원국들의 사법기관 간에 사법적 교
류가 실현될 수 있다.

1. 사법심사에 대한 관심

EU법의 직접효력과 우위의 적용에 관한 사례는 다양한 모습으

---

30) 이 문제에 대해서는 이 글 Ⅴ(EU 통합상 국내법원의 사법정책 다양성의 문제)를 참조.

로 제시될 수 있다. 예를 들면, 네덜란드에서는 의회가 1956년 헌법을 개정하여 "국내에서 시행 중인 법령은 그 적용이 규정 전 또는 후에 체결된 국제협정과 양립하지 않는 한 적용되지 아니한다"라는 제66조를 도입하여 국내법원들에게 국제조약과의 양립성에 관한 사법심사권을 부여하였다. 이 새로운 권한은 오랜 전통과의 싸움에서 얻어진 결과로서, 그동안 국제조약에 저촉되는 국내법령에 대한 합헌성의 사법심사는 금지되어 왔다.[31] 따라서 현재 조약에 대한 법령의 합헌적 사법심사에 의하여 이들 법령의 조약에 대한 불가침성은 유지되고 있다. 처음에 국내재판관들은 이러한 새로운 권한의 사용에 소극적이었고, 다만 ECJ에 의해 본 사법심사에 관한 협력절차의 요청에 의해 자신의 직무에 책임을 다하였다.[32]

영국의 입장도 네덜란드와 비슷하다. 영국은 의회주권의 원칙이 어떠한 국내법원들보다 우세하였다. 그러나 1990년 *Factortame* 사건[33]에서 EU법의 우위에 대한 공식적인 수용을 통하여 국내법원

---

31) T. C. Hartley, *op.cit.*, pp.158~159.

32) Monica Claes & Bruno de Witte, "Report on the Netherlands", Anne-Marie Slaughter, Alec Stone Sweet & J. H. H. Weiler(eds.), *The European Court and National Courts-Doctrine and Jurisprudence: Legal Change in Its Social Context*(Oxford: Hart Publishing, 2000), p.192. 네덜란드는 이러한 헌법 개정을 통하여 1957년 12월 EEC와 EAEC의 창설에 참여하게 되었다.

33) 1990년 6월 19일 판결된 *Factortame and Others* 사건의 내용은 다음과 같다. 본래 어획량의 분배는 이사회 내 회원국들의 정치적 협상의 대상이다. 그런데 당시 천연자원의 감소는 어선과 관련된 해양산업에 의지하는 회원국들 간에 치열한 경쟁을 초래하였다. 스페인은 1986년 1월 1일 공동체에 가입한 후 어업할당량이 점차 감소하게 되었다. 따라서 스페인의 많은 어업종사자들은 영국에 회사를 설립하여 자국의 어선을 영국 국적의 어선으로 재등록하거나 또는 이미 영국에 등록된 어선을 매입하게 되었다. 이로써 스페인 어선은 엉국에 배당된 어업할당량을 통하여 자국의 감소된 어획량을 만회할 기회를 얻고자 하였다. 이에 영국은 1988년 자국의 해운등록제도를 변경하여 영국 차원의 소유권제도(British ownership)를 도입하였다. 이를 통해 영국은 자국의 어획할당량이 단지 '형식상'(lacking any genuine link) 영국 국적의 어선에 의해 약탈되는 사태를 방지하고자 하였다. 그런데 이러한 조치에 대해 문제의 딩사국이 된 것은 영국이었고, 공동체 집행위원회는 이 새로운 해운등록제도가 국적을 이유로 한 '비차별의 원칙'에 대한 위반을 이유로 EC 조약 제226조(구제169조, TFEU 제258조)에 근거하여 영국을 상대로 소송을 제기하였다. 이와 병행하여 95척(스페인에 이미 등록되었던 53척과 스페인 국적의 회사들에 의해 영국에 등록된 어선을 매입한 42척)의 소유주, 경영자 등 어선관계자들은

들은 EU법상의 의무를 위반한 주요 법률을 무시할 수 있는 권한을 소유하였다.[34] 그러나 아마도 가장 좋은 예는 이탈리아의 EU법 직접효력과 우위의 수용을 가능케 한 '사법심사의 실행에 대한 관심'이라는 방법일 것이다. 이탈리아의 이러한 경험은 3가지 주요한 주체를 가지는 특별한 사건이었다. ECJ, 이탈리아 헌법법원(Italian Constitutional Court), 그리고 하급법원(lower courts)이 그것이다. ECJ의 원조에 자극받은 하급 국내법원의 재판관들은 EU법의 우위를 통하여 EU법과의 일치를 위해 이탈리아 국내법률을 통제할 권한이 하급 국내법원의 재판관들에게 부여되었다고 이해하였다. 이에 이탈리아 헌법법원은 배타적 위헌심사의 특권이 위협을 받고 있다고 이해하여 하급법원들에 의한 국내법률의 위협을 염려하게 되었고, EU법의 적용에 대한 감독을 ECJ에 적극적으로 요구하게 되었다. 실제로는 모든 다른 회원국들의 최고법원들보다 이러한 ECJ와의 사법심사에 관한 협력이 지연되게 되었다는 것을 인식한 후인 1980년대에 가서야 결국 이탈리아 헌법법원은 ECJ의 판결에 관한 우위를 적극적으로 수용하기 시작하였다.[35]

프랑스는 1958년까지 법률의 해석에 대한 독점권이 국참사원에

영국의 Secretary of State for Transport를 상대로 제소하여 적절한 조치가 취해질 때까지 이 새로운 해운등록제도의 적용을 배제할 것을 요청하였고, 이 새로운 해운등록제도의 적용으로 인해 초래한 가처분으로 발생한 손해의 배상을 청구하였다. 하지만 영국 법정(English courts)은 의회의 법령(Act of Parliament)을 중지함으로써 이 새로운 해운등록제도의 적용을 중지시킬 권한이 없기 때문에 본 사건은 영국 상원(House of Lords)에 상정되었고 영국 상원은 본 사건을 ECJ에 부탁하였다. Case C-213/89, *Factortame and Others(Factortame I)*, [1990] ECR I-2433; T. C. Hartley, *op.cit.*, p.62; 채형복, 『유럽연합법』(파주: 한국학술정보, 2005), p.104 참조.

34) P. P. Craig, "Report on the United Kingdom", Anne-Marie Slaughter, Alec Stone Sweet & J. H. H. Weiler(eds.), *The European Court and National Courts-Doctrine and Jurisprudence: Legal Change in Its Social Context*(Oxford: Hart Publishing, 2000), p.216.

35) Alec Stone Sweet, *op.cit.*, pp.10~11.

속하였다. 1958년 이후에 법률의 합헌성에 대한 심사권은 새롭게 성립된 헌법위원회(Conseil Constitutionnel)로 이전되었고, 이 기관은 1975년에 국제조약의 국내법과의 양립성에 관한 심사를 자제하기로 결정하였다. 그런데 국참사원은 프랑스 국내문제에 대한 ECJ의 일체 해석을 프랑스의 정치적·행정적 권한에 대한 직접적인 위협으로 간주하였고 따라서 ECJ의 판결을 무시하기로 하였다.[36] 그러나 파기원(Cour de Cassation)은 이와는 달랐다. 파기원은 헌법위원회의 조약에 대한 사법심사 거부 후 단지 4개월 만에 1971년 *Jacques Vabre* 사건에서 EU법 우위의 원칙에 관한 수용을 위해 국제조약과의 양립성에 관한 사법심사를 이행하기로 결정하였다.[37] 이를 위해 파기원은 재판관에게 국제의무와 국내법 사이의 충돌을 회피할 것을 요청하는 Matter doctrine을 추구하였다.[38] 따라서 이이후로는 일체의 어떠한 단순한 법원도 의회의 모든 법령을 심사할 수 있을 뿐 아니라, EU법상의 재판관이 될 수 있게 되었다.[39]

2. 사법심사에 대한 경쟁의 발생

Karen Alter는 법원 간 경쟁(inter-court competition)의 모델을 통

---

36) Jens Plötner, *op.cit.*, p.66.

37) Alec Stone은 파기원은 헌법위원회(Conseil Constitutionnel)로부터의 '허락'을 기다릴 필요가 없었다고 주장하였다. EC 조약(현 TFEU)을 위반한 프랑스법을 적용하지 않는 *Vabre* case에서 보여 준 하급법원의 결정은 1971년에 결정되었었다. Alec Stone Sweet, *op.cit.*, p.12.

38) Jens Plötner, *op.cit.*, p.45; P. P. Craig, *op.cit.*, pp.198~199; Monica Claes & Bruno de Witte, *op.cit.*, p.171 참조.

39) Jens Plötner, *op.cit.*, p.63.

하여 직접효력과 우위의 원칙에 관한 국내법원의 수용 범위와 속도의 차이를 설명하였다. Karen Alter는 "각각의 법원은 EU법에 대한 개별적인 이익을 가진다…… 국내법원은 당해 사법기관의 서열에 의하여 그리고 사법기관과 정치기관의 관료주의적 경쟁에 의하여 EU법을 적용한다. 따라서 이러한 과정은 EU의 사법적 통합을 촉진시킬 수 있다"고 주장하였다.[40] 이러한 사법심사의 실행은 헌법이나 조약의 사법심사에 대한 국내법원과 입법기관 간의 수평적 경쟁(horizontal competition)을 발생시킨다.[41] 반면 국내법원 간의 경쟁은 다른 사법기관을 상호 감독할 책임이 있는 상급법원 사이에서 수평적으로(horizontally) 발생할 수도 있고, 또한 국내법원조직상의 상급법원과 하급법원[42] 사이에서 수직적으로(vertically) 발생

---

40) Karen Alter, *op.cit.*, p.241.

41) 그러나 지나친 경쟁심에서 비롯된 사적 목적의 선결적 사안의 기각에 관한 문제는 1990년 *Falciola* 사건에서 발생하였다. 즉 ECJ는 한 이탈리아 국내법원이 부탁한 일련의 사안들에 대해 답변할 선결적 부탁에 관한 관할권을 거부하였다. 본 사안들은 도로공사계약의 재정과 관련된 내용이었다. 이탈리아 국내법원의 부탁명령서에 의하면, 당해 계약은 2개의 이사회 지침과 관련되었다는 것이다. 그런데 부탁된 사안들은 이러한 이사회의 지침이 민사책임상 발생한 손해배상에 관한 1988년 4월 13일의 이탈리아 법률 No.117/88의 몇 가지 측면에서 본질상 EU법과 양립할 수 있는 것으로서 선결적 부탁의 대상으로서는 부적합한 내용이었다. ECJ는 본 사안들이 본안소송의 객체인 이사회의 지침과 아무런 관련이 없다는 것을 발견하는 데 어려움이 없었다. 왜냐하면 선결적 판결의 요청이 2개의 이사회 지침 해석과 관련된 사안이 아니었기 때문이다. 반면 ECJ는 1988년 4월 13일의 이탈리아 법률의 제정결과로부터 일어날 수 있는 일단의 이탈리아 재판관들의 심리적 반응들에 관하여 의심을 가졌다. 따라서 ECJ는 "이러한 ECJ에 제출된 선결적 사안은 본안소송의 판결을 목적으로 하는 EU법의 해석의 대상과는 무관한 것"이라고 주장하며, 사적인 요청에 의한 선결적 부탁에 의해서는 EU법의 해석을 기대할 수 없다고 판결하였다. 따라서 선결적 판결은 특별한 사적인 필요를 목적으로 요청되어서는 아니 되며, 국내법원의 본안소송상의 분쟁의 해결을 위한 진실한 필요에 의해 요구되어야 한다. Koen Lenaerts, Dirk Arts and Robert Bray, *op.cit.*, p.41 ; Case C-286/88, *Falciola*, [1990] ECR Ⅰ-191, at Ⅰ-195, para.9. 그 외의 선결적 부탁의 남용에 관해서는 김두수, "EU법상 선결적 부탁절차의 한계와 극복방안", 『국제법학회논총』 제50권 제1호(2005.6.30), pp.39~45 참조.

42) 일반적으로는 TFEU 제267조(구 EC 조약 제234조) 2단의 '회원국의 국내법원'(any court or tribunal of a Member State)이라는 표현 자체는 어떠한 문제를 발생시키지는 않는다. 먼저 여기에서 회원국의 국내법원이란 국내 사법질서상의 상급심과 하급심을 개별적으로 인정함을 의미한다. 따라서 국내의 최고법원이 아닌 하급법원도 독자적으로 선결적 판결을 부탁할 수 있다. 또한 회원국이 어떤 공공기관을 일종의 법원과 같은 성격의 기관으로 인정하면, EU는 회원국의 이러한 견해를 그대로 수용한다. 왜냐하면 이 경우 당해 공공기관은 사법기관에 관한 ECJ의 기준을 분명하게 이행하고 있기 때문이며, 당해 공공기관이 비록 국내법상 법원으로 인정되지 않는다 하더라도 선결적 판결 소송에 관

할 수도 있다.[43]

　여러 국내 연구보고서들도 '법원 간 경쟁' 모델의 실제적인 증거들을 제시하고 있기는 마찬가지이다.[44] 그런데 이러한 모델은 독일에 있어서는 하급 국내법원들의 사법심사 선호가 다른 대부분의 회원국들에 비하면 약한 점이 특징이다. 왜냐하면 독일에서는 사법심사를 집행하는 권한이 독일기본법 제25조에 의하여 독일사법제도상 이미 존재하였으므로 새로운 소개로서 여겨질 수 없었기 때문이다. 그럼에도 불구하고 하급법원과 상급법원 사이의 수직적 경쟁은 독일법원들이 EU법의 직접효력과 우위의 원칙을 수용하도록 추진하는 동기를 부여하였다.

　이러한 '법원 간 경쟁'에서 발생하는 사법심사의 선호는 '상대적인' 사법적 권한의 반영이다. 여기서의 상대적인 사법적 권한이란, 동일한 국내 사법제도에서의 다른 법원들에 대한 권한과 특권을 말한다. 이러한 사법심사의 선호는 사법적 심사권의 취득에 대한 교차이익이다. 즉 국내 사법제도상 어떤 국내법원이 사법심사를 이행하는 경우 다른 국내법원은 당해 사법심사를 이행할 수 없다. 따라서 이로 인해 국내 사법제도상 사법심사권이 없는 국내법원은

한 한 EU 기초설립조약 규정들을 적용하는 해당 기관으로 인정될 수 있다고 보기 때문이다. 국내법원으로 인정되기 위하여 당해 기관은 어떠한 명칭으로 불리는가는 문제가 되지 않으며, 당해 기관이 사법적 기능을 수행하는가가 그 중요한 기준이 된다. Josephine Steiner & Lorna Woods, *EC Law*(Oxford: Oxford Univ. Press, 2003), p.555; Mark Brealey & Mark Hoskins, *Remedies in EC Law*(London: Sweet & Maxwell, 1998), pp.200~201; Koen Lenaerts, Dirk Arts & Robert Bray, *op.cit.*, p.20.

43) 그러나 1996년 ECJ는 "A Note for Guidance on References by National Courts for Preliminary Rulings"를 발행하여 국내법원(상·하급법원을 모두 포함)에게 선결적 부탁을 위한 서식을 제공하여 ECJ와 국내법원 간의 선결적 판결 과정에 관한 대화의 질을 향상시키고 있으므로 국내법원은 선결적 부탁에 있어서 그 서면상의 명확성을 요구받게 되어있다. Anthony Arnull, *The European Union and its Court of Justice*(Oxford: Oxford Univ. Press, 1999), p.60.

44) Karen Alter, *op.cit.*, p.241.

ECJ의 협력자로서 EU법과의 양립성을 위한 사법심사에 관한 권한의 행사를 선행함으로써 다른 국내법원과의 지위 균형을 추구하려고 한다. 그런데 프랑스의 경우에는 국참사원에 대한 파기원의 제도상 지위가 EU법 우위의 보장을 크게 향상시키게 되었다.[45]

3. 사법심사를 통한 사법정책의 촉진

국내법원에 의한 EU법 적용에 있어서, 국내법원은 원하는 정책 결과에 대한 선택적 이익의 추구가 이루어지기 마련이다. 문제는 어떠한 사법적 이익에 근거하여 어떠한 사법정책을 추구할 것인가 하는 것이다. 하급법원들은 정책 때문이든 또는 법적 이유 때문이든 하급법원들이 선호하는 정책적 결과를 얻기 위해 EU법을 이용할 수 있다.[46] 물론 이러한 사법정책에 대한 선택적 이익은 그것이 EU 통합의 지향으로 인해 발생하느냐, 국내 법률문화의 특성으로 인해 발생하느냐, 국가의 특별한 법적 선언에 의하여 발생하느냐에 따라서 다양하게 나타날 수 있다.

그런데 무엇보다도 ECJ와 국내법원 간의 사법심사를 통한 사법적 협력[47]이 확립되었다는 사실은 중요한 의미가 있다. 그러나 문제는 이러한 사법심사의 결정의 구체적인 내막과 배경은 쉽게 밝혀질 수 없다는 것이다. 그러면 사법정책에 있어서의 선택적 이익

---

45) Jens Plötner, *op.cit.*, p.62.

46) Karen Alter, *op.cit.*, p.242.

47) Thomas Oppermann, *Europarecht*(München: C. H. Beck, 1999), p.147.

이 다양하다면, 이런 사법정책의 이익을 평가하고 확인할 수 있는 방법은 무엇인가 하는 의문이 발생한다. 이러한 질문은 오랜 기간 동안 EU 회원국들의 사법정책에 대한 연구에 있어서 해결하기 쉽지 않은 문제가 되어 왔고, 개별적인 재판관들의 사법정책적 태도를 예상하는 데 도움을 줄 수 있는 근거를 도출함에 있어서 한계를 가져다주었다.[48] 개별 재판관이 어떠한 사법정책을 선호하게 될지를 예상하기보다는 오히려 어떤 특정한 재판관의 정치적 태도와 특정한 사법정책의 결과 사이의 상호 관계를 사후에 증명하는 것이 보다 수월하다고 여겨져 왔다.

위와 같은 예상하기 어려운 재판관의 사법정책은 직접효력과 우위의 EU법이 개별사건들의 결과에 어떠한 영향을 미칠 것인가에 관한 예측불가능성을 증대시켰다. 따라서 높은 수준의 환경보호를 선호하는 영국재판관을 예로 들면, 이러한 경우에 EU의 지침에 대한 ECJ의 해석은 영국법률에 상응하는 수준의 환경보호를 명령할 수 있다. 그러나 이러한 EU법의 직접효력과 우위는 사건들 중 일정한 특별계층에 제한적으로 적용될 수 없다.[49] ECJ는 특별산업을 위한 국가보조, 성차별, 이민법 또는 일체의 다른 실질적인 영역에 있어서 국내재판관이 행사하는 정책적 편애에 대하여 반대할 수 있다.

그런데 개별 국내재판관은 EU법의 실제적인 적용을 통제할 수 없다는 의문을 가질 수 있다. 이는 국가최고법원이 취하는 사법제도상의 정책 때문이라고 할 수도 있다. 이로써 사법심사의 대상으

---

48) Martin Shapiro, *Court: A Comparative and Political Analysis*(Chicago: University of Chicago Press, 1981), p.29.

49) Matthias Herdegen, *Völkerrecht*(München: C. H. Beck, 2004), pp.4~5 참조.

로 TFEU 제267조(구 EC 조약 제234조)의 선결적 부탁의 대상이 될 사건들을 선택할 수 있는 국가최고법원 외의 국내법원 권한은 점점 제한을 받을 수 있다. 왜냐하면 개별 소송당사자들의 압력 때문이 아니라, 국내 사법제도의 운영상 법률 자체의 최소한의 일관성과 통일성이 요구되기 때문이다. 일단 국가최고법원이 관련 EU법은 국내법보다 우월하다고 판결하면, 소송당사자들은 EU법에 찬성하는 원칙을 인용할 것이고, 이러한 원칙에 따르지 아니하는 일반국내법원의 결정에 대해서는 선결적 판결을 구하기 위하여 ECJ에 제소할 것을 당해 국내법원에서 주장할 것이다.[50]

따라서 어떤 개별사건에 관한 국내재판관의 사법정책적 선호도는 사법정책의 실질적 발전의 범주에 관한 예측의 근거가 될 수 있다. 사법정책에 관한 매우 개별화된 선호도의 조사는 법령 해석의 형태, 국내법원들과 입법부와의 관계, 특별한 소송당사자 보호 필요성과 관련이 있다. 그런데 이런 국내재판관의 사법정책적 선호도는 일관적·통일적으로 일반화될 수 있어야 한다.[51] 이러한 과정을 통하여 국내재판관의 사법정책적 선호도는 명확성을 갖게 되어 예측가능성이 강제되는 효과를 가져다준다. 이러한 사법정책의 명확성과 예측가능성은 국내재판관의 사법정책 판단 근거가 될 수 있다. EU의 사법적 통합상 발생할 수 있는 회원국의 사법정책 다양성에 관한 문제는 이 글 V(EU 통합상 국내법원의 사법정책 다양성의 문제)에서 구체적으로 살펴본다.

---

50) Anthony Arnull, *op.cit.*, p.51.

51) Walter Mattli & Anne-Marie Slaughter, *op.cit.*, p.264.

4. 사법적 교류를 통한 사법심사

어떤 국내법원들의 EU법에 대한 직접효력과 우위의 수용을 이유로 하여 당해 EU법의 통일성과 일반성을 위해 다른 국내법원이 동일한 사법정책을 선호할 것이라고 예측하기는 쉽지 않다. 이러한 직접효력과 우위는 현재 EU 전역의 국내재판관들에 의하여 보편적으로 수용되고 있지만,52) 과거에는 취급하기가 매우 곤란한 내용이었다.53) 이탈리아 헌법재판소(Italian Constitutional Court)는 1980년대 EU법의 우위를 수용하면서 독일을 포함한 EU 전역의 다른 최고국내법원들이 이미 이러한 수용단계를 거쳤다고 명백하게 언급하였다.54) 이러한 과정을 'EU회원국의 국내법원 간의 사법적 교류'라고 말할 수 있으며, 이러한 사법적 교류를 통하여 당해 사법심사가 EU 전역으로 파급되는 효과가 있을 수 있다. 실제 사법적 교류는 한 국가의 국내법원의 의미 있는 사례가 다른 결정에서 인용되는 것을 말한다. 이러한 사법적 교류는 다른 회원국들이 이미 수용한 EU법상의 의무를 발생시키기 위한 지적 교환으로, EU 법률문제의 해결을 위한 위험최소화정책으로 이해될 뿐 아니라, EU

---

52) Anthony Arnull, *op.cit.*, pp.100, 105.

53) 그러나 국내재판관의 정책 선호와 균형 있는 발전을 위하여 EU법의 직접효력과 우위는 적절한 기능을 하고 있다. 첫째, 국내재판관들은 EU 통합에 찬성하는 과정을 통하여 EU 사법제도(European legal system)의 성립에 참여하고 있다. 둘째, 국내법원은 EU법을 통하여 노동자 또는 무역가와 같은 '고객'을 소유할 수 있어 제도적인 활력을 띨 수 있다. Plötner는 파기원(Cour de Cassation)은 일면으로 국참사원(Conseil d'Etat)이 행하지 않은 "프랑스의 경제 주체와 시민들의 이익에 관심을 가졌다"고 지적하였고, Kokott는 '독일노동법원(German labour courts)의 ECJ에 대한 선결적 부탁의 호의적 태도'를 지적하였다. Juliane Kokott, "Report on Germany", Anne-Marie Slaughter, Alec Stone Sweet & J. H. H. Weiler(eds.), *The European Court and National Courts—Doctrine and Jurisprudence: Legal Change in Its Social Context*(Oxford: Hart Publishing, 2000), p.112.

54) Francesco P. Ruggeri Laderchi, *op.cit.*, p.156.

법의 국내법적 조화의 필요성에 관한 인식을 의미한다.

Ⅴ. EU 통합상 국내법원의 사법정책 다양성의 문제

국내법원의 선결적 부탁의 의무와 관련하여, 국내법원들의 상이한 사법정책의 선호도는 EU 통합의 불완전성에 대한 비판을 제공할 수 있다. 따라서 이러한 국내법원의 사법정책의 선호도를 추구함에 있어서 국내법원의 사법심사 강제에 관한 확인이 필요하며, 이는 곧 국내법원의 사법정책 일관성과 예측가능성의 강제를 의미한다. 왜냐하면 각각의 국내법원들은 상이한 선호도를 취하고 있기 때문에 선결적 부탁의 의무 이행에 있어서도 차이를 보일 수 있기 때문이다. 이렇게 사법정책이 국내법원에 따라서 다양하게 나타나는 경우에 EU 통합에 심각한 위협을 가져올 수 있다. 그런데 이러한 국내법원의 사법정책상의 선호도 차이는 당해 국내법원 자신의 사법정책의 추구의 상대성에서 발생한다. 이러한 사법정책의 상대성은 보편적 사법정책의 측면에서 비판의 대상이 될 수 있는 개념이므로, 이러한 문제의 해결을 위해서는 사법적 정체성[55](judicial identity)이라는 개념으로 논할 필요가 있다.

---

55) Walter Mattli & Anne-Marie Slaughter, *op.cit.*, p.265.

1. 사법정책의 다양성의 극복을 위한 사법적 정체성

사법적 정체성이란, 비정치적 행위자로서 법의 지배를 보호하는 법원의 자기 개념이다.[56] 이러한 국내법원은 일반적으로 자신들을 법의 대리인 또는 법의 봉사자로 인식한다. 이러한 국내법원은 다른 법원과 함께 법률문제의 해결을 위한 대화의 참여자로서 생각한다. 따라서 ECJ와의 협력에 있어서 이들 국내법원은 법원으로서의 자기 인식과 공동체의 동반자적 사법기관으로서의 자기 인식을 가진다.[57] 기본적으로 비정치적인 사법적 정체성의 개념은 법적 논쟁의 실재에 있어서 중요하였다. 즉 정치적 고려는 사법적 결정을 수반하고 사법적 결정을 촉진시킬 수 있다. 그런데 이는 곧 법이 먼저냐, 정치가 먼저냐의 문제와도 같다.[58] 따라서 국내법원은 사법적 정체성의 추구를 위해서 ECJ와의 사법적 협력의 이면에 있는 정치적 상대성을 탈피해야 할 것이다.[59]

---

56) *Ibid.*; Anne-Marie Burley & Walter Mattli, *op.cit.*, pp.74~75.

57) 회원국의 국내법원은 국가기관과 자연인 및 법인 간의 모든 사건에 대하여 EU법상의 의무를 적용하고 권리를 보호할 의무가 있으며, 이러한 EU법 적용에 있어 국내법원의 가장 기본적인 기능은 EU법의 독특한 성질과 관계가 있다. EU는 EU법의 직접효력과 우위라는 '하나의 새로운 법질서'(a new legal order of international law)를 형성하고 있으며, 이러한 EU법의 적용은 회원국 국내법원의 협력과 직접적인 관련이 있다. 즉 EU의 사법질서와 회원국의 사법질서는 EU법의 직접효력과 우위라는 법적 성질에 의해 초국가적으로 운영되고 있다. 한편 EU 시민인 개인이 EU법상의 권리에 대하여 어떤 방법을 통해 주장할 수 있는가의 문제가 제기될 수 있는데, 이 경우에 개인은 일반재판소(구 CFI)를 통해 직접 소송으로 제소할 수 있으며, 또한 개인이 국내법원에 1차적으로 제소하여 당해 국내법원이 ECJ에 선결적 판결을 부탁함으로써 EU법상의 권리의 실현이 가능하다. Koen Lenaerts, Dirk Arts & Robert Bray, *op.cit.*, p.3; T. C. Hartley, *The Foundations of European Community Law* (Oxford: Oxford Univ. Press, 2003), p.278; L. Neville Brown & Tom Kennedy, *op.cit.*, pp.214~215: Helmut Lecheler, *Einführung in das Europarecht*(München: Verlag C. H. Beck, 2000), pp.207~208; Albert Bleckmann, *Europarecht*(Köln: Carl Heymanns Verlag K G, 1997), p.323.

58) 국내법원들은 자신의 정책선호(policy preferences)를 실행하기 위하여 EU법을 통해서든 또는 국내법을 통해서든 유효하게 이용할 수도 있다. Walter Mattli & Anne-Marie Slaughter, *op.cit.*, p.266.

59) 이러한 통찰력은 Joseph Weiler와 같은 궤변적 법률가들의 결론에 이르게 하였는데, 그는 '정치적 상

사법적 정체성은 사법심사로부터 정치적 간섭을 분리시킴으로써 확보할 수 있다. 따라서 이런 사법적 정체성의 확보를 위하여 법률공동체상 사법심사의 일관성과 예측가능성의 강제가 필요하다고 볼 수 있다.[60] 자유민주사회는 법치주의에 의하여 사회질서가 유지될 수 있으므로 사법적 정체성의 확보는 법치주의와 불가분의 관계에 있다. 자유민주사회에 있어서 법원은 재판관 자신의 정치적 선호, 법원에 출두하는 당사자의 정치적 선호나 권력, 사건과 이해관계를 가지는 정부 다른 기관의 정치적 선호와 권력에 관계없이 법률을 해석하고 적용할 책임을 진다. 따라서 이러한 법원의 법률의 해석과 적용상의 책임 이행을 위하여 두 가지 기본적인 원칙이 적용된다고 할 수 있다.

첫째, 소송당사자의 법적 대화 요청에 대하여 법률을 해석하고 판결할 최소한의 성실성(minimum fidelity)이 법원에 요구된다고 볼 수 있다. 법원은 법률적 분쟁해결의 요청에 대하여 합리적인 해석, 논리적인 추론, 제도상 그리고 시간상 통일적이고도 일관되게 노력해야 한다. 이러한 요건들에 따르지 아니하는 추론과 결과는 '법률상 이유 없음'에 의하여 기각될 수 있다. 법원은 정치권력과 분리되어 사법정책의 정치성을 탈피하여 신의 성실하게 독립적인 판결을 내려야 한다. 둘째, 최소한의 민주적 책임(minimum democratic accountability)이 법원에 요구된다. 법원은 다수의 정치적 선호에서 지나치게 벗어나지 않아야 한다. 법원은 투표권자의 선호에 대하여

황'에서의 법률 원칙의 발전을 설명하였다. Anne-Marie Burley & Walter Mattli, *op.cit.*, pp.75~76; James Hanlon, *European Community Law*(London: Sweet & Maxwell, 2000), p.44.

60) Anne-Marie Burley & Walter Mattli, *op.cit.*, p.70.

책임을 질 수 있는 기관은 아니며, 엄격하게 말해서 비록 재판관들은 직접적으로 유권자들을 책임지거나 책임질 수 있는 것도 아니다. 따라서 법원은 정치성을 탈피하여 사법적 정체성을 갖고 사법정책을 추구하되, 정치적 특수계층의 이익이 아닌 다수의 정치적 선호도를 존중해야 한다.[61]

2. 사법정책 다양성의 원인

위에서 설명한 회원국의 사법질서에 있어서 국내법원에 적용되는 두 가지 기본적인 원칙(법적 대화의 요청에 대한 신의 성실한 책임, 최소한의 민주적 책임)은 회원국마다 다양한 모습으로 나타날 수 있다. 회원국의 사법질서에 있어서 이러한 국내법원의 기본적인 원칙에 대한 회원국의 다양한 모습의 원인에는 첫째, EU 통합의 지향에 대한 국가 정책선호도의 다양성, 둘째, 국가 법률문화의 다양성, 셋째, 특정국가의 법적 선언에 의한 다양성의 존재를 제시할 수 있다.[62]

첫째 범위와 관련하여, 국내법원이 EU 통합을 위한 공식적인 지지정책을 펴는 경우에는 국내법원의 사법정책에 대한 합법성은 문제되지 않을 것이다. 일반적으로 이러한 국내법원의 공식적인 EU 통합에 대한 지지정책은 EU 통합에 대한 단편적인 태도를 취하는 것보다 큰 효과를 가진다. 둘째 범위와 관련하여, 몇몇 국가의 법률

---

61) Walter Mattli & Anne-Marie Slaughter, *op.cit.*, pp.266~267.
62) *Ibid.*, p.268.

문화는 다른 회원국들보다 EU 사법제도에 대한 자국의 사법심사 참여에 관하여 적극적인 편이다. 그런데 이러한 개별국가의 법률문화는 궁극적으로는 EU의 사법적 통합과 조화[63]를 이루거나 흡수되어야 할 내용이다. 셋째 범위와 관련하여, 특정국가가 자국의 상황을 고려하여 특별한 법적 선언을 하는 경우에는 주권의 개념과 작용에 있어서, 또한 EU법의 국내적 적용에 있어서 문제를 발생시킬 수 있다.[64] 따라서 이러한 국가의 법적 선언은 극히 제한된 경우에만 인정되어야 할 것이다.

3. 사법정책의 다양성과 EU 통합이론의 지향점

신기능주의이론은 EU의 통합과정을 설명하는 데 있어서 유익하다. 그러나 이 이론은 보다 세련되게 순화되어야 하며, ECJ와 국내법원 간의 사법적 협력[65]에 있어서의 사법심사의 선호 내용과 사법심사 강제에 관한 관련당사자들의 사법정책상 이해관계에 관한 상세한 설명을 필요로 한다. 여기서의 관련당사자들이란 ECJ뿐만 아니라, 국가와 사회적 행위자 모두를 말한다.[66] 진정한 사법적 통합의 이론은 가설로서의 통일국가라는 개념을 초월할 수 있는 것이어야 하며,[67] 법원들과 기타 국가기관들 사이뿐만 아니라, 등급

---

63) Josephine Steiner & Lorna Woods, *op.cit.*, p.258; P. S. R. F. Mathijsen, *op.cit.*, p.352.

64) Walter Mattli & Anne-Marie Slaughter, *op.cit.*, p.268.

65) Thomas Oppermann, *op.cit.*, pp.147~153; Anthony Arnull, *op.cit.*, p.51.

66) Gunther Teubner, *Global Law without a State*(Aldershot: Dartmouth, 1997), p.156.

67) EC법의 헌법국가적 측면에 관한 일반적 내용에 관해서는, René Barents, *The Autonomy of Community Law*(The Hague: Kluwer Law International, 2004), pp.109~165 참조.

의 차이가 있는 법원들 사이에 있어서의 사법정책상의 이해관계도 설명할 수 있어야 한다.

신기능주의가 EU 통합의 결과에 이르는 과정을 설명하기에는 유익하지만, EU 통합의 결과는 원래 신기능주의와는 직접적인 관련이 없다. 따라서 EU 통합에 관한 이론의 패러다임 논쟁은 중단될 필요가 있고, 이제는 사법적 통합과정상의 실제적인 사법정책의 다양성을 설명할 수 있어야 한다. 나아가 사법정책의 천편일률적인 통일성의 추구가 아니라, 다양성이 존재하는 상황에서의 통합에 대하여 유의해야 할 것이다. 그런데 이러한 연구는 EU 통합상의 모든 행위자(개인, 초국가적 기관, 회원국 정부)의 사법적 동기와 목적에 관하여 상세하게 설명할 수 있어야 할 것이다. 그런데 이는 이러한 연구만이 EU의 사법적 통합을 이해할 수 있는 유일한 이론이 된다는 것이 아니라, TFEU 제267조(구 EC 조약 제234조)의 ECJ 와 국내법원 간의 협력을 통해 해결한 광범위하고도 복잡한 선결적 부탁의 사안을 보다 잘 이해할 수 있게 된다는 의미이다.

Ⅵ. 결론

ECJ는 EU 통합에 있어서 주요한 관심을 받는 EU의 사법기관이며, 사법적 통합상의 ECJ의 역할을 이해하기 위해서는 ECJ와 회원국 국내법원 간의 관계를 이해해야 한다. 왜냐하면 EU의 사법질서와 회원국의 사법질서는 ECJ와 회원국 국내법원 간의 긴밀한 협력에 의해 확립되어 왔기 때문이다. 그런데 이러한 협력의 법적 기초가 되는 TFEU 제267조(구 EC 조약 제234조)에 따른 선결적 부탁의 결정은 ECJ가 아닌 국내법원에 의해 이루어진다. 국내법원은 선결적 부탁의 여부를 판단할 수 있는 최상의 지위에 있으며, 이러한 평가를 통해 ECJ에 선결적 판결을 요청한다. 그러나 국내법원은 이런 평가자로서의 지위에 있어서 무제한의 자유를 갖는 것은 아니다. 국내법원은 단지 제소단계를 평가하는 최상의 지위를 가지고 있을 뿐이며, 원칙적으로 ECJ는 이러한 국내법원의 평가와 보조를 같이 하여 협력하며 그 임무를 수행한다. 이러한 방식으로 국내법원은 회원국기관으로서 ECJ와 협력하며 성실하게 의무를 수행한다. 물론 EU법은 기본적으로 국내법원에 의해 적용된다. 왜냐하면 EU는 자체적인 국내이행법을 갖추고 있지 않기 때문이며, 이로 인해 국내법은 EU법의 효과적 적용을 방해할 수 있고, 이로서 EU법의 직접효력과 우위를 침해할 우려가 있게 된다. 또한 회원국들의 다양한 법은 EU법의 통일된 적용을 위협할 수 있다. 이러한 문제를 해결하기 위해 'EU법의 완전한 효력'을 보장할 의무를 회원국 국내법원에 부여하고 있다. 그런데 'EU법의 완전한 효력 원칙'의 개념은 ECJ의 판결 기반 위에 계속하여 발전되고 있으므로, ECJ 판결의 국내적 보장을 위한 기본원칙은 회원국의 사법질서에서 점점 확대되어 적용되고 있는 것으로 간주되어야 할 것이다. 국내법이 원칙적으로 적용해야 할 기본원칙은, 먼저 관련 법률은 회원국의 유사 국내법률보다 덜 우호적이지 않아야 할 것이고, 관련 법률은 EU법이 부여한 권리의 실행을 본질적으로 불가능하게 하거나 또는 지나치게 곤란케 해서는 아니 되어야 할 것이다.

또한 EU법의 완전한 효력은 EU법상 개인에게 부여된 권리를 개인이 국내법원에 제소할 수 있을 때에 완전하게 달성될 수 있다. 따라서 회원국들은 EU법상의 법률문제를 갖는 개인에게 국내법원의 사법절차에 따라 제소권을 당연히 인정해야 하는 것이다. 이러한 국내법의 의무는 EU법의 완전한 효력과 관계되는 회원국들의 헌법상 일반원칙에 해당한다고 볼 수 있다. 이러한 개인의 제소권은 TFEU 제18조(구 EC 조약 제12조)상의 차별금지에 관한 조항에 근거하여 다른 회원국의 시장에서 경제활동을 수행하는 어떤 회원국의 국민에게도 인정되어야 한다. 한편 EU는 EU법에 대한 사법적 보호의 확보를 위하여 회원국들 내에 개별적인 EU법에 대한 전문적 관할법원을 창설할 것을 규정하고 있지 않다. 이는 곧 개인이 국가기관의 작위 또는 부작위 또는 다른 개인에 의해 EU법이 부여한 권리를 침해받았을 경우, 그 개인이 의지할 수 있는 기관은 오직 국내법원뿐임을 의미하는 것이다. 이러한 국내법원은 당해 개인의 회원국 사법제도에서 EU 사법질서의 교두보로서 ECJ와의 협력을 통해 EU법의 시행을 보장한다. 이러한 경우에 ECJ는 선결적 부탁절차 개시와 관련하여 국내법원의 직무 내용을 결정함과 동시에, 국내법원의 협력 원칙에 따라 국내법원의 협조를 실질적으로 요청할 수 있다. 따라서 선결적 부탁절차에서 국내법원은 EU의 사법질서와 회원국의 사법질서에 있어서 양자를 조율하여 사법적 통합을 달성하는 데 중요한 역할을 하고 있다.

이와 같이 EU법의 해석과 유효성의 판결에 관한 선결적 부탁절차는 EU법의 특성인 직접효력과 우위의 원칙의 적용과 보존을 위해 중요한 역할을 하고 있으며, 모든 회원국에서 EU법이 통일적으로 적용되도록 보장하는 소송제도이다. TFEU 제267조(구 EC 조약 제234조)는 ECJ와 국내법원 간의 효과적인 사법적 협력 달성과 EU법의 통일적 적용을 보장하고 있다. 이러한 사법적 협력은 국내법원과 ECJ 양자가 각자의 일정한 관할권을 유지함과 동시에, 동일한 방법에 의해 EU법의 적용을 보장하려는 목적을 공유함으로써 이루어진다. 이로서 양 사법기관은 당해 사건의 확정판결을 내리는데 직접적으로 그리고 보완적으로 상호 기여하게 된다. 마지막으로 국내법원의 선결적 부탁의무와 관련하여 실제로는 국내법원의 사법정책 다양성으로 인하여 국내 사법질서상의 혼란을 초래할 수 있다는 점이다. 그러나 이러한 문제는 국내법원으로 하여금 사법정책에 있어서의 정치성을 탈피하여 사법적 정체성을 확립하고, 이로 인한 사법정책의 일관성과 예측가능성을 사실상 강제함으로써 해결될 수 있을 것이다.

참고문헌

김두수. "EU법상 선결적 부탁절차의 한계와 극복방안". 『국제법학회 논총』. 제50권. 제1호(2005), pp.29~55.

김두수. 『EU소송법상 선결적 부탁절차』. 파주: 한국학술정보, 2005.

채형복. "다양성 속에서의 통합: 유럽시민권과 합리적 의사결정제도". 『유럽연구』. 통권 제18호(2003), pp.143~162.

채형복. 『유럽연합법』. 파주: 한국학술정보, 2005.

Alter, Karen. "Explaining National Court Acceptance of European Court Jurisprudence: A Critical Evaluation of Theories of Legal Integration". Anne-Marie, Slaughter, Alec, Stone, Sweet & Weiler, J. H. H.(eds.). *The European Court and National Courts-Doctrine and Jurisprudence: Legal Change in Its Social Context*. Oxford: Hart Publishing, 2000, pp.227~252.

Arnull, Anthony. *The European Union and its Court of Justice*. Oxford: Oxford Univ. Press, 1999.

Barents, René. *The Autonomy of Community Law*. The Hague: Kluwer Law International, 2004.

Bleckmann, Albert. *Europarecht*. Köln: Carl Heymanns Verlag KG, 1997.

Brealey, Mark & Mark, Hoskins. *Remedies in EC Law*. London: Sweet & Maxwell, 1998.

Brown, L. Neville & Tom, Kennedy. *The Court of Justice of the European Communities*. London: Sweet & Maxwell, 2000.

Burley, Anne-Marie & Walter, Mattli. "Europe Before the Court: A Political Theory of Legal Integration". *International Organization*. Vol.47(1993), pp.41~76.

Claes, Monica & Bruno, de Witte. "Report on the Netherlands". Anne-Marie, Slaughter, Alec, Stone Sweet & Weiler, J. H. H.(eds.). *The European Court and National Courts-Doctrine and Jurisprudence: Legal Change in Its Social Context*. Oxford: Hart Publishing, 2000, pp.171~194.

Craig, P. P. "Report on the United Kingdom". Anne-Marie, Slaughter, Alec, Stone Sweet & Weiler, J. H. H.(eds.). *The European Court and National Courts-Doctrine and Jurisprudence: Legal Change in Its Social Context*. Oxford: Hart Publishing, 2000, pp.195~224.

Herdegen, Matthias, *Völkerrecht*. München: C. H. Beck, 2004.

Mathijsen, P. S. R. F. *A Guide to European Union Law*. London: Sweet & Maxewll, 1999.

Faini, R. & Grille, E.(eds.). *Multilateralism and Regionalism after the Uruguay Round*. London: Macmillan Press, 1997.

Fairhurst, John and Christopher, Vincenzi. *Law of the European Community*. London: Pearson Longman, 2003.

Garrett, Geoffrey. "International Cooperation and Institutional Choice: The European Community's Internal Market". *International Organization*. Vol.46(1992), pp.533~560.

Hanlon, James. *European Community Law*. London: Sweet & Maxwell, 2000.

Hartley, T. C. *Constitutional Problems of the European Union*. Oxford: Hart Publishing, 2000.

Hartley, T. C. *The Foundations of European Community Law*. Oxford: Oxford Univ. Press, 2003.

Horspool, Margot. *European Union Law*. London: Butterworths, 2003.

Kokott, Juliane. "Report on Germany". Slaughter, Anne-Marie, Stone

Sweet Alec, & Weiler, J. H. H.(eds.). *The European Court and National Courts-Doctrine and Jurisprudence: Legal Change in Its Social Context.* Oxford: Hart Publishing, 2000, pp.77~131.

Laderchi, Francesco P. Ruggeri. "Report on Italy". Slaughter, Anne-Marie, Stone Sweet Alec, & Weiler, J. H. H.(eds.). *The European Court and National Courts-Doctrine and Jurisprudence: Legal Change in Its Social Context.* Oxford: Hart Publishing, 2000, pp.147~170.

Lecheler, Helmut. *Einführung in das Europarecht.* München: Verlag C. H. Beck, 2000.

Lenaerts, Koen, Dirk Arts & Bray, Robert. *Procedural Law of the European Union.* London: Sweet & Maxwell, 1999.

Mattli, Walter & Slaughter, Anne-Marie. "The Role of National Courts in the Process of European Integration: Accounting for Judicial Preferences and Constraints". Slaughter, Anne-Marie, Stone Sweet Alec, & Weiler, J. H. H.(eds.). *The European Court and National Courts-Doctrine and Jurisprudence: Legal Change in Its Social Context.* Oxford: Hart Publishing, 2000, pp.253~276.

Moravcsik, Andrew. "Negotiating the Single European Act: National Interests and Conventional Statecraft in the European Community". *International organization.* Vol.45(1991), pp.19~45.

Oppermann, Thomas. *Europarecht.* München: C. H. Beck, 1999.

Plötner, Jens. "Report on France". Anne-Marie Slaughter, Alec Stone Sweet & J. H. H. Weiler(eds.). *The European Court and National Courts-Doctrine and Jurisprudence: Legal Change in Its Social Context.* Oxford: Hart Publishing, 2000, pp.41~75.

Shapiro, Martin. *Court: A Comparative and Political Analysis.* Chicago: University of Chicago Press, 1981.

Steiner, Josephine and Woods, Lorna. *EC Law.* Oxford: Oxford Univ. Press, 2003.

Stone, Sweet Alec. "Constitutional Dialogues in the European Community".

European University Institute, Florence. working paper. 1996, pp.10～15.

Weatherill, Stephen and Beaumont, Paul. *EC Law*. London: Penguin Books, 1995.

Weiler, J. H. H. *The Constitution of Europe: Do the New Clothes Have an Emperor?* London: Cambridge Univ. Press, 1999.

제2장 유럽연합의 리스본조약 체결과 제도적 개혁

이종광

계명대학교 유럽학과 교수

Ⅰ. 서론

유럽연합(European Union: EU)은 1951년 유럽석탄철강 공동체(European Coal and Steel Community: ECSC)가 탄생하고, 1957년 유럽경제공동체(European Economic Community: EEC)와 유럽원자력공동체(European Atomic Energy Community: Euratom)를 각각 창설하는 로마조약(Rome Treaties)을 체결한 이래 약 50년 동안 유럽공동체(European Community: EC)로 통합 운영되면서 크게 발전해 온 결과이다. 특히 1992년 체결한 유럽연합조약(Treaty on European Union: TEU, 일명 마스트리흐트조약)은 경제통화 부문에서의 통합을 완성하고 정치적 통합을 추진하기 위한 법적 근거가 되었다.

이처럼 유럽이 공동체적 심화와 확대를 거듭하면서 발전해 오는 동안 국제사회도 크게 변화했다. 그러나 EU가 경제통화동맹(European Monetary Union: EMU)을 통해 유로(Euro)화를 출범시키면서 경제적인 분야에서는 괄목할 만한 성과를 거두고 있었던 반면, 15개국에서 27개국으로 확대되고 세계화 추세에 따라 급변하는 국제상황에 적절하게 대응할 수 있는 효과적이고 일관된 수단을 갖추기에는 한계점에 부딪히게 되었다. 물론 EU가 1997년 암스테르담조약(Treaty of Amsterdam)과 2000년 니스조약(Treaty of Nice)을 체결하면서 마스트리흐트히트조약을 수성·보완하여 시급한 문제를 어느 정도 해소할 수는 있었지만,[1] 그 당시 EU의 미래를 위해 필수적으로 요구되고 있던 제도적 개혁에 대한 깊이 있는 논의는 EU 회원국 정상들 사이에서 제대로 이루어지지 못했다.

다른 한편, 니스 유럽이사회는 "EU의 미래 개혁을 위한 계획에 관해 폭넓고 심도 있는"[2] 논의를 할 수 있도록 한다는 것을 선언했으며, 이에 따라 2001년 12월 벨기에 라켄에서 개최된 유럽이사회는 유럽헌법(Constitution for Europe)을 2003년 6월까지 제안하는 임무를 지니는 유럽미래회의(Convention on the Future of Europe)를 구성하도록 한다는 데에 합의했다. 이에 따라 2002년 2월 발족한 유럽미래회의가 약 1년 4개월의 작업을 거쳐 제출한 것이 유럽헌법조약(Treaty establishing a Constitution for Europe)이며, 2004년 6월 EU 회원국 정상들은 이를 채택하기로 합의하고 10월 29일 정식 서명하기에 이르렀다.

유럽헌법조약은 모든 EU 회원국의 비준을 거쳐야만 발효될 수

---

1) Christian Lequesne, "Le traité de Nice et l'avenir institutionnel de l'Union européenne", *Regards sur l'actualité*, No.274(septembre-octobre 2001), p.6: 특히 니스 유럽이사회는 중동부 유럽국가들의 EU 가입이 예상되고 있던 시점에서 회원국 및 신규 가입 예정국별 투표수를 조정하고 '유럽연합 기본권헌장'(The Charter of Fundamental Rights of the European Union)을 채택하는 등 EU의 당면과제를 해결하고 유럽통합 발전에 기초를 제공하는 중요한 계기가 되었다.

2) Christian Philip, *La constitution européenne*(Paris: PUF, 2004), p.10.

있는 것이었다. 그러나 2005년 5월과 6월 프랑스와 네덜란드에서 행해진 국민투표에서 이 조약의 비준이 실패함에 따라 존폐의 위기에 처해졌다. 결국 같은 해 6월 16일 열린 브뤼셀 유럽이사회가 유럽헌법조약 비준을 무기한 연기한다고 결정한 후 약 2년간 이에 대한 논의조차 제대로 이루어질 수 없었다.

이러한 유럽연합조약은 2007년 3월 25일 로마조약 체결 50주년 기념식을 맞아 회합한 EU 회원국 정상들이 이 조약을 대체할 새로운 조약을 제정하기로 합의함에 따라 새로운 국면에 접어들게 되었다.[3] 같은 해 6월 23일 브뤼셀 유럽이사회는 유럽헌법조약을 수정한 '개정조약'(Reform Treaty)을 마련한다는 데에 합의했으며, 10월 19일 리스본에서 EU 정상들은 새로이 마련된 조약을 채택하기에 이르렀다. 2007년 12월 12~13일 포르투갈 리스본에서 열린 유럽이사회는 EU의 근간을 이루는 조약들[4]을 개정하는 새로운 조약인 리스본조약(Treaty of Lisbon, 일명 '개정조약')에 공식 서명함에 따라 2년 전 사장될 수 있었던 유럽헌법조약은 다른 이름을 달고 부활할 수 있었다.

유럽헌법조약이 봉착한 난관을 해결하고 리스본조약을 체결하는 과정을 볼 때, 그동안 유럽통합의 확대와 심화를 위해 유럽이사회가 보여 주었던 정치적 타결 능력이 이번에도 어김없이 발휘되었

---

3) 2007년 5월 새로 취임한 사르코지(Sarkozy) 프랑스 대통령은 그동안 사장되어 있다시피 한 유럽헌법 조약을 다시 논의할 것을 촉구하면서 각 회원국들이 국민투표가 아닌 의회의 표결만으로 비준할 수 있도록 하고 논란을 불러일으킬 가능성이 있는 내용들을 삭제한 '미니조약'(mini-Treaty)을 만들 것을 주장하기도 했다.

4) 여기에는 1951년의 유럽석탄철강공동체 조약(파리조약), 1957년의 유럽원자력공동체와 유럽경제공동체 설립을 위한 각각의 조약(로마조약), 1991년의 마스트리흐트조약 등 네 가지 조약이 해당된다. 이들 중 유럽통합의 양대 축을 이루는 것은 로마조약과 마스트리흐트조약이며, 현재의 EU를 규정하는 것은 마스트리흐트조약에 근거한 내용들이다.

다는 것을 알 수 있다. 이처럼 EU 회원국 정상들이 유럽통합을 가일층 진전시킬 수 있는 리스본조약을 신속하게 채택할 수 있었던 것은 마스트리흐트조약을 개정하기 위한 암스테르담조약이나 지중해 및 중동부 유럽국가들의 EU 가입을 대비하기 위한 니스조약을 체결하면서 대두되었지만 여전히 해결되지 못하고 있던 제도적 개혁 문제의 시급성이 크게 작용했다고 볼 수 있다.

이러한 점을 염두에 두고 본 연구는 우선 리스본조약이 제정될 수 있었던 배경을 유럽헌법조약의 체결에서부터 리스본조약 체결까지의 발전과정에서 드러난 논점들을 중심으로 살펴보고, 리스본조약에서 제기되는 주요 쟁점들을 정리하고자 한다. 그리고 EU의 발전 지향적 성격과 리스본조약에서 꾀하고 있는 제도적 개혁 내용에 대해 분석하고자 한다. 끝으로, 리스본조약이 제정됨으로써 기대되는 성과와 정치적 함의를 살펴보고자 한다.

Ⅱ. 리스본조약 제정 배경과 쟁점

유럽통합이 50여 년간 확대와 심화를 거듭하면서 EU로 발전하게 되었지만, EU는 지나치게 복잡하고 방대한 조약의 내용,[5] 의사결정에서의 회원국 간 형평성, 위원회 위원장의 선출 방식, EU의

---

5) 유럽통합이 진전되면서 축적된 결과인 '공동체적 경험'이 약 26,000개의 법령으로 구성되어 있고, 그 분량만도 80,000쪽에 달했던 만큼 새로 가입할 예정이었던 중동부 유럽국가들이 이러한 방대한 모든 공동체적 경험을 즉각 수용하고 이행한다는 것은 거의 불가능하다고 판단할 수 있었다. " L'élargissement. Copenhague, un sommet historique", http://europa.eu.int/abc/12lessons/index3_fr.htm(2006년 2월 17일 검색)

형태 및 기구들의 권한 배분, EU 시민들의 자발적 참여 방안 강구 등 해결해야 할 수많은 과제들을 안게 되었다. 니스조약에 첨부된 'EU의 미래에 관한 니스 선언'(Nice Declaration on the future of the Union)[6]과 기본권헌장이 채택된 후 EU는 이들을 구체화시키고 국제환경의 변화와 27개 회원국으로 확대된 EU 운영에 필요한 새로운 구조를 갖추고자 노력하게 되었다. 이러한 일련의 과정을 거치면서 유럽미래회의가 내놓은 유럽헌법조약이 프랑스와 네덜란드에서 비준 실패를 겪게 되고, 최종적으로 마련된 것이 리스본조약인 만큼 그 제정 배경을 구체적으로 살펴보고, 여기서 주어진 주요 쟁점들을 분석하고자 한다.

1. '유럽헌법조약' 체결과 비준 실패

니스조약 체결 후 2001년 12월 14～15일 벨기에 라켄에서 개최된 유럽이사회는 EU의 민주성, 투명성, 효율성을 더 높이도록 한다는 'EU의 미래에 관한 선언'(Declaration on the future of the European Union, 일명 Laeken Declaration)을 채택했다. 이를 위해 EU 회원국 정상들은 EU의 제도적 토대가 되는 여러 조약을 통합하고 구조 자체를 바꾸어 하나의 유럽헌법으로 만든다는 계획을 발표하면서 향후 있을 정부간회의를 준비하기 위한 회의(Convention)를 설치한다는 데에 합의했다. 특히 EU 회원국 정상들은 EU가 지속적으로 발전하기 위해서는 민주적으로 투명하고 효율적으로 운영되어야 한

---

6) OJC 80, 10.3.2001, pp.85～86.

다는 인식 아래 권력에 대한 정의와 배분, 제 조약의 단순화, EU 제 기관의 구성, 유럽시민을 위한 헌법 제정 등 네 가지 주요 주제를 중심으로 다루게 될 60개의 구체적 사항을 제시하였다.7) 이러한 주제들은 자연히 유럽헌법의 제정 문제로 귀결되면서 제도적인 개혁을 수반할 수밖에 없었다.

프랑스의 선 대통령 발레리 지스카르 데스탱(V. G. d'Estaing)을 의장으로 하는 유럽미래회의는 15개월이라는 기간을 예정으로 2002년 2월 28일 브뤼셀에서 첫 회의를 열었다. 이 회의는 세계질서의 변화와 EU의 미래, 그리고 EU 시민의 요구에 부합하는 EU의 새로운 틀을 마련하고 제도적 개혁을 제안하는 것을 목적으로 삼고 있었지만, 그 본질은 유럽헌법조약 초안을 만든다는 것이었던 만큼 제헌의회적 성격을 상당 부분 지니는 것이었다.8) 이와 같은 중요한 임무를 부여받게 된 유럽미래회의는 유럽통합 역사상 최초로 유럽의회와 위원회 대표, 회원국 및 가입 후보국의 정부와 국내의회 대표 등 105명 위원으로 구성되었으며, 유럽의 미래를 함께 논의하는 자리가 되었다.9)

모두 26차례의 회의를 거친 유럽미래회의는 2003년 6월 유럽헌

---

7) "Laeken Declaration", http://europa.eu/scadplus/glossary/laeken_declaration_en.htm(2008년 2월 13일 검색)

8) 채형복, 『유럽헌법론』(서울: 높이깊이, 2006), p.19; "L'histoire de l'Union européenne", http://europa.eu/abc/history/index_fr.htm(2007년 12월 27일 검색); Dominique Reynié, *Les européens en 2004*(Paris: Odile Jacob, 2004), pp.24~27.

9) Christian Philip, *op.cit.*, pp.11~12: 발레리 지스카르 데스탱을 위장으로 하는 유럽미래회의는 2명의 부의장, 당시 15개 회원국과 2004년 EU 가입이 확정된 10개국, 2007년 가입이 예정된 불가리아와 루마니아, 그리고 터키 등 28개국 정부의 대표 28명, 28개국 국내의회 대표 56명, 위원회를 대표해서 2명, 유럽의회의 정치그룹별 비율에 따라 배정된 16명, 총 105명으로 구성되었다. 유럽미래회의는 6명의 지역위원회 대표, 3명의 경제사회위원회 대표, 3명의 유럽노사대표, 1명의 유럽중재인 등 13명이 옵저버 자격으로 참석할 수 있도록 했다.

법조약 초안(Draft Treaty establishing a Constitution for Europe)을 제출했다. 같은 해 10월 4일 이 초안을 수정하고 채택하기 위한 정부간회의가 열렸으나 결실을 맺지 못하고 2004년 6월로 예정되어 있는 유럽의회 의원선거 이전에 합의에 이르도록 한다는 데에만 의견일치를 볼 수 있었다. 이 초안에 대해 수많은 수정안이 제출되고 힘든 논의과정을 거치면서 보완되었고,[10] 2004년 6월 18일 브뤼셀 유럽이사회는 이를 채택하기로 공식적으로 최종 합의했다. 그 후 법적·언어적 검토와 수정·보완 작업을 거친 이 조약안은 2004년 8월 6일 공개되었으며, 2004년 10월 29일 EC 창설조약을 체결했던 로마에 회원국 정상들과 외무장관들이 모여 유럽헌법을 제정하는 조약에 서명하게 되었다.

조약의 단순화와 EU 의사결정과정의 투명성 제고에 대한 요구에 부응하고자 하는 유럽헌법조약은 전문과 4편의 본문, 최종협정서로 구성된다. 유럽의 역사 및 유산과 유럽의 분열을 극복하고자 하는 의지를 나타내고 있는 헌법적 성격의 전문에 이어, 60개 조항으로 구성된 제1편은 EU의 정의와 목적, 단일한 제도적 범주와 운영, EU 시민의 기본권, EU의 민주성 등에 관한 내용을 명시하고 있다. 제2편은 이미 니스조약에 따라 채택된 기본권헌장을 담고 있으며, 존엄성, 자유와 평등, 연대성, 시민권 등을 규정하고 있다.[11] 제3편은 EU시장의 정책범위와 운영방식에 관한 322개 조항으로

---

10) 유럽헌법조약 제정을 위한 IGC에서의 논의과정은 "La conférence intergouvernementale 2003/2004", http://europa.eu/scadplus/cig2004/negociations1_fr.htm(2007년 12월 27일 검색) 참조.

11) 이러한 측면에서 유럽헌법조약은 EU 회원국과 시민들을 함께 유럽통합 운동에 참여시키고자 하는 중요하고도 보충적인 단계에 해당한다고 볼 수 있다. 즉 제2편에 2000년 12월 니스 유럽이사회에서 채택한 기본권헌장을 포함시켜 EU 시민의 인권보장을 법제화함에 따라 EU는 기본권에 관한 법적 구속력을 부여받게 되었다.

이루어져 있는데, 역내 정책과 행위, 비차별과 시민권, EU의 대외
관계와 기능 등이 여기에 명시되어 있다.[12] 제4편은 일반규정과 최
종규정으로 이루어져 있으며, 마지막에는 다수의 의정서와 유럽헌
법조약 조항 및 의정서에 관한 선언들을 포함하고 있다.

사실상 유럽헌법조약은 지난 50년 이상 적용되어 온 제 조약들
을 내제하는 것으로서 유럽통합의 역사에 매우 중요한 전기를 마
련하는 것이었다. 특히 15개 회원국에서 25～27개 회원국으로 확
대되는 상황에서 EU는 민주적이고 효율적인 정책 운영이 될 수 있
도록 의사결정과정을 포함한 제도적 개혁이 필요했으며, 세계화 추
세에 적극 대처하고 EU의 대내외적 대표성과 영향력을 강화하기
위한 제도 개선이 요구되었던 것이다. 이러한 당위성과 시급성에
따라 유럽헌법조약은 EU의 기구 및 제도들을 개혁하고 민주성과
효율성, 그리고 투명성을 강화할 수 있는 중요한 내용들을 많이 포
함하게 되었던 것이다.

우선 유럽헌법조약은 EU의 대내외적 대표성을 확보하고 영향력
을 강화하기 위해 현재 매 6개월씩 순번제로 운영되고 있는 유럽이
사회 의장직을 상설 의장제인 유럽이사회 상임의장(President of the
European Council)으로 변경한다는 것이다. 또한 공동외교안보정책
(Common Foreign and Security Policy: CFSP)을 포함하여 EU의 대외
적 활동을 보다 효과적이고 일관성 있게 담당할 수 있도록 '연합
외무장관'(Union Minister for Foreign Affaires)을 신설하여 기존의 공

---

12) 이 중에서도 특히 제3편은 단일시장과 다양한 공동정책, EU의 제도적 운영과 대외활동 등을 포함하면
　　서 양적으로 매우 방대한데, 이것은 EC 차원에서 체결된 개별분야에 관한 규정과 공동체적 경험들의
　　풍부함에 기인한다고 볼 수 있다("Une constitution pour l'Europe",
　　http://europa.eu/scadplus/constitution/introduction_fr.htm(2008년 1월 17일 검색) 참조.

동외교안보정책 고위대표(High Representative for Common Foreign and Security Policy)와 집행위원회 대외관계 담당 위원이 각각 담당하던 업무를 통합 수행하면서 집행위원회의 부위원장 직을 겸하도록 한다는 것이다. 대내적으로 유럽이사회의 상임의장을 맡는 유럽이사회 상임의장은 유럽이사회에서 심의할 의제를 준비하고 회의를 주재할 권한을 가지며, 대외적으로는 EU를 대표하는 역할을 맡게 된다. 이러한 유럽이사회 상임의장은 유럽이사회에서 가중다수결제에 따라 2년 6개월 임기로 선출되며, 1회에 한해 중임할 수 있다. 따라서 현재까지 운영되고 있는 6개월 임기의 순번제 의장직과는 달리 업무수행의 연속성과 대표로서의 권위가 더 한층 강화될 수 있다고 볼 수 있다. 또한 새로 정해지는 규정에 따라 5년 임기로 선출되는 외무장관은 위원회의 부위원장을 겸임하면서 유럽이사회 상임의장과 함께 대외적으로 EU를 대표한다. 특히 외무장관은 위원회 내에서 EU의 대외적 행위와 관련된 업무를 조정하고 EU의 공동외교 및 안보정책을 수행한다.[13]

이러한 제도의 신설뿐만 아니라 유럽헌법조약은 제도적 운영과 정책 시행에 관한 내용도 담고 있다. 유럽헌법조약 채택 이후 최초로 구성되는 위원회는 위원회 위원장, 외무장관, 그리고 회원국별 1명씩으로 하지만, 그 다음부터는 전체 회원국의 2/3에 해당하는 회원국에서 순번제로 위원을 추천하도록 하였다. 유럽의회에 대해서도 유럽헌법조약은 권한 강화와 의석 조정을 규정하고 있다. 즉 입법과정에서 유럽의회가 참여할 수 있는 공동결정절차 적용 범위

---

13) Jacques Ziller, *La nouvelle Constitution européenne*(Paris: Eds. La découverte, 2004), pp.12~
13.

의 확대, EU 예산심의권 및 위원회 위원장과 위원에 대한 임명동의권 강화 등에 관한 내용들이 유럽헌법조약에 포함되어 있다. 회원국별 유럽의회 의석 배분에 있어서도 소규모 회원국의 경우 현재 4석에서 6석으로 상향 조정하고 회원국별 최대 의석 배분을 96석으로 제한하는 한편 총 의석수를 750석 이내로 정했다.

또한, EU 차원에서의 신속하고 효율적인 의사결정을 위해 가중다수결제(Qualified Majority)를 확대 적용하고, 의사결정 기준을 회원국 수의 55%로 하되 최소 15개 회원국 이상과 EU 전체 인구의 65% 이상이라는 이중다수결제(Dual Majority)를 도입하고 있다. 여기에 덧붙여 조세, 외교안보정책 등에 대한 회원국의 거부권은 유지하며, 회원국의 Euro화 채택 여부는 EMU 가입 회원국들의 가중다수결로 결정한다는 것을 규정하고 있다.[14]

끝으로, 유럽헌법조약은 공동외교안보정책(CFSP)과 재정문제 등에 관한 규정도 두고 있다. 이 조약에 따르면, EU는 공동으로 외교안보 및 국방정책을 수립하고 시행할 수 있는 권한을 지니며, 각 회원국은 이를 유보함이 없이 따르도록 명시하고 있다. 그리고 경제통화동맹(EMU) 가입 회원국 중에서 재정적자가 GDP의 3%를 초과하는 경우 벌금 등으로 제재를 가할 수 있는 '안정 및 성장 협약'을 그대로 유지하기로 정하고 있다.

이상과 같은 주요 내용들을 담고 있는 유럽헌법조약이 모든 회원국들의 비준을 거쳐 공식 발효될 경우 EU는 내부적으로 다양한 분야에 걸쳐 통합을 가일층 심화할 수 있을 뿐만 아니라 민주성과

---

14) Christian Philip, *op.cit.*, 2004, pp.45~65.

효율성을 강화할 수 있게 되고, 국제사회적으로도 더 한층 강화된 영향력을 행사하면서 앞으로 이루어질 회원국 확대를 위한 조건들을 능동적으로 마련해 나갈 수 있으리라 기대할 수 있었던 것이다.

그러나 EU 회원국들이 유럽헌법조약 비준을 추진하던 중 초창기 유럽통합부터 적극 참여해 왔고 그 후에도 주도적 역할을 해 오던 프랑스와 네덜란드에서 각각 실시된 2005년 5월 29일과 6월 1일 국민투표에서 그 비준이 부결되자 좀 더 진전된 유럽통합을 기대했던 유럽인들은 엄청난 충격을 받게 되었다. 원래 늦어도 2006년 11월 1일 발효시키려던 계획은 수포로 돌아가고, 2005년 6월 17일 EU 회원국 정상들은 1년이라는 기간을 정하여 반성과 성찰, 그리고 회원국 국민들의 의견을 폭넓게 수렴하기 위한 '숙고의 기간'(period of reflection)을 가진 후 여기에 따라 차후 유럽헌법조약에 관한 입장과 일정을 논의하기로 합의했다.[15]

이 조약에 대해 애당초부터 부정적 여론이 우세했던 회원국들은 비준 절차를 무기한 연기하는 등 일대 혼란을 겪게 되면서 유럽헌법조약은 사문화 상태에 이르고 말았다. 이러한 불확실한 상황에서도 예정된 절차를 거치면서 비준을 받은 회원국들도 있었지만,[16] 제안된 헌법조약안을 재차 수정하여 다시 국민투표에 회부할 수 있으리라는 일부의 기대가 무산된 상황에서 비준 성공을 위한 노력은

---

15) "A Constitution for Europe", http://europa.eu/scadplus/constitution/introduction_en.htm(2008년 1월 17일 검색); 이 주세에 관한 논의는 방청록, "유럽헌법조약 부결과 유럽통합 심화에의 함의 연구", 『유럽연구』, 제23권(2006년 여름), pp.1~31 참조: 1년으로 예정되었던 숙고의 기간은 1년 더 연장되어 2007년 상반기까지 논의를 계속하도록 되었다.

16) 프랑스와 네덜란드에서의 비준 실패 후에도 벨기에, 룩셈부르크를 비롯한 4개국이 비준을 받았으며, EU 가입 의정서를 비준한 불가리아와 루마니아를 포함해서 27개 회원국 중 18개 회원국이 비준절차를 완료한 상태였다.

퇴색되어 갔다. 아울러 유럽헌법조약은 그 내용이 지나치게 방대하고 또한 당시 유럽의 정치경제적 및 사회적 상황을 간과한 채 지나치게 성급하게 추진했다는 비난을 면하기 어렵게 되었다.[17] 비록 유럽헌법조약이 현재 상태 그대로 발효될 수 없는 처지에 놓이게 되었다고 할지라도, 이 조약은 비준 성공 여부에 관계없이 유럽통합 과정에 큰 획을 그은 중요한 의미와 가치를 지닌다고 할 수 있다.

2. 리스본조약 제정과정과 주요 쟁점

프랑스와 네덜란드에서 유럽헌법조약 비준이 부결된 후, 모든 회원국의 비준을 전제로 하고 있던 이 조약의 발효는 매우 불투명한 상태에 놓이게 되었다. 그러나 2009년에 유럽의회 의원선거가 예정되어 있었기 때문에 그전에 현재의 유럽헌법조약을 폐기하든지 아니면 일부 수정안을 제시하든지를 결정하여 이 문제를 매듭지어야 했다.

2007년 3월 25일 로마조약 체결 50주년 기념식에서 EU 27개 회원국 정상들이 참석한 가운데 EU 순회 의장국인 독일의 메르켈(Merkel) 총리는 '베를린선언'(Berlin Declaration)을 발표했다.[18] 이날 채택된 베를린선언은 유럽통합의 과거 성과를 되새겨 보고 앞으로의 비전과 목표를 제시하였다. 이 선언은 '인간 존엄성의 존중,

---

17) *Le Monde*, 2 juin 2005.

18) 독일이 2007년 상반기 유럽이사회 의장국을 맡기 직전인 2006년 12월 14일 열린 브뤼셀 유럽이사회에서 메르켈 총리는 독일이 의장직을 맡는 동안 교착상태에 빠진 유럽헌법조약에 대해 다시 논의하도록 하며, 2007년 말까지 회원국들의 합의를 이끌어 낼 수 있도록 한다는 계획을 이미 밝히기도 했다.

인내심, 연대성, 기회의 균등과 같은 유럽의 공통된 가치'를 재확인하면서 EU는 이러한 권리의 평등과 상호 협력을 근간으로 삼고 있음을 천명했다. 또한 테러와 인종차별주의, 자유, 에너지, 기후변화 등 전 지구적인 문제 해결에 EU가 적극 임할 것임을 밝히고, 이를 실현하기 위해 필요한 정치적 단일화를 이룰 수 있도록 모든 회원국들이 협력해 줄 것을 촉구했다.[19]

EU가 '베를린선언'을 발표하고 재도약을 다짐했다고는 하나, 회원국 간의 이견으로 애당초 서명하기로 했던 회원국 정상들은 빠진 채 이 선언에 서명한 사람은 메르켈(Merkel) 독일 총리, 집행위원회 바로소(Barroso) 위원장, 유럽의회 푀터링(Pöttering) 의장뿐이었다. 특히 민감한 문제였던 유럽헌법조약에 관해 이미 비준을 받은 회원국, 특히 의장국인 독일은 이 선언에 유럽헌법조약의 미래를 명확히 규정하자고 주장했으나, 국민투표에서 비준을 거부당한 프랑스와 네덜란드가 강력히 거부함에 따라 단지 "2009년 유럽의회 선거 이전까지 EU를 새로운 공동의 기반 위에 두기로 결정했다"고 밝히면서 간접적인 언급만 하게 되었다.

다른 한편, 메르켈 총리가 유럽헌법조약을 발효시킬 것을 강하게 주장하면서 EU 시민을 위해 유럽의회 의원선거가 실시되는 2009년까지 유럽헌법조약을 제정할 수 있는 방안을 모색하여 단일한 정치체제를 반드시 이루겠다는 내용의 연설을 하였고, 바로소 위원장도 유럽시민들이 누리고 있는 '자유, 평화 번영'은 지난 50년 동안 추진된 유럽통합의 산물임을 강조하면서 EU는 계속 진전할 것

---

19) "Declaration on the occasion of the 50th anniversary of the signature of the Treaties of Rome", http://europa.eu/50/news/article/070326_b_en.htm(2008년 2월 16일 검색)

이라고 강조했다.[20)]

   이러한 베를린에서의 회합을 통해 EU 회원국 정상들이 EU의 정치적 단일화에 합의함에 따라 의장국인 독일은 그동안 방치된 상태로 남겨져 있던 유럽헌법조약을 소생시킬 수 있는 방안을 모색할 수 있게 되었다. 순환 의장직 임기가 끝나기 전까지 유럽헌법을 제정 또는 개성하기 위한 협상을 매듭짓겠다는 강한 의지를 갖고 있던 메르켈 독일 총리에 대해 2007년 5월 취임한 사르코지(Sarkozy) 프랑스 대통령이 적극 협력하게 됨으로써 그동안 답보상태에 머물러 있던 유럽헌법조약에 관한 논의는 다시 활발하게 전개될 수 있었다.

   특히 사르코지 대통령은 후보시절 때부터 그동안 사장되어 있다시피 한 유럽헌법조약을 다시 논의할 것을 촉구하면서 각 회원국들이 국민투표가 아닌 의회의 표결만으로 비준할 수 있고 부결의 위협요소들을 최소화할 수 있는 유일한 방안인 '미니조약'(mini-Treaty)을 만들 것을 주장했다. 그에 따르면, 이 미니조약이란 당시 비준이 불투명한 상태에 있던 유럽연합헌법조약보다 훨씬 단순한 내용을 가지는 조약으로서 '헌법'이라는 용어를 사용함에 따라 가지게 되었던 '헌법적 성격'에 대한 회원국 국민들의 우려를 크게 줄일 수 있다는 것이다.[21)]

   2007년 5월 6일 대통령에 당선된 후 유럽통합에 대한 회원국들의 견해 차이를 좁히기 위해 다른 회원국 정상들과 협의를 거듭하던

---

20) "Berlin declaration signed to mark EU's 50th birthda",
   http://ec.europa.eu/news/eu_explained/070326_1_en.htm(2007년 5월 20일 검색)

21) "M. Barroso estime qu'un "consensus" se forme autour du traité simplié du président français",
   http://abonnes.lemonde.fr/cgi-bin/ACHATS/ARCHIVES/archives.cgi?ID=d6eb8a3b87
   a3d09d12e466d2fa7314ac09ef4c89cd36e7c8(2008년 2월 25일 검색)

사르코지 대통령은 5월 16일 취임하자마자 메르켈 독일 총리를 만나 유럽헌법조약 문제 해결을 위해 긴밀히 협력하겠다는 입장을 밝히는 등 매우 적극적인 행보를 시작했다. 또한 그는 취임 1주일 후에는 브뤼셀을 방문하여 집행위원회 바로소 위원장을 만나 '상대적으로 마비되어 있는' EU의 현 상황을 타개하기 위해서는 미니조약 형태를 취해야 한다고 역설했다. 이러한 제안에 대해 바로소 위원장은 내용이 '압축적이고 단순화된 조약'의 형태를 취할 수 있다는 판단 아래 전적으로 동의를 표하면서도 자칫 유럽통합에 대한 큰 꿈을 약화시킬 수 있는 위험요소가 있다는 점을 강조하기도 했다.[22]

같은 해 6월 21~22일 개최된 브뤼셀 유럽이사회는 '실현되지 못한' 유럽헌법조약을 대체할 새로운 조약을 논의하는 중요한 자리가 되었다. 특히 약 2년 전 유럽헌법조약을 처음으로 부결하면서 그 비준과정에 치명적인 악영향을 끼쳤던 프랑스의 태도와 이로 인해 곤경에 처했던 EU에 돌파구를 마련하기 위해 '단순화된 미니조약' 체결을 제안해 놓고 있던 사르코지 대통령의 역할에 대해 다른 회원국들이 기대하는 바가 매우 컸다. 결국 독일의 메르켈 총리는 전체 회의를 이끌어 나가고, 프랑스 사르코지 대통령이 논의과정에 활발하게 참여하는 형태를 띠게 되었다.

실제적으로 이 미니조약은 유럽헌법조약을 거부했던 프랑스와 네덜란드는 물론 영국과 폴란드 등과 같이 비준절차를 아직 밟지 않고 있던 국가들이나 이미 비준을 끝내고 유럽헌법조약의 핵심 내용을 최대한 지키기를 원했던 18개 회원국 모두에게 수용될 수 있는

---

22) *Le Monde*, le 23 mai 2007.

일종의 타협안이 될 수 있었다.[23] 그러나 유럽헌법조약 중에서 어떠한 것을 포함시키고 어떤 내용을 배제할 것인가 하는 문제는 27개 회원국들의 구체적인 입장에 따라 달라질 수 있는 것이었다.

가장 우선적으로 제기될 수 있는 문제는 비록 상징적인 것이라고 할지라도 '헌법'이라는 용어 자체를 삭제하고 기존의 제 조약들을 수정하는 단순한 조약의 형태를 취하도록 한다는 것이다. 이러한 변화는 회원국들에게 국민투표를 통한 비준절차를 따르지 않고 의회 표결로 비준할 수 있는 길을 열어 주는 것으로써, 프랑스처럼 EU의 지나친 자유주의적인 경제정책 흐름에 반감을 가진 국민들이 다수이거나 혹은 영국처럼 초국가적 유럽통합을 우려하는 목소리가 큰 회원국 국민들이 조약 비준 과정에서 직접 반대할 수 있는 기회를 갖지 못하게 되는 효과가 있다.

두 번째는 특히 프랑스에서 유럽헌법조약에 반대하는 세력들에게 큰 빌미를 제공했던 EU의 제도와 관련된 문제이다. 또한 현실적으로 EU를 상징하면서 존재하고 있는 것들인 깃발, 찬가, 좌우명(모토), 화폐, 축제 등과 관련하여 조약에 언급하지 않기로 하였다.

세 번째는 EU의 효율성을 강화하기 위해 유럽헌법조약에 포함되어 있던 의사결정 방식에 관한 조항들에 대한 문제이다. 비록 EU 회원국 정상들 모두가 이번에는 합의에 이르러야 한다는 데에 동의하고 있었을지라도, 이 문제에 관해서만큼은 브뤼셀 유럽이사회가 열린 후에도 여전히 의견을 크게 달리하고 있었다. 그러나 그들이 분명하게 인식하고 있었던 것은 만약 여기서 실패한다면 EU는

---

23) *Le Monde*, le 21 juin 2007.

걷잡을 수 없는 위기에 처하게 되리라는 절박성과 시급성이었다.

EU 회원국 중에서도 의사결정 방식에 관해 가장 강경한 입장을 취했던 국가는 폴란드였다. 여기에 맞서 독일 메르켈 총리는 폴란드가 기존의 의사결정 방식에 계속 문제를 제기할 경우 폴란드를 제외한 26개 회원국만으로 정부간회의(IGC)를 개최하겠다는 위협을 가하기도 했다. 이러한 상황에서 사르코지 프랑스 대통령은 "베를린 장벽 철폐 이후 20년도 되지 않은 시점에서 동유럽국가들 중 최대 규모인 폴란드를 배제할 수는 없다"고 밝히면서 폴란드와의 단독 협상에 들어갔다. 결국 사르코지 대통령은 자신이 폴란드 '의회에서 연설을 할 것'이라는 강한 의지를 내보이면서 설득하였고,[24] 폴란드가 이 문제에 대해 합의함에 따라 2박3일의 힘든 논쟁은 마무리될 수 있었다.

이러한 협상과정을 통해 독일과 프랑스라는 쌍두마차는 매우 유효하게 작동했으며, 브뤼셀 유럽이사회는 예정보다 하루 늦은 6월 23일 유럽헌법조약의 핵심 조항은 그대로 유지하는 틀 내에서 몇 가지 내용을 수정하는 '개정조약'(Reform Treaty)을 마련한다는 데에 합의할 수 있었다. 즉 브뤼셀 유럽이사회는 확대된 EU가 효율성과 민주적 정통성, 그리고 대외적인 활동을 위한 일관성을 강화하기 위해 기존의 조약들[25]을 개정하는 조약의 초안을 만들기 위

---

24) "L'accord sur le traité "simplifié" redonne de l'air à l'Union européenne", http://abonnes.lemonde.fr/cgi-bin/ACHATS/ARCHIVES/archives.cgi?ID=203cdc109ed7d99 e1f95d53ff69260ebb33fe1d6790aea5f(2008년 2월 25일 검색)

25) 여기에는 1951년의 유럽석탄철강공동체 조약(파리조약), 1957년의 유럽원자력공동체와 유럽경제공동체 설립을 위한 각각의 조약(로마조약), 1991년의 마스트리흐트조약 등 네 가지 조약이 해당된다. 이들 중 유럽통합의 양대 축을 이루는 것은 로마조약과 마스트리흐트조약이며, 현재의 EU를 규정하는 것은 마스트리흐트조약에 근거한 내용들이다.

해 정부간회의(IGC)에 이 작업을 위임한다는 것이다. 브뤼셀 유럽이사회는 조약의 개정을 위한 원칙적인 일정을 세우고, 이 임무를 맡을 새로운 정부간회의(IGC)를 소집할 것을 결정하면서 7월 이내로 조약개정 작업을 위한 법적 요건을 갖추어 IGC로 하여금 곧바로 이를 이행할 수 있도록 한다는 것을 결정했다.

조약개정 작업을 위해 주어진 시간이 매우 촉박했지만, 그 이후 개정 작업의 일정과 향후 EU가 추진해야 할 사항들을 감안할 때 브뤼셀 유럽이사회가 정한 일정은 매우 중요한 의미를 지녔다. 왜냐하면, 이 조약 개정이 일정에 맞추어 마무리되어야만 적어도 2007년 말까지 개정된 조약에 대한 회원국들의 합의를 도출해 낼 수 있을 것이고, 2009년 6월로 예정되어 있는 유럽의회 의원선거 이전에 개정조약을 발효시킬 수 있을 것이기 때문이다. 또한 니스 조약에 명시된 27개 회원국의 비준이라는 원칙을 준수해야 하므로, 더 늦어질 경우 현재 가입이 예상되는 국가들에 대한 확대가 예정대로 이루어질 수 없게 된다는 것도 하나의 이유가 된다. 단 3차례 모임을 가진 IGC는 민감한 문제를 해결하거나 삭제하면서 성공적으로 기존의 조약들을 개정하는 작업을 완료했으며, 2007년 10월 19일 리스본에서 회합한 EU 회원국 정상들은 이 조약안에 대해 실제적으로 신속하게 합의할 수 있었다.[26]

---

26) Richard Corbett, Iñigo Méndez de Vigo, *Report on the Treaty of Lisbon*(European Parliament, A6-0013-2008, 29.1.2008.), pp.15~17.

Ⅲ. 리스본조약의 제도 개혁과 정치적 함의

2007년 12월 12~13일 포르투갈 리스본에서 열린 유럽이사회는 EU의 근간을 이루고 그 운영방법을 정하고 있는 유럽연합조약 (Treaty on the European Union: TEU)과 유럽공동체조약(Treaty establishing the European Community: TEC)을 개정하는 새로운 조약인 리스본조약(Treaty of Lisbon, 일명 '개정조약', Treaty of Lisbon amending the Treaty on European Union and the Treaty establishing the European Community)에 공식 서명함에 따라 불확실성 속에 있던 유럽헌법조약은 다른 이름을 달고 부활할 수 있었다. 리스본조약은 2005년 프랑스와 네덜란드의 국민투표에서 부결된 후 별다른 진전 없이 2년여 동안 '숙고의 시간'(period of reflection)을 보내고 있던 유럽헌법조약을 '헌법'이 아닌 '조약'의 형태로 사실상 대체한다는 것인 만큼 초국가적 성격이나 결속력이 상당 부분 완화된 것은 사실이다.27) 그러나 비준이 불투명한 상태에 있던 유럽연합조약의 핵심적 내용인 제도 개혁에 관한 조항은 거의 그대로 담고 있어 EU가 정치적 통합으로 크게 발전할 수 있는 전기를 마련했다는 평가를 받고 있다.

우선 리스본조약은 민주성(Democracy), 투명성(Transparency), 효율성(Efficiency)을 강화하기 위해 민주적 평등성, 대의적 민주성, 참여민주주의라는 EU의 운영에 관한 3가지 원칙을 담고 있다. 이는

---

27) 이처럼 기존 조약을 개정하는 것이었던 만큼 유럽헌법조약에 포함되었던 기본권헌장이 리스본조약의 본문 속에는 삽입될 수 없었다.

곧 유럽의회의 권한 강화, 회원국 국내의회의 관여 확대, 유럽시민의 민주적 참여 유도 등과 직결되는 내용들이다.[28]

회원국 국민들의 직접보통선거로 선출되는 유럽의회는 입법과 재정, 그리고 국제협정 체결에 관한 권한이 크게 강화되었다. 유럽의회는 종전의 공동결정절차(Co-decision Procedure)가 일반입법절차(Ordinary Legislative Procedure)로 이름이 바뀌면서 각료이사회가 가중다수결로 의결하는 사안에 대해 공동으로 결정하는 권한을 부여받았다. 특히 유럽의회는 사법 및 경찰협력, 교역정책, 농업정책 등의 새로운 분야에 대한 입법권을 부여받음에 따라 각료이사회와 거의 대등한 입법권을 행사할 수 있게 되었다. 또한 종전에 각료이사회가 예산심의권을 가지는 '의무적인 지출'과 유럽의회가 권한을 가지는 '비의무적인 지출'로 구분하던 것을 통합하여 이 두 기구가 전체 EU 예산에 관해 함께 권한을 행사하도록 했다. 끝으로 리스본조약은 일반입법절차에 해당하는 모든 국제협정에 대해 의견을 개진할 수 있도록 정했다.

회원국 국내의회가 EU 운영에 관여할 수 있는 기회를 확대하고 있는 리스본조약은 보조성 원칙에 대한 통제, 시민의 자유와 안전 및 사법, 그리고 조약의 개정에 관한 절차에 참여할 의무와 권한을 국내의회에 부여하고 있다.

유럽시민의 민주적 참여를 적극 유도하기 위해 리스본조약은 공동체 정책 과정에 관한 정보를 제공받고 참여할 수 있는 기존의 제도에 덧붙여 시민 제안제도를 새로이 도입했다. 이 제도의 시행 방

---

28) "A more democratic and transparent Europe",
   http://europa.eu/lisbon_treaty/glance/democracy/index_en.htm(2008년 2월 25일 검색)

침은 리스본조약이 발효된 후 구체화하기로 정하고 있다.

그리고 리스본조약이 유럽의회, 각료이사회, 집행위원회라는 EU의 제도적 구조를 근본적으로 변화시킨 것은 아니지만, 각 기구의 효율성과 일관성, 투명성을 강화하여 현재의 EU가 제대로 운영되고 향후 있을 회원국 확대에 적절히 대비할 수 있도록 했다. 이를 위해 리스본조약을 통해 개혁이 이루어진 주요 내용들을 살펴보면 아래와 같다.[29]

입법, 재정 및 국제협정에 관해 강화된 권한을 부여받은 유럽의회는 의장을 포함하여 751석을 넘지 못하며, 최소 6석 이상, 최대 96석의 범위 내에서 회원국별 인구에 비례하여 의석을 배분하도록 규정했다. 이는 유럽헌법조약의 내용과 동일한 것이나, 총의석 732명으로 정하고 있던 니스조약에 비해 증가한 것은 새로운 회원국 가입에 따른 것이라고 볼 수 있다. 또한 의석수의 상하한선을 정하고 있는 것은 인구수가 적은 회원국을 배려하는 한편, 회원국 수가 많은 회원국들이 유럽시민의 유일한 대변기관인 유럽의회를 독차지하는 것을 막고자 하는 오랜 전통에 따른 것이다.

리스본조약에서 유럽이사회는 새로운 권한을 부여받은 것은 아니지만 EU 공식기구로 인정되었다. 또한 이 조약은 유럽이사회를 주재하고 회원국 간 결속을 다지면서 합의를 도출해 내는 역할을 부여받은 중임이 가능한 임기 2년 6개월의 유럽이사회 상임의장직을 신설하여 기존의 6개월 임기의 순번제 의장직을 대체하였다.

또한 리스본조약은 유럽헌법조약에서 주요 혁신 내용 중의 하나

---

29) "Efficient and modern institutions",
http://europa.eu/lisbon_treaty/glance/institutions/index_en.htm(2008년 2월 26일 검색)

로 간주되었던 외무장관직을 '연합 외교안보정책 고위대표'(High Representative of the Union for Common Foreign and Security Policy) 로 명칭을 바꾸게 되었다. 이는 리스본조약이 헌법적 성격을 부여 받지 못함에 따른 것이지만, 이 직책에 부여된 역할은 유럽헌법조 약에 명시되었던 것과 동일한 것이다. 즉 연합 외교안보정책 고위 대표는 이사회로부터 임무를 부여받아 공동외교안보정책(CFSP)을 수행하면서 국제무대에서 EU를 대표하게 되며, 이와 동시에 EU 집행위원회의 대외관계 업무를 담당하는 부위원장 직을 겸하게 됨 으로써 EU의 대외활동을 보다 효과적이고 일관성 있게 수행할 수 있게 되었다.

각료이사회 의사결정제도의 개선은 유럽헌법조약에서와 마찬가 지로 리스본조약에서도 가장 중요하고 또한 민감했던 사안 중의 하나였다. 이 두 조약은 모두 각료이사회가 가중다수결로 의사결정 을 할 경우 회원국수의 55% 이상과 EU 전체 인구의 65% 이상의 찬성이 있어야 한다는 이중다수결제를 채택하였으며, 이는 EU의 의사결정에 이중적인 정통성을 부여하고 투명성과 효율성을 강화 할 수 있는 방안이 될 수 있었다. 이러한 내용은 2000년 니스조약 에서 정한 의사결정 방식을 크게 완화한 것이지만,[30] 현행의 방식 을 고수하고자 했던 폴란드의 반발에 부딪혀 그 적용시기가 2014 년 10월 31일 이후로 크게 늦추어지고 말았다.

---

30) 2003년 2월 1일부로 발효된 니스조약이 정하고 있는 이중다수결제는 상당히 복잡하여 27개 회원국 을 가지는 EU의 의사결정 방식으로 적절하지 못하다는 평가를 받았다. 그 구체적 내용을 보면, 의사결 정 시 가결에 필요한 최소 찬성 투표수를 전체 투표수의 72%에 해당하는 232표로 정하고, 이때 만일 어떤 한 회원국의 요청이 있을 경우 찬성한 회원국의 인구수 합계가 적어도 EU 회원국 전체 인구의 62% 이상이 되어야만 했다(이종광 · 이성환 · 이승근, 『21세기 유럽통합과 안보질서』(서울: 이우당, 2006), p.125 참조).

이상과 같이 리스본조약은 EU 운영에 있어 더욱 강화된 민주성
과 투명성을 보장하고 의사결정과정의 효율성을 부여하면서 유럽
이사회와 EU 기본기구인 유럽의회, 각료이사회 및 집행위원회에
대한 개혁을 주요 내용으로 담고 있다. 이 조약이 정하고 있는 EU
의 제도적 개혁은 EU가 연방주의적 접근을 꾀하고 있음을 고려할
때[31] 다양한 정치적 함의를 지니게 되는 것이다.

우선 리스본조약은 회원국 시민들에 의해 선출되는 유일한 EU
기구인 유럽의회로 하여금 일반입법절차에 따라 더욱 다양한 정책
사안에 대해 각료이사회와 함께 입법권을 행사할 수 있고, EU 전
체 예산에 대한 심의과정에도 각료이사회와 동등한 권리를 갖고
참여할 수 있도록 했다. 이러한 유럽의회의 입법권 및 예산심의권
의 강화는 유럽통합 과정에서 반복적으로 제기되어 오던 '민주성
결핍'(Democratic Deficit) 문제를 상당 부분 해소할 수 있게 해 주었
다. 그러나 집행위원회 위원장을 회원국 국민이 직접 선출하거나
또는 유럽의회를 통한 간접 선출이 아니라 유럽이사회의 추천에
따라 유럽의회가 선출하도록 리스본조약이 정하고 있음에 따라 민
주성 결핍의 문제는 여전히 남아 있는 것으로 볼 수밖에 없다. 특
히 리스본조약에 따라 신설되는 유럽이사회 상임의장 선출과정에
서도 회원국 국민보다는 회원국 정상들의 의사가 결정적으로 작용
하게끔 되어 있는 점을 감안할 때, 민주성 결핍 문제는 오히려 더
욱 크게 부각될 수 있는 소지를 지니게 된다.

그리고 리스본조약은 EU의 운영 면에서는 물론 입법절차에서의

---

31) Jacques Delors, *Le nouveau concert européen*(Paris: Eds. Odile Jacob, 1992), pp.280~
288.

투명성을 높이는 데에 크게 기여할 것이다. 종전 EU의 입법과정 중 유럽의회가 참여했던 공동결정절차는 각료이사회의 표결 결과와 집행위원회의 개입 여부에 따라 서로 다른 입법절차와 심의 기간을 적용하는 등 매우 복잡했지만, 이를 '일반입법절차'로 통합하면서 단순화시키고 일반화시킬 것을 이 조약은 명시하고 있다. 아울러 리스본조약은 집행위원회가 발간하는 각종 자료와 법률안을 회원국 의회에도 제공할 의무를 규정하고, 새로운 분야에 대한 입법권을 추가로 유럽의회에 부여할 것을 정함에 따라 EU의 입법내용과 진척상황에 대한 정보를 공유하게 되어 입법에 관한 투명성은 크게 강화되었다.[32] 이러한 투명성 제고에도 불구하고, 민감한 정책 분야에 관한 회원국 정상 또는 각료들의 논의 내용이나 의사결정과정이 제대로 공개되지 않는 경향이 있어 EU의 입법과정에 대한 투명성 문제는 여전히 제기될 수밖에 없는 한계를 안고 있다.

끝으로 리스본조약은 입법절차의 단순화, 가중다수결 적용하는 정책 범위의 확대, 이중다수결제의 도입, EU를 대내외적으로 대표하는 유럽이사회 상임의장직과 공동외교안보정책(CFSP)을 수행하고 대외관계 업무를 담당하는 연합 외교안보정책 고위대표직의 신설 등을 통해 EU의 효율성을 크게 강화하고 있다는 것이다. 유럽이사회 상임의장직과 연합 외교안보정책 고위대표직이 신설될 경우 EU의 대내외적 정책의 효율성과 일관성은 크게 개선될 것이며,[33] 유럽통합이 연방주의적 방향으로 발전할 수 있는 근간을 이

---

32) Commission des Communautés européennes, *Communication de la Commission au Conseil, Réformer l'Europe pour le 21e siècle*(Bruxelles, le 10.7.2007. COM(2007)412 final), p.5.
33) *Ibid.*, pp.6~7.

루게 될 것이다.

Ⅳ. 결론

2009년 1월 1일부터 발효할 예정으로 각 회원국에서 비준절차를 거치고 있는 리스본조약은 유럽헌법조약 비준이 불투명한 상태에서 곤궁에 처해 있던 EU로 하여금 한 단계 도약할 수 있는 전기를 마련해 주고 있다. 실제로 2005년 5월과 6월 프랑스와 네덜란드에서 유럽통합의 새로운 장을 열 것으로 기대되었던 유럽헌법조약이 국민투표에서 부결당한 후, 2006년 6월 16~17일 열린 브뤼셀 유럽이사회가 유럽헌법조약 비준 절차를 무기한 연기한다고 발표함에 따라 이 조약은 '사망선고'를 받은 것이나 다름없게 되었다.[34]

그 후 2년여 동안 유럽헌법조약 문제를 재론에 부치기 위한 노력은 전혀 이루어지지 못했지만, 2007년 상반기 의장국을 맡은 독일의 메르켈 총리가 이 조약을 어떤 형태로건 매듭짓고자 강한 의지를 보이면서 새로운 국면을 맞게 되었다. 후보시절부터 '헌법'이 아닌 '미니조약'을 만들어 국민투표가 아닌 의회 표결만으로 비준할 수 있도록 하자는 주장을 해 오던 프랑스의 사르코지가 대통령으로 당선되자 메르켈 총리의 주도적인 역할은 더욱 힘을 받게 되었다. 이처럼 유럽헌법조약의 부활을 위해 독일과 프랑스의 정상들

---

34) 채형복, "유럽개혁조약을 둘러싼 법적 쟁점―브뤼셀 유럽이사회의 IGC 위임사항을 중심으로", 『유럽연구』, 제25권, 제3호(2007년 겨울), p.313.

이 뜻을 같이하고, 브뤼셀 유럽이사회에서 회원국 정상들이 어려운 협상을 거치면서 결국 합의에 이를 수 있었던 것은 유럽이 처해 있던 '위기'를 벗어날 수 있는 다른 묘책이 없었던 데에도 기인한다고 볼 수 있다.[35]

특히 EU가 출범한 이후 15개 회원국에서 27개 회원국으로 확대되었고 가까운 시일에 추가적인 회원국 확대가 예상되고 있던 시점에서 EU는 정책결정과정의 민주성과 투명성, 효율성을 확보할 수 있는 제도적 개혁을 시급히 추진해야만 하는 상황에 놓여 있었던 것이다. 이렇게 볼 때, 리스본조약의 체결은 법적인 당위성보다는 정치적 필요성에 따른 것이라고 할 수 있으며, 마스트리흐트조약의 전문에 명시되어 있는 바와 같이 유럽통합의 '발전 지향적 성격'[36]을 보여 주는 좋은 예가 된다고 할 수 있다. 2008년 3월 현재 리스본조약은 헝가리를 필두로 해서 5개국이 비준절차를 끝낸 상태이며, 국민투표를 거쳐야만 하는 아일랜드를 제외한 나머지 모든 회원국들은 의회에 의한 비준절차를 밟게 된다. 이러한 과정이 순조롭게 진행될 경우 2009년 6월 유럽의회 의원선거가 있기 전인 1월 1일부로 발효될 수 있을 것이다.

비록 비준에 실패했던 유럽연합조약에 비해 여러 면에서 축소되고 약화되긴 했을지라도, 리스본조약 제정과 더불어 EU 기구와 제도의 개혁이라는 측면에서 큰 성과가 있었던 것은 사실이다. 여기서 중요한 것은 사문화 상태에 있던 유럽헌법조약의 핵심적 내용

---

35) 사르코지 프랑스 대통령은 브뤼셀 유럽이사회에서 '개정조약'을 준비하기로 합의한 1주일 뒤인 2007년 7월 2일 유럽의회에서 행한 연설에서 "개정조약이 위기에 처한 유럽을 구했다"고 강조하면서 모든 EU 회원국들의 공동의지가 드러난 것이라고 평가했다(*Le Monde*, le 02 juillet 2007).

36) 마스트리흐트조약 N조 2항 참조.

을 가능한 한 보존하고자 노력하면서 비준에 반대할 수 있는 빌미를 제공했던 부분을 수정 또는 삭제하여 리스본조약으로 살려 냈다는 것과 이 조약에서 미흡한 부분은 향후 회원국들이 또 다른 계기를 통해 해결하면서 EU는 지속적으로 발전해 나갈 수 있는 능력을 갖추고 있다는 점이다. 일찍이 모네가 "그 어떠한 것도 인간 없이는 불가능하듯이, 그 어떠한 것도 제도 없이는 견고할 수 없다"[37]고 지적한 바와 같이, EU는 심화와 확대를 거듭하면서 스스로의 모습과 내용에 적합한 제도를 갖추어 나갈 것이다.

---

37) Jean Monnet, *Mémoires*(Paris: Fayard, 1976), p.360.

참고문헌

방청록. "유럽헌법조약 부결과 유럽통합 심화에의 함의 연구", 『유럽연구』. 제23권(2006년 여름), pp.1~31.

이종광 · 이성환 · 이승근. 『21세기 유럽통합과 안보질서』. 서울: 이우당, 2006.

채형복. 『유럽헌법론』. 서울: 높이깊이, 2006.

채형복. "유럽개혁조약을 둘러싼 법적 쟁점 - 브뤼셀 유럽이사회의 IGC 위임사항을 중심으로", 『유럽연구』 제25권 3호(2007년 겨울), pp.297~320.

Commission des Communautés européennes, *Communication de la Commission au Conseil. Réformer l'Europe pour le 21e siècle*, Bruxelles: COM (2007)412 final, le 10.7.2007.

Corbett, Richard & Vigo, Iñigo Méndez de. *Report on the Treaty of Lisbon*. European Parliament, A6-0013-2008, 29.1.2008.

Delors, Jacques. *Le nouveau concert européen*. Paris: Eds. Odile Jacob, 1992.

Lequesne, Christian. "Le traité de Nice et l'avenir institutionnel de l'Union européenne". *Regards sur l'actualité*. No.274(septembre-octobre 2001), pp.2~11.

Monnet, Jean. *Mémoires*. Paris: Fayard, 1976.

Philip, Christian. *La constitution européenne*. Paris: PUF, 2004.

Reynié, Dominique. *Les européens en 2004*. Paris: Odile Jacob, 2004.

Ziller, Jacques. *La nouvelle Constitution européenne*. Paris: La découverte, 2004.

Le Monde, le 2 juin 2005; le 23 mai 2007; le 21 juin 2007; le 2 juillet 2007.

"L'accord sur le traité "simplifié" redonne de l'air à l'Union européenne". http://abonnes.lemonde.fr/cgi-bin/ACHATS/ARCHIVES/archives.cgi?ID=203cdc109ed7d99e1f95d53ff69260ebb33fe1d6790aea5f(2008년 2월 25일 검색)

"M. Barroso estime qu'un "consensus" se forme autour du traité simplié du président français". http://abonnes.lemonde.fr/cgi-bin/ACHATS/ARCHIVES/archives.cgi?ID=d6eb8a3b87a3d09d12e466d2fa7314ac09ef4c89cd36e7c8(2008년 2월 25일 검색)

"Berlin declaration signed to mark EU's 50th birthday". http://ec.europa.eu/news/eu_explained/ 070326_1_en.htm(2007년 5월 20일 검색)

"La conférence intergouvernementale 2003/2004". http://europa.eu/scadplus/cig2004/negociations1 _fr.htm. (2007년 12월 27일 검색)

"A Constitution for Europe". http://europa.eu/scadplus/constitution/introduction_en.htm(2008년 1월 17일 검색)

"Une constitution pour l'Europe". http://europa.eu/scadplus/constitution/introduction_fr.htm(2008년 1월 17일 검색)

"Declaration on the occasion of the 50th anniversary of the signature of the Treaties of Rome". http://europa.eu/50/news/article/070326_b_en.htm(2008년 2월 16일 검색)

"Efficient and modern institutions".

http://europa.eu/lisbon_treaty/glance/institutions/index_en.htm(20
08년 2월 26일 검색)

" L'élargissement. Copenhague, un sommet historique".
http://europa.eu.int/abc/12lessons/ index3_fr.htm(2006년 2월 17
일 검색)

"L'histoire de l'Union européenne".
http://europa.eu/abc/history/index_fr.htm(2007년 12월 27일 검색)

"Laeken Declaration".
http://europa.eu/scadplus/glossary/laeken_declaration_en.htm(2008
년 2월 13일 검색)

"A more democratic and transparent Europe".
http://europa.eu/lisbon_treaty/glance/democracy/ index_en.htm(2008
년 2월 25일 검색) OJC 80, 10.3.2001, pp.85~86.

제3장 유럽인권협약의 사법적 보장에 관한 연구:
최근 변화와 개정작업을 중심으로

배정생

전북대학교 법학전문대학원 교수

Ⅰ. 서론

인권의 개념은 비교적 과거로 멀리 거슬러 올라가지만 국제사회에서 개인의 인권보장체제가 제도화되고 국제적·지역적 인권보장체제가 본격적으로 가동하기 시작한 것은 2차 대전 이후라 할 수 있다. 2차 대전 직후 국제사회에서는 인권의 보호는 개별국가의 전속적 관할 사항이라기보다는 국제적 관심사로서 국제적 노력과 협력을 통해서 보다 실효적으로 달성될 수 있다는 인식이 확산되었다. 이에 UN 헌장에 인권 관련 조항이 마련되게 되었고 1948년 세계인권선언(Universal Declaration of Human Rights)과 국제인권규약 등 국제적 차원의 각종 인권문서가 채택되어 UN을 중심으로 국제적 인권보장체제가 형성되었다. 또한 지역적 차원에서 유럽인권협약의 채택을 시작으로 각종 지역적 인권보장 메커니즘[1]이 그 체계

를 갖추었다. 지역적 차원에서 볼 때 1950년 11월에 로마에서 서명
되어 1953년 9월에 발효한 '인권과 기본적 자유의 보호를 위한 협
약(이하 유럽인권협약)'과 추가로 채택된 의정서를 중심으로 구축
된 유럽인권보장체제는 현재까지 가장 발전된 지역적 인권보장체
제라고 할 수 있다. 유럽인권협약은 본 협약과 추가의정서에 의해
주로 시민적·정치적 권리를 보장하고 있고 경제적·사회저 권리
와 관련된 실체적 권리의 일부를 보충적으로 보장하고 있다.[2] 유럽
인권협약은 개인의 기본적 권리와 자유에 대한 실체적 권리를 규
정하고 있는 동시에 이를 실질적으로 보장하기 위한 권리구제절차
를 마련하고 있다. 이러한 권리구제절차는 특히 유럽인권법원의 사
법적 보장을 통해서 이루어지고 있고 유럽지역에서 인권의 보호뿐
만 아니라 국제적 차원의 인권보장체제의 성립과 발전에 상당한

---

1) 현재 지역적 인권보장체제로서는 유럽인권보장체제와 미주지역의 미주인권보장체제 및 아프리카지역의
   아프리카인권보장체제가 구축되어 있다. 미주지역의 인권보장체제에 대해서는 Thomas Buergenthal
   and Dinah Shelton, *Protecting Human Rights in the America: Case and Materials*(N.P. Engel
   Publisher, 1995); Thomas Buergenthal and Robert Norris, *Human Rights: The Inter-American
   System*(New York: Oceana Publications, Inc., 1990); Dinah Shelton, "New Rules of Procedure
   for the Iner-American Commission on Human Rights", *Human Rights Law Journal*, Vol.22,
   No.5~8(2001), pp.169~171; Antonio Augusto Cancado Trindade, *Le système inter-américain
   de protection des droits de l'homme: état actuel et perspectives d'évolution à l'aube du
   XXlème siècle*(Annuaire français de droit international, 2000), pp.548~577. 아프리카지역에서
   인권보장체제에 대해서는 Ankumah, A., *The African Commission on Human and Peoples'
   Rights*(Martinus Nijoff Publishers, 1996); Umozurike, U. Oji, *The African Charter on Human
   Rights and Peoples' Rights*(Martinus Nijoff Publishers, 1997); Mubiala Mutoy, "La Cour
   africaine des droits de l'homme et des peuples: mimétisme institutionnel ou avancée
   judiciaire?" *Revue Générale de droit international public*, No.3(1998), pp.765~780.

2) 경제적·사회적 권리의 보장은 주로 유럽사회헌장과 추가의정서에 의해 이루어지고 있다. 유럽사회헌장
   과 추가의정서에 대해서는 D. J. Harris, "A Fresh Impetus for the European Social Charter",
   International and Comparative Law Quarterly, Vol.41(1992), pp.659~679; Gráinne de Búrca
   and Bruno de Witte, *Social rights in Europe*(Oxford University Press, 2005), p.421; Belorgey
   J. M., "La Charte Sociale du Conseil de l'Europe et son origine de régulation: le Comité
   européenn des Droits Sociaux", *Revue de Droit Sanitaire et social*, No.2(2007), pp.227~
   248; Evju S., "The European Social Charter-Instruments and Procedures", *Nordic journal of
   Human Rights*, Vol.25, No.1(2007), pp.58~64.

기여를 하고 있다.

본 연구에서는 유럽과 국제사회에서 인권의 국제적 보호에 중요한 기능을 담당하고 있는 유럽인권협약과 사법적 보장 메커니즘에 대해 고찰하고자 한다. 본 연구는 제2장에서 유럽인권협약의 채택과정과 전개 및 유럽인권협약이 인권의 국제적 보호 측면에서 가지고 있는 의미를 중심으로 유럽인권협약에 대해 개괄적으로 검토하기로 한다. 제3장에서는 유럽인권법원의 유럽인권협약에 대한 사법적 보장 메커니즘을 개인제소를 중심으로 분석한 뒤 제4장에서 최근 유럽인권법원의 사법적 보장체제 운영에 대한 평가와 향후 전망을 하고자 한다.

Ⅱ. 유럽인권협약과 유럽에서 인권의 보장

1. 유럽인권협약의 채택과 인권보장체제의 강화

유럽에서 인권보장체제는 유럽평의회(Council of Europe)[3]의 창설과 함께 성립되었고 유럽평의회 회원국에 의해 채택된 유럽인권협약에 그 기원을 두고 있다. 유럽인권협약은 제2차 대전 후 유럽평

---

3) 유럽평의회는 회원국들의 이상과 원칙을 실현하고 그들의 경제적 사회적 발전을 촉진하여 회원국 간의 보다 큰 화합을 달성할 목적으로 설립된 유럽 국가들로 구성된 지역적 기구라 할 수 있다(유럽평의회 규약 제1조). 동 기구는 1949년에 창설되어 2007년 현재 47개 유럽 국가들로 구성되어 있으며 본부는 프랑스 Strasbourg에 소재하고 있고 유럽지역의 인권보장 및 환경 · 교육 · 문화 · 스포츠 등 다양한 분야에서 협력을 도모하고 있다.
http://conventions.coe.int/Treaty/en/Summaries/Html/001.htm(2007년 7월 12일 검색)

의회차원에서 채택된 인권보장을 위한 지역적 문서라 할 수 있다.[4] 1948년 세계인권선언의 영향을 받은 유럽인권협약은 세계인권선언 에서 규정하고 있는 일련의 실체적 권리를 집단적으로 보장하는 최초의 시도라고 할 수 있다. 유럽인권협약은 한편으로 시민적·정 치적 권리와 자유에 대한 실체적 규정을 마련하고 있으며 이를 실 효적으로 보장하기 위한 절차적 이행보장체제와 권리구제장치를 두고 있다.

유럽인권협약은 원래 유럽인권위원회(European Commission of Human Rights),[5] 유럽인권법원(European Court of Human Rights) 및 회원국대표 또는 회원국의 외무장관으로 구성되는 정치적 성격 의 기관인 유럽평의회 각료위원회(Committee of Ministers of the Council of Europe, 이하 각료위원회라 함)에 의해서 그 이행이 보장 되었다. 하지만 1998년 11월 제11의정서의 발효로 인해 유럽인권 위원회가 폐기되고 각료위원회의 기능이 대폭 감소되었으며 유럽 인권법원에 의한 사법적 보장체제가 강화되었다.[6]

---

4) 유럽인권협약은 1950년 11월 4일 서명을 위해 개방되어 1953년 9월 발효가 되었다. 현재 동 협약에 가 입한 가입국은 총 47개국에 달하고 있으며 특히 1990년대 이후 동서냉전체제가 와해되면서 동구권 국가 가 대거 가입하여 가입국의 수가 현저하게 증가하게 되었다. 유럽평의회는 유럽인권법원뿐만 아니라 다른 인권보장기구를 설치하였는데, 인권위원 또는 인권판무관(le commissaire aux droits de l'homme), 고 문방지유럽위원회, 차별과 비관용 유럽위원회, 소수민족보호를 위한 골격협약 자문위원회, 유럽사회권위 원회 등과 인권보장의 증진을 위한 정보센터 등을 설치하였다. 이러한 정보센터에서는 유럽인권협약의 보장메커니즘과 개인청원의 수리가능성 등에 대한 정보를 개인에게 제공하고 있다. 그리고 여러 회원국 에서 옴부즈맨, 청원위원회 등과 같은 비사법적 기구는 인권의 증진과 인권에 대한 정보를 제공하는 데 중요한 역할을 담당하고 있다. Conseil de l'Europe, "Rapport du Groupe des Sages au Comité des Ministres", *Documents CM* 203(Novembre 2006).

5) 1998년 11월 1일 유럽인권협약 제11의정서가 발효되기 전까지 유럽인권위원회는 개인이 제기하는 개 인제소에 대한 심리적격 여부를 결정하였다. 동 위원회가 활동하는 동안 심리부적격으로 결정한 사례는 총 제소 중 90% 정도를 차지해 대부분의 사건이 본안심리가 이루어지지 않았다. G. Cohen Jonathan, "La protection international des droits de l'homme: Europe", *Documents d'études*, No.3 (2007), p.4.

6) 제11의정서에 대한 평가로는 Ronny Abraham, "La réform du mécanisme de contrôle de la

현재 발효 중인 유럽인권협약은 전문과 총 59조로서 3개의 부(Section)로 구성되어 있으며 법적 구조는 다음과 같다. 제1조에서 유럽인권협약 당사국의 일반적 의무에 대해 규정하고 있고 제1부(Section I, 제2조에서 제18조)는 협약 당사국이 그들의 관할권 내에서 보호하여야 할 개인의 권리와 기본적 자유 및 예외적인 상황에서의 기본적 자유와 권리를 제한할 수 있는 예외규정을 두고 있다. 즉 동 협약은 인권의 실체규정으로서 생명권(제2조), 고문 및 비인간적 대우의 금지 등(제3조), 노예 및 강제노동의 금지(제4조), 개인의 자유와 안전에 관한 권리(제5조), 공정한 재판을 받을 권리(제6조), 죄형법정주의(제7조), 개인과 가족생활의 권리(제8조), 사상·양심 및 종교의 자유(제9조), 표현의 자유(제10조), 집회·결사 및 근로자의 단결권(제11조), 혼인의 권리(제12조), 효율적 구제를 받을 권리(제13조)와 차별금지(제14조) 등을 규정하고 있다. 이러한 협약상의 권리에는 일정한 제한이 따르는데 예를 들어 동 협약은 국가긴급사태 시에 인권을 제한할 수 있는 일반적 예외 조항을 두고 있으며[7] 외국인의 정치적 활동을 제한할 수 있는 조항을 두고 있다.[8] 제2부(제19조에서 제51조)에서는 유럽인권법원에 대해 규정하고 있고 제3부(제52조에서 제59조)에서는 기타 조항을 두고 있다.

유럽인권협약이 발효된 이후 2007년 7월 현재까지 14개의 의정서가 채택되어 유럽인권협약상 보장되는 실체적 권리가 추가되고

---

convention européenne des droits de l'homme: le protocole, No.11", à la convention (Annuaire français de droit international, 1994), pp.620~622; R. Bernhardt, "Reform of the Control Machinery under the European Convention on Human Rights: Protocol No.11", *American Journal of International Law*(1995), pp.145~154.

7) 유럽인권협약 제15조.

8) *Ibid.*, 제16조.

있고 이의 절차적 보장을 위한 이행감시제도나 권리구제절차가 강화되고 있다.9) 구체적으로 제1의정서,10) 제4의정서,11) 제6의정서,12) 제7의정서,13) 제12의정서14)와 제13의정서15)에 의해 실체적 권리가 확대되었다.

위에서 언급한 유럽인권협약이나 의정서는 주로 시민적 · 정치적 권리를 보장하고 있으며 경제적 · 사회적 권리는 유럽사회헌장(European Social Charter)과 추가로 채택된 의정서에 의해 보장되고 있다. 유럽사회헌장은 원래 1961년 10월 18일 채택되어 1965년 2월 26일 발효되었고 그 후에 채택된 추가의정서16)와 개정된 유럽사회헌장17)에 의해 실체적 권리와 절차적 보장체제가 강화되었다.

---

9) 제14의정서는 유럽인권협약의 모든 당사국이 비준하여야 효력이 발생하는데, 2004년 5월 13일에 채택되었으나 2007년 7월 현재 유일하게 러시아연방의 국내비준을 거치지 못해 발효가 되지 못한 상태이다.

10) 제1의정서에서는 재산권보장, 교육을 받을 권리, 자유선거의 권리 등에 관한 규정을 두고 있다(1952년 3월 20일 채택되고 1954년 5월 18일 발효).

11) 제4의정서는 계약의무 불이행을 이유로 하는 자유의 박탈금지, 이동의 자유, 내외국인의 추방금지 등을 규정하고 있다(1963년 9월 16일 채택되고 1968년 5월 2일 발효).

12) 제6의정서는 사형제 폐지를 규정하고 있다(1983년 4월 28일 채택되고 1985년 3월 1일 발효).

13) 제7의정서는 외국인 추방 시 절차적 보장, 형사절차상의 제 원칙, 배우자 간의 평등에 관한 조항을 추가하고 있다(1984년 11월 22일 채택되고 1988년 11월 1일 발효).

14) 제12의정서에서는 차별의 일반적 금지에 대하여 규정하고 있다(200년 11월 4일 채택되고 2005년 4월 1일 발효).

15) 제13의정서에서는 전시의 경우를 포함한 모든 상황에서의 사형의 금지를 규정하고 있다(2002년 5월 3일 채택되고 2003년 7월 1일 발효).

16) 1988년 유럽사회헌장 추가의정서(1988년 5월 5일 채택되어 1992년 9월 4일 발효)는 유럽사회헌장에 의해 보장되는 권리 이외에 4가지의 권리를 추가하였다. 즉 성을 이유로 한 차별 없이 모든 근로자가 평등하게 대우받을 권리, 직장에서 노동자의 정보와 자문에 관한 권리, 직장에서 노동조건과 노동환경의 결정과 개선에 관하여 노동자가 참여할 수 있는 권리, 노인의 사회보장에 관한 권리 등 4가지 권리가 추가되었다. 1991년 추가의정서(1991년 10월 21일 서명)는 유럽사회헌장에서 마련하고 있는 보고제도를 보강하는 내용을 담고 있다. 1995년 추가의정서(1995년 11월 9일 채택되어 1998년 7월 1일 발효)는 단체고발제도를 규정하고 있다.

17) 1996년 5월 3일 서명되고 1999년 7월 1일자로 발효된 개정 유럽사회헌장(the 1996 revised European Social Charter)은 일부 경제적 사회적 권리를 추가하고 있으며 기존 1961년 유럽사회헌장과 1988년 추가의정서 및 1995년 추가의정서를 대체 · 통합하여 단일 문서화했다. 2007년 6월 29일 현재 22개국이 국내비준을 거친 상태이다.
http://www.coe.int/t/e/human_rights/esc/1_general_presentation/Signatures-Ratifications_e

유럽인권협약은 실체적인 인권규정 외에 실체규정을 실효적으로 보장하기 위한 절차와 이를 담당할 기구에 관한 규정을 두고 있으며, 유럽인권협약 채택 이후에 새롭게 추가의정서가 마련되어 협약체제를 강화하였다. 특히 제2의정서(유럽인권법원에 권고적 의견을 제시할 수 있는 권한을 부여, 1963년 5월 6일 서명되어 1970년 9월 12일 발효됨), 제9의정서,[18] 제10의정서(유럽평의회 각료위원회가 협약위반의 결정을 채택하기 위한 의결정족수를 3분의 2에서 단순 다수결로 변경, 1994년 서명되어 1998년 1월 발효됨) 등의 채택을 통하여 절차적·기구적 측면에서 협약체제를 강화시켰다. 그렇지만 1998년 제11의정서가 발효되기까지 유럽인권보장체제는 유럽인권위원회와 인권재판소에 의한 이중적 구조에 따른 문제점과 1980년대 후반부터 협약당사국과 개인제소가 급격히 증가함에 따른 법원업무의 과다 등 문제점이 나타나게 되었다. 이에 따라 유럽평의회는 제11의정서를 새롭게 채택함으로써 인권구제절차를 인권법원을 중심으로 일원화하고 유럽인권법원의 관할권을 확대·강화하는 동시에 정치적 기구인 유럽평의회 각료위원회의 개입권한을 축소하여 인권보장의 사법화를 강화시켰다. 제11의정서의 발효에 따라 신체제가 운영되고 있지만 최근에 러시아를 포함한 동구 유럽 국가들의 대거 가입과 개인제소의 급격한 증가로 인한 유럽인권법원의 업무과중과 절차의 지연 등 문제가 새롭게 해결과제로 떠오르게 되었다. 따라서 이러한 제반 문제의 해결을 위해 제14의

---

n.pdf(2007년 7월 12일 검색)

18) 제9의정서는 개인의 권리구제장치라 할 수 있는 個人請願制度를 개정하여 청원인이 직접 재판소에 소를 제기할 수 있게 하는 등의 인권보장의 사법화를 강화하였으나(1994년 10월 1일 발효), 제11의 정서 발효로 폐기되었다.

정서가 추가로 채택되었으나 2007년 7월 현재 러시아의 국내적 비준을 거치지 못해 발효되지 못한 상태이다.[19]

2. 유럽인권협약의 지위와 역할

유럽인권협약은 1953년 9월 발효된 이후에 유럽지역에서뿐만 아니라 인권의 국제적 보장에 있어 중요한 역할을 담당하고 있다. 유럽인권협약과 추후에 채택된 의정서를 통해 인권의 실체적 내용이 확대되고 있다. 이러한 유럽인권협약은 유럽의 상당수 국가 내에서 직접효력과 직접적용성이 인정되고 있어 유럽인권협약상 보장되는 권리를 침해받은 개인은 국내법원에서 이를 원용할 수 있다. 또한 유럽인권협약과 유럽인권법원에 의해 축적되는 판례에 의해 유럽에서 인권보장의 사법적 통일성이 이루어지고 있으며 일부 국가들은 유럽인권법원의 판결에 합치시키기 위해 국내법을 개정하는 사례가 빈번해지고 있다.[20] 이러한 과정을 통해서 유럽인권협약은 현재 유럽인권법원에 의하면 '유럽공공질서의 헌법적 문서'(constitutional instrument of European public order)[21]로까지 인정되기에 이르렀다. 유럽인권법원에 따르면 '유럽사회에 기본법으로 인식되며 구성원을 구속하는 일련의 규칙'(un ensemble de règles perçues comme fondamentales pour la société européenne et s'imposant à ses membres)이 확립되었

---

19) 제14 의정서는 유럽인권협약의 모든 당사국이 비준해야 효력이 발생한다.
   http://www.echr.coe.int(2007년 7월 12일 검색)

20) G. Cohen Jonathan, "La protection international des droits de l'homme: Europe", *Documents d'études*, No.3(2007), p.6.

21) Loizidou V., "Turkey", *Series A*, Vol.310, pp.24, 27.

다고 할 수 있다.[22] 유럽인권협약과 유럽인권법원의 판결은 유럽연합의 인권보호체제 수립과 발전에 중요한 영향을 미치고 있다.

유럽연합 내에서 인권[23]의 보장은 초기 유럽경제공동체 설립조약인 로마조약에서 인권에 대한 규정을 거의 갖추고 있지 못하였고, 유럽사법재판소의 판결을 통한 사법적 보장과 점진적인 규범제정을 통해 이루어지고 있다. 특히 2000년에 기본권헌장의 채택으로 유럽연합에서 인권보장에 대한 규범적 체제가 정립되고 있고 유럽헌법조약에서 보다 구체적이고 실효적인 보장체제를 마련하고 있다.[24] 그렇지만 현재까지 유럽연합의 법질서 내에서 개인에게 인권의 보장을 위한 직접적인 구제절차를 마련하고 있지 못하다는 점에서 일정한 한계를 지니고 있고 유럽인권협약이 유럽의 인권보장체제의 중추적 역할을 하고 있다.

유럽연합에서 유럽인권협약은 '기본권보장을 위한 공동체의 실질적 법원'(source substantielle de la protection communautaire des droits fondamentaux)을 이루고 있다. 1957년 유럽경제공동체 설립조약인 로마조약은 인권에 관한 어떠한 규정도 마련하지 못하였었고 오직 일부 조항[25]에 개인의 권리 보장에 대한 규정을 두고 있었다. 하지만 이러한 조항은 경제공동체의 설립의 목표를 달성하기 위한 수단으로서 채택되었다는 점에서 진정한 의미의 기본권 보장

---

22) Frédéric Sudre, *Droit international et européen des droits de l'homme*, 8eme Ed.(Paris: Presse Universitaire de France, 2006), p.133.

23) 유럽사법재판소에 의해 언급되고 유럽연합설립조약 제6조 제2항에서 채택된 규정에서는 '기본권'이라고 표현되었지만 일반적으로 '인권'과 동일한 의미로 지칭되고 있다. Frédéric Sudre, *op.cit.*, p.139.

24) Jean Paul Jacqué, "La constitution pour l'Europe et les droits fondamentaux", *l'Europe des libertés*, No.14(Août 2004), p.9.

25) 국적을 이유로 한 차별의 금지(제7조), 사람의 자유이동원칙(제48조), 남녀 간의 임금평등원칙(제119조) 등.

조항이라 보기는 어렵다고 하겠다.[26] 유럽공동체의 설립조약에 인권에 대한 직접적인 규정이 없었기 때문에 유럽사법재판소는 '공동체법질서의 자율원칙'(principe de l'autonomie de l'ordre juridique communautaire)에 기초해서 공동체의 개별회원국에 의해 보장되는 기본권 위반 여부에 관한 공동체 행위의 적법성에 대한 심사를 하지 않는 태도를 보였다.[27] 이러한 유럽사법법원의 태도와 공동체설립조약에서 인권목록의 미비는 독일과 이탈리아를 포함한 일부 국가로부터 반향을 불러일으키게 된다. 1970년 12월 Internationale Handelsgesellschft 사건에서 유럽사법법원이 '기본적 권리의 보장은 법원이 보장하는 법의 일반원칙에 불가분의 일부'라고 결정하게 된 이후 유럽공동체에서 인권의 보장은 유럽공동체법의 일반원칙에 기초를 두고 유럽사법법원의 판례를 통해 보장되기에 이르렀다.[28] 유럽인권협약은 현재 유럽공동체법의 일반원칙에 포함되어 기본권 보장의 법원으로서 역할을 하고 유럽사법법원(ECJ)이 사법심사 시에 유럽인권협약과 유럽인권법원(ECHR)의 판례를 직접 원용하고 있다는 점에서 유럽연합의 기본권 보장에 있어 유럽인권협약과 유럽인권법원의 판례의 역할은 중요하다고 하겠다.[29]

---

26) Frédéric Sudre, *ibid.*, p.139.

27) *Ibid.*

28) *Ibid.*

29) *Ibid.*

3. 유럽인권협약의 보장 메커니즘과 보장기구로서 유럽인권 법원

유럽인권협약당사국이 유럽인권협약과 추가의정서에서 보장하고 있는 권리를 침해한 경우에 국가 간 제소나 개인제소를 통하여 침해된 권리를 구제받을 수 있다. 이와 같이 유럽인권협약의 보장 메커니즘으로서는 국가 간 제소나 개인제소를 들 수 있는데, 국가 간 제소의 경우 "협약의 모든 당사국은 협약과 그 의정서에 대한 의무 위반의 책임이 있다고 판단되는 다른 당사국을 상대로 법원에 소를 제기할 수 있다."[30] 개인제소의 경우에는 "협약이나 그 의정서에서 규정하는 권리의 침해를 받은 피해자임을 주장하는 자연인, 비정부조직 혹은 개인집단이 유럽인권법원에 소를 제기할 수 있다."[31] 유럽인권협약체제는 그 초기부터 국가 간 제소를 인정하여 다른 국제적·지역적 차원의 인권보장체제와는 비교되는 독특한 인권구제장치를 마련하고 있지만 실제의 운영에 있어서 국가 간 제소의 이용은 미미하다고 하겠다.[32]

유럽인권협약의 보장기구로서 종래에는 유럽평의회 각료위원회와 유럽인권위원회가 유럽인권법원과 마찬가지로 중요한 역할을

---

30) 유럽인권협약 제33조.

31) *Ibid.*, 제34조.

32) 2006년 말 현재까지 총 9건의 사안에 대해 22건의 국가 간 제소가 행해졌다. G. Cohen Jonathan, "La protection international des droits de l'homme: Europe", *Documents d'études*, No.3 (2007), p.4. 국가 간 제소는 1970년대 북아일랜드 내에서 안전조치에 대한 문제로 영국을 상대로 아일랜드의 제소와 북키프러스 사태에 대해 터키를 상대로 키프러스가 제기한 몇몇 제소가 전부라 하겠다. European Court of Human Rights, *Survey of activities 2006*(Registry of the European Court of Human Rights, 2007), p.1.

담당하였다. 먼저 유럽평의회 각료위원회는 유럽인권협약상 설치된 기구라기보다는 유럽평의회의 정치기구라 할 수 있다.[33] 제11의정서 이전에 동 위원회는 유럽인권위원회의 보고서가 유럽인권법원에 회부되지 않는 경우에 판정권한을 행사할 수 있었으며 인권법원의 판결에 대한 집행감독기능을 담당하였다. 그렇지만 각료위원회가 위래 정치적 기구로서 구성되있기 때문에 사법적 기능을 담당하는 것이 독립성과 공정성을 보장할 수 없다는 비판이 제기됨으로써 현재 시행되고 있는 협약체제에서는 유럽인권법원판결의 이행감독기능만을 유지하고 있다.

제11의정서가 발효되기 전까지 유럽인권위원회와 유럽인권법원 및 각료위원회가 유럽인권협약의 보장기구로서 역할을 담당하였으나, 제11의정서에 의해 개정된 이후로 유럽인권법원이 협약의 보장기구로서 핵심적인 역할을 하고 있다. 즉 제11의정서에 의해 유럽인권위원회가 폐기되고 각료위원회의 '판정권한'(adjudicatory role)이 폐기되는 등 각료위원회의 권한이 대폭 축소되었으며 유럽인권법원의 위상이 강화되었다.

유럽인권법원의 조직과 구성은 다음과 같다. 유럽인권법원은 3명의 재판관으로 구성되는 위원회(Comittees), 7명으로 구성되는 재판부(Chambers) 및 17명으로 구성되는 대재판부(Grand Chamber)를 갖추고 있다.[34] 그리고 재판부의 설치, 재판부의 재판장 선임, 재판소규칙의 제정,[35] 행정처장(Registrar) 및 부행정처장(Deputy Registrars)

---

33) 유럽평의회 각료위원회는 유럽평의회 회원국의 외무장관 또는 Strasbourg에 파견되어 있는 상설 외교대표로 구성되며 의원위원회(Parliamentary Assmbly)와 함께 유럽평의회를 대표하는 주요 기구이며 유럽평의회의 의사결정기구이다. http://www.coe.int/t/cm/aboutCM_en.asp(2007년 7월 12일 검색)

34) *Ibid.*, 27조.

의 선임 등 권한을 가진 전원합의부(Plenary Court)를 두고 있다.[36] 위원회는 본안심리를 담당하지 아니하고 개인제소의 경우 소의 심리적격 여부를 심사하여 판단하는 기능만을 담당하고,[37] 재판부는 개인이 제소한 사건의 경우 위원회가 협약 제28조에 따른 어떠한 결정도 내리지 못한 경우 심리적격에 대한 결정과 본안심리를 하며, 국가 간 제소사건의 본안심리를 담당한다.[38] 그리고 대재판부(Grand Chamber)는 예외적으로 재판부의 판결에 이의가 제기된 사건과 각료위원회가 제기한 권고적 의견 사건을 처리한다.[39]

Ⅲ. 유럽인권법원과 유럽인권협약의 사법적 보장

유럽인권법원의 사법적 소송절차는 침해를 받은 개인이 그 당사국을 상대로 유럽인권법원에 직접제소를 하거나 또는 다른 체약국이 침해당사국을 상대로 소를 제기하는 국가 간 제소로 나눌 수 있다. 이하에서는 주로 개인제소를 중심으로 유럽인권협약의 사법적 보장체제를 검토하기로 한다. 유럽인권법원에 소가 제기되면 먼저

---

35) 새로운 법원은 1998년 봄과 여름 사이에 104개의 조문을 가진 새로운 '유럽인권법원 절차규칙'을 마련하였고 동 절차규칙은 1998년 11월 1일 발효되었다. 동 절차규칙은 네 개 장으로 나뉘는데 제1장(제1조에서 30조)은 법원조직과 기능에 대해서 규정하고 있고, 제2장(제31조에서 96조)은 재판절차에 대해 규정하고 있다. 그리고 제3장과 제4장은 과도기 규칙과 최종조항을 두고 있다. J. P. COSTA, *La Cour européenne des Droits de l'Homme depuis le premier novembre 1998*(Annuaire français de droit international, 1999), p.740.

36) 유럽인권협약 제26조.

37) *Ibid.*, 28조.

38) *Ibid.*, 제29조 제1항, 제2항.

39) *Ibid.*, 제31조.

심리적격(또는 허용성 심사) 여부에 대한 결정을 거친 후에 본안심리가 진행된다. 당해 사건이 수리되면 우선 법원은 당사자 간의 우호적 해결을 시도하고 동 절차가 성공하지 못하면 본안심리절차가 진행된다. 판결에 대한 이행감독은 종전과 같이 각료위원회에 의해서 이루어진다. 이하에서 보다 구체적으로 분석하기로 한다.

1. 소의 제기

현 유럽인권협약에 따르면 '협약이나 그 의정서에서 규정하는 권리의 침해를 받은 피해자임을 주장하는 자연인, 비정부조직 혹은 개인집단'[40]은 유럽인권법원에 소를 제기할 수 있다. 제11의정서가 발효되기 이전에 유럽인권법원의 관할권은 협약 당사국의 수락을 전제로 하는 임의적 관할권이었으나 현재는 협약의 모든 당사국에 대해 유럽인권법원에 개인제소나 국가 간 제소 모두 강제관할권이 인정되어 권리 구제가 보다 용이하게 되었다. 유럽인권협약이나 의정서에서 보장되는 권리침해를 받은 개인은 직접 또는 대리인을 통하여 서면으로 신청서를 유럽인권법원에 제출해야 되는데 신청서에는 다음 사항을 기재해야 한다. 즉 a) 신청인의 이름, 나이, 국적, 성별, 직업 및 주소, b) 대리인이 있는 경우에는 그 대리인의 이름, 직업 및 주소, c) 신청의 대상이 되는 당사국명, d) 사실의 진술, e) 침해되었다고 주장하는 협약규정과 관련 논거, f) 협약 제35조 1항에서 규정하고 있는 심리적격 요건(국내적 구제절차의 완료 및 6

---

40) *Ibid.*, 제34조.

개월 규칙)을 충족했다는 진술, g) 신청의 목적과 공정한 만족의 신청, h) 신청의 목적과 관련이 있는 여하한 관계서류 및 특히 판결의 복사본 등이다.[41] 신청인은 더욱이 협약 제35조 1항에서 규정하고 있는 심리적격 요건이 충족되었다는 것을 보여 줄 수 있는 모든 정보, 특히 재판소 절차규칙 제47조 1항 h)에서 언급한 서류와 결정을 제출해야 한다. 그리고 신청인이 동일한 사건을 다른 국제적 조사절차나 해결절차에 부탁하였는지에 관해 밝혀야 한다.[42]

2. 사건의 심리적격에 대한 결정

유럽인권법원은 법원에 제기된 사건의 본안심리 전에 심리적격 여부에 대한 결정을 하게 되는데, 심리적격에 대한 결정은 원칙적으로 3인의 재판관으로 구성된 위원회(Committee)가 담당하고 만장일치로 사건의 불수리 또는 사건명부에서 삭제하는 결정을 할 수 있다.[43]

제11의정서에 의해 개정된 유럽인권협약 제35조는 본안심리를 하기 전에 허용성 심사를 하기 위한 전제조건들에 대하여 규정하고 있는데, 그러한 조건들은 다음과 같다. 심리적격 여부를 결정하기 위해 먼저 위원회는 제소한 당사자가 국내적 구제절차를 완료했는지 심리한다. 법원은 일반적으로 인정된 국제법의 규칙에 따라 국내적 구제절차가 완료된 사건만을 다룰 수 있다.[44] 국내적 구제

---

41) 유럽인권법원규칙 제47조 1항.

42) *Ibid.*, 제47조 2항.

43) 유럽인권협약 제28조 및 법원 규칙 제53조, 54조 참조. 국가 간 제소의 경우에는 재판부(Chamber)가 직접 심리적격 여부를 결정한다(유럽인권협약 제29조).

절차의 완료원칙과 관련하여 6개월의 제척기간을 두고 있는데, 유럽인권법원에 소의 제기는 최종적으로 이용 가능한 국내구제절차가 완료된 후 6개월 이내에 제기되어야 한다.[45] 또한 유럽인권협약은 개인제소의 심리적격의 전제조건으로 다음을 규정하고 있다. 즉 ⅰ) 익명에 의한 신청이거나 ⅱ) 유럽인권재판소나 다른 국제분쟁 해결기구에서 이미 실질적으로 동일한 내용의 사건을 심리한 경우가 있거나 ⅲ) 협약 및 그 의정서의 규정과 양립하지 아니한 신청이나 ⅳ) 신청의 근거가 전혀 없고 ⅴ) 신청권이 남용된 경우에는 심리를 하지 않는다.[46] 개인제소의 경우 위원회(Committee)는 제출된 개인신청에 대해 만장일치에 의해 사건의 불수리 혹은 사건명부로부터의 삭제를 결정할 수 있다. 만약, 위원회(Committee)가 만장일치를 이루지 못하여 어떠한 결정도 할 수 없게 되었을 경우, 재판부(Chamber)는 허용성 심사와 아울러 본안심리를 하게 된다. 당해 사건이 심리적격 요건을 갖추었다고 판단되어 수리되면, 우선 법원은 당사자 간의 우호적 해결을 시도하고[47] 양 당사자 간에 분쟁이 해결되지 않을 경우에는 본안심리를 하게 된다.

3. 당사자 간의 우호적 해결

　위원회에 의해 심리적격 요건이 갖추어졌다고 판단되어 사건이

---

44) *Ibid.*, 제35조 1항.
45) *Ibid.*, 제35조 1항.
46) *Ibid.*, 제35조 2항, 3항.
47) *Ibid.*, 제38조 1 b.

수리되면 유럽인권법원은 소송당사자들이 분쟁을 우호적으로 해결하도록 해야 한다.[48] 당사자 간의 우호적 해결이 성립되면 유럽인권법원은 간단하게 사실관계 및 그 결과를 나타내는 결정을 내림으로써 동 사건을 사건명부에서 삭제한다.[49]

4. 본안심리 및 상소

본안심리절차는 서면절차와 구두변론절차로 진행되며 주로 구두변론절차에 의하고 원칙적으로 이를 공개한다.[50] 재판부의 재판장(President of the Chamber)은 구두변론절차를 진행하고 당사자의 대리인, 변호사 또는 자문이 진술해야 할 순서를 정한다.[51] 재판부의 판결은 원칙적으로 최종적인 효력을 가지지만, 재판부의 판결이 선고된 날로부터 3개월 이내에 사건 당사자는 예외적으로 당해 사건을 대재판부에 부탁할 수 있다.[52] 이렇게 하여 대재판부에 제출된 사건을 대재판부의 재판관 중에서 선임된 5명으로 구성되는 '심사위원회'(panel)에 의해 대재판부에서 재심리할 사건인지에 대해 심사한다. 심사위원회는 당해 사건이 협약과 의정서의 적용과 해석에 영향을 미치는 중대한 문제를 제기하고 있는 경우 또는 일반적인 중요한 쟁점을 가진 경우에 한하여 재심리를 결정한다. 심사위원회

---

48) *Ibid.*, 제38조.

49) *Ibid.*, 제39조.

50) *Ibid.*, 제40조.

51) 유럽인권법원규칙 제63조 1항.

52) 유럽인권협약 제40조 및 43조 1항.

가 대재판부에 회부하기로 결정한 경우에 한하여 당해 사건은 대
재판부에 의해 재심리된다.[53]

5. 잠정조치(interim measures)

유럽인권협약에는 잠정조치에 관한 규정을 두고 있지 않다. 다만
유럽인권법원규칙에서 재판부 또는 필요한 경우 그 재판장이 소송
당사자 또는 모든 관련당사자의 요청이 있거나 또는 직권으로 소송
당사자들에게 잠정조치를 제시할 수 있다고 규정하고 있다.[54] 잠정
조치는 'Mamatkulov et Askarov c. Turkie(4/02/2005)사건' 이후에 잠
정조치를 적용하지 않는 경우 개인제소권의 실효적 행사를 저해한
다는 측면에서 강제적 성격이 인정되게 되었다.[55] 동 사건은 제소
당사자가 우즈베키스탄의 국적을 보유한 자로서 1998년과 1999년
에 터키 당국에 체포되어 우즈베키스탄에 인도될 예정이었고 이러
한 인도로 인해 유럽인권협약 침해의 문제가 야기될 것을 우려하여
유럽인권법원이 터키 당국에 인도에의 연기를 요청한 사례이다. 동
사안에서 유럽인권법원은 국제법의 일반원칙과 1969년 조약법에
관한 비엔나협약 제31조 3항에 기초하고 또한 국제사법재판소의 판
결(Lagrand)을 원용하여 잠정조치의 법적 구속력을 인정하였다.[56]

---

53) *Ibid.*, 제43조.

54) 유럽인권법원규칙 제39조.

55) 잠정조치의 법적 효력에 대해서는 G. Cohen-Jonathan, "Sur la force obligatoire des mesures
provisoires: l'arrêt de la Grande Chambre de la Cour européenne du 4 février 2005,
Mamatkulov et Askarov contre Turquie", *Revue Général de droit international public*(2005),
pp.421~434.

6. 권고적 의견(Advisory opinion)

유럽인권법원은 쟁송적 관할권을 행사할 뿐만 아니라 유럽평의회 각료위원회의 요청이 있는 경우 유럽인권협약의 해석에 관한 권고적 의견을 줄 수 있다. 즉 유럽인권법원은 각료위원회의 요청 시 유럽인권협약과 의정서의 해석과 관련한 법적 문제에 대한 권고적 의견을 제시할 수 있다.[57] 그렇지만 유럽인권법원은 유럽인권협약 제1부와 의정서에서 규정하고 있는 권리나 자유의 내용이나 범위에 관련된 어떤 문제에 대해서 또는 법원이나 각료위원회가 협약에 의해 규정된 절차들을 통해 심사해야 할 기타 문제에 대해서 권고적 의견을 제시할 수 없다.[58] 따라서 유럽인권법원의 쟁송적 관할권 행사에 비해서 권고적 의견을 제시할 수 있는 범위는 매우 제한적이고 실제에 있어서도 유럽인권법원은 권고적 의견을 제시한 경우가 단 한 건도 없다.[59]

---

56) Nicolas Riou, "Confirmation du caractère obligatoire des mesures provisoires en vertu de l'article 34 CEDH", *L'Europe des libertés*, No.17(Septembre 2005), p.15.

57) 유럽인권협약 제47조 1항. 1953년 유럽인권협약은 원래 인권법원의 권고적 관할권에 관하여 아무런 규정도 두고 있지 않았었고 제2의정서(1970년 9월 21일 발효)에 의해 최초로 유럽인권법원에 권고적 의견을 제시할 수 있는 권한이 부여되었다.

58) *Ibid.*, 제47조 제2항.

59) 유럽인권법원에 권고적 의견을 요청할 수 있는 주체가 유일하게 각료위원회뿐이라는 것과 권고적 의견의 대상이 되는 법적 문제의 제한으로 인해 미주인권협약체제에서 미주인권법원이 행사하는 권고적 관할권의 행사와는 차이가 있다. 미주인권협약에서는 미주인권에 가입하지 아니한 미주기구 회원국에게도 권고적 의견을 요청할 수 있는 권한을 부여하였고, 협약의 규정뿐만 아니라 미주기구 내에서 적용될 수 있는 어떠한 국제조약의 인권관련 조항에 대해서도 미주인권법원에 권고적 의견을 요청할 수 있도록 하고 있어 권고적 의견이 상당히 축적되고 있다. G. Cohen Jonathan, "La protection international des droits de l'homme: Europe", *Documents d'études*, No.3(2007), p.4; Frédéric Sudre, *Droit international et européen des droits de l'homme*(Paris: Presses Universitaire de France, 2001), p.393. 각료위원회가 자문적 의견을 한 차례에 걸쳐 요청한 적이 있었지만, 유럽인권법원은 심리부적격 결정을 내려 실제 단 한 건의 자문적 의견을 제시한 바가 없다. European Court of Human Rights, *Survey of activities 2006*(Registry of the European Court of Human Rights, 2007), p.2.

7. 유럽인권법원 판결과 이행

유럽인권법원이 유럽인권협약 또는 의정서에 위반을 결정하고 해당 당사국 국내법이 부분적 배상을 인정하는 경우에 유럽인권법원은 필요한 경우 권리침해를 받은 개인에게 공정한 배상을 제공하여야 한다.[60] 유럽인권법원 판결에 대한 이행감독은 각료위원회가 담당한다.[61] 먼저 당사국(피제소국)은 법원의 판결을 이행하기 위해 취한 조치를 각료위원회에 통보하도록 되어 있는데, 이를 이행하지 않으면 각료위원회는 6개월 주기로 이행 여부에 대한 사안을 각료위원회 의사일정에 재등록한다. 재판소 판결의 이행을 거부하는 체약국은 유럽심의회 규정 제3조를 위반하는 것이고, 그에 대한 제재조치로서 각료위원회는 그 위반국에 대하여 각료위원회에서의 대표권을 정지시킬 수 있다.[62]

Ⅳ. 사법적 보장체제의 최근 운용에 대한 평가 및 향후 전망

유럽인권협약체제가 가동하기 시작한 초기에 유럽인권위원회에 제기된 사건과 유럽인권법원에 의해 심리된 사건은 그리 많지가 않았

---

60) *Ibid.*, 제41조.

61) *Ibid.*, 46조 2항.

62) Frédéric Sudre, *op.cit.*, pp.455~456.

지만 1980년대 이후 개인청원이 급증하면서 소송절차가 지연되는 등 보장체제에 대한 효율성 문제가 제기되었다. 특히 1990년대 이후 유럽인권협약 당사국의 급속한 증가(22개국에서 2007년 7월 현재 47개 당사국)에 따른 개인청원의 급증과 유럽인권위원회와 유럽인권법원의 이중적 역할 및 각료위원회의 간섭 등에 따른 사법절차상의 문제가 대두되었다. 따라서 이를 해결하고자 제11추가의정서가 채택되어 1999년 11월 발효 이후 현재까지 새로운 유럽인권협약의 사법심사제도가 가동 중이다. 그렇지만 제11의정서의 발효로 인해 가동되고 있는 새로운 유럽인권협약 체제는 발효 직후부터 그 효율성과 신뢰성에 대한 새로운 어려움에 직면해 있고 현 체제의 개정을 위해 제14추가의정서가 채택된 상태이다. 이하에서는 1995년도 이후 2006년 말까지 유럽인권법원의 활동을 중심으로 사법적 보장체제에 대해 개괄적으로 고찰한 뒤 최근 사법적 보장체제의 개정논의[63]에 대해 제14추가의정서를 중심으로 검토한 후 향후 전망을 해 보기로 한다.

1995년 이후 2006년까지 유럽인권법원에 제기된 사건의 수는 다음과 같이 증가추세를 보이고 있다.[64]

〈표 1〉 유럽인권법원에 제기된 연도별 사건(1995~2006)

연 도	1995	1996	1997	1998	1999	2000	2001	2002	2003	2004	2005	2006
사건 수	11,200	12,700	14,200	18,200	22,600	30,200	31,300	34,500	38,800	44,100	45,500	50,500

(자료: European Court of Human Rights, *Survey of activities 2006*, http://www.echr.coe.int(2007년 7월 12일 검색)

---

63) 유럽인권법원의 사법적 통제체제의 최근 개정 논의에 대해서는 특히 G. Cohen-Jonathan & J. F. Flauss, *La réforme du système de contrôle contentieux de la Cour européenne des droits de l'homme*(Coll. Droits et Justice, t. 61, 2005) 참조.

64) 1998년 10월 31일(제11의정서의 발효 전)까지 유럽인권법원은 구 체제하에서 837건의 판결을 내렸으며 유럽인권위원회는 그의 활동 기간 동안(1955년부터 1998년까지) 총 128,000건의 사건을 심리하였다. European Court of Human Rights, *Survey of activities*(2006), p.2.

　　유럽인권법원이 1995년부터 2006년까지 총 7,000건 이상의 판결
(judgement)을 내렸으며 연도별로는 다음과 같다. 특이한 점은 1998
년 11월 제11의정서의 발효 이후 유럽인권법원의 판결 수가 현저
히 증가했다는 점을 들 수 있다.

<표 2> 유럽인권법원의 연도별 판결(1995～2006)

연도	1995	1996	1997	1998	1999	2000	2001	2002	2003	2004	2005	2006
판결	56	72	106	105	177	695	889	844	703	718	1,105	1,560

(자료: European Court of Human Rights, *Survey of activities 2006*, http://www.echr.coe.int(2007년 7월 12일 검색)

　　위의 통계에서 살펴본 바와 같이 1998년 제11의정서의 발효 이후
2006년까지 유럽인권법원의 판결이 현저히 증가하였으며 판결이 내
려진 유럽인권협약의 주요 당사국은 다음과 같다. 즉 터키(334건의
판결), 슬로베니아(190건의 판결), 우크라이나(120건의 판결), 폴란드
(115건), 이탈리아(103건), 러시아(102건), 프랑스(96건) 그리고 루마
니아(73건)이며 이들 국가를 상대로 해서 내려진 판결은 전체 판결
중 70%를 이루고 있다. 이와 같이 동 기간 동안 터키에 대한 판결이
가장 많았고 프랑스와 이탈리아 서유럽 국가 일부와 동부 유럽 국가
에 대한 판결이 상당 부분 차지하고 있음을 알 수 있다.

　　위에서 살펴본 바와 같이 유럽인권법원에서 다루고 있는 사건의
수가 최근 급속히 증가함에 따라 현 체제의 개선을 위한 다각적 노
력을 추진하고 있다. 먼저 제11의정서의 채택을 통해 사법적 통제
체제를 단순화하여 소송절차의 신속성을 도모하고 인권보장체제의
사법화를 강화하였다.[65] 그렇지만 제11의정서의 발효에 따른 새로

운 사법적 보장체제의 수립은 새로운 도전에 직면하게 된다. 즉 유럽인권위원회와 유럽인권법원이 1998년 제11의정서가 발효되기 전까지 44년의 활동기간 중에 전체 38,389건의 결정과 판결을 내렸던 데 비해, 제11의정서가 발효된 이후 단일화된 유럽인권법원에 의해 5년 동안 61,633건의 결정과 판결을 내렸다. 제11의정서는 1980년대에 유럽인권협약의 보장체제에 대한 문제점에 대한 해결을 위해 제시된 제안에 기초를 두어 채택되었기 때문에 1990년대 이후 회원국과 제소의 급증으로 인한 유럽인권법원의 업무과다 및 소송절차의 지연 등으로 인한 새로운 문제에 직면하게 된다. 1990년에 법원에 제기된 제소가 5,279건, 1994년에 10,335건, 1998년에 19,164건, 2002년에 34,546건임을 고려할 때 매달 2,300건을 유럽인권법원이 처리해야 한다는 업무과중의 문제가 제기되었다.[66]

2003년에 법원은 39,000건의 신규사건을 접수했고 같은 해 말에 대략 65,000건이 법원에서 심리 중이었다. 대부분의 제소는 본안심리가 되지 않고 수리부적격 판정을 받았고(90% 이사의 제소) 반복적 사안에 대한 제소가 대부분이었다. 2003년의 예를 들면 17,270건의 제소가 심리부적격 판정(또는 사건명부에서 삭제됨)을 받았고, 753건만이 심리적격 판정을 받아 본안심리가 진행되었다. 따라서 대부분의 제소가 심리부적격 판정을 받거나 또는 사건명부에서 삭

---

65) 제11의정서는 기존의 유럽인권위원회를 폐기하고 준사법적 기능을 담당했던 각료위원회의 기능을 대폭 축소시키고 특히 상설적으로 활동하는 단일 법원체제를 구축함으로써 1950년 유럽인권협약에 의해 수립된 구 체제를 대체하였다.

66) Conseil de l'Europe, "Rapport explicatif sur le Protocole No.14 à la Convention de sauvegarde des Droits de l'Homme et des libertés fondamentales", *amendant le système de contrôle de la Convention*(STCE No.194). http://conventions.coe.int/Treaty/FR/Reports/Html/194.htm(2007년 7월 2일 검색)

제되었고 유럽인권법원은 703건의 판결을 내렸는데 이 중에서 대략 60% 정도가 반복적 사안을 다룬 것이었다. 따라서 심리적격 여부를 판정하는 데 소요되는 업무과다로 인해 재판부가 심리할 수 있는 수용능력의 한계를 보이고 있다. 더욱이 계속되는 법원의 업무과중과 각료위원회의에 의한 법원 판결의 이행통제에 있어서 업무과중으로 인해 현 체제에 대한 개정의 필요성이 대두되게 되었다.[67]

이러한 개정의 필요성이 공식적으로 제기되고 본격적인 개정작업이 착수되기 시작하였다. 즉 2000년 11월에 유럽인권각료회의(la Conférence ministèrielle européenne sur les Droits de l'Homme)가 유럽인권협약 채택 50주년 기념으로 개최되고 동 회의에서 유럽인권협약체제의 효율성 제고를 위한 시급한 개선의 필요성이 제기되었다. 따라서 동 회의에서는 유럽평의회 각료위원회에 새로운 환경에 비추어 법원의 효율성을 보장하기 위한 심도 있는 논의를 요청하였다. 동 요청에 따라 2001년 2월 법원의 효율성을 보장하는 가능한 개선안을 모색하기 위해 평가작업반(Groupe d'évaluation)과 인권운영위원회(Comité directeur pour les Droits de l'Homme: CDDH) 차원에서 인권보호체제의 강화를 위한 작업반을 설치하게 되었다.[68] 이후 동 작업반을 중심으로 여러 차례의 개정 논의 끝에 2004년 4월 CCDH는 유럽인권협약의 개정 의정서안을 포함한 최

---

67) Conseil de l'Europe, "Rapport explicatif sur le Protocole No.14 à la Convention de sauvegarde des Droits de l'Homme et des libertés fondamentales", *amendant le système de contrôle de la Convention(STCE No.194).* http://conventions.coe.int/Treaty/FR/Reports/ Html/194.htm (2007년 7월 2일 검색)

68) Conseil de l'Europe, "Rapport explicatif sur le Protocole No.14 à la Convention de sauvegarde des Droits de l'Homme et des libertés fondamentales", *amendant le système de contrôle de la Convention(STCE No.194).* http://conventions.coe.int/Treaty/FR/Reports/ Html/194.htm (2007년 7월 2일 검색)

종보고서를 유럽평의회 각료위원회에 제출하였다. 각료위원회는 2004년 5월 12일~13일에 열린 제114차 회의에서 개정안을 채택하였다. 제14의정서의 채택에 따른 유럽인권협약체제의 주요 변화는 다음과 같다. 첫째, 현 체제에서는 심리적격 여부를 세 명의 법관으로 구성된 위원회가 결정하는데 제14의정서에서는 이를 한 명의 법관이 결정하게 하여 법원의 심리적격에 대한 판정능력을 강화하였다. 둘째, 유럽인권법원의 심리의 효율성을 증진시키기 위하여 회원국 국내법의 구조적 흠결에 따른 반복적인 사건에 대하여 간소화된 약식절차를 적용하도록 하였다. 셋째, 제소 당사자가 중요한 침해를 입지 않은 사건과 관련해서 사건의 심리적격에 대한 새로운 기준을 마련하고 있다.[69] 그 외에 14의정서에서는 명백히 유럽연합의 유럽인권협약에의 가입 가능성에 대해 규정하고 있어 향후 유럽연합의 가입이 절차적으로 수월해졌다고 볼 수 있다.[70]

---

69) 이러한 개정 외에 유럽인권협약 보장체제의 보다 근본적인 개선안을 포함한 다양한 개정안이 논의되었지만 최종안에는 포함되지 못했다. 예를 들어 작업반은 지역적 1심법원의 설립가능성에 대한 논의를 하였지만 이에 대해서는 상반된 판례의 형성가능성과 비용과다의 문제를 들어 반대하였다. 특히 이러한 개정은 절차적 측면에서 많은 문제와 의문을 야기할 것으로 판단하고 있다. 또한 미국연방대법원의 certiorari 절차와 유사한 권한을 유럽인권법원에 부여하는 방안도 유럽의 인권보장체제의 이념에는 맞지가 않다고 하여 거부하였다. 또한 유럽인권법원에 국내법원의 요청에 의한 선결적 판결(recours préjudiciels, preliminary rulings)권한을 인정하자는 안과 유럽인권법원에 권고적 의견에 관한 권한을 확대하자는 안 역시 받아들여지지 않았다. 그리고 심리적격 여부를 심사하기 위해 법원의 법관이 아닌 다른 자로 구성된 독자적 기관을 설치하자는 제안도 받아들여지지 않았다. "Conseil de l'Europe, Rapport explicatif sur le Protocole No.14 à la Convention de sauvegarde des Droits de l'Homme et des libertés fondamentales", *amendant le système de contrôle de la Convention* (STCE No.194).
http://conventions.coe.int/Treaty/FR/Reports/Html/194.htm(2007년 7월 2일 검색)

70) 제14의정서에서는 유럽연합이 유럽인권협약에 가입할 수 있다고 하여 유럽연합과 유럽인권협약의 관계를 명백히 하고 있다(유럽연합의 유럽인권의 가입문제는 유럽연합 차원과 유럽평의회 차원에서 논의가 많이 있었지만 현실적으로 가입이 어려운 상황이었다. 이것은 유럽연합 차원에서 유럽연합이 유럽인권협약에 가입할 수 있는 권한이 없다는 유럽사법법원의 태도와 유럽평의회 차원에서 볼 때 유럽연합의 가입은 가입협상을 통해 이루어져야 되는데 유럽연합의 가입에 대해 회의적으로 보는 평의회 회원국이 있었기 때문이다). 이러한 가능성으로 인해 유럽헌법조약안의 제정과정에서 반영되어 유럽헌법조약에서 유럽연합의 유럽인권협약에의 가입규정을 채택하게 되었다. Anne Weber, "La réforme de la cour européenne des droits de l'homme: progrès ou régression dans la protection de

이와 같이 제11의정서와는 달리 제14의정서는 유럽인권협약에 의해 마련된 통제체제에 근본적인 변화와 구조적인 개혁을 시도하기보다는 통제체제의 기능적 측면에 대한 일부 개정이라 볼 수 있다. 따라서 본 의정서는 특히 수용 가능한 기한 내에 사건을 심리하기 위해 필요한 절차적 수단과 유연성을 유럽인권법원에 제공하면서 개선을 모색하기 위한 목적으로 채택되었다고 할 수 있다.

그렇지만 제14추가의정서 역시 일부에서는 현 체제의 운영상 나타나는 문제점을 해결하기는 일정한 한계를 가지고 있다고 본다. 따라서 제14의정서의 발효 이전에 이미 유럽평의회 차원에서 제14의정서를 보완하고 보다 중장기적으로 유럽인권협약의 사법적 보장 방안을 논의하고 있다. 유럽평의회 각료위원회는 이미 2005년 5월에 제14의정서의 초기단계 효과 등을 포함하여 유럽인권협약의 통제체제에 대한 장기적 효율성 제고를 위해 'Group of Wise Persons'을 구성하기로 결정하였다. 동 Group은 2005년 10월에 구성되어 수차례에 걸친 회의를 통해 2006년 5월에 최초의 보고서(document CM(2006) 88)와 2006년 11월에 추가보고서(document CM(2006) 203)를 각료위원회에 제출한 바 있다.

동 Group은 유럽인권협약의 사법적 통제체제의 개선방안을 모색하기 위해서 한편으로는 제14의정서의 적용으로 인한 문제점을 포함하여 유럽인권협약에 의해 마련된 현 사법적 통제체제의 운영에 대한 평가를 하였고, 다른 한편으로는 회원국 차원에서 개별적 조치를 평가하였다. 결국 작업반은 통제체제의 장기적 효율성을 제고

---

l'homme en Europe?" *Droits des libertés*, No.13(Mai 2004), p.18.

하기 위하여 다양한 방안을 모색하였는데, 사법적 통제체제의 구조와 개정, 개별체약국과 인권법원의 관계, 사법적 통제를 보완하는 대체수단과 법원과 재판관의 지위 등 10개 분야에 대한 개정안을 제시하였다.[71]

상기 Group에 의한 개선안에 대해서 유럽인권법원은 대체로 적절하다고 보고 있지만 심리적격의 판정 절차나 공정한 만족에 대한 문제는 시간을 두고 개정방안을 모색해야 한다고 보고 있다. 그리고 인권법원의 권고적 의견절차도 보다 시간을 두고 개정을 모색해야 한다고 보고 있다. 따라서 우선은 제14의정서가 발효되어 일정 기간의 새로운 운영을 토대로 보다 구체적인 개정방안이 모색될 전망이다.

V. 결론

유럽인권협약은 1950년 채택된 이후 추가의정서를 통해 현재까지 개인의 실체적 권리를 확대하고 실체적 권리의 보장을 위한 절차적 보장체제를 강화하고 있다. 유럽인권협약과 의정서에서 보호하고 있는 개인의 권리와 자유가 실효적으로 보장되기 위해서는

---

71) 구체적으로 1. 사법적 통제에 개정절차의 완화, 2. 새로운 사법적 여과체제의 마련, 3. 개별체약국 내에서 유럽인권법원의 판례의 권위 강화, 4. 개별체약국 법원과 유럽인권재판소 간의 협력방안 모색 — 권고적 의견, 5. 협약위반에 대한 보상조치를 위한 소의 강화, 6. 적정한 보상의 부여, 7. arrêt pilote 절차, 8. 협의와 중재, 9. 인권판무관의 역할 확대, 10. 통제체제의 기구적 측면에 대한 개선안을 제시하고 있다. Conseil de l'Europe, "Rapport du Groupe des Sages au Comité des Ministres", *Documents CM*(novembre 2006).

위반행위에 대한 권리구제절차제도와 이행감시제도가 효율적으로 운영되어야 하는데 특히 유럽인권법원에 의한 사법적 보장이 중요하다고 하겠다. 유럽인권법원에 의한 협약의 사법적 통제체제는 특히 1998년 제11의정서가 발효되어 새롭게 강화되었지만 발효 이후 유럽인권협약국과 개인제소의 급격한 증가로 인한 법원의 업무과중과 절차의 지연 등 사법적 보장체제의 효율성과 신뢰성의 문제가 대두되었다. 따라서 2004년 제14의정서가 채택되어 새로운 개선을 모색하고 있으나 2007년 7월 현재 제14의정서는 러시아연방이 국내비준을 거치지 않아 발효되지 못한 상태이다. 이에 유럽평의회 각료위원회는 보다 장기적으로 유럽인권협약체제와 협약의 통제체제의 효율성을 제고하기 위해서 개정을 모색하고 있다. 다만 현재에 있어 이러한 다각적인 개정방안의 모색에도 불구하고 우선은 제14의정서가 발효되어 일정 기간 운영기간이 필요할 것으로 보인다. 따라서 제14의정서의 발효에 따른 새로운 문제점과 유럽인권협약의 사법적 보장체제의 중장기적 효율성 방안에 대한 논의는 상당한 시간이 소요되고 제14의정서의 일정 기간 운영을 토대로 보다 구체적인 개정방안이 모색될 전망이다. 현재 지역적 차원에서 가장 실효적이고 발전된 형태의 인권보장체제를 갖추고 있는 유럽인권보장체제와 동 체제에서 핵심적인 역할을 하고 있는 유럽인권법원 및 사법적 보장체제는 유럽지역에서의 인권의 통일적 기준을 제시하며 유럽뿐만 아니라 국제적 차원에서 인권보장에 기여를 하고 있다. 이러한 유럽인권보장체제에 대한 지속적인 관심과 연구가 필요하리라 본다.

참고문헌

Anne Weber. "La réforme de la cour européenne des droits de l'homme: progrès ou régression dans la protection de l'homme en Europe?" *Droits des libertés*. No.13(Mai 2004), pp.18~22.

Antonio Augusto Cancado Trindade. "Le système inter-américain de protection des droits de l'homme: état actuel et perspectives d'évolution à l'aube du XXIème siècle". *Annuaire français de droit international*(2000), pp.548~577.

Belorgey J. M. "La Charte Sociale du Conseil de l'Europe et son origine de régulation: le Comité européenn des Droits Sociaux". *Revue de Droit Sanitaire et social*. No.2(2007), pp.227~248.

Dinah Shelton. "New Rules of Procedure for the Iner-American Commission on Human Rights". *Human Rights Law Journal*. Vol.22. No.5~8(2001), pp.169~171.

Frédéric Sudre. *Droit international et européen des droits de l'homme*, 8eme Ed. Paris: Presses Universitaire de France, 2006, p.133.

European Court of Human Rights. *Survey of activities 2006*. Registry of the European Court of Human Rights, 2007.

Gráinne de Búrca and Bruno de Witte. *Social rights in Europe*. Oxford University Press, 2005, p.421.

Evju S. "The European Social Charter-Instruments and Procedures". *Nordic journal of Human Rights*. Vol.25. No.1(2007), pp.58~64.

G. Cohen-Jonathan. "Sur la force obligatoire des mesures provisoires: l'arrêt de la Grande Chambre de la Cour européenne du 4 février 2005, Mamatkulov et Askarov contre Turquie". *Revue Général de droit international public*(2005), pp.421~434.

G. Cohen Jonathan. "La protection international des droits de l'homme: Europe". *Documents d'études.* No.3(2007), p.4.

Jean Paul Jacqué. "La constitution pour l'Europe et les droits fondamentaux". *l'Europe des libertés.* No.14(Août 2004), p.9.

R. Bernhardt. "Reform of the Control Machinery under the European Convention on Human Rights: Protocol No.11". *American Journal of International Law*(1995), pp.145~154.

Ronny Abraham. "La réform du mécanisme de contrôle de la convention européenne des droits de l'homme: le protocole No.11 à la convention". *Annuaire français de droit international*(1994), pp.620~622.

Thomas Buergenthal and Dinah Shelton. *Protecting Human Rights in the America: Case and Materials.* N.P. Engel Publisher, 1995.

Mubiala Mutoy. "La Cour africaine des droits de l'homme et des peuples: mimétisme institutionnel ou avancée judiciaire?" *Revue Générale de droit international public.* No.3(1998), pp.765~780.

Nicolas Riou. "Confirmation du caractère obligatoire des mesures provisoires en vertu de l'article 34 CEDH". *L'Europe des libertés.* No.17(Septembre 2005), p.15.

Thomas Buergenthal and Robert Norris. *Human Rights: The Inter-American System.* New York: Oceana Publications Inc., 1990.

Conseil de l'Europe. "Rapport explicatif sur le Protocole No 14 à la Convention de sauvegarde des Droits de l'Homme et des libertés fondamentales". *amendant le système de contrôle de la Convention* (STCE No.194).

http://conventions.coe.int/Treaty/FR/Reports/Html/194.htm(2007년 7월 2일 검색)

제4장 유럽개혁조약을 둘러싼 법적 쟁점:
브뤼셀 유럽이사회의 IGC 위임 사항을 중심으로

채형복

경북대학교 법학전문대학원 교수

Ⅰ. 서론

2007년 5월 16일 니콜라 사르코지가 프랑스의 새 대통령으로 취임했다. 흥미로운 것은 사르코지 대통령이 취임 당일 베를린으로 가서 앙겔라 메르켈 독일 총리를 만난 것이다. 이 회동은 여러 면에서 중요한 의미가 있다. 하지만 무엇보다 유럽연합 내에서 프랑스-독일 양국 간의 위상을 제고시킴과 동시에 그동안 답보 상태에 머물러 있던 유럽헌법조약(유럽헌법)[1]의 부활 문제에 대해 상호 간 뜻을 같이하겠다는 것을 천명했다는 점이다. 2007년 1월부터 6월 말까지 유럽이사회[2] 의장국을 맡은 독일의 메르켈 총리는 의장 임기가 끝나

---

1) 유럽헌법조약은 통상적으로 유럽헌법으로 지칭된다. 본고에서는 후자를 주로 사용하되 필요에 따라 전자도 병용하기로 한다.

2) 유럽이사회(European Council)는 EU 27개 회원국 국가원수와 정부수반들의 정상회의이다. 회원국 국가명의 영문 알파벳 순서에 따라 6개월씩 순번제로 의장국을 맡게 된다.

기 전까지 유럽헌법 제·개정을 위한 일정표를 마련하고, 2009년 유럽의회 선거 이전까지 유럽헌법을 제·개정하는 방안을 추진하였다.

그렇다면 프랑스의 사르코지 대통령이 취임 당일 독일의 메르켈 총리를 만나면서까지 논의되고 있는 유럽헌법이란 무엇인가?

유럽헌법의 공식 명칭은 'Treaty establishing a Constitution for Europe', 즉 '유럽을 위한 헌법을 설립하는 조약'이다.[3] 유럽헌법은 2002년 2월 28일자로 발족한 유럽미래회의에서 그 채택이 논의되기 시작하여 2004년 10월 29일자로 EU 회원국 정상들에 의해 서명되었다. 일반적으로 '유럽헌법'이라 불리고 있지만, 원제에서 볼 수 있는 바와 같이 유럽헌법'조약'이므로 유럽헌법은 각 회원국의 헌법 규정에 따라 국민투표 혹은 의회에서의 표결을 통한 비준절차가 진행되어 왔다. 하지만 2005년 5월 29일과 6월 1일, 프랑스와 네덜란드의 국민투표에서 그 비준이 부결됨으로써 유럽헌법은 거의 2년간 표류하고 있었다.[4]

사르코지 대통령은 뇌사상태에 빠져 있는 유럽헌법을 부활시키기 위해 각 회원국들이 의회 표결만으로 통과시킬 수 있는 구속력 약한 '미니헌법'을 만들어야 한다고 주장해 왔다. 그의 주장에 대해 당시 의장국을 맡고 있던 메르켈 총리는 이를 적극 지지해 왔다. 특히 메르켈 총리는 6월 21일~22일 브뤼셀에서 열리는 유럽

---

3) 유럽헌법조약 448개 본문 조항을 국문으로 완역한 것으로는 졸저, 『유럽헌법조약』(서울: 높이깊이, 2006), p.275. 그리고 동 조약의 핵심 의제에 대해 분석한 개설서로는 졸저, 『유럽헌법론』(서울: 높이깊이, 2006), p.244.

4) 프랑스에서 유럽헌법의 비준이 부결된 이유에 대해서는 졸고, "프랑스 국민들이 유럽헌법에 반대하는 이유 — 신자유주의·EU 졸속 확대에 대한 의구심 때문". 『프레시안』, 2005. 5. 25. 칼럼을 참고하라.

이사회에서 유럽헌법 부활을 둘러싼 오랜 논쟁을 마무리하고 부활을 위한 로드맵을 타결하고자 의도하였다.

미니헌법과 관련하여 당시 제기되고 있던 사안을 검토해 보면, 대체로 세 가지로 정리할 수 있다. 첫째, 유럽헌법을 개정할 것인가, 아니면 새롭게 제정할 것인가? 둘째, 유럽헌법 가운데 어떠한 내용을 삭제하거나 신설할 것인가? 마지막으로, 헌법의 비준 방식으로 각 회원국의 의회에서의 비준 동의 절차만 거칠 것인가?

본고에서는 위와 같은 내용을 중심으로 우선 '미니헌법조약'의 제정을 둘러싼 주요 법적 쟁점에 대해 검토한다. 그리고 지난 6월 21일~22일 개최된 브뤼셀 유럽이사회의 결론을 중심으로 정부간회의(Intergovernmental Conference: IGC)에 위임된 내용을 중심으로 개혁조약에 포함될 주요 의제에 대해 분석한다. 마지막으로 결론에서는 개혁조약의 제정에 관한 향후 전망을 하기로 한다.

Ⅱ. '미니헌법조약'의 제정을 둘러싼 법적 쟁점

1. 유럽헌법 개정의 형식

유럽헌법조약(안)은 '통합헌법'의 형태를 취하고 있다. 즉 총 4부로 구성된 헌법은 그 본문만 하더라도 448개의 조항을 갖고 있고, 이외에도 36개의 의정서를 비롯하여, 50개의 선언을 첨부하고 있다. 이 방대한 분량의 원문을 읽고 이해한다는 것 자체가 무리라는 점에 대해서는 일찍이 많은 비판이 있어 왔다.[5] 결국 2005년 5월 29일과 6월 1일 프랑스와 네덜란드에서 행해진 국민투표의 결과 유럽헌법의 비준이 부결되었고, 이는 다른 회원국의 비준절차에 결정적인 영향을 미치게 되었다. 결국 같은 해 6월 16~17일 브뤼셀 유럽이사회가 공식적으로 '유럽헌법 비준 무기한 연기'에 관한 모라토리엄 선언을 함으로써 지난 2년 동안 유럽헌법은 거의 사장된 상태에 있었다. 이러한 면에서 본다면, 지나치게 성급하게 비준절차를 진행함으로써 오히려 유럽헌법만이 아니라 유럽의 통합 자체에까지 치명적인 악영향을 초래하고야 만 것이다.

이와 같은 교착상태를 해소하고자 적극적인 태도를 취한 것은 올해(2007년) 1월부터 6월까지 유럽이사회 의장국을 맡은 독일의 메르켈 총리였다. 지난 2006년 12월 14~15일 양일간 열린 브뤼셀 유럽이사회에서 메르켈 총리는 독일이 의장국을 맡는 동안 유럽헌법을 다시 논의하겠다고 공식 선언했다. 즉 6개월간의 논의 뒤 2007년 중반쯤 IGC을 열고, 그해 말까지 헌법을 재추진하기 위한 27개 회원국 간 합의안을 만들어 낸다는 계획을 세웠다.[6] 메르켈 총리의 계획에 힘을 보태 준 것은 바로 당시 프랑스 대통령 후보였던 사르코지였다. 그는 '통합헌법'의 형태를 띤 현 유럽헌법안 대신에 '소규모협정' 형식의 '미니조약'(mini-treaty) 혹은 '미니헌법'을 제안했다. 이 용어는 국제법상 인정된 조약의 형태는 아니다. '미니조약' 혹은 '미니헌법'이란 프랑스어 표현인 'traité simplifié'

---

5) *Ibid.*.

6) http://www.munhwa.com/news/view.html?no=20061221010333322750020(2007년 6월 1일 검색)

가 의미하는 바와 같이, 지금의 유럽헌법조약보다 훨씬 단순한 내용을 가진 조약 혹은 헌법을 의미한다. 또한 현재 국민투표 혹은 의회 비준절차를 대신하여 각 회원국의 의회에서의 표결을 통한 비준절차로 단일화하자는 내용도 포함하고 있다. 하지만 보다 엄밀한 의미에서는 새롭게 채택되는 문서는 '헌법'이라기보다는 '아주 압축되고 단순화된 하나의 조약'(un traité simplifiée, plus compact)의 형태일 가능성이 높다. 이와 같은 형태를 취하게 되면, 유럽위원회 위원장인 바로소(Barroso)가 지적하는 바와 같이, 비준 가능성은 높일 수 있지만 상대적으로 유럽통합에 대한 열기는 현재보다 냉각될 우려도 배제할 수 없다.[7]

2. 유럽헌법조약 개정을 둘러싼 주요 쟁점

기존의 유럽헌법조약안을 미니조약의 형태로 개정하자는 논의는 아래와 같이 크게 네 가지 핵심 주제로 요약할 수 있다.

첫째, 유럽헌법조약안에 대한 다수 회원국들의 거부감은 동 조약안이 규정하고 있는 'EU의 초국가적 지위'와 관련한 내용을 둘러싸고 표출되었다. 유럽헌법은 제Ⅰ-8조에서 [연합의 상징]이란 제하에 다음과 같은 목록을 제시하고 있다. 즉 ① 연합의 깃발은 푸른색 바탕에 12개의 금빛 별들이 둥근 원의 형태를 띠어야 한다. ② 연합찬가(the anthem of the Union)는 루드비히 반 베토벤의 제9

---

7) http://www.lemonde.fr/web/imprimer_element/0,40-0@2-3214,50-914093,0.html(2007년 6월 1일 검색)

번 교향곡 <환희의 송가(Ode to Joy)>를 사용한다. ③ 연합의 모토는 '다양성 속의 통합'(United in diversity)이다.8) 이 조항들은 바로 EU에게 초국가적 지위를 부여하는 EU의 國旗와 國歌, 그리고 모토에 대해 규정하고 있다. 이와 더불어 제Ⅰ-28조는 EU 외무부장 관직을 신설한다는 규정을 두고 있다. 하지만 이와 같은 규정은 자국 주권의 상실 혹은 제한을 우려하는 회원국들에 의해 폐지되어야 한다는 반대에 부딪혔다.

둘째, 위의 이유와 관련하여 유럽헌법 제2편(Part Ⅱ)의 '유럽기본권헌장'을 삭제해야 한다는 주장이 제기되었다. 특히 유럽기본권헌장은 EU의 법적 지위를 회원국 주권보다 상위에 두고 있다는 것이 반대의 주된 이유로 제시되었다.

셋째, EU의 조약 체결권도 반대 사유의 하나였다. 유럽헌법 제Ⅲ-323조는 다음과 같이 규정하고 있다.

> "1. 연합은 이 헌법이 협정의 체결을 정하고 있을 때 또는 협정의 체결이 연합의 정책 범위 내에서 이 헌법에 정해진 목표의 하나를 실현하기 위하여 필요할 때 혹은 연합의 구속력을 가지는 행위에 정해져 있을 때 또는 협정의 체결이 공통규칙에 영향을 미치고 혹은 그 적용 분야를 변경할 가능성이 있을 때는 하나 또는 복수의 제3국 또는 국제조직과 협정을 체결할 수 있다.
> 2. 연합이 체결한 협정은 연합의 기관 및 회원국을 구속한다."

동 조에 의하면, EU가 직접적인 국제 조약(협정)의 체결당사자가 되며, 체결한 조약은 EU의 기관뿐만 아니라 회원국도 구속하게 된

---

8) 이 외 다음의 두 가지 목록도 포함되어 있다. 즉 ④ 연합의 통화는 유로(the euro)를 사용한다. ⑤ 유럽통합계획을 개시한 로베르 슈망에 의해 1950년에 행해진 선언(일명 '슈망선언')을 기념하기 위한 유럽의 날(Europe day)은 연합 전역에서 5월 9일 개최된다.

다. 따라서 회원국을 대표해 서명할 권리를 부여하는 법적 지위 부여조항 등도 존속하기 어려울 것으로 관측되고 있다.

넷째, 이중다수결(double majority)제도에 대해서도 일부 회원국간 이해관계가 첨예하게 대립되었다. 이중다수결제도란 회원국 수의 50%, 회원국 전체 인구의 60% 이상 찬성이 있어야 안건이 채택되는 의사결정방식이다. 이 제도는 EU의 복잡한 의사결정 구조를 효율화하기 위한 것이지만 회원국의 인구 규모에 기반을 두고 있다. 이에 대해 스페인과 폴란드는 인구가 많은 영국·프랑스·독일 3국에게만 사실상 거부권을 주는 것이라는 이유로 강력하게 반대해 왔다.[9] 따라서 스페인과 폴란드로서는 이중다수결제보다는 현재의 가중다수결제를 선호하고 있다. 즉 후자에 의하면, 독일·영국·프랑스·이탈리아는 각각 29점의 가중치를, 스페인과 폴란드는 각각 27점의 가중치를 부여받고 있다. 따라서 예를 들어, 인구 4천만 명의 폴란드가 27점의 투표권으로 인구 8천만 명의 독일(29점)과 비슷한 의결권을 행사할 수 있게 된다.

---

9) 이에 대해 아일랜드는 수정안에서 이중 다수결의 기준을 회원국 수의 55%, 전체 인구의 65%로 상향 조정해 스페인과 폴란드의 불만을 해소하고자 의도했다. 또한 아일랜드는 2014년부터 유럽위원회의 위원 수를 30명에서 18명으로 축소하고 국가당 최소한 6석의 유럽의회 의석을 배정하자고 하여 인구 소국들의 발언권을 보장해야 한다고 주장했다.
http://article.joins.com/article/article.asp?ctg=1306&Total_ID=351166(2007년 8월 29일 검색)

Ⅲ. 브뤼셀 유럽이사회의 결론: '개혁조약'(Reform Treaty, Traité modificatif)의 제정

1. 개설

지난 5월 16일 사르코지는 프랑스의 새 대통령으로 취임한 당일 베를린에서 메르켈 총리와 만나 "빈사상태에 빠진 유럽헌법부터 되살리자"며 프랑스와 독일이 상호 협력하여 '강한 유럽'을 건설하자고 상호 합의하였다.[10] 양 정상들 간의 합의는 의장국인 독일의 주재로 6월 21일~22일 양일간 브뤼셀에서 개최된 유럽이사회[11]에 적지 않은 영향을 미쳤다. 브뤼셀 유럽이사회는 조약의 개정을 위한 원칙적인 일정을 수립하고, 그 작업을 IGC에 위임했는데,[12] 그 세부적인 내용을 아래와 같이 세 가지로 나누어 분설하면 다음과 같다.

첫째, 유럽이사회가 IGC에 위임한 조약 개정의 법적 근거는 '유럽연합조약'(Treaty on the European Union: TEU) 제48조이다. 동 조는 "모든 회원국의 정부 혹은 위원회는 (유럽)연합의 기초를 두고 있는 제 조약의 개정을 위한 제안을 이사회에 제출할 수 있다"(제1단)고 규정하고 있다. 그리고 그 개정된 내용은 "각 회원국의 '헌법

---

10) http://news.chosun.com/site/data/html_dir/2007/05/18/2007051800086.html(2007년 6월 1일 검색)

11) 이에 대한 상세한 내용은 http://www.consilium.europa.eu/showPage.asp?id=668&lang=en (2007년 8월 29일 검색)

12) 이에 대한 상세한 내용은 다음의 문헌을 참고하라. Brussels European Council, 21/22 June 2007, *Presidency Conclusions*, doc. 11177/07, p.31.

적 규칙에 부합하여'(conformément à leurs règles constitutionnelles respectives) 모든 회원국에 의해 비준된 후 발효하게 된다."(제3문)

둘째, IGC의 개정조약의 작업 일정에 관한 사항이다. 유럽이사회는 IGC로 하여금 법적 필요조건이 충족되는 즉시 7월 이내로 개정 작업을 개시할 것을 요청했다.[13] IGC는 '의장(국) 결론'(Presidency Conclusions)에 첨부된 부록 Ⅰ 'IGC 위임안'(Annex Ⅰ: Draft IGC Mandate)에 따라 이사회가 위임한 작업을 수행해야 한다. IGC는 '가능한 한 빨리'(as quickly as possible), 여하한 경우라 할지라도 2007년 말 이전에 작업을 완료해야 한다. 왜냐하면 이 개정조약은 2009년 6월에 행해질 유럽의회 의원 선거 이전에 발효되어야 하므로 비준에 필요한 충분한 시간이 필요하기 때문이다.[14]

셋째, 위에서 검토한 바와 같이, 브뤼셀 유럽이사회는 '의장(국) 결론'에서 '부록 Ⅰ: IGC 위임안'을 통하여 IGC에게 기본적 작업 내용을 위임했다. 이에 따라 IGC는 크게 네 가지 부분, 즉 ① TEU의 개정(Amendments to the EU Treaty), ② EC조약의 개정(Amendments to the EC Treaty), ③ 의정서와 Euratom 조약(Protocols and the Euratom Treaty), ④ 선언(Declarations)으로 나누어 작업을 진행하게 된다. 이 가운데 중요한 의미를 가지는 것은 ①과 ②번에 해당하는 TEU와 TEC의 개정 내용이므로 본고에서는 이를 중심으로 그 주요 쟁점에 대해 살펴보기로 한다.

---

13) *Presidency Conclusions, Ibid.*, para.10.

14) *Ibid.*, para.11.

2. 개혁조약과 기존의 제 조약(TEU & TEC)과의 관계

브뤼셀 유럽이사회가 IGC에 작업을 요청한 것은 '확대된 연합의 유효성과 민주적 합법성(the efficiency and democratic legitimacy of the enlarged Union) 및 연합의 대외적 행동의 일관성(the coherence of its external action)'을 강화하기 위한 기존의 세 조약(the existing Treaties)을 개정하는 조약, 소위 '개혁조약'(Reform Treaty)의 초안 작성이다. 하지만 아래에서 상세하게 검토하는 바와 같이 개혁조약은 헌법적 성격을 갖지 않는다. 다시 말해서 기존의 제 조약을 폐지하거나 또는 2002년 2월 28일자로 발족한 유럽미래회의에서 그 채택이 논의되기 시작하여 2004년 10월 29일자로 EU 회원국 정상들에 의해 서명되어 비준을 경료하지 못한 상기 유럽헌법과 같은 '헌법'을 제정함으로써 기존의 제 조약을 대체하는 것과 같은 헌법적 개념(constitutional concept)은 포기되는 것이다.[15]

개정조약은 TEU와 TEC를 개정한 실체적인 조문들을 포함하게 된다. 하지만 조약의 명칭과 관련하여, TEU는 현행 명칭을 그대로 사용하게 되지만 TEC는 그 명칭이 '연합의 운영에 관한 조약'(Treaty on the Functioning of the Union: TFU)으로 바뀌게 된다. 이 조약의 명칭에서 알 수 있는 바와 같이 향후 'Community'란 용어는 'Union'으로 대체되게 된다.[16] 따라서 현재는 EC가 법인격(legal personality)을 갖고 있으나 개정조약 체제하에서는 EU만이 법인격을 갖게 된

---

15) "Annex Ⅰ: Draft IGC Mandate", *Presidency Conclusions*, para.1.

16) 하지만 TEU와 TFU의 두 조약은 동일한 법적 가치(the same legal value)를 갖는다. Ⅲ. Amendments to the EC Treaty in *Presidency Conclusions*, para.19, a).

다.[17] 현행 EU 법체계에 의하면, "공동체는 법인격을 가진다"(EC 조약 제281조는)고 명시적으로 규정하고 있는 EC와는 달리 EU는 법인격을 가지지 못하고 있다. 이와 같은 문제점을 해결하기 위해, 유럽헌법은 제Ⅰ-1조에서 "공동의 미래를 건설하기 위한 유럽 시민들과 국가들의 의지를 반영하여 이 헌법은 회원국들이 공동으로 가지고 있는 목적을 획득하기 위한 권한을 부여한 '유럽연합'을 설립한다"(1항 전단)고 규정하고, "연합은 '법인격'을 가진다(The Union shall have legal personality)"(제Ⅰ-7조)는 점을 천명하였다. 이리하여 유럽헌법상 연합은 EC를 비롯한 기존의 법인격들을 대체하게 되고, 연합만이 유일한 법인격을 가지는 것으로 의도하였다.[18] 개혁조약에서도 EU가 법인격을 가진다는 점에서는 유럽헌법과 별다른 차이가 없다. 이렇게 함으로써 EC와 EU 간 권한의 행사에 있어서의 '모호성'이 사라지고, 향후 EU만이 대내외적인 권한의 주체가 될 것이다.[19]

---

17) Annex Ⅰ: Draft IGC Mandate in *Presidency Conclusions*, para.2.

18) 그 법적 지위에 따른 효과는 다음과 같다. 즉 국제법의 일 주체가 됨으로써 연합은 유럽을 대표하고, 조약에 서명하며, 법원에 소송을 제기 혹은 출석하며, 또한 국제조직의 회원이 될 수 있다. 더욱이 제3국과의 관계 유지가 보다 명확해지고, 그 유효성과 법적 확실성이 강화되며, 보다 효과적인 행동이 가능하게 된다. 하지만 법인격에 관한 이와 같은 여러 가능성은 대외적 행동의 내용과 아울러 고려되어야 한다. 또한 유럽을 위한 단일한 법인격의 창설은 다양한 기본조약의 병합을 가능하게 할 것이다. 이와 같은 조약의 병합은 유럽의 정체성을 강화시키고, 유럽시민들을 위한 유럽체제를 보다 명확하게 하는 데 기여할 것이다. 결국 제 조약의 병합은 유럽헌법조약을 통하여 행해질 수밖에 없는 것이다.

19) 하지만 EU가 법인격을 갖는다고 할지라도 "제 조약에서 회원국에게 부여된 권한의 범위 내에서" 행사되어야 한다. 이 점에 대해서 IGC는 다음과 같은 선언(declaration)을 채택하기로 합의했다. "The Conference confirms that the fact that the European Union has a legal personnality will not in any way authorise the Union to legislate or to act beyond the competences conferred upon it by the Member States in the Treaties." See Ⅱ. Amendments to the EU Treaty in *Presidency Conclusions*, para.16, footnote 8.

3. 개혁조약의 성격: 개혁조약은 헌법적 성격을 가지는가?

위에서 살펴본 바와 같이, TEU와 TFU는 '헌법적 성격'(constitutional character)을 갖지 않는다.

첫째, 이 점은 TEU와 TFU라는 조약의 명칭에서도 알 수 있다. 즉 '헌법'(Constitution)이라는 용어는 사용되지 않는다. 일반적으로 헌법은 국가의 통치조직과 그 작용의 기본원리 및 국민의 기본권을 보장하는 근본규범으로 이해된다. 이처럼 헌법은 기본적으로 국가의 통치조직을 구성하고, 그 권한과 상호 관계를 규정하는 기본법으로서 어느 시대의 어떠한 국가에서든 보편적으로 존재하고 있다. 주지하는 바와 같이, EU는 27개 회원국으로 구성된 지역공동체로서 '연방적 성격'(federal character)을 가지고 있으나 아직은 완전한 의미의 연방제 혹은 정치공동체의 수준에는 이르고 있지 못하다. 그런 상태에서 2004년 10월 29일자로 채택된 유럽'헌법''조약'은 과연 '헌법인가?' 혹은 '(헌법적) 조약인가?'에 관한 많은 논쟁을 불러일으켰다. 첨부한 <표 1>에서 보는 바와 같이, 유럽헌법은 비준절차를 경료하지 못하고 '죽은 헌법'이 되고 말았다. 브뤼셀 유럽이사회는 IGC에게 '헌법전'의 제정이 아니라 기존 제 조약의 개정을 위임하였을 뿐이다. 결국 IGC는 "개혁조약은 헌법적 성격을 가질 수 없다"는 대전제하에서 작업을 진행해야 하고, 그에 따라, 아래에서 검토하는 바와 같이, 2004년 채택된 유럽'헌법'조약에 의해 도입된 많은 개념과 제도적 장치들도 포기되거나 개정되어야 하는 것이다.

둘째, 외무부장관(Minister for Foreign Affairs) 직의 신설은 유럽헌
법의 주요한 혁신 내용 중의 하나로 간주되었다. 이 제도의 도입
취지는 외무부장관으로 하여금 공동외교안보정책(Common Foreign
& Security Policy: CFSP)[20]을 포함하여 연합의 대외적 행동을 보다
효과적이고 일관성 있게 수행하고자 함이었다. 하지만 유럽헌법 제
Ⅰ-28조에 의해 도입이 예정되어 있던 '연합 외무부장관'(Union
Minister for Foreign Affairs)은 개혁조약의 헌법적 성격이 부인됨에 따
라 '연합 외교안보정책 고위대표자'(High Representative of the Union
for Foreign Affairs and Security Policy)로 불리게 되었다.

셋째, 개혁조약에서는 '법'(law)·'골격법'(framework law)이라는 용
어의 사용도 포기된다. 하지만 기존의 '규칙'(regulation)·'지침'
(directive)·'결정'(decision)이라는 용어는 그대로 유지된다. 현행 EU
의 법체계상 입법행위의 유형은 규칙, 결정, 지침, 권고 및 견해 다
섯 가지로 대별할 수 있다. 하지만 아래 <그림 1>에서 볼 수 있는
바와 같이, 구체적으로는 개별 조약마다 상이하게 규정된 15개의
입법 형태가 있다. 즉 EC조약 제249조에 규정된 정형적인 다섯 가
지 유형 외에 유럽공동체조약(EC 조약)과 EU 조약에서는 특히
CFSP와 형사문제에 관한 경찰·사법협력 분야 등에 대해 결정, 연
대전략, 연대행동 및 공동입장(EU 조약 제5부·제6부) 등 개별적
으로 적용되는 행위에 대해 규정하고 있다. 이 입법행위들은 다수
의 측면에서, 특히 그 명칭의 유사성[21] 및 그 본질과 효력[22] 면에

---

20) 이에 대한 상세한 내용은 http://ec.europa.eu/external_relations/cfsp/intro/index.htm(2007년 12
월 7일 검색)

21) 이에 대해서는 EC조약 제249조상의 결정과 EU 조약 제5부·제6부상의 결정, 또 연대전략, 연대행동
및 공동입장을 그 실례로 들 수 있다. '결정', '연대' 및 '공동'이라는 용어와 접두어가 사용됨으로써

서 적지 않은 문제점을 야기하고 있어 단순화시킬 필요가 있다. 이에 유럽헌법은 제Ⅰ-33조 1항에서 유럽법(European law),[23] 유럽골격법(European framework law),[24] 유럽결정(European decision),[25] 유럽규칙(European regulation),[26] 권고(Recommendation) 및 견해(Opinion)[27] 여섯 가지 유형으로 단순화했던 것이다. 하지만 개혁조약에서는 유럽헌법에서 규정하고 있던 '유럽법'·'유럽골격법' 대신 현행 입법행위를 지칭하는 '규칙'·'지침'·'결정'을 그대로 사용하게 될 것이다. 전자의 용어들은 아래의 'EU법 우위의 원칙'에 입각하여 도입된 것이므로 헌법적 성격을 갖지 않은 개혁조약에서는 더 이상 사용될 수 없다. 다만, 현재의 복잡다기한 행위의 유형을 단순화시키기 위한 방안은 새롭게 모색되리라 판단된다.

넷째, 마찬가지로 개혁조약은 헌법적 성격을 갖는 깃발(flag)·찬

관련 행위의 정확한 사용 면에서 현실적으로 많은 어려움이 있었다.

22) EU 조약 제5부·제6부는 회원국의 주권적 영향력이 강하게 작용하는 분야로서 EU의 배타적 권한이 적용되지 않는다. 그러다 보니 이사회는 회원국의 '연대'전략과 행동 또는 '공동'입장의 형태로 행위를 제정하는 방법을 사용하였다. 그 결과, 그 명칭만 다를 뿐 EC조약 제249조상의 입법행위와 기타 행위 간의 그 법적 효력과 성질은 유사하여 오히려 혼란만 가중시켰던 것이다.

23) 유럽법(European law)은 일반적 적용성을 가지는 입법행위(legislative act)로서 모든 회원국에서 완전한 구속력을 가지고, 또 직접적으로 적용된다. 이는 현행 규칙(regulation)의 법적 성격과 효력을 대체한 것이다. 현행 규칙과 마찬가지로 유럽법은 일반적 범위를 가지며, 그 모든 요소에 있어서 의무적인 동시에 모든 회원국에 대해 직접적으로 적용되게 된다.

24) 유럽골격법(European framework law)은 달성해야 할 결과에 대하여 해당 회원국을 구속하는 입법행위이다. 하지만 그 형태와 방식은 해당 회원국의 국내기관이 선택한다. 이는 현행 지침(directive)에 해당한다.

25) 유럽결정(European decision)은 현행 결정(decision)에 해당하는 것으로서 완전한 구속력을 갖는 비입법행위이다. 유럽결정은 특정 수범자를 대상으로 하는 때에는 이 수범자에 대해서만 구속력을 가진다.

26) 유럽규칙(European regulation)은 입법행위 및 헌법의 어느 특수 규정의 이행을 위하여 일반적 적용성을 가지는 비입법행위(non-legislative act)이다. 유럽규칙은 유럽법과 유럽골격법의 두 가지 성격을 아울러 가지고 있다. 따라서 동 규칙은 모든 회원국에서 완전한 구속력을 가지고, 또 직접적으로 적용될 수도 있고 혹은 달성해야 할 결과에 대하여 해당 회원국을 구속하지만 그 형태와 방식은 해당 회원국의 국내기관이 선택하게 된다.

27) 권고 및 견해(recommendation and opinion)의 법적 효력은 현행의 그것들과 별다른 차이가 없이 제 기관에 의해 채택되며 아무런 법적 구속력도 가지지 않는다.

가(anthem)·모토(motto)와 같은 EU의 상징과 관련된 일체 조항을
두지 않기로 했다. 유럽헌법은 새로운 상징을 만들어 내는 대신 이
미 EU에 의해 사용되고 있어 일반 시민들에게 친숙한 상징들에 헌
법적 지위를 부여하였던 것이다. 그러나 개혁조약에서는 헌법적 성
격을 갖는 일체의 조항을 둘 수 없으므로 EU의 상징에 관한 이 규
정들은 더 이상 도입될 수 없게 되었다.

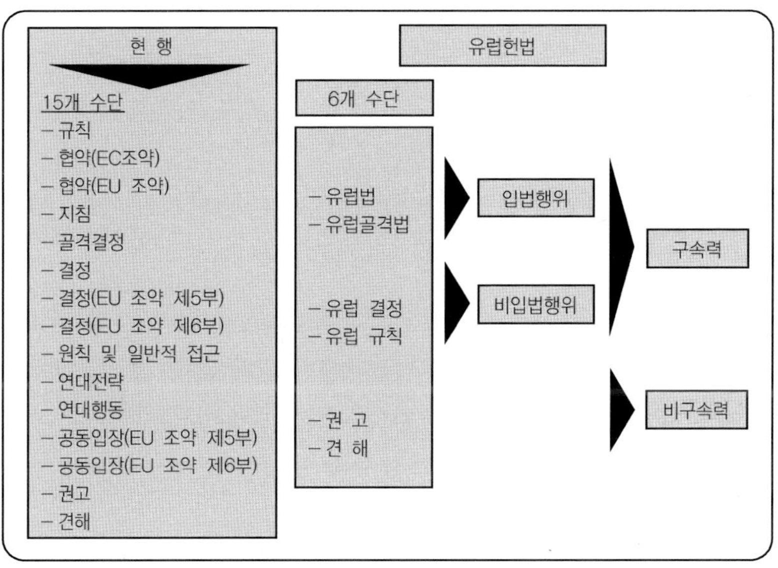

〈그림 1〉 유럽헌법상 입법행위의 유형

마지막으로, 개혁조약에서는 EU법의 우위(primacy of EU law)에
관한 명시적 규정도 둘 수 없다. 유럽헌법 제Ⅰ-6조는 연합법(Union
law)에 대한 것인데, 동 조는 부여된 권한을 행사하여 연합의 제 기
관에 의해 채택된 헌법과 법은 "회원국법을 넘어선 우위에 있다

(······it shall have primacy over the law of the Member States.)고 규정하고 있었다. 즉 동 조는 소위 회원국법에 대한 EU법 우위의 원칙(principle of the primacy)을 명시적으로 선언하고 있는 것이다. 이 원칙은 그동안 ECJ에 의해 형성된 판례법 속에서 발전되어 온 것으로 EU법의 기본 원칙으로서, 또 연합의 기능에 관한 핵심적 내용으로 인정되어 왔다. 유럽헌법은 이 원칙을 명문으로 규정함으로써 조약의 핵심적인 부분으로 통합시키고자 의도하였다. 하지만 이 또한 개혁조약에서는 더 이상 도입될 여지가 없는 것이다. 다만, IGC는 유럽사법재판소의 기존의 판례법을 상기하는 선언(declaration)을 채택할 예정이다.[28]

4. 개혁조약에 도입될 주요 내용에 대한 검토

개혁조약의 헌법적 성격 유무와 관련한 위의 분석 결과는 IGC에서 다뤄질 핵심적인 주제와 직접적인 관련을 맺고 있다. IGC는 원칙적으로 기존 제 조약의 개정 내용과 관련하여, 유럽헌법의 채택 과정에서 2004년 IGC의 결과 도출된 혁신적인 내용은 TEU와 TFU에 도입할 것이다. 그 내용에 대해서는 이미 회원국과 상당 기간 동안 협의를 했으며, 보다 구체적이고 세부적인 사항은 IGC에 위

---

28) Annex Ⅰ : Draft IGC Mandate in *Presidency Conclusions*, para.3.
   TEU에 EU법의 우위에 관한 조문을 두지 않는 대신 IGC는 다음의 선언을 채택할 것이다.
   "The Conference recalls that, in accordance with well settled case-law of the EU Court of Justice, the Treaties and the law adopted by the Union on the basis of the Treaties have primacy over the law of Member States, under the conditions laid down by the said case-law." Annex I: Draft IGC Mandate in Presidency Conclusions, para.3, footnote no 1.

임되어 논의될 것이다. 그 가운데 IGC에서는 특히 다음과 같은 문제들, 즉 EU와 회원국 간 권한의 배분과 그 행사의 한계, CFSP의 특수한 성격, 국내의회의 역할, 기본권헌장(Charter of Fundamental Rights)의 법적 지위 및 범죄사건에 있어 형사·사법협력의 메커니즘 등이 주요 의제로 다뤄질 것이다.[29] 이를 분설하면 다음과 같다.

첫째, EU와 회원국 간 권한의 배분과 그 행사의 한계에 관한 것이다. 유럽헌법은, 연합의 권한은 유럽헌법에서 나오므로 그 권한의 한계는 일종의 '권한 부여 원칙(the principle of conferral)'에 의해 규율된다(제Ⅰ-11조 1항 전단)고 규정하고 있었다. 따라서 유럽헌법상 원칙적으로 연합은 헌법상 규정된 제 목적을 달성하기 위하여 헌법에서 회원국에 의해 부여된 권한의 한계(범위) 내에서 행동해야 한다. 그러나 헌법에서 연합에 부여하지 않은 권한은 회원국에 있게 되어(유럽헌법 제Ⅰ-11조 2항) 이에 해당하는 권한은 연합과 회원국이 공유하게 된다. 전자를 '배타적 권한'(exclusive competence),[30] 후자를 '공유 권한'(competence shared)[31]이라 한다(유럽헌법 제Ⅰ-12조 1항·2항). 그 조항에 의거하여 유럽헌법은 배타적 권한과 공유 권한이 적용되는 정책 분야에 대해 상세하게 규정하였다. 하지만 비록 유럽헌법과 마찬가지로 개혁조약에서도 동일하게 'EU'에 법인격을 부여하고 있으나 후자는 '헌법적 성격'을 갖지 못하므로

---

29) Annex Ⅰ : Draft IGC Mandate in *Presidency Conclusions*, para.4.

30) 배타적 권한이 적용되는 분야는 관세동맹, 역내시장의 운영에 필요한 경쟁규칙의 확립, 유로를 채택하고 있는 회원국을 위한 통화정책, 공동어업정책에 있어 해양생물자원의 보전 및 공동통상정책 등이다 (유럽헌법 제12조 1항).

31) 공유 권한은 역내시장, 제3편(Part Ⅲ)에 정의된 사회정책, 경제적·사회적 및 지역적 통합, 해양생물자원의 보전을 제외한 농어업, 자유, 환경, 소비자보호, 운송, 범유럽운송네트워크, 에너지, 자유, 안전 및 사법지대 및 제3편(Part Ⅲ)에 정의된 공중보건과 관련된 공동안전 등 분야에 적용되게 된다(유럽헌법 제Ⅰ-14조 2항).

'법인격'을 갖는 EU와 회원국 간 권한의 배분과 그 행사의 범위가
달리 설정되어야 한다. 브뤼셀 유럽이사회의 의장국 결론에서는
"제 조약에서 회원국들에 의해 부여된 권한의 범위 내에서 '오직'
연합만이 행동한다(……the Union shall act only within the limits of
competences conferred upon it by the Member States in the Treaties)"
고 특정적으로 언급하고 있다.[32] 권한과 관련한 세부적인 사항에
대해서는 재논의되어야 하겠지만 IGC는 권한의 한계에 대해 원칙
적인 사항에 대해서는 합의했다.[33]

둘째, CFSP와 관련한 일부 내용의 변경도 불가피하다. 유럽헌법
은 제Ⅰ-12조 4항에서 공동방위정책(common defence policy)의 점진
적 구상을 포함한 CFSP를 정의하고 이행할 권한을 EU에 부여하고

---

[32] Ⅱ. Amendments to the EU Treaty in *Presidency Conclusions*, para.10.

[33] See Ⅲ. Amendments to the EC Treaty in *Presidency Conclusions*, para.19, b), footnote 10.
(a) The IGC will also agree a Declaration in relation to the delimitation of competences:
"*The Conference underlines that, in accordance with the system of division of competences between the Union and the Member States as provided for in the Treaty on European Union competences not conferred upon the Union in the Treaties remain with Member States.*
When the Treaties confer on the Union a competence shared with the Member States in a specific aeam the Member States shall exercise their competence to the extent that the Union has not exercised, or has decided to cease exercising, its competence. The latter situation arises 노두 the relevant EU institutions decide to repeal a legislative act, in particular to better ensure the constant respect for the principles of subsidiarity and proportionality. The Council may request, at the initiative of one or several of tis Members(representatives of Member States) and in accordance with Article 208, the Commission to submit proposals for repealing a legislative act.
Equally the representatives of the governments of the Member States, meeting in an Intergovernmental Conference, in accordance with the ordinary revision procedure provided for in Article [Ⅳ-443] of the Treaty on European Union, may decide to amend the Treaties on which the Union is founded, including either to increase or th reduce the competences conferred on the Union in the said Treaties."
(b) The following Protocol will be annexed to the Treaties:
"*With reference to Article[I-12(2)] on shared competences, when the Union has taken actionin a certain area, the scope of this exercise of competnece only covers those elements governed by the Union act in question and therefore does not cover the whole area.*"

있다. 이 정책은 "회원국 간 정치적 상호 연대의 발전, 일반적 이익에 관한 문제의 회원국 행동의 수렴 정도"에 의거하고 있다(제 I -40조). 유럽헌법은 CFSP의 발전과 이행을 위하여 연합 외무부장관 제도를 도입했다. 이 제도는 CFSP 분야의 가장 중요한 개선 내용이다. 외무부장관은 그동안 유럽이사회 의장에 의해 수행된 대외적 대표의 역할을 수행하는 동시에 국제기구에서 회원국들의 행동을 조정할 임무를 수행할 예정이었던 것이다. 하지만 위에서 살펴본 바와 같이 개혁조약에서는 '연합 외무부장관' 대신 '연합 외교안보정책 고위대표자'(High Representative of the Union for Foreign Affairs and Security Policy) 제도가 도입됨으로써 CFSP 분야에서 그 권한의 행사 범위 제한·조정은 불가피할 전망이다. 하지만 유럽헌법에 의해 도입될 예정이었던 유럽대외행동서비스(European External Action Service)(제Ⅲ-296조)[34]와 방위 분야에서의 상설구조협력(permanent structured cooperation in the field of defense)[35]에 관한 내용은 그대로 유지되게 된다.[36]

셋째, 제도 분야에 있어서는 2년 반 임기의 유럽이사회 의장직(President of the European Council)을 신설하고, 유럽위원회 위원들의 규모를 축소하며, 유럽의회 의원들의 의석수 배분은 유럽헌법안의 내용이 그대로 유지될 전망이다. 하지만 가장 중대한 변화는 위의 '연합 외무부장관' 대신 '연합 외교안보정책 고위대표자'(High

---

34) 이와 관련한 선언(Declaration on the Creation of a European External Action Service)이 유럽헌법에 부속되어 있다.

35) 이와 관련한 의정서(Protocol on Permanent Structured Cooperation Established by Article I -41(6) and Article Ⅲ-312 of Constitution)가 유럽헌법에 부속되어 있다.

36) Ⅱ. Amendments to the EU Treaty in *Presidency Conclusions*, para.15.

Representative of the Union for Foreign Affairs and Security Policy) 제도가 신설되는 것이다.[37]

넷째, 위의 제도와 관련하여 특히 국내의회의 역할이 강화된다는 점이 언급되어야 한다. 개혁조약에서는 EU의 민주성을 강화하기 위해 유럽헌법안에 규정되었던 내용보다도 한층 국내의회의 권한을 강화한 예정이다. 특히 입법과정에 있어 회원국의 국내의회의 참가권 보장이 강화되는데, '조기경보제도'(early warning system)를 그 주요한 예로 들 수 있다. 즉 유럽위원회는 보충성원칙에 관한 입법 제안서(이를 일명 'subsidiarity sheet'라 한다)를 각료이사회와 유럽의회에 제출할 의무가 있는데, 유럽위원회의 입법 제안서가 보충성원칙에 부합하지 않는다고 판단하는 경우, 절차의 개시 단계에서 국내의회는 그들의 견해를 제시할 수 있다. 이를 '조기경보제도'라고 한다. 또한 유럽헌법에서는 유럽위원회의 입법 제안에 대해 회원국의 국내의회가 의견을 제시할 수 있는 기간을 6주로 정하고 있었으나 개혁조약에서는 이를 8주로 연장할 예정이다. 이에 따라 '국내의회 및 보충성·비례에 관한 의정서'(Protocols on national Parliaments and on subsidiarity and proportionality)의 관련 내용도 개정될 것이다.[38] 이처럼 향후 국내의회의 권한은 보다 강화될 것으로 전망된다.

다섯째, 기본권헌장의 법적 지위도 많은 변화를 겪게 될 전망이다. 위에서 언급한 바와 같이, 유럽헌법은 제2편에서 '연합의 기본권헌장'(The Charter of Fundamental Rights of the Union)에 관한 54

---

37) II. Amendments to the EU Treaty in *Presidency Conclusions*, para.12.
38) II. Amendments to the EU Treaty in *Presidency Conclusions*, para.11.

개 조문을 포함하고 있다. 하지만 개혁조약에서는 본문 속에 기본권헌장의 텍스트가 포함되지 않는다.[39] 기존의 제 조약이 기본권에 관한 규정을 포함하지 않음으로써 비판을 받아 왔다는 측면에서 본다면, 이 점은 여간 아쉬운 일이 아니라고 판단된다.

여섯째, 위에서 언급한 이중다수결제도에 대해서도 그 적용 원칙이 정해졌다. 이 제도를 도입하되 2014년 11월 1일부터 적용한다. 그 이전에는 TEC 제205조 2항에 의거한 가중다수결제도가 적용된다. 단, 2017년 12월 31일까지는 일종의 과도기간(transitional period)을 두어 사안의 성격상 가중다수결에 의해 의결되어야 할 경우, 이사회의 회원국(들)은 이 제도의 적용을 요청할 수 있다.[40]

마지막으로, 사법내무정책과 관련해서도 적지 않은 내용의 변경이 불가피할 전망이다. 그 주요한 내용 중심으로 살펴보기로 한다. ① 연합의 시민권과 관련하여 TEC 제18조 3항에 규정되어 있는 '여권, 개인식별카드, 거주허가 및 유사서류'에 관한 조치의 채택과 관련한 조항은 삭제된다. 대신 국경통제와 관련한 '자유, 안전 및 사법지대'(Area of freedom, security and justice) 항목으로 이동하여 규정될 것이다.[41] ② 범죄사건에 있어 형사 · 사법협력, 특히 판결의 상호 승인, 형사범죄와 억제의 정의에 관한 최소규칙, 유럽검찰 및 경찰 협력에 관한 새로운 제도가 마련될 것이다.[42] ③ 유럽이민

---

39) 브뤼셀 유럽이사회 의장국 결론은 이 점에 대해 다음과 같이 밝히고 있다. "⋯⋯the text of the Charter on fundamental rights will not be included in the Treaties." Ⅱ. Amendments to the EU Treaty in *Presidency Conclusions*, para.9, footnote 3.

40) Ⅱ. Amendments to the EU Treaty in *Presidency Conclusions*, para.13.

41) Ⅲ. Amendments to the EC Treaty in *Presidency Conclusions*, para.19, d).

42) Ⅲ. Amendments to the EC Treaty in *Presidency Conclusions*, para.19, l). See especially poiny 2 c) in Annex 2 "Amendments to the EC Treaty" of *Presidency Conclusions*.

정책(european migration policy)의 한 분야로서 2010년 말까지 도입하기로 한 합의에 따라 '유럽공동망명제도'(Common European Asylum System)는 차질 없이 시행될 것이다.43) ④ EU의 외부국경관리기구인 FRONTEX(European Agency for the Management of Operational Cooperation at the External Borders)44)는 지속적으로 강화될 것이며, '신속국경개입팀'(Rapid Border Intervention Teams)45)과 '해안경찰네트워크'(Coastal Patrol Network)도 설립될 예정이다.46) ⑤ 단기체류비자에 관한 회원국 간 자료 교환을 위한 '비자정보시스템'(Visa Information System: VIS)에 관하여 채택된 규칙과 결정 등도 신속하게 이행될 것이다. 이 시스템을 통하여 회원국의 권한당국과 유로폴(Europol)은 각종 범죄 혹은 테러의 감지, 예방 및 조사 활동을 하게 된다. 또한 회원국 간 정보의 교환을 통하여 공동비자정책(common visa policy)과 시민의 안전을 위한 수단을 강구하고 운영하는 데 많은 도움을 받을 수 있을 것이다.47)

---

43) *Presidency Conclusions*, para.21.

44) FRONTEX는 2004년 10월 26일자 이사회 규칙(EC) 2007/2004에 의해 설립되었다(OJ L 349/25.11.2004). 그 공식사이트는 다음과 같다.
   http://europa.eu/agencies/community_agencies/frontex/index_en.htm(2007년 9월 3일 검색)

45) REGULATION(EC) No 863/2007 OF THE EUROPEAN PARLIAMENT AND OF THE COUNCIL of 11 July 2007 *establishing a mechanism for the creation of Rapid Border Intervention Teams and amending Council Regulation(EC) No 2007/2004 as regards that mechanism and regulating the tasks and powers of guest officers*, OJ No L 199 of 31.7.2007.

46) *Presidency Conclusions*, para.18.

47) VIS에 관한 상세한 내용은 그 공식사이트를 참고하라.
   http://www.libertysecurity.org/article108.html(2007년 9월 4일 검색)

Ⅳ. 결론

프랑스와 네덜란드에서의 유럽헌법 비준 실패는 2005년 6월 16～17일 양일간 열린 브뤼셀 유럽이사회로 하여금 '유럽헌법 비준 무기한 연기'에 관한 모라토리엄 선언을 하게 한 결정적인 계기가 되었다. 이 선언은 사실상 '유럽헌법에 대한 사망선고'였으며, 그 후 약 2년 동안 유럽헌법을 부활시키자는 별다른 시도는 행해지지 않고 있었다. 하지만 올 상반기 의장국을 맡았던 독일의 메르켈 총리의 유럽헌법 제·개정을 위한 의지와 프랑스의 신임 대통령 사르코지의 '미니헌법'의 제의로 지난 2007년 브뤼셀에서 열린 유럽이사회는 이에 대한 가이드라인을 제시했다. 그 핵심 이슈는 다음 네 가지로 정리할 수 있다. 즉 ① 완결된 헌법전 혹은 조약이 아니라 단순화된 조약(simplified treaty) 형태의 '미니조약'을 마련한다. 이를 '개혁조약'(Reform Treaty)이라 지칭한다. ② 개혁조약의 '헌법적 개념'(constitutional concept) 혹은 '헌법적 성격'(constitutional character)은 인정되지 않는다. ③ 개혁조약의 구체적인 작업은 IGC에게 위임한다. IGC는 그 작업을 2007년 말까지 완료해야 한다. ④ 개혁조약은 각 회원국 의회의 동의절차를 거쳐 2009년 6월 유럽의회 선거 이전에 발효한다.

위의 이슈 가운데 '헌법적 개념' 혹은 '헌법적 성격'의 유무는 기존의 유럽헌법조약과 개혁조약의 법적 성질을 규정짓는 잣대라고 볼 수 있다. 즉 전자는 '헌법적 조약'이었으므로 기존 제 설립조약 대체를 의도했지만 후자는 헌법적 성격을 갖지 못하므로 기존 제조약을 개정하는 조약인 점은 주의를 요한다. 그 결과 유럽헌법이 규정하고 있는 '헌법적' 개념과 제도적 장치들은 개혁조약에서는 더 이상 도입될 수 없는 것이다.

하지만 개혁조약이 '헌법적 개념'을 갖지 못한다고 하여 기존의 유럽헌법조약의 작업 내용이 전적으로 무시될 가능성은 거의 없다고 보아야 한다. 이를테면, 브뤼셀 유럽이사회의 논의 결과에서 볼 수 있듯이 향후 EC가 아니라 EU가 법인격을 갖게 되고, 2년 반 임기의 상임 유럽이사회 의장제도 그대로 인정된다. 또한 비록 '연합 외무부장관'이란 명칭에 갈음하여 '연합 외교안보정책 고위대표자'라는 명칭이 사용되지만 그 역할은 유럽헌법이 설정한 범위를 크게 벗어날 것 같지는 않아 보인다. 그 외에도 국내의회의 역할은 유럽헌법보다 오히려 개혁조약에서 강화된 형태로 논의되고 있다.

유럽이사회가 끝난 약 한 달 후인 지난 2007년 7월 23과 24일, IGC 의장(Presidency of the IGC)은 IGC 앞으로 TEU와 TEC를 개정하는 조약 초안을 송부했다. 그 초안은 다음과 같이 네 개의 문서, 즉 ① TEU와 TEC를 개정하는 조약 초안: 전문 초안(Draft Treaty amending the Treaty on European Union and the Treaty establishing the European Community-Draft Preamble),[48] ② TEU와 TEC를 개정하는 조약 초안(Draft Treaty amending the Treaty on European Union and the Treaty establishing the European Community),[49] ③ TEU와 TEC를 개정하는 조약 초안: 의정서(Draft Treaty amending the Treaty on European Union and the Treaty establishing the

---

48) CIG 4/07, Brussels, 24 July 2007(26.07), p.2.
49) CIG 1/07, Brussels, 23 July 2007(30.07), p.145.

European Community-Protocols),[50] ④ TEU와 TEC를 개정하는 조약 초안: 선언(Draft Treaty amending the Treaty on European Union and the Treaty establishing the European Community-Draft Declarations)[51]으로 구성되어 있다. 이를 바탕으로 IGC는 브뤼셀 유럽이사회로부터 위임된 사항에 의거하여 개혁조약안을 작성하여 상정하였고, 2007년 10월 18~19일 리스본에서 열린 EU 27개국 비공식 정상회담에서 개혁조약을 채택하기로 합의하였다(일명 '리스본조약'). 같은해 12월 31일 리스본조약은 27개 회원국 정상들에 의해 공식 조인되었으며, 이후 약 1년 동안 각 회원국의 비준절차를 거쳐 2009년 1월 1일부터 발효할 예정이다. 하지만 리스본조약이 예정한 대로 발효할 수 있을 것인가에 대해서는 속단할 수 없다. 리스본조약의 채택 과정에 대한 비판의 소리가 높아지고 있고, 그 비준절차에 대해서도 각 회원국마다 적지 않은 입장 차이가 있기 때문이다. 그 과정에 대해서는 보다 면밀하게 지켜보아야 할 것이고, 향후 리스본조약의 구체적인 규정에 대한 분석도 병행되어야 할 것이다. 이 작업들은 차후의 연구 과제로 삼기로 한다.

---

50) CIG 2/07, Brussels, 23 July 2007(31.07), p.69.
51) CIG 3/07, Brussels, 23 July 2007(26.07), p.63.

참고문헌

『유럽연합기본권헌장. 아시아인권헌장』. 광주시민연대/프리드리히 에베르트재단, 2001, pp.9~90.

채형복. "유럽헌법에 있어 '유럽연합(EU)의 권한'의 개념". 『유럽연구』. 제19권(2004년 여름호), pp.227~244.

______. "유럽헌법에 있어 유럽시민권의 법적 지위". 『공법학연구』. 제6권. 제2호(2005년 6월), pp.257~278.

______. "유럽헌법의 쟁점과 전망". 『공법학연구』. 제6권. 제1호(2005년 2월), pp.3~41.

채형복. 『유럽헌법조약』. 서울: 높이깊이, 2006, p.275.

채형복. 『유럽헌법론』. 서울: 높이깊이, 2006, p.244.

Chae, Hyung-bok. "Assessing Legal Outcome of the European Constitutional Treaty". 『유럽연구』. 제20권(2004년 겨울호), pp.161~186.

Werner, Schroeder(채형복 옮김). "유럽연합과 유럽공동체". 『영남법학』. 제10권. 제2호(2004년 12월), pp.144~184.

Bauer, M. W. "The German Länder and the European constitutional treaty: Heading for a differentiated theory of regional elite preferences for European integration". *Regional and Federal Studies*. Vol.16. No.1(2006).

Blair, A. "A Constitutional Treaty for the European Union, Talking Politics". *London Politics Association*. Vol.16. No.2(2004).

Faina, J. A. "Counterpoint vs. Disharmony in the Constitutional Treaty:

a European Paradox". *Intereconomics*. Vol.40. No.4(2005).

Follesdal, A. "The Constitutional Treaty: the Answer to the European Union's Quest for a Consistent Human Rights Policy?" *International Journal on Minority and Group Rights*. Vol.13. No.2~3(2006).

Howorth, J. "The European Draft Constitutional Treaty and the Future of the European Defence Initiative A Question of Flexibility". *European Foreign Affairs Review*. Vol.9. No.4(2004).

Ivaldi, G. "Beyond France's 2005 referendum on the European constitutional treaty". West European Politics. Vol.29. No.1(2006).

Kumm, M. "To Be a European Citizen? The Absence of Constitutional Patriotism and the Constitutional Treaty". *Columbia Journal of European Law*. Vol.11. No.3(2005).

Laurence Burgorgue-Larsen, Anne Levade et Fabrice Picod(sous la direction de). *Traité établissant une Constitution pour l'Europe: Partie II La Charte des droits fondamentaux de l'Union*. Comentaire article par article. Tome 2. Bruxelles: Bruylant, 2005, p.837.

Maduro, M. P. "The Constitutional Treaty and the Nature of European Constitutionalism: The Tension between Intergovernmentalism and Constitutionalism in the European Union". *Asser Institute Colloquium on European Law*. Vol.34(2004).

Marianne Dony et Emmanuelle Bribosia(Ed. par). *Commentaire de la Constitution de l'Union européenne*. Bruxelles: IEE, 2005, p.451.

Michatowska-Gorywoda, K. "Constitutional Treaty as a Revisiontreaty of the Treaties Establishing the European Union". Przeglad Zachodni. Vol.62. No.4(2006).

Naert, F. "European Security and Defence in the EU Constitutional Treaty". *Journal of Conflict and Security Law*. Vol.10. No.2(2005).

Pinelli, C. "The Powers of the European Parliament in the New Constitutional Treaty". *International Spectator*. Vol.39. No.3(2004).

Pizzetti, F. "The European constitutional process between the enlargement of the Union and the treaty instituting a European Constitution". *Studi-Centro Studi Sul Federalismo*. No.1(2005).

Roben, V. "Constitutionalism of the European Union After the Draft Constitutional Treaty: How Much Hierarchy?" *Columbia Journal of European Law*. Vol.10. No.2.(2004).

Toro, C. "The Latest Example of Enhanced Cooperation in the Constitutional Treaty: The Benefits of Flexibility and Differentiation in European Security and Defence Policy". *European Law Journal*. Vol.11. No.5(2005).

채형복. "프랑스 국민들이 유럽헌법에 반대하는 이유". 『프레시안』, 2005년 5월 25일. http://www.pressian.com(2007년 6월 1일 검색)

"유럽언론 'EU헌법' 사망 선언". http://www.hani.co.kr/section-007000000/2005/06/00700000 0200506021514798.html(2007년 6월 1일 검색)

"유럽헌법, 25개 회원국의 '동상이몽'? [공동해외리포트] 제동 걸린 통합… 유럽시민들은 왜 반대했나". http://www.ohmynews.com/articleview/article_view.asp?at_code= 262518(2007년 6월 1일 검색)

[개혁조약 관련 EU 공식 문헌]

Brussels European Council, 21/22 June 2007, *Presidency Conclusions*, doc. 11177/07.

Draft Treaty amending the Treaty on European Union and the Treaty establishing the European Community-Draft Preamble, CIG 4/07, Brussels, 24 July 2007(26.07). Draft Treaty amending the Treaty on European Union and the Treaty establishing the European Community, CIG 1/07, Brussels, 23 July 2007(30.07).

Draft Treaty amending the Treaty on European Union and the Treaty establishing the European Community-Protocols, CIG 2/07, Brussels, 23 July 2007(31.07).

Draft Treaty amending the Treaty on European Union and the Treaty
establishing the European Community-Draft Declarations, CIG
3/07, Brussels, 23 July 2007(26.07).

REGULATION(EC) No 863/2007 OF THE EUROPEAN PARLIAMENT
AND OF THE COUNCIL of 11 July 2007 *establishing a
mechanism for the creation of Rapid Border Intervention Teams and
amending Council Regulation(EC) No 2007/2004 as regards that
mechanism and regulating the tasks and powers of guest officers*, OJ No
L 199 of 31.7.2007.

Declaration on the Creation of a European External Action Service

Protocol on Permanent Structured Cooperation Established by Article
Ⅰ-41(6) and Article Ⅲ-312 of Constitution

[관련 인터넷 사이트]

http://europa.eu.int/eur-lex/lex/JOHtml.do?uri=OJ:C:2004:310:SOM:EN
:HTML(2007년 5월 29일 검색)

http://europa.eu.int/eur-lex/lex/en/treaties/index.htm(2007년 5월 29일 검색)

http://www.libertysecurity.org/article108.html(2007년 9월 4일 검색)

http://europa.eu/agencies/community_agencies/frontex/index_en.htm(2007
년 9월 3일 검색)

http://www.consilium.europa.eu/showPage.asp?id=668&lang=en(2007년
8월 29일 검색)

http://news.chosun.com/site/data/html_dir/2007/05/18/2007051800086.ht
ml(2007년 6월 1일 검색)

http://article.joins.com/article/article.asp?ctg=1306&Total_ID=351166(2
007년 8월 29일 검색)

http://www.lemonde.fr/web/imprimer_element/0,40-0@2-3214,50-91409
3,0.html(2007년 6월 1일 검색)

http://www.munhwa.com/news/view.html?no=200612210103333227500
20(2007년 6월 1일 검색)

http://www.eurojust.europa.eu/(2007년 5월 29일 검색)

http://www.europol.eu.int/(2007년 5월 29일 검색)

http://www.europol.eu.int/index.asp?page=legalconv(2007년 5월 29일 검색)

"A Constitution for Europe".

http://europa.eu.int/scadplus/constitution/index_en.htm(2007년 5월 29일 검색)

<국민투표로 비준 여부를 결정하는 회원국>			
국명	투표 일자	결과	비고
스페인	2005년 2월 20일	찬성: 76.7%(투표율 42.3%)	국민투표 결과 강제력 없음. 별도로 의회 비준 절차 거쳐야 함.
프랑스	2005년 5월 29일	반대: 54.7%(투표율 69.3%)	
네덜란드	2005년 6월 1일	반대: 61.6%(투표율 62.8%)	
체코	취소		의회 결의에 따라 결정
룩셈부르크	2005년 7월 10일	찬성: 56.5%(투표율 87.8%)	
폴란드	무기한 연기		
덴마크	무기한 연기		
포르투갈	무기한 연기		
아일랜드	무기한 연기		
영국	무기한 연기		
<의회의 결의로 비준 여부를 결정하는 회원국>			
리투아니아	2004년 11월 11일	찬성. 84:4	
헝가리	2004년 12월 20일	찬성. 322:12	
슬로베니아	2005년 2월 1일	찬성. 79:4	
이탈리아	2005년 4월 6일	찬성. 하원: 436:28, 상원: 217:16	
그리스	2005년 4월 19일	찬성. 268:17	
슬로바키아	2005년 5월 11일	찬성. 116:27	
스페인	2005년 5월 18일	찬성. 하원: 319:19, 상원: 225:6	국민투표 후 의회 비준 절차 거침
오스트리아	2005년 5월 25일	찬성. 하원: 182:1, 상원: 59:3	
독일	2005년 5월 27일	찬성. 하원: 569:23, 상원: 66:3	대통령은 비준안 서명 유보
라트비아	2005년 6월 2일	찬성. 71:5	
키프로스	2005년 6월 30일	찬성. 30:19	
몰타	2005년 7월 6일	찬성. 65:0	
벨기에	2006년 2월 9일	찬성. 하원: 118:18, 상원: 54:9	지방 정부의 승인 필요
에스토니아	2006년 5월 9일		
핀란드	무기한 연기		

스웨덴	무기한 연기		
〈가입의정서 비준과 동시 비준한 회원국〉			
불가리아	2005년 5월 11일	찬성. 231:1	
루마니아	2005년 5월 17일	찬성. 434:0	
〈기타〉			
유럽의회	2005년 1월 12일	찬성. 500:137	

〈출전〉 http://ko.wikipedia.org/wiki/유럽 헌법(일부 내용 재정리)

■■■ 제2부

유럽연합의 정치와 대외관계

제5장 유럽연합의 커미톨로지:
유럽적 문제해결을 위한 다층화된 정책과정의 양면성

송병준

한국외국어대학교 EU연구소 연구교수

Ⅰ. 서론

1980년대 말 당시 집행위원장인 들로르(Jacques Delors)는 1990년대 말에 이르면 회원국이 시행하는 경제사회정책의 약 80%는 초국가 정책과 규제에 준해 생성될 것이라고 예상하였다.[1] 들로르의 예측은 일부 시각의 차와 해석의 여지는 있지만 이후 유럽연합에서 구현되었다는 것이 전반적인 평가이다. 이러한 결과는 통합이 진척되면서 유럽연합의 공동정책과 국내정책 간 경계가 희석되었다는 사실을 말해 준다. 역설적으로 이는 회원국이 사활적인 국가이익 관철을 위해 초국가기구를 통제할 필요가 있다는 현실을 보여 준다.

---

1) John Peterson and Elizabeth Bomberg, *Decision-making in the European Union*(New York: St. Martin's Press, 1999), p.4.

　　1990년대 들어 유럽연합의 정책과정은 초국가기구 간 제도화된 합의와 회원국 정부 간 정치적 조정이 병행되는 이원화된 구조가 확립되었다. 그러나 1990년대 전반에 걸쳐 사회적 결속과 초국가 수준에서 회원국 간 국내정치 조정이 요구되면서 이원화된 정책과정의 한계가 드러났다. 즉 국내적 이슈가 유럽연합 차원에서 논의되고 이 반대의 현상이 증가하면서 유럽연합의 정책과정은 초국가주의(supranationalism)와 정부 간 협상주의(intergovernmentalism) 논리로 양분할 수 없는 융합적인 정책과정이 요구되었다. 이에 따라 회원국 정부는 초국가 정책과정에서 국가이익 관철과 정부 간 조정을 제도화한 커미톨로지(comitology)를 다시 주목하게 되었다.

　　이러한 맥락을 배경으로 본 연구는 다층화된 유럽적 거버넌스와 이러한 구조에 기인한 정책과정에서도 여전히 국민국가 패러다임이 유효하다는 사실을 일련의 커미톨로지 개혁을 통해 제시한다. 구체적으로 본 연구는 다음과 같이 구성한다. 첫째, 1990년대 이후 다층화된 유럽적 거버넌스와 이에 기인한 이원화된 유럽연합의 정책과정을 분석한다. 나아가 효율성에 주목한 유럽연합의 정책과정에서 집행위원회의 자율성이 확대되어 가는 현실을 주인-대리인(principle-agent) 관계를 통해 고찰한다.

　　끝으로 집행위원회의 자율성 확대에 대응하여 회원국이 사활적 이해가 걸린 공동정책에서 국민국가 패러다임을 유지하려는 시도를 커미톨로지의 기능 복원과 개혁을 통해 확인한다.

Ⅱ. 전통적인 유럽적 거버넌스와 정책과정

1. 초국가기구와 회원국 간 공동통치

다수의 학자들은 1990년대 이후 유럽연합의 통치구조를 다층적 거버넌스(multi-level governance)로 파악한다. 이론적 맥락에서 다층적 거버넌스는 초국가관료들의 기능적 연합을 통한 초국가주의와 드골식(Gaullist mode)의 정부 간 협상이론보다 포괄적인 설명력을 의도한 시각이다. 동시에 다층적 거버넌스는 유럽연합의 분권화된 구조와 정책과정에 대한 기술이다.[2] 다층적 거버넌스 시각에서는 유럽연합을 초국가기구와 회원국 정부뿐 아니라 사회적 행위자들이 유럽정체(European polity)라는 통합된 공간 내에서 상호작용하는 포괄적인 통치형태로 파악한다. 통합이 가속화되면서 유럽연합은 일종의 준연방(quasi-federal)적 성격을 내포하면서 집행위원회를 비롯한 초국가기구의 기능적 권한이 확장되었다. 이에 따라 집행위원회는 회원국 간 정치적 조정영역이었던 결속정책(cohesion policy)과 같은 재분배정책(re-distribution)에서도 주요한 권한을 행사하고 있다. 그럼에도 회원국들은 국내 관료들이 참여하는 커미톨로지를 통해 집행위원회의 권한을 통제한다는 사실에서 유럽적 거버넌스의 복잡한 성격을 이해할 수 있다. 이러한 맥락에서 다층적 거버넌

---

2) 다층적 거버넌스는 국제정치나 비교정치 시각에서 파생된 엄밀한 이론체계는 아니다. 본 시각은 현재의 유럽연합 구조가 전통적인 초국가–국가 관계를 탈피한 복잡한 권위분산 체제라는 사실에서 여러 이론적 시각과 융합하여 이론화 이전의 개념 정립과 실증적 사례의 축척과정에 있다고 할 수 있다. Liesbet Hooghe et al., *Cohesion Policy and European Integration: Building Multi-Level Governance*(Oxford: Oxford University Press, 1996), p.18 참조.

스는 초국가기구의 권한 확장과 동시에 브뤼셀과 회원국 간 연계를 통해 이루어졌다고 할 수 있다.[3]

　이러한 다층화된 거버넌스 구조에서 정책과정이란 집행위원회, 유럽의회 및 각료이사회를 망라한 초국가기구들이 상호 간 경쟁과 협력을 통해 공동정책을 결정하고 집행하는 정치적 행위이다.[4] 이 외에 유럽연합의 정책과정은 초국가기구들 간 권력균형과 함께 유럽연합과 사회적 행위자들 간에 이슈를 중심으로 연계된 것이다. 따라서 유럽연합의 정책과정은 행위자 간 위계적 혹은 완전한 수평적 구조가 아니라, 정책영역에 따라 기능적 의존관계를 형성한 것이다. 예를 들어 유럽연합의 대표적인 정책과정인 공동결정 (codecision)에서는 어느 한 기구가 여타 기구의 동의를 얻지 못하면 의사관철이 불가능하다. 집행위원회와 각료이사회는 각각 제안권 (proposal)과 최종결정권을 갖는다. 따라서 각료이사회는 집행위원회의 제안이 제기되지 않는다면 의사를 관철할 수 없다. 역으로 집행위원회의 제안은 각료이사회의 일반입장(common position)은 물론이고 유럽의회의 수정권(amendments)을 통한 선호를 수용해야 입법화된다.[5] 그러므로 집행위원회가 제안권을 독점하여도 유럽의회나 각료이사회의 지지를 얻지 못하면 의사결정은 원천적으로 불가능하다. 이와 같이 다층적 거버넌스에서는 초국가기구나 회원국

---

3) Dimitris N. Chryssochoou, "Democracy and Integration Theory in the 1990s; A Study in European Polity-Formation", *Jean Monnet Working Papers*, 14~98(1998), p.2.

4) John Peterson and Michael Shackleton, "The EU's Institutions: An Overview", John Peterson and Michael Shackleton(eds.), *The Institutions of The European Union*(Oxford: Oxford University Press, 2002), p.9.

5) Jögen Neyer, "Discourse and Order-On the Conditions of Governance in Non-Hierachial Multi-Level Systems", *Advanced Research on the Europeanisation of the Nation-State*, Working Papers 02/09(2002), p.3.

중 어느 한쪽이 의제를 설정하고 정책과정을 통제할 지배적 권력을 갖지 못한다. 즉 권력은 분산되어 있다.

유럽연합은 마스트리히트조약(The Maastricht Treaty) 체결로 전통적인 초국가주의와 더불어 정부 간 협력(intergovernmental cooperation)이 구조화되었다.[6] 여기 서 집행위원회가 주도하는 초국가정책은 회원국들이 기능적 필요성에 의해 국가의 권한을 유럽연합에 위임한 것으로 파악해야 한다. 집행위원회가 중심적인 행위자로 위치한 공동농업정책(CAP: Common Agricultural Policy)과 통상정책은 대표적 경우이다. 그럼에도 여전히 조약 수정과 제도 개혁과 같이 주요한 정치적 결정은 회원국 간 정치적 협상에 의존한다.

따라서 다층적 거버넌스에서도 국가는 여전히 지배적인 정치적 행위자로 위치한다. 유럽연합이 국가가 행하는 기능을 상당 부분 대치하지만 대부분의 초국가정책은 회원국의 물리적·헌정적 자원에 의존할 수밖에 없기 때문이다. 유럽연합의 예산은 회원국 총 GNI의 1.24%를 넘을 수 없다는 사실을 볼 때, 이러한 의존관계는 불가피한 현실이다.[7] 더욱이 외교안보와 내무사법, 복지 및 조세와 같이 회원국 간 선호의 간극이 크고, 기존 정치질서에 직접적인 영향을 미치는 정책들은 여전히 국민국가의 배타적 권한에 위치한다. 이 경우에 유럽 차원에서 조정이 필요하다면 회원국들은 초국가기구의 개입을 최소화한 가운데 정부 간 조정을 꾀한다. 물론 이러한 정부 간 조정은 국가 간 일반적인 외교적 협상과는 성격이 상이하다. 유럽연합에서 정부 간 조정과 협력은 공동체법에 따른 제도화

---

6) Michelle Cini, *European Union Politics*(Oxford: Oxford University Press, 2007), p.33.
7) European Commission, "Glossary"(2009), 참조.

된 구조 속에서 오랜 시간을 두고 관행화된 규범과 합의기제를 통해 이루어지기 때문이다.[8]

결론적으로 유럽연합은 정책영역에 따라 초국가기구와 회원국 간에 권한을 공유한 기능적인 거버넌스이다. 이 과정에서 유럽 차원에서 조직화된 사회적 행위자들과 지방정부들이 간접적인 방법을 통해 정책과정에 개입한다. 여기서 초국가기구는 국민국가의 실패를 보완하고 국가의 기능을 대리하는 대리인이며 조정자의 역할을 수행한다. 이 과정에서 회원국 정부는 초국가수준에서 지정학적 이해를 관철하고, 필요하다면 초국가기구의 개입을 최소한 가운데 정부 간 조정을 꾀한다. 이러한 초국가통치와 정부 간 조정의 융합은 무엇보다도 통치의 효율성에서 비롯된 것이며, 정책과정에서 이러한 현상은 더욱 극명하게 드러난다.

2. 공동체 방식과 정부 간 조정의 융합

유럽연합의 정책과정은 초국가기구 간 권력균형 원리에 따른 공동체 방식(Community method)과 회원국 간 협력 혹은 협상(intergovernmental cooperation and bargaining)이라는 큰 틀로 이루어져 있다. 이러한 이원화된 구조는 1957년 로마조약(Treaty of Rome) 체결 이래로 유럽연합의 기본적인 정책과정으로 유지되어 왔다. 공동체 방식은 1950년대 유럽통합 초창기 모네(Jean Monnet)를 비롯한 여러 통합론자들(founding

---

8) Ole Elgstrm, "Introduction: Negotiation and Policy-making in the European Union -Processes, System and Order", *Journal of European Public Policy*, Vol.7, No.5(2000), p.676.

fathers)이 당시 유럽경제공동체(EEC)의 이상적 운영과정으로 제시한 개념이다.[9] 그러나 당시 이들은 정부 간 협상에 대비되는 개념으로 공동체 방식을 말하였지만 이에 대한 구체적인 내용을 제시하지 않아 그동안 많은 해석을 낳았다.[10]

이후 1990년대 들어 공동체 방식은 초국가기구 간 권력 균형을 통해 유럽시민들의 의사와 국가이익을 모두 취합하여 유럽연합 차원의 공동이해를 꾀하며 동시에 정책과정의 민주적 정당성(democratic legitimacy)과 효율성을 제고한다는 의미로 통용되었다. 이에 따라 집행위원회, 유럽의회 및 각료이사회가 권력균형을 통해 합의를 이끌어 내는 공동결정절차(codecision procedure)가 곧 공동체 방식의 구현으로 인식되어 왔다. 구체적으로 공동결정절차에서는 초국가 이익을 견지하는 집행위원회가 의제 제안권을 독점한다. 또한 직접 선거를 통해 구성된 유럽의회가 시민사회의 의사를 반영하는 수정권을 갖는다. 이 외에 개별 회원국의 의사를 취합한 각료이사회가 일반입장 표명 및 최종적인 의제 결정권한을 행사한다. 이 과정에서 가장 큰 특징은 다수결 원리에 따라 제도화된 합의기제가 작동하고 실무협상을 통해 여하간의 경우라도 결정을 이끌어 내어 산출의 효율성을 꾀한다는 점이다.

단적으로 공동결정절차에서는 각료이사회와 유럽의회 간 의견

---

9) 공동체 방식은 1950년 모네(Jean Monnet)가 유럽석탄철강공동체(ECSC) 창설을 위한 파리조약 (Treaty of Paris) 논의과정에서 유럽평의회(Council of Europe) 창설과 운영과정에서 드러난 정부 간 조정의 한계를 극복할 수 있는 대안으로 제기한 것이다. Youri Devuyst, "The Community-Method after Amsterdam", *Journal of Common Market Studies*, Vol.37, Iss.1(1999), p.109.

10) 실제 공동체 방식은 1980년대 말까지 전통적인 정부 간 조정과 질적으로 상이한 제도화된 통합, 보다 밀접한 연합(ever closer union)이라는 통합의 목적을 위한 단계적 접근, 공고한 연대를 통한 통합, 회원국 간 균등화된 의무와 권리, 초국가기구 간 권력의 균형, 만장일치 시스템을 극복할 기능적 구조, 공동체법에 근거한 민주적 의사결정 및 법치의 구현 등 다양한 의미로 해석되어 왔다. *Ibid.*, pp.109~110.

대립으로 합의에 도달하지 못하면 양측에서 동수의 대표들이 참여한 조정위원회(conciliation committee)가 개최되어 타결을 위한 최종적인 협상을 이끌어 낸다.11) 또한 공동결정과정에서는 효과적인 정책 산출을 위해 실무관료 간 회합과 정치적 타협이 일상화되어 있다. 따라서 집행위원회가 명목상 의제 제안권을 독점하지만 이는 실제로 각료이사회 내 실무관료와 유럽의회 상임위원회(Standing Committees) 간 이른바 '입법화전의 사전협상(pre-legislative bargaining)'을 통해 상정된 것이다. 또한 제안된 의제에 대한 결정과정에서도 집행위원회 총국(DG: Directorate General)과 각료이사회의 상주대표부(Coreper) 간 실무협상이 지속적으로 이루어진다.12) 이와 같이 공동체 방식은 다수결 원리와 제도화된 합의기제 이외에도 비공식적 실무합의를 통해 산출(out-put) 지향적인 효율성을 꾀한 정책과정이다. 따라서 공동체 방식은 통상, 경쟁 및 환경정책 등과 같은 경제통합 단계의 여러 정책에 폭넓게 적용되고 있다. 또한 공동체 방식은 환경정책과 같이 첨예한 정치적 이해관계를 동반하지 않는 일부 사회정책에도 적용되는 기능적인 정책과정으로 자리 잡았다.

한편 정부 간 조정은 유럽연합이 연방수준의 초국가 통합에 이르지 못하였다는 점에서 외교안보, 시장통합을 위한 제도개혁 및 사회정책 등과 같이 국민국가 패러다임에 위치한 정책에 적용되는 정책과정이다.13) 정부 간 조정은 초국가기구의 개입을 최소화한 가운데 각료이사회를 중심으로 이루어지는 결정과 유럽이사회(European

---

11) John Peterson and Elizabeth Bomberg, *op.cit.*, p.25.

12) *Ibid.*, pp.21~22.

13) Elizabeth Bomberg and Alecander Stubb, *The European Union: How Dose It Works* (Oxford: Oxford University Press, 2004), p.146.

Council)에서의 정치적 조정 등으로 구분된다. 전자의 경우에는 각료이사회 산하 상주대표부를 중심으로 실무수준의 정부 간 조정이 이루어지며 표결과 합의과정은 통상의 외교적 협상보다 제도화되어 있다. 후자의 경우는 주요한 이슈를 다루는 정례화된 최고정점의 정치적 의결과정이다. 이 외에도 조약 개정 및 수정과 같은 주요한 제도적 변화를 다루는 정부 간 협상(IGC: Intergovernmental Conference) 역시 회원국 간 정치적 조정이 깊숙이 개입된 정책과정이다.

이와 같이 정부 간 조정은 회원국 정부에 헌정 및 정치사회 질서에 영향을 미치는 주요한 이슈 및 여전히 회원국의 국내정책으로 한정된 여러 사회정책 등에 적용된다. 따라서 회원국 간 이해관계의 폭이 넓고 정책실행 과정에서도 회원국 간 능력의 격차가 현저하므로 제도화된 다수결 원칙보다는 정치적 협상에 보다 의지한다. 그럼에도 통합이 심화되면서 정부 간 조정에는 오래된 관행과 비입법화된 합의기제가 자리 잡고 있다. 대표적인 경우가 암스테르담조약(The Amsterdam Treaty)에 명기된 '긴밀한 협력(closer cooperation)'이다. 긴밀한 협력은 집행위원회의 개입을 최소화한 가운데 회원국 간 자발적 합의를 통한 정책 산출을 말한다. 따라서 긴밀한 협력과정에서는 각료이사회에서의 가중다수결 표결과 같은 제도화된 의사결정보다 여러 경로를 통한 국가 간 정치적 협상의 성격이 더 강하다. 이러한 점에서 정부 간 조정은 제도화 및 구속력의 수준이 공동체 방식에는 미치지 못하지만, 단순한 외교적 협상을 넘어 여하간의 경우에도 합의를 이끌어 내기 위한 고도의 정치적 결정과정이라 할 수 있다.[14] 이와 같이 이원화된 유럽연합의 정책과정은 정책과 이슈의 성격을 고려하여 분화된 것이다. 따라서 통합의 진척에 따라 특정 이슈의 성격이 변화할 경우 정책과정도 유연하게 조정된다. 국민국가 패러다임에 위치한 쉥겐협정(Schengen Agreement)의 특정정책이 공동체 방식의 정책과정으로 전환된 것은 그 예이다.[15] 결론적으로 유럽연합의 정책과정은 정책 산출의 효율성에 주목하여 이슈의 성격과 통합의 정도에 따라 분화된 것으로 이는 유럽적 거버넌스의 복잡하고 유연한 구조적 배경에서 비롯된 것이다.

Ⅲ. 유럽적 정책과정의 변화: 비공식화된 정책과정과 대리인의 권한

1. 비공식화된 폐쇄적 정책과정

전술한 바와 같이 유럽연합의 정책과정은 다수결 표결이라는 공식적 합의기제와 비공식적인 실무합의가 공존하지만, 통합의 진척에 따라 후자의 합의기제가 확대되어 왔다. 대개의 경우 각료이사회 및 상주대표부에서 표결을 통한 최종결정 이전에 실무수준의 비공식화된 협상을 통해 합의를 도출한다. 따라서 공동결정절차에

---

14) Alex Warieigh, "Towards Network Democracy? The Potential of Flexible Integration", Mary Farrell(eds.), *European Integration in the 21st Century*(London: Sage, 2002), pp.108~109.

15) 쉥겐협정이 담고 있는 이민, 망명 및 치안정책 등은 단일시장 내 요소와 노동의 자유이동 원칙에 포함되는 초국가 정책이다. 동시에, 상기의 이슈들은 회원국 수준에서 고유한 행정적 조치를 요하는 국내정책이다. 이에 따라 암스테르담 조약에서는 쉥겐조약 내 이민, 망명 및 국경통제정책은 공동체 방식의 정책결정을 행하고, 정부 간 첨예한 정치적 이해가 노정된 치안, 내무 및 쉥겐정보시스템(SIS: Schengen Information System) 등은 정부 간 협상영역으로 분리하였다. Dora Kostakopoulou, "Is There an Alternative to 'Schengenland'?", Political Studies, Vol.46, No.5(1998), p.888.

서 각료이사회의 최종결정은 집행위원회, 유럽의회 및 각료이사회 내의 위원회 및 실무그룹(working groups) 간 합의를 확인하는 절차에 불과하다고 할 수 있다. 마스트리흐트조약 체결 이후 초국가수준에서 사회적 규제가 증가하고 이에 따라 정책과정이 보다 세분화되면서 실무수준에서 비공식적인 합의기제가 더욱 깊게 뿌리를 내리게 되었다.16) 이러한 비공식화된 합의기제는 주로 집행위원회 내의 전문가위원회(expert committees) 및 총국 그리고 각료이사회 내의 실무그룹과 상주대표부, 이외에 유럽의회 내의 상임위원회와 같은 실무관료 수준에서 복잡하게 형성된 정책네트워크 내에서 이루어진다.

집행위원회의 경우 업무내용을 달리하는 각 총국에서 합의가 이루어지지만, 필요하다면 해당 정책을 다루는 전문가위원회로부터 기술적 도움을 받는다. 반면에 집행위원회보다 위계구조가 명확한 각료이사회에서는 실무그룹에서부터 합의를 진행하고 이후 상주대표부에서 대부분의 정책이 결정된다.17) 유럽의회 역시 일상적인 안건은 상임위원회 수준에서 의견이 수렴된다. 이후 이들 실무행위자들 간 비공식화된 회합을 통해 의견이 조정되고 결정이 이루어진다. 이와 같이 일상화된 유럽연합의 정책과정은 네트워크 거버넌스(network governance) 안에서 위원회를 중심으로 실무자 간 합의가 이루어지고, 이후 상주대표부와 총국에서 정치적 조정과 함께 공식적인 결정이 행해진다. 이와 같이 실무수준에서 비공식화된 합의가

---

16) Rainer Eising, "Clientelism, Committees, Pluralism and Protests in the European Union: Matching Patterns?", *West European Politics*, Vol.31, No.6(2008), p.1176.

17) Frank M. Hage, "Committee Decision-making in the Council of the European Union", *European Union Politics*, Vol.8, No.3(2007) p.303.

광범위하게 이루어지는 이유는 공식적인 합의기제보다 신속한 의사결정이 가능하고, 동시에 반복되는 행위자 간 회합을 통해 정책산출의 예측성을 제고할 수 있기 때문이다.[18]

문제는 이와 같이 효율성에 주목한 정책과정에서는 집행위원회와 같이 일종의 관계적 권력을 상대적으로 많이 점한 행위자가 보다 지배적인 영향력을 행사한다는 사실이다. 집행위원회는 이미 1980년대 말부터 회원국의 중앙 및 지방정부뿐 아니라 유럽 차원의 많은 공적 기구와 정책네트워크를 형성하여 왔다.[19] 이에 따라 집행위원회는 유럽의회와 각료이사회에 비해 상대적으로 손쉽게 정보를 취득하고, 이해관계와 부합되도록 사회적 지지를 이끌어 낼 수 있다. 이러한 구조에 기인하여 집행위원회는 제도화된 공적 권한 이상의 영향력을 갖는다. 더욱이 집행위원회는 속성상 각료이사회보다 폭넓은 공동의 이해를 추구함으로써 정책과정에서 자연스럽게 중재자이며 기술적 조정자의 위치를 점하게 되었다.[20] 이에 따라 유럽연합의 일상화된 정책과정은 집행위원회를 허브로 한 정책네트워크 내에서 초국가관료들 간 협상(inter-institutional bargaining)의 성격을 내포하게 되었다.

이 점에서 유럽연합은 정책 산출의 효율성에 주목한 폐쇄적인 협상민주주의(bargaining democracy)라는 비난을 받아 왔다.[21] 대개

---

18) Ole Elgstrm, *op.cit.*, p.677.

19) Ingeborg Tommel and Amy Verdun eds., *Innovative Governance in the European Union in the European Union: The Politics of Multilevel Policymaking*(London: Lynne Rienner, 2009), p.31.

20) Robert Thomson and Madeleine Hosli, *"Who Has Power in the EU? The Commission, Council and Parliament in Legislative Decision-making"*, *Journal of Common Market Studies*, Vol.44, Iss.2(2006), p.393.

21) Elissaveta Radulova, *"The OMC: An Opaque Method of Consideration or Deliberative*

의 경우 정책네트워크의 참여자는 초국가 및 국내 관료와 함께 집행위원회와 동반자 관계를 형성한 사회적 행위자로 한정될 수밖에 없기 때문이다. 이에 따라 1990년대 전반에 걸쳐 집행위원회를 중심으로 한 위원회시스템 및 정책네트워크의 확장이 민주적 결핍(democratic deficit)의 한 요인으로 지목되어 왔다. 물론 유럽연합은 이러한 문제점을 인식하고 1990년대 중반 이후 개방적인 정책과정을 강구하여 왔다. 이른바 리스본 방식(Lisbon Process)으로 칭하는 공개적 협력(Open Method Coordination)은 단적인 경우이다. 공개적 협력은 집행위원회와 회원국 정부 이외에도 정책의 대상이 되는 사회적 행위자가 망라된 수평적이며 개방적인 정책과정으로 1990년대 후반 이후 정보화 사회 및 노동시장정책과 같은 사회정책에 폭넓게 적용되어 왔다.[22]

그러나 공개적 협력이 관련 행위자 간 개방적인 합의 중심의 정책과정이라는 점에서 집행위원회의 조정적 권한은 오히려 확대되었다. 공개적 협력은 해당 행위자 간 조정과 합의를 이끌어 내고 가이드라인 설정, 벤치마킹 대상의 선정과 기술적 지원, 회원국으로의 정책 이전 및 실행평가 등을 위한 기술적 조정이 선행되어야 하기 때문이다. 이러한 조정적 역할은 정책네트워크의 허브를 점한 집행위원회의 기능을 보다 비대화한 계기가 되었다. 실제로 공개적 협

Governance in Action?." *Journal of European Integration*, Vol.29, No.3(2007), pp.363~380.

22) 리스본 방식(Lisbon Process)은 법치에 따른 초국가에서 국가로의 법적 부과를 탈피한 새로운 정책과정으로 참여행위자 간 자발적 합의를 통한 법적 부과와 선행사례에 대한 벤치마킹과 같은 유연한 정책과정이다. 이는 또한 개방(openness)과 광범위한 참여(participation)를 통해 민주적 정당성 문제를 완화하기 위한 정책과정이기도 하다. Ulf Sverdrup, "Compliance and Styles of Conflict Management in Europe", *Advanced Research on the Europeanisation of the Nation-State*, Working Papers 03/8(2003), p.8.

력과정이 최초로 도입된 유럽고용전략(EES: European Employment Strategy)의 경우 집행위원회는 유럽노조연합(ETUC: European Trade Union Confederation)과 같은 사회적 행위자와 밀접한 연합을 통해 정책 전반에 걸쳐 조정자의 역할을 수행하여 왔다.[23] 또한 R&D 및 정보화사회 정책과 같이 회원국 간 유사한 정책의 중복을 억제하고 신속한 실행이 요구되는 경우, 집행위원회와 회원국 및 사회적 행위자 간 합의가 선행되어야 정책이 효과적으로 진행된다. 이 결과 1990년대 말 이후 공개적 협력과 같은 개방적인 정책과정에서도 집행위원회의 권한이 확대되었다.[24]

결론적으로 유럽연합은 회원국과 집행위원회 내 관료들이 위계적 구조를 배제하고 기능적 임무에 따라 결합한 네트워크로 일종의 '정부 없는 행정'(administration without government) 구조라 할 수 있다. 이 과정에서 정책네트워크의 허브를 점한 집행위원회를 중심으로 한 실무관료들 간 비공화된 합의가 일상화되고 이는 곧 집행위원회의 권한 확대로 이어졌다.

2. 대리인을 통한 정부 없는 행정구조

단일유럽의정서(Single European Act) 체결 이후 시장통합계획이 본

---

23) 1997년 11월 룩셈부르크유럽이사회에서 결정한 유럽고용전략의 실행과정에서는 유럽노조연합(ETUC), 유럽경제인연합(UNICE), 유럽중소기업협회(UEAPME)와 같이 정책의 직접적 수혜를 받는 행위자들이 집행위원회와 연계하여 정책과정에서 정보 제공 등의 기능을 수행하여 왔다. Elissaveta Radulova, *op.cit.*, p.373.

24) Susana Borrá and Kerstin Jacobsson, "The Open Method of Co-ordination and New Governance Patterns in the EU", *Journal of European Public Policy*, Vol.11, No.2(2004), p.191.

격화되면서 회원국으로부터 권한을 위임받은 집행위원회는 조약 실행, 의제 설정, 규제 부과 및 정책 시행 등 기능을 수행하면서 자율성을 확대하여 왔다.[25] 이러한 맥락은 주인 – 대리인(principle-agent) 관계에서 효율성과 불필요한 정치적 비용의 상쇄라는 측면에서 이해할 수 있다. 전술한 바와 같이 유럽연합의 정책과정에서는 집행위원회만이 의제 제안권을 독점한다. 물론 집행위원회가 의제 제안권을 독점하여도 회원국은 각료이사회를 통해 공동결정절차에서 최종 결정권한을 행사하므로 집행위원회의 제안을 손쉽게 무력화할 수 있다. 즉 주인으로서 회원국은 여러 모니터링 기능과 제재권한을 통해 대리인인 초국가기구를 효과적으로 통제할 수 있다.

문제는 집행위원회의 의제 제안이 각료이사회의 의제 수정이나 파기보다 상대적으로 쉽게 이루어진다는 것이다.[26] 서로 다른 선호를 갖는 회원국들 간 의견 조정은 집행위원회의 단선적 선호표명보다 상대적으로 어려운 일이다. 특별히 규제정책(regulatory policy)과 같이 산업계에 직접적으로 영향을 미치는 정책의 경우 집행위원회의 권한은 보다 극대화된다. 규제정책 입법과정에서는 산업계가 집행위원회와 협력을 꾀하며 동시에 회원국 정부에게 유럽적 규제 수용에 대한 압력을 행사하는 것이 일반화되어 있다. 이와 같이 산업계의 지지를 통해 만들어진 집행위원회의 의제는 각료이사회에서 파기되거나 혹은 대폭적인 수정이 이루어지기는 힘들다.[27]

---

25) Mark A. Pollack, Delegation, Agency, and Agenda Setting in the European Community, *International Organization*, Vol.51, Iss.1(1997), pp.100~101.

26) *Ibid.*, p.124.

27) Manfred Elsig, "The EU's Choice of Regulatory Venues for Trade Negotiations: A Tale of Agency Power?*", *Journal of Common Market Studies*, Vol.45, Iss.4(2007), p.927 참조.

또한 집행위원회, 유럽의회 및 각료이사회 3자가 권력균형 구조에서 수개월 이상에 걸쳐 각각 2차례의 독해(reading)와 수정권을 행사하는 정책과정을 고려한다면 의제의 수정과 파기는 많은 정치적 부담을 야기할 수밖에 없다.[28]

따라서 회원국이 집행위원회를 통제하기 위해서는 회원국 간 조정 비용을 감수하고, 대리인보다 월등한 정보와 네트워크를 통해 제3의 행위자를 포섭해야 한다.[29]

그러나 현실에서 집행위원회는 사회적 행위자와 동반자 관계를 통해 회원국보다 월등한 기능적 네트워크를 점하고 있다. 이러한 현실에서는 주인과 대리인 간의 상충되는 선호를 조정하고 분배할 수 있는 능력은 주인이 아니라 대리인의 몫이 될 수밖에 없다.

대외무역협상에서 이러한 양상은 보다 극명하다. 대외무역협상의 경우 집행위원회가 단일의 협상 주체로서 회원국을 대표한다. 물론 집행위원회는 사전에 회원국의 선호를 집약하여 유럽적 이해로 표명한다. 그러나 집행위원회는 회원국의 의사만을 대변하는 것은 아니다. 여기에는 유럽 차원 산업계와 노동계의 이해관계 역시 집약되어 있다.[30] 이와 같이 집행위원회는 주인 – 대리인 관계에서 회원국의 이해와 제3의 행위자의 이해까지 포섭하여 조약의 일반 목적을 구현하는 중립적인 위치를 점하고 있다. 따라서 주인 – 대리인 관계에서 회원국의 이해관계에 따른 대리인에 대한 통제는 불필요한 정치적 비용을 유발할 수가 있다.[31]

---

28) Mark A. Pollack, *op.cit.*, p.101.

29) *Ibid.*, p.140.

30) Manfred Elsig, *op.cit.*, p.931.

역으로 집행위원회와 유럽 차원의 공적 기구 간 주인 - 대리인 관계에서는 주인인 집행위원회의 통제기능이 활성화되어 왔다. 이러한 관계는 집행위원회가 회원국으로로부터 위임받은 권한 이상의 자율성을 확대하는 또 다른 요인이 되었다. 집행위원회는 1980년 대 말부터 시장통합계획이 본격화되면서 입법과정에서 이른바 신접근 전략(New Approach)을 통해 유럽 차원의 공적 기구를 통한 초국가 입법을 확대하여 왔다. 당시 신접근 전략은 집행위원회가 효과적인 시장장벽 제거를 위해 유럽 차원의 사회적 행위자에게 일종의 대리인의 지위를 부여한 것이다. 이러한 구조를 통해 집행위원회는 유럽 차원의 독립적인 규제적 기구에 대한 지원을 통해 자발적인 합의를 이끌어 내어 국내규제를 대치하였다.[32] 나아가 신접근 전략은 공적 기구에 유럽적 입법을 위임함으로써 집행위원회에는 초국가 입법에 따른 회원국의 저항을 완화하는 방편으로도 활용되었다.

이와 같이 집행위원회는 회원국 및 유럽 차원의 공적 기구와 각각 대리인 - 주인 관계에 위치한다. 그러나 집행위원회 - 공적 기구 간 관계는 회원국 - 집행위원회와는 성격이 다른 주인 - 대리인 관계이다. 전자에서는 대리인으로서 집행위원회의 자율성이 높은 반

---

31) Mark A. Pollack, *op.cit.*, p.110.

32) 신접근 전략(New Approach)은 신속한 입법을 통해 시장통합계획을 원활히 진행하기 위해 도입되었다. 본 전략에서는 공적 기구의 자율적인 입법을 고무하는 방식을 취하여 유럽표준화기구(The European Committee for Standardization)와 유럽전기전자표준화기구(European Committee for Electrotechnical Standardization) 등과 같은 유럽 차원의 공적 기구 내의 합의를 유럽적 규제로 대치하였다. 또한 신접근 전략에서는 초국가수준에서 조화(harmonization)를 꾀하는 전통적인 방식을 탈피하여, 국내의 적법한 규제적 조치가 유럽 차원에서 통용되도록 한 상호인증(mutual recognition) 원칙의 확대 등을 포함하였다. Michelle Egan, "Regulatory Strategies, Delegation and European Market Integration", Journal of European Public Policy, Vol.5, No.3(1998), pp.490~491.

면, 후자의 경우에는 반대로 집행위원회가 주인으로서 상위의 위계에 위치하거나 필요하다면 공적 기구와 기능적 동반자로서 수평적 연합을 꾀한다. 이 결과 유럽 차원의 공적 기구에 대한 회원국의 직접적인 통제는 집행위원회에 비해 제약될 수밖에 없다. 물론 회원국은 각료이사회 내 실무그룹을 통해 집행위원회와 유럽 차원의 공적 기구와의 관계에 개입할 수 있다. 그러나 이슈에 따라 한시적으로 구성된 실무그룹이 지속적으로 정책네트워크에 개입하는 것은 한계가 있다. 이러한 회원국, 집행위원회 그리고 공적 기구 간 주인-대리인 관계의 속성에 의해 집행위원회는 회원국으로부터 위임받은 권한을 넘어 초국가기구로서의 자율성을 확대하여 왔다.

Ⅳ. 커미톨로지: 유럽적 거버넌스에서 국민국가 패러다임

1. 사려 깊은 초국가주의를 위한 회원국의 통제

1990년대 전반에 걸쳐 집행위원회는 회원국으로부터 위임받은 권한 이상으로 자율성이 확대되어 왔다. 이에 따라 회원국은 사활적 이해를 갖는 주요 공동정책과 회원국 간 이해관계의 폭이 넓은 정책에서 국가이익을 효과적으로 구현할 방안을 강구하여 왔다. 여기서 다양한 국가이익의 개진은 곧 집행위원회에 대한 효과적인 통제를 전제로 한다는 점에서 커미톨로지가 재조명되었다.

일반적으로 초국가기구에 대한 회원국의 이해관계 개입과 통제는 각료이사회 산하 상주대표부를 통해 이루어진다. 상주대표부의 실무관료들은 집행위원회 총국 관료들과 일상화된 회합을 통해 회원국의 이해관계를 개진한다. 그러나 이러한 방식은 집행위원회에 대한 회원국의 직접적인 통제라는 성격보다는 원활한 입법을 위한 실무관료 간 제도화된 협력의 성격을 갖는다. 그러므로 회원국 정부는 유럽통합 초기부터 주요한 정책에 한해 집행위원회에 국내 관료의 참여를 제도화하여 국가이익을 개진하였다. 그러나 집행위원회는 일국의 중앙부처같이 이슈에 따라 분화되어 각각이 독립적인 이해를 갖는 관료집단이다. 따라서 국내 관료가 집행위원회에 개입할 경우 정치적 저항이 따를 수 있다. 따라서 대안은 집행위원회 내에 존재하는 많은 소위원회에 국내 관료를 참여시키는 것이다.

집행위원회는 이른바 위원회시스템(committee system)이라 칭할 정도로 이슈에 따라 많은 소위원회를 두고 있는데 약 200~300여 개에 달하는 소위원회가 항시적으로 활동하고 있다. 통상 유럽연합의 정책과정은 집행위원회 내 소위원회와 각료이사 내 실무그룹 간 기능적 합의를 거친 후 이후 총국과 상주대표부에서 정치적 조정이 행해진다. 따라서 집행위원회의 소위원회는 관료조직의 위계에서 하위에 위치한 합의 중심의 실무조직이라 할 수 있다. 따라서 회원국이 집행위원회를 통제하거나 이해관계를 효과적으로 관철하려면 이러한 소위원회에 국내 관료의 참여를 제도화하는 것이 효과적이다. 동시에 국내 관료가 참여하는 소위원회가 정책결정 및 집행기능을 갖도록 제도화할 필요가 있다. 이러한 회원국의 목적이 구현된 것이 커미톨로지이며 본 정책과정을 수행하는 소위원회가 커미톨로지위원회이다.

물론 집행위원회 내부에는 커미톨로지위원회 외에도 자문기능을 수행하는 전문가위원회가 존재한다. 이들 위원회는 모두 이슈에 따라 분화된 폐쇄적인 위원회시스템이라는 공통점을 갖는다. 그러나 전문가위원회는 집행위원회의 기능을 보완하는 집단으로 커미톨로지위원회와 같이 초국가와 국내 관료 간 연합과는 성격이 상이하다. 또한 커미톨로지위원회는 제도화된 정책결정 권한뿐 아니라 정책 시행에도 관여한다는 점에서 전문가위원회와 기능을 달리한다.[33]

커미톨로지는 1960년대 공동농업정책에서 회원국 정부 관료들의 참여를 통해 당시 미비한 유럽 관료(Eurocrat)의 전문성을 확보할 목적으로 만들어졌다. 이와 같이 커미톨로지는 농업, 무역 및 관세정책과 같이 전문화된 지식을 요하는 정책영역에서 집행위원회의 기술입법 한계를 보완한다는 목적에서 제도화되었다.[34] 그러나 커미톨로지는 1980년대 중반까지 회원국의 이해가 깊숙이 개입된 정책에서 집행위원회의 독단적인 정책결정과 집행을 제어하는 수단으로 변질되었다. 이후 1980년대 말 시장통합이 본격화되면서 집행위원회의 기술 관료적 입법을 활성화한다는 커미톨로지의 기능이 재조명되었다. 또한 시장통합과 더불어 시장 보완과 시정을 위한 또 다른 초국가 규제가 요구되면서 커미톨로지의 중요성이

---

33) Morten Egeberg et al., "The Many Faces of EU Committee Governance", *West European Politics*, Vol.26, No.3(2003), p.20 참조.

34) Koen Lenaerts and Amaryllis Verhoeven, "Towards a Legal Framework for Executive Rule-Making in the EU? The Contribution of the New Comitology Decision", *Common Market Law Review*, Vol.37, No.3(2000), p.645.

부각되었다. 시장 시정과 보완을 위한 사회정책은 속성상 회원국 정부의 이해관계 폭이 크고 고도의 기술적 조정이 필요한 정책영역이다. 따라서 정책 형성 단계에서부터 국내 관료의 참여를 통한 동의가 이루어져야 실행과정에서 국내적 저항을 최소화할 수 있기 때문이다.[35]

이러한 이유로 당시 유럽공동체는 1987년 각료이사회의 결정 (Decision 1987/373/EEC)을 통해 커미톨로지 본연의 기능을 복원하였다.[36] 1987년의 결정에 따라 재구성된 커미톨로지는 표면상 집행위원회와 회원국 관료들 간 연합을 통해 기술입법의 효율성을 꾀한다는 취지를 갖고 출범하였다. 이러한 목적을 살리기 위해 커미톨로지에는 회원국의 실무관료 이외에도 기술적인 조언을 위해 전문가와 이익집단 대표의 참여를 제도화하였다. 이와 같이 당시 커미톨로지 개혁은 초국가 정책과정에 회원국 관료의 참여를 제도화하여 집행위원회가 결여된 기능을 보완하여 효율적인 정책 산출을 꾀한다는 목적을 담았다.[37]

구체적으로 커미톨로지는 다루는 이슈에 따라 자문(advisory), 관리(management) 및 규제(regulatory) 등 3개의 위원회로 구분되며 뒤로 갈수록 집행위원회의 자율성이 제약되었다. 먼저 초국가수준에서 기능적 조정이 요구되는 시장통합 관련정책은 집행위원회의 자

---

35) Herwig C. H. Hofmann and Alexander Türk, "The Development of Integrated Administration in the EU and its Consequences", *European Law Journal*, Vol.13, Iss.2(2007), pp.254～257.

36) Simon Hix, *The Political System of the European Union*(New York: St. Martin's Press, 2005), p.52.

37) Eriksen, Erik Oddvar and John Erik Fossum, "Europe at a Crossroads—Government or Transnational Governance?", *Advanced Research on the Europeanisation of the Nation-State*, Working Papers 02/35(2002), p.8.

율성이 높은 자문위원회에서 다루어졌다. 자문위원회에서는 집행위원회가 지배적 권한을 누려 회원국 관료들은 단순한 자문 역할에 그치고 이러한 입지마저도 매우 취약하였다. 실제로 경쟁정책에서 다루는 기업합병, 국가보조금문제 등에서는 상대적으로 강력한 집행위원회의 권한에 기인해 회원국 관료들은 정보 제공 및 조언자 정도의 임무에 머물렀다.[38]

한편 초국가정책이면서도 회원국 간 이해관계가 첨예하고, 많은 예산이 소요되는 공동농업정책, 지역정책 및 R&D 정책 등은 관리위원회에서 다루어졌다. 관리위원회는 1960년대부터 현재까지 존재하는 커미톨로지위원회의 전형으로 이러한 영역들은 집행위원회가 정책 결정과 집행을 주도하는 주 행위자로 위치한다.[39] 그러나 이러한 권한은 회원국의 동의를 전제로 이루어진다는 점에서 집행위원회의 자율성은 제약된다. 공동농업정책의 경우 집행위원회는 관리위원회에 정책 집행을 보고해야 하고, 의제 제안은 관리위원회 내에서 가중다수결 표결로 승인을 얻어야 한다. 만약 관리위원회가 제동을 걸 경우 집행위원회는 각료이사회와 의제 제안을 논의해야 한다.

끝으로 규제위원회는 1960년대 회원국 정부가 집행위원회의 초국가 권한을 제어하기 위한 목적에서 만들어진 것이다. 따라서 여기에서 집행위원회의 모든 조치들은 반드시 각료이사회의 승인을 얻어야 할 정도로 자율권이 제약되어 있다. 1990년대 들어서는 시장통합이 야기한 시장시정정책(market correcting policy)이며 국민국

---

38) Simon Hix, *op.cit.*, p.53.

39) Gijs Jan Brandsma, et. al., "How Transparent are EU 'Comitology' Committees in Practice?", *European Law Journal*, Vol.14, Iss.6(2008), p.822.

가 패러다임이 깊숙이 자리 잡은 노동, 복지 및 보건정책 등이 규제위원회의 영역으로 자리 잡았다.[40]

이와 같이 커미톨로지는 1987년 제도 개혁을 통해 회원국의 선호를 반영하면서 동시에 전문가들의 참여를 통해 기술합리성을 극대화한다는 본연의 기능을 회복하였다. 이에 따라 커미톨로지는 1990년대를 거치면서 회원국과 초국가기구 간 수평적 협력을 실무 수준에서 구현하여 공동체 방식을 보다 구체화시킨 정책과정으로 발전하였다.[41] 2000년대 이후 커미톨로지라고 명명된 소위원회는 이슈에 따라 약 200여 개가 항상 활동할 정도로 활성화되었으며, 2008년 기준으로 229개의 커미톨로지위원회가 구성되었다. 동시에 커미톨로지 절차는 연구 개발, 환경 및 통신 등 기술입법이면서 회원국의 이해관계가 큰 여러 정책분야로 확산되었다.[42]

2. 국민국가 패러다임의 부활

전술한 바와 같이 커미톨로지는 복잡한 정치적 이슈와 고도의 기술적 지식이 모두 요구되는 정책에서 최대한의 합리성을 강구하는 정책결정시스템이다. 실제로 1990년대 이후 커미톨로지는 단순한 다수결 원칙에 따른 기계적 표결보다는 행위자 간 문제해결을 위한 유연한 합의과정으로 발전하여 왔다. 동시에 커미톨로지는 과

---

40) Mark A. Pollack, *op.cit.*, pp.104~115.

41) Eriksen, Erik Oddvar and John Erik Fossum, *op.cit.*, pp.10~11.

42) Jens Blom-Hansen and Gijs Jan Brandsma, "The EU Comitology System: Intergovernmental Bargaining and Deliberative Supranationalism?", *Journal of Common Market Studies*, Vol.47, Iss.4(2009), p.721 참조.

잉 팽창된 초국가기구의 정책결정과 집행기능을 보완하는 수단으로 기능하여 왔다.

커미톨로지는 집행위원회와 회원국 양측 모두 문제해결이 제약된다는 점에서 만들어진 것이다. 따라서 커미톨로지에 참여하는 유럽 관료와 국내 관료들 모두 개별선호의 관철보다 집단적 학습과 협력을 통해 산출을 꾀하는 게 일반적인 패턴이다.[43] 다시 말해 커미톨로지 참여자들은 집행위원회와 회원국 정부로부터 특정의 내용이나 수준에서 정책을 결정토록 위임받는 것은 아니다. 오히려 이들은 외부의 간섭 없이 정해진 가이드라인을 따라 최적의 산출을 꾀하는 기술 관료의 성격을 갖는다. 이에 따라 커미톨로지위원회는 기계적인 다수결 원칙을 지양하고, 행위자들 간에 선호가 엇갈릴 경우 상호간 이해관계를 최대한 반영하여 완화된 수준에서 결정을 이끌어 내는 합의 중심의 정책과정으로 발전하였다.

또한 커미톨로지는 기술합리성이 요구되는 정책이면서도 고도의 정치적 타협을 요하는 정책을 포괄하므로, 집행위원회만의 일방적 결정에 따른 정치적 부담을 경감하는 시스템으로 기능하였다. 단적으로 커미톨로지 절차를 통해 결정되는 농업이나 무역은 단일의 초국적 규제가 적용되는 경제정책영역이면서도 회원국 간에 서로 다른 이해관계를 갖는 정책영역이다. 이에 따라 동 정책 분야는 기계적인 표결 대신에 커미톨로지에서 집행위원회와 회원국의 실무자 간 합의를 통해 정책을 생성하는 것이 정책실행과정에서 회원

---

43) Christian Joerges and Jurgen Neyer, "Transforming Strategic Interaction into Deliberative Problem-solving: European Comitology in the Foodstuffs Sector", *Journal of European Public Policy*, Vol.4, No.4(1997), pp.620~621.

국의 저항을 최소화하는 방편이 될 수 있다. 물론 이 경우 협상당사자들은 초국가와 회원국 정부로부터 공적 권한을 위임받은 대리인으로 그 권한은 엄격히 제한되었다.

이와 같이 커미톨로지는 유럽 관료와 회원국 관료 간 문제해결을 위한 연합이다. 그러나 1990년대 이후 집행위원회의 기능적 권한이 확대되면서 커미톨로지는 점진적으로 회원국이 집행위원회의 초국가 권력을 제어하는 수단으로 변화되어 왔다. 이미 1980년대에 새롭게 기능을 활성화한 커미톨로지는 각료이사회가 집행위원회에게 특정한 요구조건을 부과(impose certain requirements)할 수 있는 합법적 권한을 갖는다는 점에서 집행위원회 기능이 위축될 수 있다는 우려를 안고 출발하였다.[44] 실제 이러한 우려는 1990년대 들어 현실화되었다. 1990년대 이후 단일시장 출범 등 일련의 초국가 프로젝트가 진행되고, 공동결정절차가 일반화되면서 집행위원회의 규제적 권한과 의제 제한 기능이 확대되었다. 1980년대 말 시장통합계획과 조응하여 대폭적인 개혁과정을 거친 구조기금(structural fund) 정책에서 볼 수 있듯이 집행위원회는 회원국 정부와 별개로 지방정부와 정책네트워크를 형성해 국민국가 패러다임이 지배하는 재분배정책에도 깊숙이 개입하였다.[45] 이러한 상황에서 회원국 정부는 정책네트워크의 폐쇄성을 우려하였다. 동시에 1990년대 말에 이르러 회원국 정부는 갈수록 확대되어 가는 유럽 차원의 사회적 규제에 대해서도 국민국가 패러다임의 지속을 강구하였다. 이러한 회

---

44) Koen Lenaerts and Amaryllis Verhoeven, *op.cit.*, p.668.

45) Christopher K. Ansell et al., "Dual Networks in European Regional Development Policy", *Journal of Common Market Studies*, Vol.35, Iss.3(1997), p.359.

원국의 목적은 1999년 커미톨로지의 개혁을 통해 구체화되었다.[46]

회원국은 1999년 각료이사회의 결정(1999/468/EC)을 통해 커미톨로지 절차와 내용을 일부 수정하였다. 표면상 본 수정안의 목적은 커미톨로지위원회 내부의 합의절차를 단순화하여 집행위원회의 기능적 역할을 살리고, 유럽의회에 커미톨로지 감독기능을 부여하여 민주적 정당성을 꾀한다는 데 있다.[47] 그러나 수정안을 통해 커미톨로지의 최종결정에서 각료이사회가 비토권을 확보하였다는 점에서 국민국가 패러다임이 깊숙이 자리 잡는다. 이는 결국 각료이사회의 권한을 대폭적으로 강화한 것이다. 일례로 집행위원회는 공동통상정책에서 독단적인 판단에 따라 세이프가드 조치를 취할 수 있다. 그러나 이러한 조치는 반드시 각료이사회의 의견에 따라야 한다. 또한 본 수정안에는 각료이사회가 민감한 이슈에 한해 임의로 실행조치를 취할 수 있다는 권리가 추가되었다. 즉 필요하다면 회원국은 각료이사회를 통해 관리 및 규제위원회에 직접적으로 개입할 수 있게 된 것이다. 결과적으로 회원국의 이해관계가 큰 이슈일수록, 그리고 회원국 간 이해가 분산될수록 커미톨로지 내에서 집행위원회에 대한 통제 시스템은 보다 엄격하게 작동하게 되었다. 즉 자문위원회에서, 관리위원회 및 규제위원회로 갈수록 회원국의 집행위원회에 대한 통제는 보다 강화되었다.

이러한 제도 변화를 통해 커미톨로지는 초국적 입법과 집행과정에서 초국가주의를 경계한다는 1960년대 회원국이 품었던 정치적 의도가 상당 부분 구현되었다. 2000년의 경우 커미톨로지를 통해

---

46) Ingeborg Tommel and Amy Verdun eds., *op.cit.*, p.34.
47) Koen Lenaerts and Amaryllis Verhoeven, *op.cit.*, p.686.

약 2천여 건의 안건이 다루어졌는데 이 중 거의 절반이 각료이사회가 지배적 권한을 행사하는 규제위원회에서 이루어진 것이다. 반면에 집행위원회가 주도하는 자문위원회에서 다루어진 안건은 약 12%에 불과하다. 또한 동년에 가장 많이 다루어진 이슈는 회원국 간 첨예한 이해가 대립되는 농업 분야였다는 점에서 커미톨로지의 본연의 기능이 상당히 위축되었다.[48]

커미톨로지를 통한 회원국 정부의 개입과 통제는 집행위원회의 초국가 권한 축소라는 결과만을 낳는 것은 아니다. 회원국 정부가 정책과정에서 노골적으로 국가이익을 관철하려면 유럽의회의 개입 역시 최소화해야 한다.[49] 따라서 커미톨로지는 유럽의회가 배제된 폐쇄된 정책과정으로 고착화되었다. 결국 커미톨로지는 시간이 경과하면서 초국가 정책과정에 국내 관료가 참여하여 집행위원회를 통제하고 유럽의회의 제도화된 참여를 억제하여 민감한 국가이익을 구현하는 정책과정의 성격을 갖게 된다.[50]

물론 커미톨로지는 표면상 집행위원회의 통제하에 있다. 그러나 집행위원회가 중앙집중화된 권한을 통해 커미톨로지의 참여자를 결정하거나 결정을 주도할 수 없다. 따라서 커미톨로지는 회원국이 집행위원회와 집단적 타협을 통해 정책 산출에 따른 책임소재를 회석시키는 기제로도 활용되어 왔다. 극단적인 경우 커미톨로지는 회원국이 국가와 초국가 이익을 융합한 최적화된 산출보다는 회원국의 이해에 따른 정치적 타협의 장으로 활용되기도 하였다. 회원

---

48) Simon Hix, *op.cit.*, p.53.

49) Eriksen, Erik Oddvar and John Erik Fossum, *op.cit.*, p.12.

50) Koen Lenaerts and Amaryllis Verhoeven, *op.cit.*, p.646.

국 간 이해관계의 폭이 큰 이슈를 다루는 관리위원회와 규제위원회에서 집행위원회의 자율성이 크게 제약된 것은 이러한 회원국의 의도에서 비롯된 것이다. 결과적으로 커미톨로지는 1990년대 이후 다층화된 유럽적 거버넌스에서도 국민국가 패러다임은 여전히 존속하며, 극단적인 경우 유럽적 공동이익이 회원국의 정치적 목적에 따라 제약된다는 실증적인 예를 보여 준다.

V. 결론

　1990년대 이후 구조화된 유럽연합의 다층적 거버넌스는 기존의 국민국가 패러다임이 초국적 거버넌스로 대체되어 가는 과정과 결과이다. 따라서 다수의 학자들은 유럽연합의 분권화된 권한구조를 들어 집행위원회의 자율성과 사회적 행위자들의 권한에 주목하였다. 그러나 유럽적 거버넌스는 지정학적 분할에 근거한 국가시스템이 초국가 거버넌스로 전적으로 대치된 것이 아니다. 이는 회원국이 일부 정책에서 국민국가의 실패를 보완하기 위해 유럽연합으로 권한을 이전한 결과이다. 일례로 사회정책에서는 국민국가 패러다임이 여전히 유효하다. 다만 그 기능과 과제, 내용과 형식절차가 국가의 자발적 선택에 의해 점차 초국가 규범화하고 회원국이 이를 수용하는 것이다. 따라서 다층화된 유럽적 거버넌스는 회원국과 집행위원회로 대표되는 초국가기구 간 공동통치과정이다. 이러한 논리는 유럽연합의 정책과정에도 적용된다.

유럽연합의 정책과정은 집행위원회와 회원국 정부 간 융합적인 협력시스템이다. 문제는 1990년대 걸쳐 진행된 시장통합과 더불어 유럽 차원에서 경제사회적 규제가 증가하면서 국가의 권한위임을 받은 집행위원회의 기능이 괄목하게 증가하였다는 사실이다. 시간이 경과하면서 집행위원회는 회원국으로부터 위임받은 권한 이외에도, 유럽 차원의 사회적 행위자 및 지방정부와 공고한 정책네트워크를 형성하고 위원회시스템을 통해 회원국에 비해 상대적으로 우월적인 기능적 능력을 확보하였다. 특히 집행위원회는 유럽연합의 사회정책과 규제적 조치에서는 사회적 행위자들의 이해관계를 조정하는 기능적 조정자로서 정책과정 전반에서 중요한 행위자로 위치하였다.

이에 대응하여 회원국 역시 유럽적 규제의 증가와 발맞추어 커미톨로지의 본 기능을 복원하였다. 제도적 맥락에서 볼 때 커미톨로지는 초국가기구 간 제도화된 합의와 회원국 간 정치적 협상을 넘어 양자를 융합한 복합적인 정책과정이다. 이는 입법과정뿐 아니라 정책실행과정에서도 초국가기구와 회원국 정부 간 협력과 통제과정을 모두 포함한다. 그러나 시간이 경과하면서 회원국은 주인-대리인 관계에서 대리인의 자율성을 일정 부분 통제하고 동시에 국가이익의 효과적 관철을 위해 커미톨로지의 성격을 재조정하였다. 그러므로 커미톨로지는 현재에 이르러 사려 깊은 초국가주의(deliberative supranationalism)와 회원국의 주요한 이해가 걸린 초국가 정책에 있어 집행위원회를 효과적으로 통제한다는 국민국가 패러다임이 공존하는 복합적인 성격을 갖게 되었다.[51]

그러나 분권화된 권한구조의 유럽적 거버넌스에서 회원국이 커

미톨로지라는 정책과정을 통해 초국가기구를 전적으로 통제할 수
는 없다. 회원국은 단지 이슈의 중요성에 따라 주인의 선호에 개입
할 수 있을 뿐이다. 물론 이러한 회원국의 선호 개입은 비용을 유
발한다. 유럽연합이 효율성에 주목한 산출 지향적 거버넌스 구조라
는 점에서 회원국의 개입은 정책결정의 효율성을 저해하고 시간적
지체를 야기할 수밖에 없기 때문이다. 그러므로 커미톨로지는 유럽
차원의 공공선을 꾀하는 특정이슈에서는 집행위원회의 초국가 권
한을 용인하되, 국가이익이 깊숙이 개입된 이슈에서는 집행위원회
의 일방적 권한을 통제하는 복합적 시스템으로 고착화되었다. 이는
곧 초국가기구의 자율성에 상응하여 국민국가 패러다임 역시 지속
된다는 유럽적 거버넌스의 단면을 보여 준다.

---

51) Jens Blom—Hansen and Gijs Jan Brandsma, *op.cit.*, p.722.

참고문헌

Ansell, Christopher K. et al. "Dual Networks in European Regional Development Policy". *Journal of Common Market Studies*. Vol.35. Iss.3(1997), pp.347~376.

Blom-Hansen, Jens and Brandsma, Gijs Jan. "The EU Comitology System: Intergovernmental

Bargaining and Deliberative Supranationalism?" *Journal of Common Market Studies*. Vol.47. Iss.4(2009), pp.719~740.

Bomberg, Elizabeth and Stubb, Alecander. *The European Union: How Dose It Works*, Oxford: Oxford University Press, 2004.

Borrá, Susana and Jacobsson, Kerstin. "The Open Method of Co-ordination and New Governance Patterns in the EU", *Journal of European Public Policy*. Vol.11. No.2(2004), pp.185~208.

Brandsma, Gijs Jan et. al. "How Transparent are EU 'Comitology' Committees in Practice?" *European Law Journal*. Vol.14. Iss.6(2008), pp.819~838.

Chryssochoou, Dimitris N. "Democracy and Integration Theory in the 1990s; A Study in European Polity-Formation". *Jean Monnet Working Papers*. 14~98(1998), pp.1-15. http://www.fscpo.unict.it/EuroMed/jmwp14.htm(2009년 12월 27일 검색)

Cini, Michelle. *European Union Politics,* Oxford: Oxford University Press, 2007.

Devuyst, Youri. "The Community-Method after Amsterdam". *Journal of Common Market Studies*. Vol.37. Iss.1(1999), pp.109～120.

Egan, Michelle. "Regulatory Strategies, Delegation and European Market Integration". *Journal of European Public Policy*. Vol.5. No.3(1998), pp.485～506.

Egeberg, Morten et al. "The Many Faces of EU Committee Governance". *West European Politics*. Vol.26. No.3(2003), pp.19～40.

Eising, Rainer. "Clientelism, Committees, Pluralism and Protests in the European Union: Matching Patterns?" *West European Politics*. Vol.31. No.6(2008), pp.1166～1187.

Elgstrm, Ole. "Introduction: Negotiation and Policy-making in the European Union-TProcesses, System and Order". *Journal of European Public Policy*. Vol.7. No.5(2000), pp.673～683.

Elsig, Manfred. "The EU's Choice of Regulatory Venues for Trade Negotiations: A Tale of Agency Power?*" *Journal of Common Market Studies*. Vol.45. Iss.4(2007), pp.927～948.

Eriksen, Erik Oddvar and Fossum, John Erik. "Europe at a Crossroads-Government or Transnational Governance?" *Advanced Research on the Europeanisation of the Nation-State Working Papers*. 02/35 (2002), pp.1～36.

http://www.arena.uio.no/publications/wp02_35.htm(2009년 12월 27일 검색)

European Commission. "Glossary". 2009.

http://europa.eu/legislation_summaries/glossary/index_en.htm(2009년 12월 27일 검색)

Farrell, Mary eds. *European Integration in the 21st Century*, London: Sage, 2002.

Hage, Frank M. "Committee Decision-making in the Council of the European Union". *European Union Politics*. Vol.8. No.3(2007), pp.299～328.

Hix, Simon. *The Political System of the European Union*, New York: St.

Martin's Press, 2005.

Hofmann, Herwig C. H. and Türk, Alexander "The Development of Integrated Administration in the EU and its Consequences". *European Law Journal*. Vol.13. Iss.2(2007), pp.253~271.

Hooghe, Liesbet et al. *Cohesion Policy and European Integration: Building Multi-Level Governance*, Oxford: Oxford University Press, 1996.

Joerges, Christian and Neyer, Jurgen "Transforming Strategic Interaction into Deliberative Problem-solving: European Comitology in the Foodstuffs Sector". *Journal of European Public Policy*. Vol.4. No.4 (1997), pp.609~625.

Kostakopoulou, Dora. "Is There an Alternative to 'Schengenland'?" *Political Studies*. Vol.46. Iss.5(1998), pp.886~902.

Lenaerts, Koen and Verhoeven, Amaryllis. "Towards a Legal Framework for Executive Rule-Making in the EU? The Contribution of the New Comitology Decision". *Common Market Law Review*. Vol.37. No.3(2000), pp.645~686.

Neyer, Jögen. "Discourse and Order-On the Conditions of Governance in Non-Hierachial Multi-Level Systems". Advanced Research on the Europeanisation of the Nation-State. Working Papers 02/09 (2002), pp.1~22.

http://www.arena.uio.no/publications/wp02_9.htm(2009년 12월 27일 검색)

Peterson, John and Bomberg, Elizabeth. *Decision-making in the European Union*, New York: St. Martin's Press, 1999.

Peterson, John and Shackleton, Michael. *The Institutions of The European Union*, Oxford: Oxford University Press, 2002.

Pollack, Mark A. "Delegation, Agency, and Agenda Setting in the European Community". *International Organization*. Vol.51. Iss.1(1997), pp.99~134.

Pollack, Mark A. "The End of Creeping Competence? EU Policy-Making Since Maastrich". *Journal of Common Market Studies*.

Vol.38. Iss.3(2000), pp.519~538.

Radulova, Elissaveta. "The OMC: An Opaque Method of Consideration or Deliberative Governance in Action?" *Journal of European Integration*. Vol.29. No.3(2007). pp.363~380.

Sverdrup, Ulf. Compliance and Styles of Conflict Management in Europe. Advanced Research on the Europeanisation of the Nation-State. Working Papers 03/8(2003), pp.1~32. http://www.arena.uio.no/ publications/wp03_8.pdf(2009년 12월 27일 검색)

Thomson, Robert and Hosli. Madeleine. "Who Has Power in the EU? The Commission, Council and Parliament in Legislative Decision-making". *Journal of Common Market Studies*. Vol.44. Iss.2(2006), pp.391~418.

Tommel, Ingeborg and Verdun, Amy eds. *Innovative Governance in the European Union in the European Union: The Politics of Multilevel Policymaking*, London: Lynne Rienner, 2009.

제6장 EU의 내적 안전과 유로폴

한종수

원광대학교 사회과학대학 교수

Ⅰ. 서론

내적 안전은 범죄, 테러, 폭동 등과 같은 사회 내부에서 발생한 위협으로부터 국민과 국가를 지킨다는 개념으로 외부에서 받는 위협으로부터의 보호를 의미하는 외적 안전과 구별된다. 과거 내적 안전사항은 배타적으로 국가 차원에서 다루어진 영역에 속했다. 그러나 국가 간 인적·물적 교류가 증가하고 세계가 좁아지면서 각종 범죄와 테러 등이 국제성을 띠게 되자 내적 안전문제는 이제 더이상 국가 차원에서만 해결할 수 없는 영역으로 변하게 되었다.

원래 유럽에는 많은 나라들이 서로 인접해 있는데다가 전후 전개된 유럽통합으로 상품, 노동력, 자본, 서비스 등의 자유이동이 수월해지면서 이 지역의 내적 안전이 받는 위협은 심각해졌다. 그럼에도 불구하고 내적 안전에 관한 사항은 유럽통합이 구체화된 후상당 기간 동안 국가 고유의 영역으로 인식되어 주로 개별 국가 차원에서 처리되었다.

그러나 1970년대에 들어와 공동시장의 형성으로 역내 자유이동이 용이해지면서 동시에 국경을 넘나드는 각종 범죄가 눈에 띠게 증가하자, EC 회원국들은 공동체 차원에서 경찰협력을 모색하기 시작했다. 1985년 일부 EC 국가들이 국경 철폐를 목적으로 체결한 쉥겐협정(Schengen Agreement)은 참여국 간 경찰협력을 위한 중요한 계기가 되었다. 특히, 1990년대에 들어와 유럽에서의 정치적 블록의 해체, 세계화로 인한 이동성 증대, 정보통신기술의 발달과 더불어 범죄기술의 획기적인 발전, 역내시장의 완성과 국경 철폐의 확대 등을 배경으로 하여 EU 지도자들은 주권이 미치는 일정한 지역적 범위에서 효력을 갖는 회원국들의 개별적 조치만으로는 유럽시민의 안전을 확보할 수 없다는 확신을 굳혔다.

장기간 EU 집행위원회 위원장직을 수행한 자크 들로르(Jacques Delors, 1985~1995)는 그의 회고록에서 "우리 모두가 국제적으로 활동하고 있는 수많은 동일한 범죄에 시달리고 있기에 내적 안전 영역에서의 긴밀한 협력은 불가피하며, 이 영역은 EU가 추구하는 목표 중 하나가 되어야 한다"[1]고 지적했다. 그의 지적은 오늘날 내적 안전 영역이 EU 정책에서 차지하는 중요성을 잘 설명해 준다.

그동안 EU의 역내 안전을 도모하기 위하여 다방면에서 협력이 모색되어 왔고 이를 실천하는 수단으로써 여러 기관들(institutions)이 설립되어 활약하고 있다. 그중 대표적인 것으로 1999년 7월 1일 전면적으로 활동을 개시한 유로폴(Europol: European Police Office)

---

1) Jacques Delors, *Erinnerungen eines Europäers*(Berlin: Parthas, 2004), pp.512~513.

을 들 수 있다. 유로폴(유럽경찰청)은 1992년 마스트리흐트에서 체결된 EU 조약(일명, 마스트리흐트조약)에 근거한다. 현재 EU를 구성하고 있는 27개 전 회원국이 유로폴에 참여하고 있다. 2007년 1월 1일 EU에 가입한 불가리아와 루마니아는 유로폴협약(Europol Convention)에 대한 비준을 마치고 같은 해 8월 1일 유로폴의 완전한 회원국이 되었다. 이미 유로폴은 이들 국가들과 2003년과 2004년 각기 협정을 체결하여 서로 협조하여 왔었다.

이와 같은 배경에서 본 연구는 날이 갈수록 심각해진 EU의 내적 안전문제와 이를 해결하기 위해 설립된 기관 중 하나인 유로폴을 연구의 대상으로 삼게 되었다. 서론에 이어 다음에서는 우선 내적 안전을 위협하는 주된 요소인 조직범죄와 테러리즘에 관해 살펴보겠다. 이어서 유로폴의 성립과 임무 그리고 조직과 제3자와의 협력을 분석함으로써 이의 실체를 파악하고자 한다. 마지막 부분에서는 본문에서 다룬 내용들을 초국가주의(supranationalism)와 정부간주의(intergovernmentalism)라는 두 통합이론에 비추어 유로폴의 성격을 규명하고 그 변화를 전망해 보겠다.

Ⅱ. 내적 안전의 위협 요소

1. 조직범죄

조직범죄는 다수인이 단일한 의사결정 체계를 이루고 단일한 조직의 의사에 따라 경제적 이익의 획득이나 세력의 확장을 위해 조직적이며 계획적으로 범죄를 행하는 형태이다. 최근 조직범죄는 종래의 음성적인 수탈적 형태를 넘어서 양성적인 기업적 형태로 변모하고 있으며,[2] 기존의 불법적인 형태에서 벗어나 합법적인 형태로 가장하여 부를 축적하기에 전통적인 수사기법과 법으로 대처하는 데 어려움이 있다. 흔히 조직범죄집단은 정계, 언론계, 경제계, 행정부, 사법부 등 권력기관에 보이지 않는 영향력을 발휘하고자 시도하며, 더 나아가 자신을 옹호하는 비호세력의 구축을 꾀하기에 그 위력과 폐해는 날로 심각해지고 있다.

정치적 목적을 달성하기 위해 감행한 테러와 달리 조직범죄는 경제적 이익의 획득에 중점을 둔다. 따라서 경제적 목적이 아닌 정치적·인종적 또는 종교적 동기에서 행한 범행은 원칙적으로 조직범죄에 속하지 않는다. 그런데 실제에 있어서 양자를 엄격히 구별한다는 것은 쉽지 않다. 왜냐하면 테러조직은 스스로 자금을 마련하기 위해 경제적 범행을 저지르기도 하며 또는 무기구입을 위해 일반 범죄조직과 접촉을 꾀하기도 한다. 대부분의 국가에서 테러행

---

2) H. Abadinsky, *Organized Crime*(Chicago: Nelson-Hall, 1997), pp.5~15.

위는 일반 범죄와 달리 취급되어 처벌받는다. 이 또한 양자의 연결을 용이하게 하는 한 원인으로 작용한다.

흔히 조직범죄는 계층적으로 구축된 단일적 조직형태를 유지하고 있다. 그러나 기능적으로 구별된 독립적인 조직들이 서로 연합하여 카르텔을 형성하는 신디케이트 형태도 있다. 종종 인종적 일체감, 풍속, 언어, 종교 등 사회적 또는 가족적 배경은 조직을 떠받치는 버팀목 역할을 한다. 조직의 구성원 간에는 개인적 혹은 사업상 혜택을 주는 하나의 연결체계가 형성되어 있으며, 조직원들은 서로 의존적이고 배신자에게는 엄격한 제재가 가해진다.

조직범죄는 장기적인 계획에 의해 사업을 운영하며, 치밀한 시장 수요조사, 전리품의 체계적인 매각을 통한 현금화 등 일반기업과 유사한 구조를 갖추고 있고, 범행기법은 매우 전문적인 것이 특징이다. 조직의 배반자에게는 가혹한 보복을 가하지만 충성스런 조직원이 위험에 처하면 지원을 아끼지 않는다. 예컨대 경찰에 쫓기는 조직원에게 마땅한 도피처를 제공하고, 그가 법정에 서게 되면 유능한 변호사 선임, 고액의 보석금 제공, 유리한 증인 채택 등으로 보상한다. 공무원, 경찰 등 공적인 힘을 보유한 자들에게 금품, 향응 또는 섹스를 제공하여 매수하거나 사행행위 또는 이권개입으로 얽어매어 이들을 자유스럽지 못하게 하는 것도 조직범죄의 또 다른 특징이다.

일찍이 유럽통합의 진전과 함께 EC/EU의 내적 안전문제는 도전을 받기 시작했다. 특히 1993년 1월 1일 단일시장이 완성되어 역내 경계가 완전히 사라져 인적·물적 이동이 자유로워지고 연이은 회원국 확대[3]로 빈부격차가 심화되면서 국경을 넘나드는 국제조직범죄는 더욱 활기를 띠게 되었다. 더욱이 1990년대에 들어와 유럽에 몰아친 세계화 물결은 국경을 넘어 활동하는 사회적 · 정치적 · 경제적 영역을 확장시키고 유럽사회의 상호의존과 협력을 강화하는 순기능을 하면서,[4] 동시에 불법 이주, 마약과 인신매매, 국제조직폭력, 국제테러, 자연환경악화 등을 심화시키는 역기능을 가져왔다.

요즈음 개방화 · 세계화 추세에 편승하여 범죄조직들은 국제적인 연결망을 갖춘 가운데 전 유럽을 무대로 범죄를 자행한다. 이들은 높은 이익이 기대되는 것이면 활동대상과 수단을 가리지 않고 범행을 일삼는다.[5] 인신매매, 매매춘, 마약밀매, 성산업 및 도박장 운영, 사기, 신용카드 위조, 밀수, 불법 무기거래, 유가증권 위 · 변조, 돈세탁,[6] 납치, 장기밀매, 핵물질 거래, 자동차 도난, 예술품 및 골동품 절도, 환경범죄 등 조직범죄가 관여하는 분야는 퍽 다양하다.

유럽의 중앙에 위치하여 여러 국가들과 국경을 맞대고 있는 독일은 국제화된 조직범죄가 활동하기에 비교적 용이한 지역이다. 근자에 독일에서 수사대상이 된 조직범죄는 매년 6백 건이 넘으며, 조직범죄에 가담한 혐의를 받은 자는 연 1만 명을 상회한다. 수사를 받은 조직범죄 건수의 77%에서 사건 관련 용의자들은 상이한 국적을 소지한 것으로 나타났으며, 마약밀매는 전체 건수의 30% 이상을 차지함으로써 범죄조직이 가장 많이 관여한 분야로 기록되

---

3) 1950년대 서유럽 6개국으로 시작한 유럽공동체(EC)는 1973년 3개국, 1981년 1개국, 1986년 2개국이 추가로 가입하여 총 12개 회원국을 포괄했다. 그러다가 1995년 중립국 3개국, 2004년 중 · 동유럽 10개국, 2007년 동유럽 2개국의 추가 가입으로 EU는 현재 27개 회원국으로 구성되어 있다.

4) Alan Tidwell and Charles Lerche, "Globalization and Conflict Resolution", *International Journal of Peace Studies*, Spring/Summer 2004, pp.48~49.

5) 전대양, "조직범죄에 대한 시각변화와 그 정책적 함의", 『한국공안행정학회보』, 제22호(2006), p.88.

6) 최근 유럽에서는 갈수록 가치가 떨어지는 미국 달러를 대신해 강세인 유로화가 범죄조직의 돈세탁에 주로 사용되는 추세다.

었다.[7] 유엔에 따르면 지난 수년간 유럽의 마약소비는 급증세를 보였다. 예컨대 2001년 총인구의 1.1%에 불과했던 이탈리아의 마약복용자 수는 2005년 전체 인구의 2.1%로 늘었다.[8]

조직범죄는 EU 역내의 안전과 공적 질서를 해칠 뿐만 아니라 경제 질서를 왜곡시킨다. 역내 국가 간 그리고 역외 국가와의 심화된 빈부격차는 가속화된 세계화 및 자유이동 추세와 결부하여 이러한 조직범죄의 증가를 촉진시켰다. 이와 동시에 EU는 국제화된 조직범죄와 싸우기 위해 회원국 간 국경을 넘어 협력해야 할 필요성을 절감했다.

2. 테러리즘

테러리즘은 정치적 동기와 목적을 가지고 특정한 정치질서에 대항하는 불법적이고 고의적인 폭력과 폭력행위이다. 테러는 특정 국가나 단체로 하여금 어떠한 작위 또는 부작위를 강요하는 정치적 압박수단으로 작용하며, 지속적으로 사회적 불안과 공포를 확산시키고 동시에 동정과 지지를 획득하는 목적을 지닌다. 인질, 납치, 암살, 폭탄투척, 습격, 방화 등이 테러행위의 전형적인 예이다.

테러리즘에 대한 정의는 여전히 논란의 대상이다. 그동안 이루어진 많은 시도에도 불구하고 국경을 넘어 보편적으로 인정받는 정의는 존재하지 않는다. 우선적으로 지적할 수 있는 사항은 폭력 행

---

7) Michael Niemeier, "Die Zukunft von Europol", *integration*, 3/07(Juli 2007), p.297.
8) 유병연, "지하시장 패권통화도 달러서 유로로", 『한경비즈니스』, 2008.02.11/18, p.18.

위자에 대한 인식이 관찰자의 세계관에 따라 다를 수 있다는 점이다. 예컨대 어떤 사람이 테러리스트라고 생각하는 자를, 다른 사람은 성전수행자, 자유의 전사 또는 혁명가라고 본다.[9] 실제로 팔레스타인 무장활동에 대해 아랍세계는 민족해방운동으로 이해한 반면, 서구세계에서는 그렇게 보는 시각과 테러리즘으로 보는 시각이 공존한다.[10] 흔히 테러행위 및 테러리즘은 비국가 단체나 비밀 요원들이 자신들의 정치적 목표를 달성하기 위하여 비전투원을 대상으로 저지르는 의도된 폭력으로 정의된다.[11] 그런데 비전투원을 대상으로 한다는 이 정의는 1983년 차량폭탄으로 243명의 미국 해병대의 목숨을 앗아간 레바논 테러사건이나 2001년 워싱턴의 펜타곤을 폭파시킨 9·11 테러행위를 배제시키는 한계를 갖고 있다.[12] 보통 테러리즘은 약자인 비국가 행위자들의 폭력전략으로 이해된다. 약자인 테러리스트들은 비교적 적은 노력과 빈약한 무장으로 강자에게 큰 타격을 입히고 세상 사람들에게 강한 인상을 남긴다. 그러나 테러 행위자로서 강자인 국가를 배제하는 이 정의는 전체주의 국가의 테러체제는 물론이고 1995년 체첸인들에 대한 러시아 연방군의 무차별적인 공격과 같은 행위에 면죄부를 주는 약점을 갖고 있다.

게릴라전쟁보다 테러리즘은 극단적 포악성을 지닌 비정규적 전술의 얼굴이 보이지 않는 그늘진 세계이다. 게릴라들이 군사적으로

---

9) Joshua S. Goldstein, *International Relations*, Fifth Ed.(New York: Longman, 2003), p.214.

10) 최재훈, "급진이슬람원리주의와 중동테러리즘의 상관관계", 한국국제정치학회, 『하계학술대회논문집』 (2006), p.65.

11) US Department of State, Office of the Coordinator for Counterterrorism, *Country Reports on Terrorism 2004*(April 2005), p.9; 신성호, "21세기 정보혁명과 네트워크 테러리즘", 『국제정치논총』, 제46집 3호(2006), p.33에서 재인용.

12) Joshua S. Goldstein, *op.cit.*, p.216.

일정한 지역을 점령하려는 데 반하여, 테러리스들은 그렇지 않다. 테러리스들은 기존의 질서와 체제를 파괴하고자 노력하지만, 군사적으로 공간을 차지하려 하지는 않는다. 대신에 이들은 사람들의 생각을 점령하려 한다.

테러리즘의 주된 전략은 심리적인 효과를 거두는 데 있다. 테러리스트들은 상대방에 대한 위협과 공포를 통해 적의 사기를 저하시키고, 불안정과 혼란의 확산 속에서 자신들의 이데올로기를 관철시키려 한다. 이들은 상징적인 종교적 장소나 정부 건물을 파괴함으로써 적에게 굴욕감을 주어 보복행위를 유발하기도 하며, 시장이나 지하철 등 공공장소에서 테러를 감행함으로써 대중을 공포 속으로 몰아넣기도 한다. 테러리스트들은 그들이 행한 테러의 효과를 극대화시키기 위해 인질의 처형장면을 찍은 비디오를 대중매체에 공개하는 등 언론플레이도 주저하지 않는다.

〈표 1〉 2007년도 EU국가들에서 시도·실행된 테러 건수*

회원국명	이슬람주의자	분리주의자	좌익	우익	단일이슈	비분류	계
오스트리아	0	0	1	0	0	0	1
덴마크	1	0	0	0	0	0	1
프랑스	0	253	0	0	0	14	267
독일	1	15	4	0	0	0	20
그리스	0	0	2	0	0	0	2
이탈리아	0	0	6	0	0	3	9
포르투갈	0	0	0	1	1	0	2
스페인	0	264	8	0	0	7	279
영국	2	–	–	–	–	–	2
계	4	532	21	1	1	24	583

* 통계건수는 성공적으로 실행된 것과 실패하거나 좌절된 것을 모두 포함한 것임.
출처: Europol, *EU Terrorism Situation and Trend Report 2008*(Hague, 2008), p.10.

유로폴은 EU에서 발생한 테러리즘을 사건에 영향을 미친 지배적인 이데올로기적 동기가 무엇인가에 따라 이슬람주의자, 분리주의자, 좌익테러리즘, 우익테러리즘, 단일이슈 등 다섯 가지 형태로 분류하고 있다. 유로폴이 작성한 보고서에 의하면 9개 EU 회원국에서 2007년 한 해 동안 총 583건의 테러행위가 성공적으로 실행되었거나 아니면 실패 내지 좌절했다. 그중 532건(91%)은 분리주의자들에 의한 테러로 기록된다(참조: <표-1>).

583건 가운데 이슬람주의자에 의한 테러는 4건에 불과하나 실패한 것(2건)과 성공한 것(2건) 모두 무차별적인 다수의 희생을 목표로 한 점이 특징이다. 동일한 유로폴의 보고서에 의하면, 2007년 16개 EU국가들에서 테러와 관련되어 총 1,044명이 체포되었다. 그중 분리주의자는 548명(52%), 이슬람주의자는 201명(19%)으로 나타났다. 최근 EU에서 테러공격은 물론이고 테러리즘과 관련하여 체포된 용의자들이 급증하는 추세이다. 예를 들어 2006년과 비교할 때, 2007년 테러 건수에서는 24%, 체포자 수에서는 48% 증가하였다.[13]

Ⅲ. 유로폴의 성립과 임무

1. 성립

1957년에 체결된 유럽경제공동체에 관한 EEC 조약은 상품, 서비

---

13) Europol, *EU Terrorism Situation and Trend Report 2008*(Hague, 2008), pp.10~12.

스, 사람, 자본의 자유로운 이동을 통한 공동시장의 형성을 목표로 하였지만, 이에 따른 부작용을 해소할 내무정책에 관해서는 침묵했다. 이미 1950년대부터 회원국의 내적 안전문제와 관련하여 양자 간, 다자 간 또는 인터폴(Interpol)과의 협력이 이루어지긴 하였지만, EC는 경제문제에 골몰한 나머지 공동체 차원에서 이 문제에 관심을 기울이지는 않았다. 그러나 공동시장의 형성으로 자유이동이 수월해지면서 테러리즘, 불법이민 그리고 국경을 넘어 활동하는 각종 범죄가 증가하자, 회원국들은 1970년대에 들어와 EC 차원에서 협력방안을 모색하기 시작했다. 그 결과 1975년 유로폴의 기원이 된 트레비(TREVI)가 탄생하게 되었다.

트레비는 역내 안전에 관한 협력을 위해 EC 회원국들이 창설한 일종의 비공식적 협의체(forum)라 할 수 있다. 그 실체가 베일에 가려져 있었던 이 협의체는 크게 세 그룹으로 이루어져 작동했다. 첫 번째는 회원국의 내무 및 사법 장관들로 구성된 그룹으로 정치적 결정을 내렸으며, 두 번째 그룹은 고위급 공무원으로 구성된 회의체로 그 결정을 준비하였으며, 세 번째는 경찰 및 정보기관 전문가들로 구성된 실무자 그룹이었다. 트레비는 공식적으로 제도화된 기구가 아니며 인터폴과 같은 경찰조직도 아니다. 그러나 유럽에서의 경찰협력을 위한 중요한 동력은 바로 이 협의체로부터 나왔다. 예를 들어 국경을 넘어 이루어지는 경찰의 범인수색에 관한 합의, 경찰업무상 행정지원의 간소화, 경찰기법에 관한 연구의 조율 등이 이곳을 통해 이루어졌다.[14] 조약에 근거함이 없이 존속해 온 비공

---

14) 이계수, "유럽연합의 경찰협력체제와 경찰법제에 관한 연구", 『민주법학』, 제28호(2005), pp.118~120.

식 기구인 트레비는 1993년 11월 1일 출범한 마스트리흐트 체제하에서 사법·내무 각료이사회(Justice and Home Affairs Council)라는 공식 기구로 대체되었다.

1980년대 전반기 역내 안전문제에 있어서 회원국 간 협조체제를 마련하기 위해 여러 종류의 실무반이 형성되어 활동에 들어갔다. 1985년 프랑스, 독일(서독), 벨기에, 네덜란드, 룩셈부르크 등 서유럽 5개국은 체계적인 국경 철폐를 골자로 한 쉥겐협정을 체결했다. 이는 참여국 간 경찰협력을 강화하는 결정적인 계기가 되었다.[15]

그동안 이룩한 진전에도 불구하고 법적 근거가 없이 활동해 온 트레비 등 내무·사법 분야에서의 협력은 한계를 면치 못했다. 더욱이 1992년 말까지 예정된 역내시장의 완성과[16] 1990년대에 들어와 불어닥친 세계화 열풍은 이 분야에서 협력할 필요성을 배가시켰다. 연방국가인 독일은 경찰분야에서 연방조직을 운용해 왔다. 이러한 경험을 바탕으로 오래전부터 독일은 EC 차원에서 초국가적(supranational) 경찰조직의 설립을 지지하여 왔다. 1991년 6월 룩셈부르크 정상회담(유럽이사회)에서 독일은 유로폴의 창설을 정식 제안했다. EU 조약을 준비하기 위해 소집된 정부간회의(IGC)를 거쳐 회원국들은 1991년 12월 마스트리흐트 정상회담에서 합의된 조약(마스트리흐트조약)을 통해 유로폴을 설립하기로 했다. 그런데 독일의 기대와 달리 유로폴은 '정보 교환을 위한 EU 차원의 체제'라는 비교적 단순한 기구로 구상되었다.[17]

---

15) dbb, "Innere Sicherheit in der EU-25", *Europathemen*, Ausgabe Nr. 14(November 2005), p.2.

16) 12개 EC 회원국들은 1986년 체결된 단일유럽의정서(SEA)에서 1992년 말까지 EC의 역내시장 (internal market)을 완성하기로 하였다.

1992년 6월 덴마크에서 실시된 국민투표에서 비준이 거부되는 등 여러 가지 이유로 마스트리흐트조약의 발효가 지체되자 트레비에 참여한 회원국 장관들은 1993년 6월 우선 유로폴마약전담국(Europol Drugs Unit)을 설치하기로 결정했다.[18] 마침내 마스트리흐트조약이 발효하자 회원국들은 유럽경찰청의 설립에 관한 협약(즉 유로폴협약)을 본격적으로 논의하기 시작하여, 1995년 이를 체결하는 데 성공했다. 유로폴협약(Europol Convention)은 15개 EU 회원국에서 비준이 완료되어 1998년 10월 발효했다. 이로써 1994년 창설되어 활동해 온 유로폴마약전담국은 유로폴(유럽경찰청)에 흡수되었다. 유로폴의 실제적인 활동은 1999년 7월 개시되었다.

2. 임무

유로폴은 테러리즘과 불법적인 마약거래 등 국제조직범죄를 예방하고 이와 싸우는 EU 회원국들에 속한 관련 기관들의 효율성과 협력을 증진시키는 데 목적을 갖는 EU의 조직이다.[19] 그러나 유로폴이 유럽법의 실행에 특별한 기여를 하는 임무를 띠고는 있지만, 집행권(executive powers)을 갖고 있지는 않다. 기본적으로 유로폴은 회원국들의 법집행기관들을 지원하는 서비스기관으로 구상되었다. 이는 유로폴에 속한 기관원들이 회원국의 영토에서 수사를 하거나

---

17) "Europol", http://en.wikipedia.org/wiki/Europol(2008년 8월 7일 검색)

18) 1994년 설립된 유로폴마약담당국은 그 후 두 차례(1995년, 1996년)에 걸쳐 권한을 강화했다.

19) Europol, "Welcome to the European Police Office", http://www.europol.europa.eu(2008년 8월 20일 검색)

용의자를 체포할 권한이 없다는 것을 의미한다.[20]

마약 불법거래를 전담한 유로폴마약전담국과 달리 유로폴이 담당하는 분야는 매우 다양하다. 현재 유로폴은 주로 다음과 같은 분야에서 회원국을 지원한다. 테러리즘, 불법 마약거래, 불법 이민 및 조직, 핵물질 거래, 불법 자동차 거래, 어린이 성매매를 포함한 인신매매, 유가증권 위조(특히, 유로위조), 돈세탁 등이다.

회원국을 돕는 중앙경찰청으로서 유로폴은 구체적으로 다음과 같은 임무를 수행한다.

-회원국 간 정보교류를 촉진한다.
-정보를 조사·분석한다.
-관련 회원국에 정보를 즉시 통보한다.
-회원국의 수사를 돕는다.
-수집된 정보를 관리하는 컴퓨터체계를 유지한다.
-회원국 기관원에 대한 교육 및 훈련을 지원한다.
-수사기법 등 회원국 간 기술적인 지원을 촉진한다.

유로폴은 원래 정보교류 및 분석, 수사조율 등 회원국을 지원하는 센터로 만들어졌다. 이미 설립 때부터 사람들은 유로폴의 발전에 관하여 상이한 전망을 했다. 혹자는 유로폴이 감청장비 등 각종 정보수집수단을 통하여 스스로 정보를 생산하며, 독자적인 수사권한을 보유한 중앙 집중적인 유럽경찰의 모습을 띠게 될 것이라고

전망했으며, 반면에 혹자는 경찰주권을 지키려는 회원국들의 저항을 강조하면서 유로폴의 독자적인 수사권행사에 회의적인 견해를 피력했다.[21)

1997년 체결된 암스테르담조약은 조약 발효 후 5년 이내에 유로폴의 임무수행 영역을 각국 기관과 공동으로 비밀정보수집활동을 수행하는 것에서부터 각국의 수사를 지원하는 데까지로 확대하도록 규정했다. 그러면서도 조약은 회원국의 영토에서 이루어지는 그 활동이 당해 회원국 기관과 연계 및 협의하에 이루어져야 한다는 점을 덧붙였다. 2004년 브뤼셀 정상회담에서 채택한 유럽헌법조약도 암스테르담조약과 유사하게 유로폴은 관련 회원국 혹은 회원국들의 기관과 연계 내지 협의하에 비밀정보 수집이라는 조치를 취할 수 있으며, 강제조치를 적용하는 것은 오로지 해당 국가에게 유보되어 있다고 규정했다.[22)

1999년 탐페레 회담에서 EU 정상들은 유로폴이 유럽 지역의 범죄 퇴치에 있어서 핵심적인 역할을 수행하는 기구임을 분명히 했다. 그러나 그들이 취한 구체적인 조치들은 이에 미치지 못했다. 예컨대 이 회담에서 정상들은 회원국들로 구성된 공동수사팀을 구성할 것을 촉구했는데, 유로폴은 단지 수사팀을 지원하는 기능을 수행하는 것으로 결정했다.[23) 2005년 '헤이그 프로그램'을 통해 EU 정상들은 유로폴이 범죄와의 전쟁에 있어서 결정적인 역할을 할 수 있도록 하겠다고 재차 단호한 의지를 밝혔다. 그러나 이 프로그

---

21) 이계수, *op.cit.*, p.109.

22) *Ibid.*, p.110.

23) Michael Niemeier, *op.cit.*, p.293.

램에서 채택한 구체적인 사항에 있어서는 뚜렷한 진전을 찾아볼
수 없었다.[24]

Ⅳ. 유로폴의 조직과 제3자와의 협력

1. 조직

네덜란드 헤이그에 소재한 유로폴은 2007년 말 기준 592명에 달하
는 직원을 두고 있다. 그중 114명은 EU 회원국, 제3국(미국, 캐나다
등), 제3기관(인터폴)에서 유로폴에 파견된 연락관들(ELOs: Europol
Liaison Officers)이다.[25] 유로폴은 정규 경찰관뿐만 아니라 세관, 이
민국, 국경 등 다방면에서 근무했던 자들로 구성되어 있다. 유로폴
과 회원국 협력경찰 간의 의사소통을 담당하는 연락관은 자국 경
찰의 정보를 유로폴에, 역으로 유로폴의 정보를 자국에 전달하는
역할을 한다. 유로폴협약의 기본원칙에 의하면 정보 교환에 있어서
회원국의 협력경찰만이 유일하게 회원국 경찰과 유로폴을 연결한
다. 즉 회원국의 일반경찰과 유로폴의 직접적인 연결은 예견되어
있지 않다. 회원국 협력경찰과 회원국 일반경찰 간의 관계는 해당
국가의 국내법이 규율한다.[26]

---

24) *Ibid.*, pp.293~294.

25) Europol, *Annual Report 2007*(Hague, 2008), p.43.

26) 문장일, "유럽경찰의 조직과 권한", 『공법학연구』, 제6권, 제3호(2005년), p.10.

유로폴에는 여러 기관들이 조직되어 활동하고 있으며, 각료이사회, 유럽의회 등 EU의 기관들은 이들 기관에 영향을 미치고 있다. 유로폴의 지휘부(Directorate)는 현재 1명의 청장과 3명의 부청장으로 구성되어 있으며, EU의 사법·내무 각료이사회가 이들을 임명한다. 청장(Director)은 대내적으로 유로폴의 업무를 총괄하고 대외적으로 이를 대표한다. 유로폴의 행정이사회(Management Board)는 각 회원국에서 1명씩 파견된 대표들로 구성되며, 유로폴은 이를 거쳐 각료이사회에 정치적으로 책임을 진다. 최소한 매년 두 차례 회의를 개최하는 행정이사회는 유로폴의 제반 업무에 대한 정치적 감독권을 갖는다. 행정이사회는 시행규칙의 제정, 지휘부 구성 등 각료이사회의 결정에 관여하며, 만약 각료이사회의 승인이 필요하지 않는 한 스스로 시행규칙을 정할 수도 있다. 유로폴의 재정통제관(Financial Controller)은 유로폴의 수입 및 지출을 통제하며, 임명권을 갖고 있는 행정이사회에 책임을 진다. 또한 유로폴에는 참여국에서 2명씩 파견된 전문가들로 구성된 공동감시기관(Joint Supervisory Body)이 설치되어 있어 개인정보보호규정의 준수 여부를 감독한다.

1980년 재정자율권을 확보한 이후 EU는 회원국들이 낸 분담금에 의존하지 않고, 자체적으로 확보한 재원에 의해 운영된다.[27] 그런데 유로폴의 예산은 유럽의회를 통과해야 하는 통상적인 EU의 예산안에 포함되지 않는다. 따라서 유로폴은 총국민소득(GNI)에 따라 회원국들이 분담한 기여금과 각료이사회 의장국이 기여한 자금으로 운영된다.[28] 원칙적으로 유로폴의 예산은 각료이사회의 통

---

27) Josef Weindl, *Europäische Gemeinschaft*(München: Oldenbourg Verlag, 1996), pp.57~58.
28) 예컨대 2007년의 경우 유로폴 예산은 총 7천35만 유로에 달했는데, 그중 246만 유로는 의장국이 낸

제를 받는다. 예산의 구체적인 집행에 관한 통제를 위해 각료이사회는 공동심사위원회(Joint Audit Committee)의 도움을 받는다. 공동심사위원회는 EU 회계감사원(Court of Auditors)의 추천에 의해 임명된 위원들로 구성된다. 유로폴 예산이 EU 예산의 부분이 아닌 것처럼 공동심사위원회는 EU 회계감사원의 부분이 아니다. 공식적으로 유로폴은 그 행위에 있어서 유럽의회에 책임을 지지 않는다. 단지 유럽의회는 유로폴로부터 보고서를 제출받음으로써 간접적으로 이를 통제할 수 있을 따름이다.

2. 제3자와의 협력

효과적으로 국제조직범죄와 싸우기 위해 유로폴은 유로폴협약에 근거하여 제3국 및 제3기관과 협정을 체결하여 서로 협력하고 있다. 여기서 제3국은 비EU국가를 말하며, 제3기관은 EU의 타 기관과 인터폴과 같은 국제기구를 포괄한다.

유로폴이 비EU국가 또는 국제기구와 협정을 체결할 때는 각료이사회의 통제를 받으며, EU의 타 기관과 협정을 맺을 때는 행정이사회의 승낙을 받아야 한다. 이와 같이 통제를 담당하는 기관의 차이는 정보교류에 있어서 개인정보침해의 위험이 비EU국가나 국제기구에서 보다 EU의 기관에서 적을 것이라는 인식에 기인한다.[29] 유로폴이 제3자와 맺는 협정은 협력의 성격에 따라 두 가지 유형으로

기여금이었으며 나머지는 회원국들이 분담한 것이었다. 이에 관해서는 Europol, *Annual Report*, *op.cit.*, p.42.

29) 문장일, *op.cit.*, p.12.

구분된다. 첫 번째 형태는 운영상 협정(operational agreement)으로
유로폴이 협력파트너와 개인정보자료를 교환하는 것이며, 두 번째
는 전략상 협정(strategic agreement)으로 사건과 관련된 쌍방이 전략
적 그리고 기술적 정보를 교환하고 서로 훈련을 제공하는 형태이다.
단, 전략상 협정에서는 개인정보자료의 교환이 허락되지 않는다.[30]

   <표-2>에 나타나듯이, 성립 후 2007년 말까지 유로폴이 협정을
통해 협력하고 있는 제3국은 13국에 이르며, 이 중 7개국은 유로폴
에 연락관(ELOs)을 파견하고 있다. 같은 기간 유로폴이 제3기관과
성사시킨 협력협정은 9건에 이르며, 이 중 3건은 국제기구, 나머지
6건은 EU의 다른 기관과 맺은 것이다. 제3기관 중 인터폴(Interpol)
은 유로폴에 연락관을 파견한 유일한 기관이다.

〈표 2〉 유로폴이 제3자와 체결한 협력협정
기준: 2007년 12월 31일

운영상 협정		전략상 협정	
제3국	제3기관	제3국	제3기관
오스트레일리아*	Eurojust	알바니아	European Anti-Fraud Office
캐나다*	Interpol*	보스니아/헤르체고비아	European Central Bank
크로아티아		콜롬비아*	European Commission
아이슬란드*		몰도바	European Monitoring Centre for Drugs and Drug Addiction
노르웨이*		러시아	European Police College
스위스*		터키	United Nations Office on Drugs and Crime
미국*			World Customs Organization

* 유로폴에 연락관을 파견한 국가 및 기관
출처: Europol, *Annual Report 2007*(Hague, 2008), p.49.

---

30) Europol, *Annual Report, op.cit.*, p.49.

유로폴은 계속해서 제3자와 협력협정을 체결하기 위해 노력하고 있다. 예컨대 <표-2>에서 기술된 협정 가운데 오스트레일리아, 알바니아, 보스니아/헤르체고비아, 몰도바, 유럽경찰대학(European Police College)과 유지하고 있는 협정은 2007년에 발효한 것들이다.[31] 그 외에 2007년 말 기준 협상 중이거나 비준을 기다리는 협정건수는 무려 7건에 달한다.[32]

Ⅴ. 결론: 유로폴의 성격

초국가주의와 정부간주의는 국제기구의 성격을 규명하는 경쟁적 관계에 있는 통합이론이다. 우리는 이들 이론을 이용하여 국제기구의 하나인 EU뿐만 아니라 EU에 속한 유로폴의 성격을 규명할 수 있겠다. 아래에서는 우선 두 이론을 간단히 소개하고 이어서 본문에서 논의된 관련 내용들을 이들 이론에 비추어 보아 유로폴이 성격상 초국가적(supranational) 기구에 가까운지 아니면 정부간적(intergovernmental) 기구에 가까운지 알아보도록 하겠다.

신기능주의(neofunctionalism)는 통합이 진행되는 과정에서 국가의 충성심, 기대 그리고 정치행위가 점차 새로운 초국가적 기구로 이전하는 정치적 파급효과가 발생함으로써 공동체의 권능은 강화

---

31) *Ibid.*, p.49.

32) 2007년 말 기준 협상 중이거나 비준을 기다리고 있는 협정들의 상대방은 다음과 같다. 마케도니아, 리히텐슈타인, 모나코, 몬테네그로, 세르비아, 우크라이나, Frontex(Agency for the Management of Operational Cooperation at the European Union External Borders). 이에 관해서는 *ibid.*, p.50 참조.

된다고 보는 점에서 초국가주의와 일맥상통한다.[33] 초국가주의에
서 국제기구의 권력은 대의기관 또는 회원국들의 국민들에 의해
선출된 대표에 의해 행사되거나, 아니면 임명되었으나 독립성을 지
닌 관료에 의해 행사된다. 초국가적 국제기구에 참여한 회원국 정
부들은 기구에서 여전이 권력을 향유하나 다른 회원국 정부들과
이를 공유하며, 기구의 결정방식으로는 다수결원칙을 채택하는 것
이 일반적이다.[34]

정부간주의는 국제정치이론에서 국가를 가장 중요한 일차적 행
위자로 여기는 현실주의(realism)와 맥을 같이한다.[35] 정부간주의에
서 국제기구의 권력은 여전히 회원국들이 보유하며, 결정방식은 전
원합의제가 일반적이다. 국제기구의 업무를 수행하는 임명된 관료
나 선출된 대표는 단지 기구를 운영하거나 아니면 조언하는 기능
을 수행할 따름이다. 정부간주의는 신기능주의의 대표적 개념인 파
급효과(spill-over-effect)를 거부하며, 또한 초국가적 국제기구는 기
능면에서 회원국 정부들과 동일한 수준에 있다는 초국가주의의 아
이디어를 부정한다.[36]

유로폴의 기원인 트레비는 1975년 EC 회원국들이 조약에 근거
하지 않고 만든 비공식 협의체였다. 이 협의체에서 회원국들의 내
무ㆍ사법 담당 장관들이 결정권을 행사했으며, 각국에서 파견된 고
위급 공무원들은 장관들의 결정을 준비했다. 비공식 기구인 트레비

---

33) Ernst B. Haas, *The Uniting of Europe: Political, Social, and Economic Forces 1950~1957*
(Stanford: Stanford University Press, 1958).

34) "Supranationalism", http://en.wikipedia.org/wiki/Supranationalism(2007년 8월 30일 검색)

35) Michelle Cini, "Intergovernmentalism", Michelle Cini(ed.), *European Union Politics*(Oxford:
Oxford University Press, 2007), pp.100~103.

36) "Intergovernmentalism", http://en.wikipedia.org/wiki/Intergovernmentalism(2007년 8월 30일 검색)

는 1993년 출범한 마스트리흐트 체제하에서 공식기구인 회원국 사법·내무 담당 장관들로 구성된 각료이사회로 대체되었다. 1999년 본격적으로 업무를 개시한 유로폴의 지휘부는 청장의 관할하에 있다. 그런데 유로폴 청장은 사법·내무 각료이사회에 의해 임명되며, 유로폴은 각 회원국에서 파견된 대표들로 조직된 행정이사회를 거쳐 최종적으로 각료이사회에 정치적 책임을 진다. 유로폴이 비EU국가 또는 국제기구와 협정을 체결할 때는 각료이사회의 통제를 받으며, EU의 타 기관과 협정을 맺을 때는 행정이사회의 승낙을 받아야 한다. 또한, 유로폴은 유럽의회를 통과해야 하는 통상적인 EU의 예산에 의해 운영되는 것이 아니라, 전적으로 회원국들이 분담한 기여금과 각료이사회 의장국이 기부한 자금으로 운영된다. 이상에서 언급한 점들을 고려할 때, 유로폴은 조직체계와 예산 면에서 독자성을 지닌 초국가적 기구라기보다는 회원국들의 의지에 의존하고 있는 정부간적 기구라고 말할 수 있다.

유로폴은 유럽에서 테러리즘과 각종 국제조직범죄를 예방하고 퇴치시키는 임무를 수행하고 있다. 하지만 원래 정보교류 및 분석, 수사조율 등을 통해 EU 회원국들을 지원하는 센터로 만들어졌기에, 원칙적으로 회원국의 영토에서 독자적으로 수사를 하거나 용의자를 체포할 권한이 없다. 암스테르담조약(1997년 체결)으로 유로폴은 회원국의 관련 기관과 공동으로 비밀정보를 수집하고 각국의 수사를 지원할 수 있게 되었으나, 이러한 유로폴의 활동은 어디까지나 해당 국가와의 연계와 협의를 통해 가능하다. 탐페레 정상회담(1999)과 '헤이그 프로그램'(2005)에서 EU 정상들은 유럽 지역의 범죄 퇴치에 있어서 유로폴이 핵심적인 역할을 수행해야 한다고 강조했지만, 구체적인 조치는 기대에 못 미쳤다. 성립 후 시간이 흐름에 따라 유로폴의 기능과 역할은 확대되어 왔으나 역내에서의 활동은 여전히 해당 국가에 의해 크게 제약을 받고 있기에, 이 점에서도 유로폴이 초국가적 기구라고 말하기는 어렵겠다.

마스트리흐트조약은 EU의 제반 정책을 세 기둥으로 구분했다. 첫 번째 기둥인 유럽공동체(EC)는 경제, 사회, 환경 등에 관한 정책들을 포괄하는 영역이다. 이 기둥은 EU 기관에게 정책권한 및 입법권한이 부여되는, 다시 말해서 초국가주의가 강력히 반영된 영역이다. 두 번째 기둥인 공동외교안보정책(CFSP)은 외교정책과 군사적인 문제를 포괄하는 영역으로 공동정책을 추구하나 각국의 대표들이 사안별로 결정하기에 정부간적인 성격이 강하다. 경찰 분야가 포함된 '사법·내무업무'(Justice and Home Affairs)라 칭해진 제3기둥은 국가 간 협력과 조율을 원칙으로 하며 전원합의제가 적용되기에[37] 전형적인 정부간적 성격을 갖는 영역이다. 그 후 암스테르담조약에 의해 기존의 제3기둥에 속했던 분야 가운데 망명, 이민, 역외국경 등 자유로운 이동에 관한 사항들은 제1기둥으로 편입되었다. 그러나 경찰주권에 대한 회원국들의 강한 집착으로 테러리즘, 조직범죄, 기타 각종 범죄 등 경찰 분야는 여전히 제3기둥에 남게 되었다.[38] 이는 유로폴의 정부간적 성격이 불변함을 재확인한 셈이었다.

그러나 그 후 결정된 다음 두 사항은 향후 유로폴의 성격에 있어서 초국가적 측면을 강화시킬 것으로 전망된다.

---

37) Jürgen Storbeck, "The European Union and Enlargement", *European Foreign Affairs Review 8*(2003), p.284.

38) 암스테르담조약에 따라 제3기둥의 명칭은 '형사문제에서 경찰 및 사법 협력'(PJCC: Police and Judicial Cooperation in Criminal Matters)으로 개칭되었다.

첫째, 2008년 EU 회원국들은 2010년 1월 1일자로 유로폴이 완전한 EU의 기관으로 거듭날 것을 결정했다. 이 결정으로 유로폴은 EU예산에 의해 운영될 것이며, 유로폴에 관한 법적 틀은 좀 더 유연성을 가질 것이고, 유로폴을 중심으로 하여 회원국 경찰들의 협력은 더욱 강화될 것이다.[39]

둘째, EU 회원국들은 2007년 12월 기존 조약들을 보완·수정하는 성격을 지닌 리스본조약을 체결했다. 좌초된 유럽헌법의 변형인 리스본조약은 회원국 중 유일하게 비준요건으로 국민투표를 채택한 아일랜드에서 거부되어 현재 어려움을 겪고 있다. 여하간 리스본조약이 발효하게 되면 마스트리흐트조약에서 도입된 기둥체계(pillar system)는 사라진다. 이와 함께 경찰과 사법 분야에서 적용되던 전원합의제는 이중 다수결제[40]로 대체된다(단, 영국과 아일랜드는 옵트-아웃을 허용받음).[41]

---

39) "Europol to become EU agency in 2010", http://english.people.com.cn/90001/90777/90856/6395492.html(2008년 8월 7일 검색)

40) 이중다수결제(double majority principle)는 회원국 수 55% 이상(27개 회원국 중 15개국 이상)과 역내 인구 65% 이상의 찬성으로 정책을 결정하는 방식이다. 이 제도는 2014년부터 단계적으로 확대 적용되며 2017년 완전 도입된다.

41) "Treaty of Lisbon", http://en.wikipedia.org/wiki/Lisbon_treaty(2008년 8월 19일 검색)

참고문헌

문장일. "유럽경찰의 조직과 권한". 『공법학연구』. 제6권 제3호(2005년), pp.3~25.

신성호. "21세기 정보혁명과 네트워크 테러리즘". 『국제정치논총』. 제46집. 3호(2006), pp.31~53.

유병연. "지하시장 패권통화도 달러서 유로로". 『한경비즈니스』. 2008. 02.11/18, p.18.

이계수. "유럽연합의 경찰협력체제와 경찰법제에 관한 연구". 『민주법학』. 제28호(2005), pp.99~135.

전대양. "조직범죄에 대한 시각변화와 그 정책적 함의". 『한국공안행정학회보』. 제22호(2006), pp.87~117.

최재훈. "급진이슬람원리주의와 중동테러리즘의 상관관계". 한국국제정치학회. 『하계학술대회논문집』(2006), pp.63~92.

Abadinsky, H. *Organized Crime*. Chicago: Nelson-Hall, 1997.

Cini, Michelle. "Intergovernmentalism". Cini, Michelle.(ed.). *European Union Politics*. Oxford: Oxford University Press, 2007, pp.99~116.

dbb. "Innere Sicherheit in der EU-25". *Europathemen*. Ausgabe Nr. 14(November 2005), 1~12.

Deflem, Mathieu. "Europol and the Policing of International Terrorism: Counter-Terrorism in a Global Perspective". *Justice Quarterly*. Vol.23. No.3(September 2006), pp.336~359.

Delors, Jacques. *Erinnerungen eines Europäers*. Berlin: Parthas Verlag, 2004.

Europol. *Annual Report 2007*. Hague: Europol, 2008.

Europol. *EU Terrorism Situation and Trend Report 2008*. Hague: Europol, 2008.

Europol. "Welcome to the European Police Office", http://www.europol.europa.eu(2008년 8월 20일 검색).

Goldstein, Joshua S. *International Relations*. Fifth Ed., New York: Longman, 2003.

Haas, Ernst B. *The Uniting of Europe: Political, Social, and Economic Forces 1950~1957*. Stanford: Stanford University Press, 1958.

Niemeier, Michael. "Die Zukunft von Europol". *integration*. 3/07(Juli 2007), pp.292~301.

Storbeck, Jürgen. "The European Union and Enlargement". *European Foreign Affairs Review* 8(2003), pp.283~288.

Tidwell, Alan and Lerche, Charles. "Globalization and Conflict Resolution". *International Journal of Peace Studies*(Spring/Summer 2004), pp.47 ~59.

US Department of State, Office of the Coordinator for Counterterrorism. *Country Reports on Terrorism 2004*(April 2005).

Weindl, Josef. *Europäische Gemeinschaft*. München: Oldenbourg Verlag, 1996.

"Europol", http://en.wikipedia.org/wiki/Europol(2008년 8월 7일 검색)

"Europol to become EU agency in 2010". http://english.people.com.cn/90001/90777/90856/ 6395492.html (2008년 8월 7일 검색)

"Intergovernmentalism", http://en.wikipedia.org/wiki/Intergovernmentalism(2007년 8월 30일 검색)

"Supranationalism", http://en.wikipedia.org/wiki/Supranationalism(2007년

8월 30일 검색)

"Treaty of Lisbon", http://en.wikipedia.org/wiki/Lisbon_treaty(2008년 8
월 19일 검색)

제7장 2004년 유럽의회 선거를 통해 본 유럽의회의 민주성

김민정

서울시립대학교 국제관계학과 교수

Ⅰ. 서론

유럽의회 선거가 지난 6월 13일 치러졌다. 1979년 직선제가 된 이후 6번째의 직선제 선거였는데 이번 선거는 유럽통합의 미래에 대해서 여러 가지 생각해 볼 점을 던져 주었다. 유럽의회는 유럽연합의 여러 제도들 가운데 유일하게 유럽시민이 직접적으로 선출하는 대표기관이다. 유럽연합이 정치적 통합을 지향하면서 공동안보정책 및 국내 치안에 있어서도 공동정책을 수행하는 상황에서 유럽연합이 결국 민주주의 정치체제를 지향한다면 유럽의회는 그 체제의 중심에 있게 될 것이다.

유럽통합이 당면한 중요한 문제 가운데 하나는 민주주의의 결손이다. 특히 유럽통합이 25개국으로 확대되면서 유럽의 미래를 생각할 때 민주주의의 결손은 심각한 문제로 지적되고 있다. 민주주의의 결손이라 함은 유럽시민이 유럽의 정책결정에 별다른 영향력을 행사할 수 없음을 뜻한다. 유럽 정책결정에 있어서 중요한 역할을 하는 유럽집행위원회에 유럽시민은 공식적으로 구속력 있는 어떠한 영향력도 행사할 수 없으며, 유럽집행위원회 위원들은 유럽민들이 전혀 위임한 적도 없는 '대표 아닌 대표'로서 유럽 일을 담당하고 있는 것이다. 이러한 걱정이 잘 표현된 것이 2000년 니스 정상회담에서 채택된 니스선언이다. 니스조약에 부록으로 붙여진 니스선언은 '유럽의 미래를 위한 선언'이라는 제목이 붙여져 있는데, 그 속에서 유럽정상들은 "회원국들의 시민이 유럽연합과 그 제도들에 접근할 수 있도록 하기 위해서 유럽연합과 그 제도들의 민주적 정통성과 투명성을 향상시키고 영구히 보장할 필요가 있다"고 선언했다. 미래의 유럽을 위해서 유럽연합은 보다 민주적이며 투명해야 할 필요가 있음을 확인한 것이다. 민주적 결손으로 인해 유럽인들이 유럽통합으로부터 이반하게 되면 유럽통합에는 큰 차질이 생긴다. 아일랜드 국민들의 니스조약 비준 거부와 덴마크 국민들의 유로화 가입 거부를 기억한다면 유럽통합을 발전시키는 데 유럽인들의 의견이 얼마나 중요한지 잘 이해할 수 있을 것이다. 유럽인들의 의견이 유럽 정책결정과정에 잘 반영되도록 하는 것은 유럽통합을 발전시키는 데 무엇보다도 중요한 조건이 될 것이다. 이러한 점에서 유럽통합의 발전은 민주성과 통합과정에 대한 대중적 지지의 확보에 달려 있다.[1]

유럽연합의 여러 제도들 가운데 유럽의 민주주의를 생각하면 가

---

1) 최진우, "유럽의회의 발전과 유럽통합: 유럽연합의 민주성과 정통성", 『국제정치논총』, 제39집, 제2호 (1999년 여름), pp.133~138.

장 먼저 떠오르는 제도는 유럽의회이다. 1979년 유럽의회 의원들의 직선제 선출이 시작되면서 제도적으로 유럽시민과 유럽통합 사이에 민주주의적 관계가 형성되었다. 유럽의회에 협력절차를 요구할 수 있게 되고 협력절차의 영역이 확대되면서 유럽의회는 유럽의 정책결정과정에 있어서 보다 중요한 역할을 하게 되었다.

그러나 유럽의회가 유럽시민들의 의견을 충분히 대표하고 있으며 유럽시민들은 유럽통합에 대한 자신들의 의견 표출수단으로서 유럽의회를 생각하고 있는지를 검토해 볼 필요가 있다. 지난 2004년 6월 13일 유럽의회 의원이 선출되었는데 이 선거는 유럽이 25개국으로 확대되면서 이루어진 첫 번째 유럽의회 선거였으며 보다 통합된 유럽을 위한 유럽헌법의 비준을 앞두고 있는 시점에서 이루어진 선거였기 때문에 특별히 의미가 있었다. 특히 이 선거를 통해서 유럽인들이 유럽의회를 얼마나 민주주의적 대표성을 가진 제도로 인식하는지를 알 수 있으며 이것은 앞으로 유럽통합의 미래에 대해서 예측해 볼 수 있는 하나의 척도가 된다.

유럽의회 선거가 가지는 이러한 의미로부터 출발하여 민주주의의 대표성에 비추어 이 선거를 통하여 유럽의회가 얼마나 이러한 대표성을 반영하는지 살펴보고자 하는 것이 본 연구의 목적이다. 우선 유럽의회가 민주적 결손을 메워 주는 수단이라면 어떠한 조건을 갖추어야 하는지를 알아보기 위해서 민주주의의 대표성에 관한 이론을 살펴보고, 이에 따라서 이번 유럽의회 선거를 분석하여 유럽의회 의원과 유럽시민과의 관계에서 민주주의적 대표-위임 관계가 이루어지고 있는지 분석하고자 한다.

Ⅱ. 민주주의의 대표성

흔히 우리가 민주주의적 대표성을 말할 때 다양한 의미를 내포하고 있지만 일반적으로 서구의 민주주의 모델은 책임 있는 정당 정부 모델(responsible party government model)이다.[2] 이 모델에서는 민주주의를 이루기 위해서 유권자가 공약과 정책에 기초한 2개 이상의 정당 가운데에서 선택한다. 이 모델을 위해서는 최소한 다음과 같은 몇 가지 조건을 만족시켜야 한다.[3]

- 공급 측면에서 기율을 가진 정당이 국가의 중요한 문제에 대한 프로그램을 제공한다.
- 수요 측면에서는 유권자가 정부 내에서 정당들의 성과나 정당이 내놓은 정책을 평가하여서 이에 기초하여 정당들을 선택한다.
- 자유롭고 공정한 선거가 정기적으로 실시되어서 유권자의 표를 의회 의석으로 전환하고 의회 의석은 정부를 구성하는 기

---

2) 이 모델 외에도 국가위임 모델이 있는데, 이는 유럽의회를 정부 간 포럼으로 이해하여 유럽의회 의원은 자신들의 국가 위임자로 생각하는 것이다. 그들은 정당을 대표하는 것이 아니라 자신들의 선거구를 대표하는 것이다. 유럽통합이 발전한다는 것은 유럽연합이 정부 간 협의체가 아니라 초국가적인 기구로서 국제질서에서 독립적인 행위자여야 한다는 점에서 국가위임 모델은 유럽연합의 발전에 적절하지 않은 모델이다. 이에 대해서는 W. Miller & D. Stokes, "Constituency influence in Congress", *American Political Science Reviews*, Vol.57(1963) 참조. 두 번째는 기능적 대표모델인데 이것은 유럽의회 의원들이 사회의 각 이익집단 및 다양한 집단들의 이익을 대표한다는 것이다. 일반적으로 유럽연합에서 이러한 기능적인 대표는 경제사회위원회가 대표적이다. 물론 유럽의회의 경우에도 유럽의원 각자가 이러한 집단들의 이익을 대표할 수 있다. 이에 대해서는 J. Richardson, "Organized interests as intermediaries", J. Hayward(ed.), *Elitism, populism and European Politics*(Oxford: Clarendon Press, 1996) 참조. 세 번째는 사회적 대표인데 정책결정과정에서 정치적 소수의 의견을 대표하는 것을 의미한다. 여성이나 혹은 정치적 소수의 의견을 유럽의회가 대표하여야 한다는 것이다. 사회적 대표에 대해서는 A. Phillips, *Democracy and difference*(University of Pennsylvania Press, 1993) 참조.

3) Micheal Marsh & Pippa Norris, "Political Representation in the European Parliament", *European Journal of Political research*, Vol.32(1997), pp.153~154.

초가 된다.

이러한 조건이 의미하는 바는 민주주의에서 대표가 유권자와 의원 사이의 직접적인 위임이지만 오늘날의 정당정치 사회에서는 정당이 매개가 되어서 유권자들에게 책임 있게 후보를 소개하고 정책을 형성하고 유권자들은 이러한 정당을 근거로 하여 후보를 선택한다는 것을 의미한다. 따라서 책임 있는 정당 정부 모델에서 정당이 민주주의의 대표성을 담보하는 중요한 행위자가 되기 위해서 정당은 상당히 응집력이 높고 공동의 정책을 공유하고 있으며 책임 있게 정치를 이끄는 행위자이어야 한다.

이 모델을 유럽연합의 정책결정과정에 적용해 보자. 유럽의 유권자는 유럽연합에 두 가지 채널을 통해서 영향을 미칠 수 있다. 하나는 국내선거를 통해서 정부를 선택함으로써 간접적으로 유럽연합에 자신들의 의견을 표출하는 방식이다. 다른 하나는 유럽의회 선거를 통해서 직접적으로 영향을 미치는 것이다. 이 연구에서 초점을 맞추는 것은 직접적으로 영향을 행사하는 유럽의회를 통한 의견표출 방식이다. 유럽의회의 민주성을 이 모델에 따라서 판단한다면 유럽의회 내의 정당이, 즉 정치적 그룹(political groups)이 상당히 응집력이 있고 통합된 정당이어야 하며 유럽의 중요한 문제에 대해서 자신들의 고유한 정책대안을 가지고 있어야 한다. 유권자들은 정당들의 정책 및 이러한 정책에 대한 평가에 기초하여 정당을 선택해야 한다. 또한 유럽의회 선거의 결과 유럽의회 내에서 정책결정과정에 유권자들의 선호가 반영되어야 한다.[4]

이를 이론적 틀로 하여 유럽의회 선거를 분석하면서 다음과 같은 질문에 답하려고 한다.

---

1. 유럽의회 내의 정치적 그룹이 응집력이 높고 통합된 그룹인가? 정치적 그룹 간에 유럽문제에 대해서 서로 다른 정책 대안을 가지고 있는가?
2. 유럽민들은 유럽의회 의원과 어떤 관계인가? 그들을 선택할 때 정당에 기초하는가?
3. 유럽의회 선거가 정치적 그룹에 대한 충분한 정보를 제공하는가?

　이러한 질문에 답하기 위해서 우리는 다음과 같은 요인을 분석한다.

〈표 1〉 유럽의회의 민주성의 정의

정치적 그룹의 응집력	·유럽의회 투표 시 유럽의원들의 투표기율, 특히 유럽의원 소속 정치적 그룹의 의견과 자신의 국가의 의견이 다를 때 투표행태 ·정치적 그룹 간에 유럽문제에 대한 정책의 차별성
유럽인과 유럽의회 의원 간의 관계	·유럽인들은 유럽의회 의원을 어떻게 생각하는가? ·유럽의 정책결정에서 유럽의회가 중요하다고 생각하는가?
유럽의회 선거의 성격	·선거 자체에 대한 관심 ·투표 시 관심사(유럽문제인가? 국내문제인가?) ·투표율

---

4) *Ibid.*, p.154.

Ⅲ. 유럽의회의 민주성

1. 정치적 그룹의 응집도

국내정치에서와 마찬가지로 유럽의회가 정당을 중심으로 활동하고 정당들이 상당히 응집력 있는 행위자라면, 유럽의회 의원들은 의회 내에서 투표할 때 자신이 속한 정치적 그룹의 결정에 따라 투표할 것이며, 자신이 속한 정치적 그룹과 자신의 국가의 의견이 다를 때에 자신이 속한 정치적 그룹의 결정에 따를 것이다. 그러나 응집력이 약하고 통합도가 낮을수록 의원들의 투표기율은 떨어질 것이다. 최근까지 유럽의회 의원들의 행태를 연구한 연구에 의하면 유럽의회의 정치적 그룹은 높은 통합도를 가진 것으로 나타났다.[5]

유럽의회에는 모두 8개의 그룹이 있다. 각각의 그룹들은 정치적 의견이 유사한 회원국들의 정당들로 구성되어 있는데 표에서 보이는 것과 같다.

---

5) Thorsten Faas, "To defect or not to defect? National, Institutional and Party Group Pressures on MEPs and their Consequences for Party Group Cohesion in the European Parliament", *European Journal of Political Research*, Vol.42(2003); Madeleine Hosli, "Votiong strength in the European Parliament: the Influence of national and of partisan actors", *European Journal of Political Research*, Vol.31(1997).

〈표 2〉 유럽의회의 정치적 그룹(2004년 현재)

	명 칭	의원 수
EPP–DE	European People's Party(Christian Democrats) and European Democrats 유럽국민정당(기민당)과 유럽민주당	268
PSE	Party of European Socialists 유럽사회당	200
ALDE	Group of the Alliance of Liberals and Democrats for Europe 유럽자유민주동맹	88
Greens/EFL	Greens/European Free Alliance 녹색당/유럽자유연합	42
GUE/NGL	Confederal Group of the European United Left /Nordic Green Left 유럽통합좌파연합그룹/북구녹색좌파	41
IND/DEM	Independence/Democracy Group 독립/민주주의 그룹	37
UEN	Union for Europe of the Nations Group 국가들의 유럽연합그룹	27
NI	Non–attached Members 무소속 의원	29

 2004년에 해산된 지난 의회에서의 투표 응집도는 상당히 높다. 거대 상위 4개의 정치적 그룹에서는 모두 응집도 지수[6]가 80을 넘었고 정치적 그룹별로 보면 EPP-DE가 약간 낮고 유럽사회당과 녹색당 그리고 중도파인 유럽자유민주당에서는 아주 높게 나타났다.

---

6) 응집도 지수는 Attinà의 일치도 지수이다. 이에 대해서는 Fulvio Attinà, "The Voting Behavior of the European Parliament Members and the Problem of the Europatrie", *European Journal of Political Research*, Vol.18(1990), pp.557~579 참조. 이 지수는 M-(N-M)/N*100인데 M은 찬성투표 시의 반대표나 기권한 표의 수를 제외한 찬성표이며 N은 해당 정치적 그룹 내의 전체 표수이다. 이 지수는-33에서 +100까지 나올 수 있는데-33은 해당 정치적 그룹이 세 그룹 즉 찬성자, 반대자, 기권자로 정확하게 나누어질 경우이며 +100은 완전한 전원일치를 의미한다. 이 표는 Faas가 총 유럽의회 내의 2,582건의 투표에서 반란표와 기권 그리고 찬성표를 분석하여 만들었다.

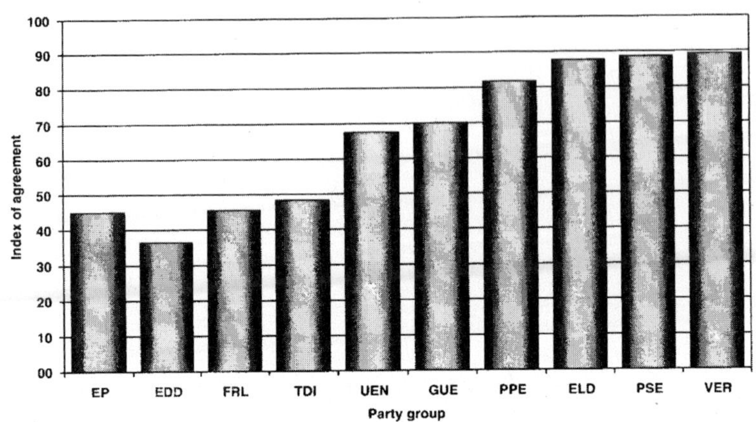

출처: Thorsten Faas, "To defect or not to defect? National, institutional and party groups pressures on MEPs and their consequences for party group cohesion in the European Parliament", *European Journal of Political research*, Vol.42(2003), p.853.

〈그림 1〉 유럽의회 정치적 그룹의 응집도

이를 국가에 대한 응집도와 비교해 보면 확실히 정치적 그룹에 대한 응집이 높음을 알 수 있다. 국가에 대한 응집도는 가장 높은 독일의 경우가 60을 약간 넘었고 가장 낮은 프랑스의 경우에는 30을 겨우 넘었을 뿐이다. 국가 차원에서 보면 상당한 반란표가 항상 존재한다는 것을 의미하다.

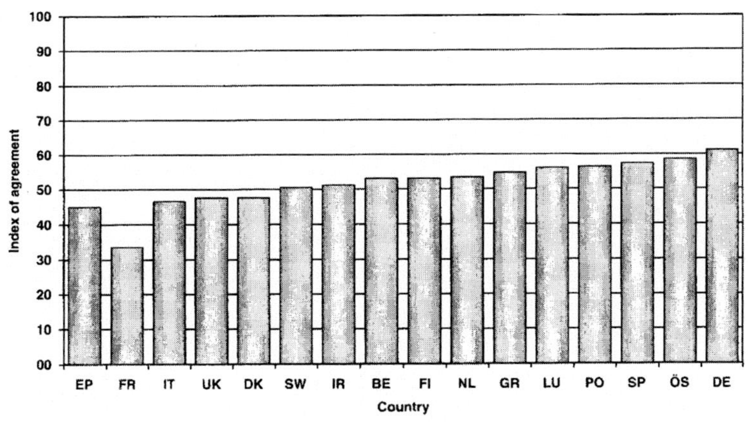

출처: Thorsten Faas, "To defect or not to defect? National, institutional and party groups pressures on MEPs and their consequences for party group cohesion in the European Parliament", *European Journal of Political research*, Vol.42(2003), p.854.

〈그림 2〉 유럽의회 의원들의 국가별 응집도

정치적 그룹의 응집도 지수를 통해서 보았을 때 유럽의회 내의 정치적 그룹은 상당히 응집력이 높은 집단임을 알 수 있다. 유럽의회의 정치적 그룹이 각 회원국의 정당들 가운데에서 정치적으로 유사한 성격을 가진 정당들 간의 연합체이기 때문에 국내 정당의 응집도에 비해서 떨어질 수도 있다는 생각은 일단 이 응집도 비교를 통해서 사실이 아님을 알 수 있다. 유럽의회 의원들은 자신이 속한 국가의 의원들 간보다도 자신이 속해 있는 정치적 그룹의 의원들과 유사한 정치적 선택을 한다고 할 수 있다. 유럽사회는 이미 오래전부터 분명한 이데올로기적 스펙트럼에 기반을 둔 정당들을 가지고 있었고 이것은 서로 다른 국가들에서 거의 유사한 형태로 존재해 왔다. 대부분 유럽국가에서 사회당 계열의 정당들이 존재해 왔고 또한 기독교민주당 계열의 정당들이 존재해 왔으며 국가들

사이 차이에도 불구하고 이들 정당들은 상당히 유사한 정책적 지향을 보여 왔다. 이러한 이유로 서로 다른 국가들의 유사 정당들은 유사한 정책적 지향을 보였고 이러한 전통이 유럽의회 내에서도 나타나고 있기 때문에 이들 정치적 그룹은 응집도가 높을 수 있다.

다음으로 유럽의 정치적 그룹이 책임 있는 정당 정부 모델에 기초하여 유럽인들의 의견을 대표하는 정당과 같은 성격을 지니기 위해서 두 번째의 조건, 즉 정치적 그룹이 얼마나 다른 그룹과 차별적인 정책을 가지고 있는가 하는 문제이다. 유럽의회는 구성상 여러 정치적 그룹이 의석을 가지고 있다. 유럽의회 내의 정치적 그룹들은 이제까지 한 그룹이 과반수 의석을 가지지 못해 왔기 때문에 정책결정을 위해서 다른 그룹들과의 연합이 불가피한 상황이다. 2004년 선출된 의회의 경우에도 전체 732석 가운데 유럽국민당이 268석, 유럽사회당이 200석을 차지하였고 나머지 정치적 그룹들은 100석 미만의 의석들을 가졌기 때문에 거대 두 정당이 연합하지 않으면 정책을 결정할 수 없는 상황이다. 대부분의 유럽의회 정책결정은 절대 과반수의 찬성으로 통과되며 예산안의 통과나 집행위원회에 대한 제재는 2/3의 찬성으로 통과되기 때문에 하나의 거대정당이 다른 거대정당과 손잡지 않고서는 절대로 정책을 통과시킬 수 없다. 특히 집행위원회에 대항하여 사용할 수 있는 여러 권한들은 2/3의 찬성을 요하기 때문에 더욱 두 거대정당의 연합을 요구하는 상황이다. 따라서 중요한 유럽문제에 있어서 두 거대정당은 국내정치에서와는 달리 서로 다른 대안을 내놓기가 어려운 상황이어서 지속적으로 두 거대정당 사이의 연합이 이루어져 왔다.[7] 이러한 상황은 유럽의회 내에서 서로 다른 정치적 그룹 간에 유럽문제에 대한 차별성을 가질 수 없게 하는 중요한 제도적 요인이 되고 있다. 그래서 유럽인들이 정책을 중심으로 유럽의회 선거에서 정당을 선택하지만 실제로 유럽의회 내에서 정책이 결정될 때에는 유럽인들의 의견에 따라 투표하기가 어려운 상황이다. 따라서 유럽의회 내의 정치적 그룹들은 상당히 응집도가 높은 정당들이지만 차별화된 정책을 제시하지는 않고 있다.

2. 유럽인과 유럽의회 간의 관계

두 번째로 살펴볼 것은 유럽인과 유럽의회의 관계이다. 유럽인들은 유럽의회를 어떻게 생각하는지, 유럽의회 의원에 대해서 어떻게 생각하는지. 그리고 그들의 선택 시 기준이 되는 것이 무엇인지 등에 대해서 살펴봄으로써 이 관계를 추정하고자 한다.

유럽의회는 유럽인들에게 중요한 정책결정기관으로 인식되고 있지 않다. 지난 2004년 7월에 발표된 유로바로미터 61에 의하면 유럽의회가 중요하다고 생각하는 유럽민이 중요하지 않다고 생각하는 유럽민보다도 20% 이상 더 많았다. 그러나 다른 기관, 예를 들어 유럽연합 자체, 국내의회, 국내정부, 지방정부 등과 비교해 보았을 때 중요하다고 생각하는 사람의 수는 더 적었다. 다시 말하면 유럽의회가 중요하기는 하지만 다른 기관을 중요하다고 생각하는 사람의 수보다는 적었다. 별로 영향이 없다고 생각하는 사람들은 유럽의회의

---

7) Alain Guyomarch, "The June 1999 European Parliament Elections", *West European Politics* Vol.23, No.1(1999), p.174.

경우가 훨씬 많았다. 이를 통해서 유럽인들은 유럽의회의 정책들이
자신들에게 영향을 주기는 하지만 다른 국내기관들에 비해서 그 중
요성이 떨어진다고 생각하는 경향이 있음을 알 수 있다.

<표 3> 유럽인들이 중요하다고 생각하는 기관들

	유럽의회	유럽연합	국내의회	지방정부	국내정부
아주 큰 영향을 미친다	16%	22%	39%	42%	49%
약간 영향을 미친다	47	51	42	40	39
별로 영향이 없다	24	19	14	12	10
모르겠다	13	9	5	6	3
전체	100	101	100	100	101

출처: Flash EB. 161: European Elections 2004 Barometer

게다가 좀 더 구체적으로 유럽인들은 유럽의회가 자신들을 잘
대표하고 있다고 생각하지 않고 있다. 또 다른 설문에서 유럽시민
들이 유럽연합 및 유럽의회와 얼마나 자신들을 동일시하고 있는지
를 물었는데 그 설문을 통해서 유럽인들은 유럽의회 의원들이 누
구인지 관심이 많고 유럽의회 선거결과에 대해서도 큰 관심을 가
지고 있지만 유럽의회 의원들이 자신들을 잘 대표한다고 생각하는
사람은 과반수에 훨씬 못 미치고 있음을 알 수 있다. 이것은 유럽
의회의 중요성에 대해서는 어느 정도 인식하고 있지만 자신들을
대표한다고는 생각하지 않고 있는 것이다. 즉 실질적으로 유럽의회
가 유럽시민들을 대표하여서 입법을 할 수 있는 권한이 제한되어
있는 것을 유럽시민들은 알고 있고 그래서 관심을 가지고는 있지
만 유럽의회가 자신들을 대표한다고 생각하는 사람은 많지 않은
것이다.

<표 4> 유럽시민들의 유럽의회 및 유럽연합에 대한 생각

불참이유	응답자 비율
유럽의회 의원이 자신들을 잘 대표한다	36%
유럽의회가 자신들의 관심에 대해서 관심을 가진다	45%
유럽의회 의원이 누구인지 알고 싶어 함(관심을 가지고 있다.)	69%
선거에서 어떤 정당이 더 많은 의석을 차지할지 알고 싶어 함	61%

출처: Flash EB 161: European Elections 2004 Barometer, 2004.

유럽의회가 유럽시민들에게 별 영향이 없거나 유럽시민들을 대표하지 못한다고 생각하는 것은 투표율에서도 나타난다. 유럽 각 선거에서 투표율이 저하되고 있지만 특별히 유럽의회 선거에서 유럽인들은 상당히 낮은 투표율을 보이고 있다. 유럽의회에 직선제가 도입된 1979년 이래로 유럽의회 선거 투표율은 계속 저하되었고, 2004년 유럽의회 선거 전에 있었던 국내선거에서의 투표율과 비교해 보아도 유럽의회 선거의 투표율은 확실히 낮다. 유럽의회 직선제가 처음 도입되었던 1979년 유럽의회 투표율은 61%였지만 2004년의 투표율은 45.7%로 낮아졌다.

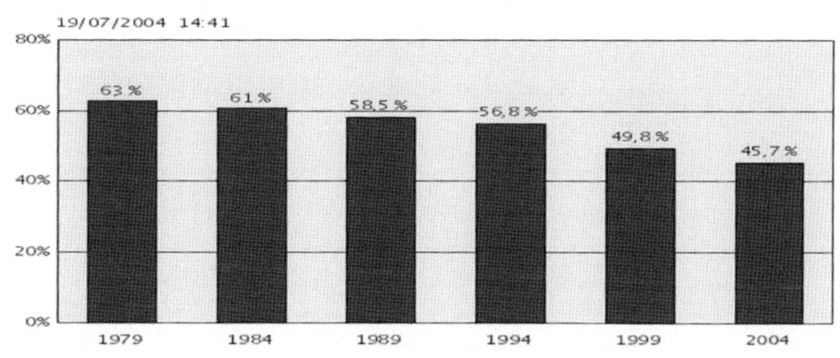

<그림 3> 유럽의회 투표율의 변화

국가 간의 편차도 심한데 벨기에나 룩셈부르크처럼 90%를 상회

하거나 이에 육박하는 국가도 있는 반면 슬로바키아의 경우에는 16.9%에 지나지 않는다. 상당히 높은 투표율을 보인 국가 가운데 에는 투표가 법적인 강제이거나(벨기에, 룩셈부르크, 그리스) 혹은 투표를 강제하는 강한 사회적 관습이 존재하는 국가(이탈리아, 스 페인)가 있다. 따라서 사회문화적·제도적 차이가 존재하는 것을 감안할 때 유럽의회 선거의 투표율이 전체적으로 낮다는 데는 큰 이견이 없을 것이다. 또한 투표율이 상승하고 있는 국가도 있지만 구회원국 15개국 중 9개국에서 투표율이 감소추세에 있고 6개국에 서만 증가하였다.

〈표 5〉 유럽의회 선거의 투표율 변화추이

	1979	1984	1987	1989	1994	1995	1996	1999	2004
독일	65.7	56.8		62.3	60			45.2	43
프랑스	60.7	56.7		48.7	52.7			46.8	42.76
벨기에	91.4	92.2		90.7	90.7			91	90.81
이탈리아	84.9	83.4		81.5	74.8			70.8	73.1
룩셈부르크	88.9	88.8		87.4	88.5			87.3	89
네덜란드	57.8	50.6		47.2	35.6			30	39.3
영국	32.2	32.6		36.2	36.4			24	38.83
아일랜드	63.6	47.6		68.3	44			50.2	58.8
덴마크	47.8	52.4		46.2	52.9			50.5	47.9
그리스		77.2		79.9	71.2			75.3	63.22
스페인			68.9	54.6	59.1			63	45.1
포르투갈			72.4	51.2	35.5			40	38.6
스웨덴						41.6		38.8	37.8
오스트리아							67.7	49.4	42.43
핀란드							60.3	31.4	39.4
체코									28.32

에스토니아									26.83
사이프러스									71.19
라트비아									41.34
리투아니아									48.38
헝가리									38.5
몰타									82.37
폴란드									20.87
슬로베니아									28.3
슬로바키아									16.96
유럽연합평균	63	61	/	58.5	56.8	/	/	49.8	45.7

출처: http://www.europa.eu.int.(2005년 12월 20일 검색)

한편 이것은 2004년 유럽의회 선거 전에 있었던 국내선거의 투표율과 비교하여 보면 전체적으로 유럽에서 투표율이 감소하고 있지만 유럽의회의 경우 국내선거와 차이가 있음을 알 수 있다. 신규 회원국들의 경우 국내선거와 유럽의회 선거에 있어서 투표율이 심각하게 차이가 난다. 예를 들어 유럽의회 선거에서 투표율이 아주 높은 것으로 나타난 몰타의 경우에도 국내선거와의 격차가 14%에 이른다. 가장 격차가 많이 나는 국가는 슬로바키아인데 무려 53%의 격차를 보이고 있다. 전체적으로 새로운 회원국들은 국내선거에서는 높은 참여율을 보이고 있는 데 비해서 유럽의회 선거에는 낮은 참여율을 보이고 있다. 따라서 전 세계적으로 투표율이 낮아지고 있다고 하더라도 유럽의회 선거는 더욱 낮기 때문에 유럽인들이 유럽의회를 중요하게 생각하고 있지 않든지, 아니면 유럽의회에 투표하는 것에서 효능감이 떨어진다고 할 수 있다.

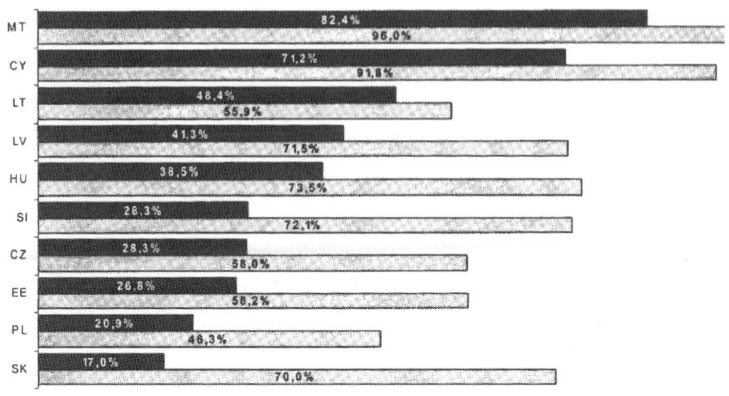

출처: Eurobarometer, Post European elections survey 2004, p.5.

〈그림 5〉 유럽연합 신회원국에서 국내선거와 유럽의회 선거의 투표율 격차

구회원국의 경우에도 상황은 비슷하다. 2004년 유럽의회 선거가 실시되기 이전에 있었던 3개의 국내선거를 비교해 보면 전체적으로 유럽의회 선거의 투표율이 상당히 낮음을 알 수 있다. 특히 네덜란드의 경우에는 유럽의회 선거 실시 이전 3개의 국내선거에서 80% 가까운 투표율을 보였지만, 유럽의회 선거에서는 그 절반인 40%에도 미치지 못하는 투표율을 기록하였다. 이를 통해서 유럽인들은 유럽의회를 다른 유럽기관 및 국내기관보다 덜 중요하게 생각하고 있는 것과 더불어 투표 참여에 있어서도 훨씬 저조한 참여를 기록하고 있음을 알 수 있다. 신규회원국에서 특히 국내선거와 유럽의회 선거 간 투표율 격차가 많은 것을 보면 유럽의 확대속도 혹은 확대과정에서 다양한 정책결정들이 지역민의 의견을 반영하지 않고 진행되고 있는 데 대한 불만 혹은 무관심의 표출이라고 해석할 수 있

으며, 지역민들의 변화에 대한 준비 및 의견에 관계없이 지나치게 성급하게 추진된 것이 아니냐는 비난을 불러일으키고 있다.[8]

<표 6> 유럽연합 구회원국에서 국내선거와 유럽의회 선거간의 투표율 격차

Country	Election 1	Election 2	Election 3	EE 2004
DE	79.0	82.2	79.1	43.0
FR	68.0	60.3	72.9	42.8
BE	91.2	90.6	91.9	90.8
IT	87.4	82.9	81.5	73.1
LU	88.3	86.5	91.7	89.0
NL	79.1	80.0	78.9	39.3
UK	77.8	71.5	59.4	38.9
IE	66.1	62.6	61.9	58.8
DK	84.3	86.0	87.2	47.9
EL	76.3	75.0	76.5	63.2
ES	78.1	68.7	75.7	45.1
PT	61.1	62.8	62.3	38.6
SE	81.4	80.1	81.1	37.8
AT	86.0	80.4	84.3	42.4
FI	68.6	65.3	69.7	39.4

출처: Eurobarometer, Post European elections 2004 survey, p.8.

유럽인들이 이렇게 투표에 참여하지 않는 이유가 유럽의회의 성격과 관련이 있는지 알아볼 필요가 있다. 이를 위해서 유럽의회 선거에 기권하는 이유를 묻는 설문이 도움이 될 것이다. 유럽의회 선거가 끝나고 나서 실시된 여론조사에서 투표하지 않은 이유에 대한 대답 가운데 가장 많은 대답은 정치적 불신과 불만족이었다.[9]

---

8) *Le Monde*, Jui 13, 2004.

9) 이 설문은 Eurobarometer에서 행해진 조사였는데 투표하지 않은 이유에 대해 개방형의 질문을 하였다 (Eurobarometer, Post European Elections 2004 survey, 17).

전반적으로 정치적 불신과 정치적 불만족이 전체 응답자의 34%를 차지하고 있다. 이 응답은 물론 특별히 유럽의회에 대해서 더욱 불신하고 있다는 뜻은 아니지만 국내선거와 비교해 보았을 때 유럽의회 선거가 월등히 낮은 투표율을 보이고 있기 때문에 유럽의회의 경우에 더욱 적용된다고 해석해도 무리는 아닐 것이다. 즉 유럽인들은 정치에 대해서 불신하고 불만족하고 있기 때문에 이에 대한 표현으로써 투표를 거부한 것이다. 두 번째 응답은 전통적인 무관심층이었는데 전체의 14%를 차지하고 있었다. 이 외에도 정치적 효능감의 저하, 개인적인 일 때문에 또는 유럽문제에 관심이 없다는 응답자가 7%, 유럽연합 및 유럽의회에 대해서 아는 것이 없기 때문에 투표하지 않았다는 응답도 6%에 이르렀다.

〈표 7〉 유럽의회 선거에 투표하지 않은 이유(선거 이후의 설문조사)

투표하지 않은 이유		응답 비율	
일반적 정치적 무관심 및 불만족	정치적 불신 및 정치적 불만족	22%	59%
	정치에 대한 무관심	14%	
	아무 선거에라도 거의 투표하지 않는다	4%	
	토론이나 선거운동이 없어서	3%	
	투표가 어떤 변화도 가져오지 못하니까	9%	
유럽에 대한 불만족 및 무관심	유럽문제에 관심이 없어서	7%	20%
	유럽 및 유럽의회에 대해서 아는 것이 없어서	6%	
	유럽제도로서 유럽의회에 대한 불만족	4%	
	유럽에 대해서 반대하니까	3%	
개인적인 이유	너무 바빠서, 휴일이라서 멀리 가 있어서, 아파서, 가족문제로, 유권자 등록문제로 등	43%	43%
그 외		11%	11%
모르겠다		21%	21%

출처: Eurobarometer, Post European Elections 2004 survey, p.19. 재구성

유럽의회 선거가 유럽인들에게 어떤 의미를 가지는지 보다 분명하게 알 수 있는 설문은 유럽의회 선거가 실시되기 이전에 있었던 여론조사이다. 이 여론조사는 유럽의회가 실시되기 이전에 3차례에 걸쳐서 유럽인들을 대상으로 유럽의회 선거에 관하여 조사하였는데[10] 이에 의하면 선거 이전에 이미 투표하지 않을 것을 밝힌 유럽민은 응답자의 48%이다. 응답자의 반수가 약간 넘는 유권자가 투표하겠다고 응답했는데 이는 실제의 투표율보다는 조금 높은 수치이다. 투표하지 않겠다고 응답한 유권자는 이른바 '소신 있는 기권층'이라고 할 수 있는데, 이들의 투표 불참 이유 가운데 상당히 많은 부분이 유럽의회에 대한 정보 부족, 유럽의회가 유럽민의 이해를 반영하지 못하기 때문에 혹은 유럽의회 의원들이 자신들을 대표하지 못하기 때문이라고 응답하여 전체적으로 투표에 참여하지 않을 결심을 하고 있는 유권자 가운데에는 유럽의회의 대표성에 심각한 문제가 있음을 제기하고 있다고 할 수 있다. 이것은 우선 유럽의회가 국내의회와는 달리 입법적 권한을 가지고 있지 않으며 마스트리흐트조약 이후 협력절차를 통해서 유럽집행위원회가 정책결정과정에서 협력하고 있지만 그 권한이 충분히 강하지 않다는 인식으로부터 출발한다고 볼 수 있다. 유럽연합의 제도 가운데 유럽인이 직접 대표를 선출한 제도는 유럽의회밖에 없는데 유럽의회에 대해서 유럽인들이 이렇게 부정적인 견해를 가지고 있다는 것은 앞으로 유럽연합의 민주주의 및 유럽의회의 대표성에 심각한 문제가 있음을 보여 준다.

---

10) Flash Eurobarometer 161: European Elections 2004 Barometer 참조.

〈표 8〉 유럽의회 선거에 투표불참 사유(선거 이전의 설문조사)

불참이유	응답자 비율
투표가 정책결정에 영향을 주지 못하니까	58%
정보가 부족하여서	51%
유럽의회활동에 대한 정보가 없어서	52%
유럽의회가 유럽시민들의 이해에는 관심이 없어서	55%
유럽의회 의원들이 유럽시민들을 대표하지 못한다고 생각하니까	52%

출처: Flash EB 161: European Elections 2004 Barometer, 2004.

3. 유럽의회 선거의 성격

세 번째의 관심사는 유럽의회 선거 자체의 성격이다. 유럽은 국가마다 약간의 차이는 있지만 전반적으로 선거가 상당히 많은 지역이다. 우선 중앙의회를 선출하는 총선이 있다. 양원제인 국가는 상원의원 선거가 직접선거이든, 간접선거이든 따로 있다. 여기에 각급 지방자치단체의 선거가 또 있다. 대통령제 국가에서는 대통령을 선출해야 하고 의원내각제 국가에서도 선출직 대통령을 가지고 있는 경우에는 대통령을 선출해야 한다. 그렇기 때문에 대부분의 국가들은 일 년에 여러 차례 선거를 치르게 된다. 이러한 선거들은 대부분 오래된 역사를 가지고 있기 때문에 국민들이 이미 그 필요성, 의미 등에 대해서 잘 알고 있지만 유럽의회 선거의 경우에는 1979년부터 시작되었고 의원들의 활동이 언론에 노출되는 정도나 그 활동이 직접적으로 유권자들에게 영향을 미치는 정도에 있어서 다른 선거들보다 뒤처지기 때문에 관심이 그만큼 적다고 할 수 있다. 어원은 이러한 유럽의회의 성격을 가리켜 '부차적인 선거 혹은

3등급의 선거'라고 표현하였다.[11]

　2004년의 선거는 다른 때보다도 중요한 의미를 가지고 있다. 정책결정과정에서 유럽의회의 권한이 확대되고 있으며 지난 니스조약 이후 유럽연합의 민주주의를 발전시킬 필요성이 인식되고 있는 시점에서 치러진 선거라는 점, 그리고 유럽이 막 25개국으로 확대되어 새로 가입한 국가들이 처음으로 치르는 선거라는 점에서 이번의 2004년 유럽의회 선거가 그 성격이 변화되었는지 알아보았다.

　우리가 부차적인 선거, 3등급의 선거라고 할 때 많은 유권자들이 그 선거의 특정한 맥락으로부터 얻은 조건의 결과에 따라서 투표하는 것이 아니고, 그 국가의 주된 정치의 장에서 제기된 문제를 중심으로 투표하는 선거를 의미한다.[12] 유럽의회가 유럽연합에서 유럽시민들이 직접적으로 자신들의 대표를 선출하는 기관이며 이를 통해서 유럽연합의 정책결정과정에 유럽시민들이 자신들의 의견을 내놓는 기관이라면, 유럽시민들은 당연히 유럽에 대한 자신들의 의견을 내놓아야 하며 그것을 기초로 유럽의회 선거에 임해야 할 것이다. 그러나 유럽의회 선거가 부차적인 선거라면 유럽시민들은 유럽문제를 가지고 투표하는 것이 아니라, 그들이 보다 중요하다고 생각하는 국내문제를 가지고 투표할 것이다. 이렇게 되면 유럽의회가 유럽시민들의 직접적인 대표기관으로서 그 의미가 많이 훼손됨을 의미하는 것이다.

　이러한 부차적인 선거의 성격은 3가지로 요약된다. 첫째, 낮은

---

11) Galen Irwin, "Second-order or third-rate? Issues in the Campaign for the Elections for the European Parliament 1994", *Electoral Studies*, Vol.41, No.2(1995).

12) *Ibid.*, p.184.

투표율, 둘째, 작은 정당이나 신생정당이 주목을 받으며, 셋째, 정부 여당의 패배가 그것이다.[13] 이번 2004 유럽의회 선거의 특징을 살펴볼 때 이미 위에서 보았듯이 국내선거에 비해서 훨씬 낮은 투표율을 보여 주었다. 또한 주요 두 정당, 즉 유럽국민당과 유럽사회당의 60%를 약간 넘는 비율을 가진다. 1994년 62.6%였고 1999년 64.5%였으며 2004년에는 63.9%이다. 1/3 정도의 의석을 작은 정당들이 차지하고 있다. 세 번째는 정부 여당의 패배인데 이번 선거결과를 보도하면서 많은 신문들은 정부 여당의 패배라고 쓰고 있다. 프랑스와 독일, 영국, 이탈리아 등 대부분 국가들에서 집권당이 패배하고 야당이 약진하고 있다. 정부 여당의 이념적 성향에 관계없이 대부분의 국가들에서 정부 여당이 선거에서 패배한 것이다. 각국 정부에 당면하고 있는 경제불황과 실업의 문제에 대한 유권자들의 불만이 유럽의회 선거에서 표출되었다는 분석이다.[14] 프랑스의 집권 여당인 우파 UMP의 패배는 의료보장제도 개혁과 재정적자 축소 등 정부의 개혁정책에 대해서 국민들이 불만을 나타낸 것으로 해석되고 있으며, 독일에서는 복지 삭감 등의 개혁과 회복되지 않는 경기에 대한 유권자들의 불만이 유럽의회 선거에서 여당을 패배시킨 것이라고 해석되고 있다. 이라크 전쟁도 중요한 변수였는데 이라크전에 찬성했거나 이라크에 파병한 영국의 노동당과 포르투갈의 집권우파, 이탈리아의 집권당 등이 모두 선거에서 패배하였다. 영국의 노동당은 영국에 할당된 78명의 유럽의원 가운데 19명만을 당선시켰으며 프랑스의 집권 여당인 UMP는 전체 78석

---

13) *Ibid.*

14) *Le Monde*, Jui 13, 2004.

가운데 역시 17석밖에 가지지 못했다. 영국과 프랑스의 유럽의회 선거는 지방의회 선거와 비슷한 시기에 실시되었는데 프랑스에서는 22개의 선거구 가운데 20개를 집권 여당이 잃었고 영국에서도 노동당이 대패했다. 이렇게 유럽의회 선거를 유럽시민들은 자국 정부의 정책에 대해 불만족하고 있다는 것을 보여 주는 계기로 삼음으로써 유럽의회 선거를 전형적인 부차적 선거로 전락시켰다.

유로바로메터에 의하면 유권자들이 답하는 투표동기는 72%가 유럽에 대한 관심이었다.[15] 그러나 정치적 입장을 묻는 질문에서는 국내의 문제가 유럽의 문제보다 약간 더 중요하다고 응답함으로써 유럽시민들은 유럽문제를 국내문제보다 덜 중요하게 인식하고 투표에 임한다는 것을 알 수 있다. 이렇게 본다면 유럽시민들의 투표동기가 유럽에 대한 관심이라고 한 것은 규범적 견해를 표출했다고 할 수 있을 것이다. 다음으로 유럽시민들이 유럽의회 선거에서 가장 중요한 이슈라고 응답한 것은 실업문제였다. 실업문제는 국내의 정부가 당면한 가장 중요한 문제이면서 유권자들이 가장 민감하게 반응하는 문제인데, 이것이 유럽선거에서 유럽의 확대나 유럽헌법 혹은 유럽의 제도 개선보다 훨씬 더 중요하게 인식되고 있다는 것은 유럽의회 선거의 이슈가 상당히 국내 정치적 이슈라는 점을 보여 준다.

이렇게 볼 때 2004년의 유럽의회 선거는 기존의 유럽의회 선거와 별로 달라지지 않았다. 기존에도 부차적인 선거였고 2004년의 선거도 역시 투표율이나 군소정당의 약진 그리고 정부 여당의 패

---

15) Flash EB 161: European Elections 2004 Barometer.

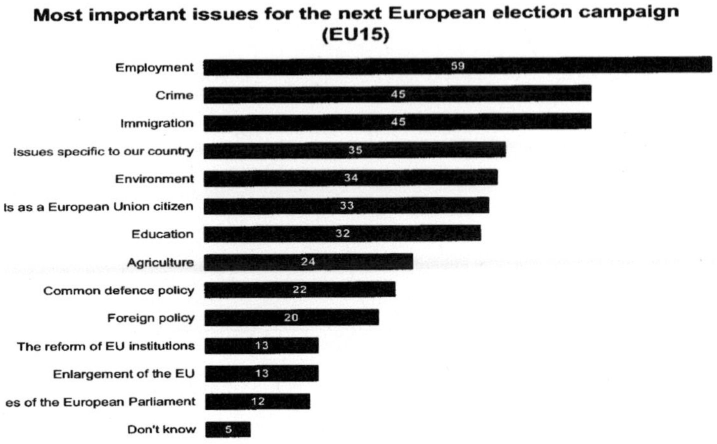

출처: Standard Eurobarometer 61, B. 73.

<그림 6> 유럽의회에서 다루어야 할 주요 이슈

배라는 점에서 보았을 때 크게 달라지지 않았다. 2004년의 선거는 유럽연합의 25개국으로 확대된 직후에, 그리고 유럽의회의 권한이 상당히 강화된 시점에서 이루어진 선거라는 점에서 선거 전에 많은 관심을 모았지만 유럽시민들은 이러한 변화에 별다른 관심을 보이지 않았다. 이것은 유럽인들이 유럽의회가 가지고 있는 유럽연합 내에서의 위상을 정확히 이해하고 있다는 증거이기도 하다.

Ⅳ. 결론

유럽의회의 민주성을 분석하기 위해서 책임 있는 정당 정부 모델을 중심으로 유럽의회 내에서 정당이 중요한 역할을 하고 있는지, 유럽의회가 유럽시민을 대표하는지 혹은 유럽시민이 유럽의회를 자신들의 대표라고 생각하는지, 그리고 유럽의회 선거가 유럽시민들의 대표를 선출하도록 되어 있는데 실제로 유럽시민들이 그렇게 생각하고 있는지를 살펴보았다. 유럽의회 내에서 정당들의 응집도는 상당히 높았으며 의원들이 투표 시 자신들의 국가보다는 정당에 더욱 일치감을 느끼고 있는 것으로 나타나서 유럽의회 내에서 정당들은 국내 의회에서의 정당과 비슷한 역할을 수행하고 있음을 알 수 있었다. 물론 정당별로 응집도에 있어서는 차이가 있었지만 전체적으로 유럽의회 의원들은 정당에 대한 소속감이 강하다고 보인다. 그러나 유럽의회 구성상 정당 간에 정책적 차별성을 찾기가 어려운 상황이었다. 유럽의회가 부차적인 선거의 성격을 가지다 보니 유럽시민들은 유럽의회 선거 시 거대정당보다는 소수정당을 지지하는 성향이 높아서 의회 내에서 하나의 거대정당이 과반수에 육박하는 의석을 가지지 못하기 때문에 2개의 거대정당이 서로 협력하지 않으면 유럽의회는 효율성 있는 정책을 추진할 수 없는 상황이기 때문에 정당들은 자신들의 차별적인 정책대안으로 유럽의회를 이끌기보다는 협력을 위해서 중도적인 정책을 택하는 경향이 있다. 이것은 유럽의회 내에서의 정당만의 문제가 아니라 유럽시민들이 유럽의회 선거를 어떻게 바라보느냐와 밀접한 관련이 있기 때문에 앞으로 해결해야 할 과제이다. 이와 더불어 유럽시민들이 유럽의회를 자신들의 대표 혹은 자신들의 이해를 유럽의 정책결정과정에서 반영하는 것으로 생각하지 않고 있다고 나타났다. 이것은 유럽의회의 민주성에 치명적인 문제를 제기하고 있다. 더 나아가 유럽의회 선거는 여전히 부차적인 선거로서의 성격을 가져 낮은 투표율과 소수당에 대한 높은 지지율, 정부 여당의 패배 등의 특징을 보여 주고 있다. 유럽문제를 가지고 투표하는 것이 아니라 유럽시민들은 국내문제를 가지고 투표한다고 해석할 수 있다. 이런 상황이다 보니 매우 역설적으로 이번 선거에서는 유럽에 반대하는 정당이 약진했는데 대표적인 정당은 영국의 독립당(UK Indepedence Party)이다. 1999년에 처음으로 유럽의회에 진출한 영국 독립당은 이번에는 영국에 할당된 78석 중 11석을 얻을 정도로 그 지지가 높아졌다. 전체적으로 유럽통합에 반대하는 정당들의 연합인 IND/DEM 그룹은 37석을 확보하여서 그 중요성이 높아졌다. 일반적으로 유럽 시민들은 72% 정도가 통합에 긍정적인 반응을 보이고 있지만 이들 중 대다수는 유럽의회 선거에 대해서 기권하고 있는 반면 부정적인 28%의 유권자들은 적극적으로 투표에 참여하여서 유럽통합에 반대하는 정당들의 지지가 선거를 치를 때마다 높아지고 있다. 이렇게 관심도와 투표율 사이의 갭은 통합에 회의적인 정당들의 지지를 상승시키고 있고 유럽의 민주성을 하락시키고 있어서 유럽의회 선거는 앞으로 유럽연합의 미래에 가장 중요한 문제 가운데 하나가 될 것이다.

참고문헌

최진우. "유럽의회의 발전과 유럽통합: 유럽연합의 민주성과 정통성". 『국제정치논총』. 제39집. 제2호(1999년).

Attinà, Fulvio. "The Voting Behavior of the European Parliament Members and the Problem of the Europatrie". *European Journal of Political Research*. Vol.18(1990).

Cautrès, Bruno & Dominique, Reynié. *L'opinion européenne*. Paris: Presses de Sciences Po, 2002.

Faas, Thorsten. "To defect or not to defect? National, institutional and party group pressures on MEPs and their consequences for party group cohesion in the European Parliament". *European Journal of Political research*. Vol.42(2003).

Flash EB. 161: European Elections 2004 Barometer.

Flash EB. Post European Elections 2004 Survey.

Føllesdal, Andreas. "Democracy, legitimacy and majority rule in the European Union". Weale, Albert & Nentwich, Michael.(eds.). *Political Theory and the European Union. Legitimacy, constitutional choice and citizenship*. Routledge/ECPR Studies in European Political Studies, 1998.

Gustavsson, Sverker. "Defending the Democratic deficit". *Political Theory and the European Union. Legitimacy, constitutional choice and citizenship* (1998).

Guyomarch, Alain. "The June 1999 European Parliament Elections". *West European Politics*. Vol.23. No.1(January 2000).

Hosli, O. Maeleine. "Voting Strength in the European Parliament: The influence of national and of partisan actors". *European Journal of Political research*. Vol.31(1997).

Irwin, Galen. "Second-order or Third-rate? Issues in the Campaign for the Elections for the European Parliament 1994". *Electoral Studies*. Vol.41. No.2(1995).

Le Monde. Jui 13. 2004 www.lemonde.fr(2005년 12월 20일 검색)

Marsh, Michel & Pippa, Norris. "Political Representation in the European Parliament". *European Journal of Political Research*. Vol.32(1997).

Miller, W. & D. Stokes. "Constituency influence in Congress". *American Political Science Reviews*. Vol.57(1963).

Phillips, A. *Democracy and difference*. University of Pennsylvania Press, 1993.

Pinder, John. "The European Elections of 1994 and the Future of the European Union". *Government and Opposition*. Vol.29. No.4(1994).

Richardson, J. "Organized interests as intermediaries". Hayward, J.(ed.). *Elitism, populism and European Politics*. Oxford: Clarendon Press, 1996.

Shephard, Mark. "The European Parliament: Laying the Foundations for Awareness and Support". *Parliamentary Affairs*(1993).

www.europa.int.eu(2005년 12월 20일 검색)

제8장 유럽연합의 대외정책과 다층적 거버넌스에 관한 연구

방청록

한동대학교 국제어문학부 조교수

Ⅰ. 서론

유럽통합의 진전과 더불어 유럽연합(European Union: 이하 EU)은 국제정치경제질서에 막대한 영향을 미치는 핵심적 주체로 발전하여왔다. 특히 2004년 중동부 유럽으로의 확대를 성공적으로 완수한 EU는 변화된 제도적 환경에 적합한 정치체제를 갖출 수 있도록 EU 구조 및 정책과정 개선을 위한 노력을 지속하였다. 이는 EU가 여전히 유럽통합의 심화와 확대의 도전에 직면하고 있음을 의미하는 것이다.

유럽통합이 심화되면서 EU 정치체계의 구조와 정책과정을 분석하고자 하는 연구 역시 활발히 진행되어왔다. EU의 거버넌스(governance)[1] 혹은 정체(polity)에 대한 관심이 증가하여 온 이유는

---

1) 일반적인 의미에서 거버넌스(governance)는 정부(government)와는 구별되는 개념으로 국가 혹은 조

EU가 아직 국가 수준의 정치적 통합체는 아니지만 기존 회원국이
보유하여온 정책적 권한의 상당 부분이 유럽차원으로 이전되었으
며 동시에 일반 국제기구의 권한 범위를 훨씬 넘어서서 정책을 수
립·집행하고 있다는 점에서 단순한 국제협력체 이상의 기능을 담
당하는 독특한 정치체제를 형성하여왔기 때문이다. 따라서 현재에
도 역동적으로 변화·발전하고 있는 EU의 정체 및 거버넌스 체계
에 대한 이해수준을 높이는 것은 EU의 대내외적 도전에 대응하기
위한 제도개혁의 과제를 밝히고 향후 유럽통합의 심화와 발전의
가능성을 가늠케 하는 중요한 기초가 될 수 있다고 본다.

이런 배경에서 본 논문은 EU의 대외정책분야를 다층적 거버넌
스(multi-level governance)의 이론적 관점에서 연구·분석해보고자
한다. 1990년대 초반 이래 EU의 정치체제와 정책결정과정을 연구
하는 과정에서 다층적 거버넌스의 개념이 널리 사용되어왔다. 다층
적 거버넌스 이론은 EU 공동정책의 초국가적 성격이 심화되면서
회원국 및 국가하위행위자들의 정책적 선호가 EU 차원의 정책과
정으로 점차 수렴되는 현상과 동시적으로 EU 정책에 이해관계를
가지는 회원국 정부는 물론, 지역단위의 정치행위자, 이익집단 등
다양한 정치적 행위자들이 정책과정에 참여하는 등 권력의 분화가
심화되는 현상에 주목하고 있다. 이는 EU가 초국가 단위, 국가단
위, 지역단위 등 다수준에서 기능하는 다양한 정치행위자들이 정책

직의 다양한 규칙과 규범체계 및 그 운영양식을 통칭하는 개념으로 사용되고 있다. 거버넌스는 국가 중
심의 전통적 통치체계를 대체하며 등장한 새로운 형태의 국정운영방식에 관한 개념으로 다양한 행위주체들
이 자율성과 독자성에 기초하여 수평적 네트워크 혹은 파트너십을 형성하며 공공의사결정에 참여하는 형태
의 통치방식에 주목하고 있다. 거버넌스 개념의 다양한 측면에 대해서는 Laura Cram, "Governance 'to
Go': Domestic Actors, Institutions and the Boundaries of the Possible," *Journal of Common
Market Studies*, Vol. 39, No. 4 (November 2001), pp.595~618 참조.

과정에 참여하는 매우 독특한 형태의 다층적 거버넌스 체계가 구성되어 작동하고 있다는 것을 의미한다. 특히 다층적 거버넌스 체계 하에서의 정책과정이 위계적인 하향식 의사결정 체계와는 구별되는 수평적 관계에 근거한 다원적 의사결정 체계를 형성하고 있음은 매우 중요한 특징이다. 이후 다시 논의되겠지만 이러한 현상은 기존의 대표적 통합이론인 초국가주의 혹은 전통적 정부 개념에 기초한 정부간주의의 이론의 틀로는 충분히 설명되지 못하는 측면이 있다. 따라서 EU의 공동정책과정의 실제 사례를 분석하며 다층적 거버넌스의 작동양식과 그 의의를 규명하는 것은 EU의 정체 및 거버넌스 체계에 대한 이해를 높이는 데 크게 기여할 수 있으리라 본다.

또한 본고에서 EU의 대외정책분야를 주된 연구의 대상으로 삼은 이유는 EU의 공공정책과정에 나타난 다층적 거버넌스 체계에 관한 기존의 연구에서 상대적으로 연구가 미진하였던 분야가 바로 대외정책분야이기 때문이다. 특히 공동외교안보정책이 정부 간 협상 및 관계에 기초하여 수립·시행되어왔기에 EU 정책과정의 다층적 특성에 주목하는 이론적 관점에서는 설득력 있는 분석과 설명을 제시하기가 쉽지 않다는 인식이 존재하여왔다. 그러나 EU의 대외정책분야는 대내적 정책과정의 일반적 특성을 동일하게 반영하고 있을 뿐만 아니라 대외적 관계에도 큰 영향을 미치는 대외적 거버넌스의 매우 중요한 측면도 함께 포괄하고 있다는 면에서 매우 중요한 연구 주제가 된다.

그러므로 본고는 EU 대외정책분야에서의 다층적 거버넌스의 작동양식과 특성, 그리고 그 의미에 관해 고찰하고자 한다. 이를 위해 우선 다층적 거버넌스 이론의 관점에서 EU의 정체 및 정책과정을 분석한 선행연구를 살펴볼 것이다. 이에 기초하여 본고는 특히 EU 대외정책 중에서도 대표적인 세 정책분야를 사례연구의 대상으로 분석함으로써 EU 거버넌스 체계의 형태와 특성을 평가할 것이다. 여기서 주된 연구 대상이 되는 대외정책분야는, 첫째 정부간주의적 특성이 두드러지는 공동외교안보정책, 둘째 초국가적 특성이 주도적으로 나타나는 공동통상정책, 셋째, EU 확대에 앞서 중동부 유럽 지역 가입후보국에 대해 적용된 EU 확대정책이다. 이들 세 분야는 공통적으로 EU의 대외정책을 구성하는 주요 정책분야이면서도 내용적으로나 제도 절차상 큰 차이를 보이는 정책분야이기도 하다. 따라서 본고는 이상의 사례연구를 근거로 EU의 대외정책분야에서도 초국적, 국가적, 지역적 및 사회적 수준의 다양한 행위자들이 정책과정에서 참여하며 상호작용하는 경향이 점차 심화되고 있는 측면을 지적하고, 대외정책분야에 다층적 거버넌스 체계가 관철되어 온 과정, 작동양식 및 특징, 그리고 이론적 함의에 관해 논의·평가하고자 한다.

Ⅱ. 다층적 거버넌스 이론과 유럽연합의 거버넌스

1. 전통적 유럽통합이론의 논의와 한계

유럽통합의 진전과 더불어 유럽통합의 동인과 구체적인 통합과

정, 그리고 EU의 구조와 특성 등에 관한 연구가 활발히 진행되어
왔다. 이 중에서도 특히 EU에 관한 이론은 전통적으로 EU 발전 과정
에서 초국가적 행위자의 역할 및 연관된 정책분야 간 기능적 통합의
확산에 따른 통합과정에 주목하였던 신기능주의론(neofunctionalism)
과 자국의 이익을 추구하는 회원국 정부 간 상호작용을 중심으로 유
럽통합과정을 분석한 정부간주의론(intergonvernmentalism)의 두 축을
중심으로 발전하여왔다.2) 유럽통합에 관심을 가지던 많은 학자들은
크게 이 양 이론의 논의에 기초하여 EU의 정체와 그 특성을 분석, 평
가하고자 노력하여왔던 것이다.

우선 신기능주의론은 유럽통합이 한 정책분야를 중심으로 시작
되면 이와 기능적으로 밀접하게 연관된 다른 분야에서의 협력이
연쇄적으로 확산되는 기능적 파급효과(spill-over effect)가 발생하게
되며, 이 과정에서 점차로 국가에 대한 충성이 유럽차원의 새로운
권력중심인 초국가적 기구로 점차 옮겨가는 정치적 파급효과가 함
께 발생하게 될 것으로 보고 있다.3) 결국 한 분야에서의 공동정책
을 중심으로 파급효과가 발생하면 기능적으로 연관된 여타 분야에
서의 회원국 간 협력이 더욱 강화되면서 유럽통합의 수준이 한층
더 높아질 것이며, 이 과정에서 초국가적 기관의 정책권한이 점차
확대, 강화되는 결과가 유발된다는 것이다.4) 이러한 신기능주의적

---

2) 유럽통합 및 EU 연구에 관한 다양한 이론적 논의의 개관을 위해서는 방청록, "유럽연합(European
Union) 연구의 현황과 과제: 정치경제학적 분석을 중심으로,"『국제지역연구』, 한국외국어대학교 외국
학종합연구센터, 제6권, 제4호(2002), pp.25~54 참조.

3) 신기능주의이론의 초기 논의는 Ernest Haas, *Beyond the Nation State: Functionalism and
International Organization* (Stanford: Stanford University Press, 1964)로 대표되어진다.

4) 일례로 샌드홀츠(Sandholtz)와 자이스먼(Zysman)은 신기능주의적 관점에서 유럽단일시장 계획이 수립
되는 과정을 분석하고 있다. 이들의 연구에 따르면 유럽통합의 수준을 한 단계 높이는 중요한 계기가 되
었던 유럽단일시장 계획은 회원국 정부보다는 초국적 기관인 집행위원회와 범유럽 비즈니스 엘리트들에

접근법은 유럽통합의 근본적 동인과 구체적인 통합과정을 설명하는 데 있어 그 이론적 유용성이 널리 인정받아왔다. 그럼에도 불구하고 신기능주의론은 유럽통합의 진전에 따라 회원국 국민의 충성심이 점차 유럽의 정치적 구심체로 이전될 것이라는 지나치게 낙관적 전망을 하고 있다는 점과 EU의 주요 정책결정과정에서 회원국 정부가 담당하는 중요한 역할을 적절히 평가하지 못하고 있다는 비판을 받아왔다.

반면 정부간주의론은 유럽통합을 회원국 정부가 자국의 이익을 추구하며 상호작용한 결과 진행되어온 일련의 과정으로 이해하고 있다.5) 이 관점에 따르면 유럽통합의 과정에서 집행위원회와 같은 초국적 기관 혹은 이익집단 등 국가 이외의 다양한 정치행위자가 담당하는 역할은 사실상 부차적인 중요성을 지닐 뿐이다. 반면 EU의 근간이 되는 조약의 체결, 단일시장의 출범, 단일화폐의 사용 등과 같이 유럽통합에 결정적인 영향을 미치는 사안은 회원국 간 협상의 결과 의사결정이 이루어졌다는 점을 강조하고 있다. 같은 맥락에서 EU의 발전과 정책과정을 '자유주의적 정부 간 협상론(liberal intergovernmentalism)'의 관점으로 연구하였던 모랍칙(Moravcsik)은 EU의 주요 의사결정은 자국의 정책적 선호를 추구하는 회원국 정부 간 협상에 근거하여 이루어져왔다고 주장하고 있다.6) EU의 정책

의해 주도되었던 것으로 이해된다. Wayne Sandholtz and John Zysman, "1992: Recasting the European Bargaining," *World Politics* (October 1989), pp.95~128.

5) 유럽통합의 과정을 정부간주의론의 관점에서 연구한 초기 논의는 Stanley Hoffmann, "Obstinate or Obsolete?: The Fate of the Nation State and the Case of Western Europe," *Daedalus*, Vol. 95 (1966), pp.892~908로 대표된다.

6) Andrew Moravcsik, "Negotiating the Single European Act: National Interests and Conventional Statecraft in the European Community," *International Organization*, Vol. 45, No. 1 (1991), pp.19~56; Andrew Moravcsik, "Preferences and Power in the European Community: A

결정과정은 각 회원국 정부의 정책적 선호도의 강도(intensity), 회원국의 상대적 협상능력, 그리고 주요 쟁점 간 연계 가능 여부 등의 변수에 의해 지속적으로 제한받고 있다는 것이다. 이처럼 유럽통합 과정에서 회원국 정부의 역할에 주목하였던 정부주의론은 EU의 발전 및 주요 정책의 결정과정을 설명하는데 있어 유용한 시각을 제공하는 것으로 평가되어왔다. 그러나 이 관점 역시 EU 정책과정에서 집행위원회와 유럽의회 등의 초국가적 기관과 다양한 이익집단 등 사회적 행위자들이 담당하여온 역할을 평가하는 데는 이론적 한계를 보인다는 점에서 비판받아왔다. 즉, EU의 정책결정과정에서 회원국 정부가 여전히 중요한 행위자로 역할하는 것은 사실이지만, 일상적 정치 및 정책과정에서까지 정책결정권을 독점할 제도적 권한을 가지고 있지는 않다는 점을 적절히 설명하지 못한다는 것이다.[7]

결국 초국가 중심 혹은 국가 중심으로 분리된 기존의 이론으로 EU 거버넌스 체계를 충분히 이해하기에는 한계가 존재한다. 기존의 통합이론으로는 EU 정치체계에 관해 단지 부분적 이해만이 가능하므로 다양한 수준에서의 정치행위자들이 정책 수립과 집행 과정에 영향력을 행사하면서 긴밀히 상호작용 하는 독특한 형태의 EU 거버넌스 체계와 그 작동원리를 적절히 분석·평가하기에는 어려움이 있기 때문이다. 이러한 측면과 감안하여 다음에 논의되는 다층적 거버넌스 이론은 기존 통합이론의 분석적 한계를 보완하는 중요한 기여를 한 것으로 평가된다.

Liberal Intergovernmentalist Approach," *Journal of Common Market Studies*, Vol. 31 (1993), pp.473 ~ 524 참조.

7) Andrew Jordan, "The European Union: An Evolving System of Multi-level Governance or Government?" *Policy and Politics*, Vol. 29, No. 2 (2001), p.200.

2. 유럽연합 거버넌스에 관한 다층적 거버넌스 이론의 이해

1990년대 이후 다층적 거버넌스 이론은 EU의 정치체제와 정책과정을 연구하는 데 있어 유용한 시각을 제공하고 있다는 점에서 널리 주목받아왔다. 막스(Marks)에 따르면 EU는 초국적 정책기관, 회원국 정부, 지방정부, 이익집단 등 여러 단위의 정치행위자들이 함께 정치과정에 참여하는 독특한 형태의 정체로서의 다층적 거버넌스 체계를 형성하여 왔다.[8] 즉, 유럽통합의 심화에 따라 EU의 정치과정에는 집행위원회, 유럽의회 등의 초국적 기관뿐 아니라 EU 정책에 이해관계를 가지는 회원국 정부 등의 공적 부문의 행위자와 사회부문의 다양한 행위자 등의 정치행위자들이 참여하는 정책 결정의 체계가 형성되어 왔다는 것이다.[9] 결국 다층적 거버넌스 이론은 EU의 정책과정을 초국가 기관, 회원국 정부 그리고 지역단위를 대표하는 다양한 주체가 상호보완적이면서도 중복되는 정치적 권위를 가지며 참여하는 과정으로 이해하여야 한다는 점을 강조하고 있다. 따라서 다층적 거버넌스의 이론적 관점에 근거할 때 EU의 정치체제와 정치행위자 그리고 정치과정에 대한 보다 체계적이고도 포괄적인 이해가 가능할 수 있다는 것이다.[10]

---

8) Gary Marks, "Structural Policy in the European Community," Alberta M. Sbragia (ed), *Euro-Politics: Institutions and Policy-Making in the "New" European Community* (Washington DC.: Brookings Institution, 1992), pp.191~224 참조.

9) Gary Marks, et al., "Competencies, Cracks and Conflicts: Regional Mobilization in the European Union," *Governance in the European Union* (London: Sage, 1996), pp.40~63.

10) EU의 다층적 거버넌스와 관련한 기존의 이론적 논의는 송병준에 의해 잘 설명되고 있다. 송병준은 다층적 거버넌스에 대한 연구는 유럽연합을 이해하는 중심적 시각으로 자리매김 하였으며, 이는 나아가 다양한 이론적 접근과 융합되며 연구 주제를 더욱 폭넓게 확장해가고 있다는 점에 주목하고 있다. 송병준, 『유럽연합의 선택: 통합에서 다층적 통치로의 전환』 (서울: 청목출판사, 2004).

이와 같은 EU의 다층적 거버넌스 체계에 관한 초기 연구는 EU 구조정책을 중심으로 진행되었지만, 점차 환경정책, 노동정책 등 다양한 정책분야에서의 거버넌스 체계를 분석하고자 하는 학술적 연구로 확대되어왔다. 올손(Olsson)에 따르면 EU의 다층적 거버넌스 체계가 실제로 형성된 계기는 1988년 집행위원회가 구조정책 분야에서 이른바 '동반자원칙(partnership principle)'을 확립하면서부터이다.[11] 이때 집행위원회는 동반자원칙에 근거하여 구조정책의 수립, 재정확충, 정책감시 및 평가의 전 과정에서 국가, 지역, 지방 또는 여타 수준의 하위행위자(sub-national authorities)들이 긴밀히 협력하고 대화할 것을 권고하였으며,[12] 이 원칙은 이후 EU의 정책 과정 전반에 걸쳐 중요한 원칙으로 확대 적용되어왔다는 것이다. 1990년대 이후 이러한 경향이 심화되면서 점차로 다양한 정책분야에서 다층적 거버넌스의 특징이 발견되었으며, 결국 다층적 거버넌스 이론은 EU 거버넌스 체계 전반에 나타나는 변화를 분석하는 이론적 틀로서 자리매김하여온 것이다.

하지만 다층적 거버넌스 이론이 지역통합에 관한 일반이론 차원에서 제시된 것은 아니라는 점을 분명히 지적할 필요가 있다. 즉, 다층적 거버넌스 이론은 유럽통합에 관한 이론이 아니라는 것이다. 다층적 거버넌스 이론은 기존의 통합이론으로 충분히 설명될 수

---

11) Jan Olsson, "Democracy Paradoxes in Multi-Level Governance: Theorizing on Structural Fund System Research," *Journal of European Public Policy*, Vol 10, No. 2 (2003), pp.285~286.

12) Council of the European Communities, "Council Regulation(EEC) No. 2052/88 of 24 June 1988 on the tasks of the Structural Funds and their effectiveness and on coordination of their activities between themselves and with the operations of the European Investment Bank and the other existing financial instruments," *Official Journal*, L185 (July 15, 1988), 제4조 1항 참조.

없었던 현재의 EU 통치체제 등의 정치구조, 다양한 수준에서의 정치행위자, 그리고 이들 사이의 상호작용에 근거한 정치과정을 분석하는데 유용한 이론으로 제시되고 있다. 이러한 이유로 다층적 거버넌스 이론이 유럽통합과정 및 EU 차원의 초국가적 거버넌스 체계 자체가 형성되었던 원인과 과정에 대해서는 충분히 설명하지 못하는 이론적 한계를 지니지만, 현재의 EU 정책과정에 내재된 특성을 설명하기에 적절한 분석적 틀을 제공하는 강점을 지닌다고 평가되는 것이다.

그러나 여기서 제기될 수 있는 문제는 과연 다층적 거버넌스의 특성이 EU의 전 정책분야에서 동일하게 발견되는 현상인가 하는 점이다. 이에 대해 다층적 거버넌스 이론의 주요 주창자인 막스(Marks)는 EU의 정책 범위가 점차 지역정책과 같이 '자원의 배분'과 관련된 분야에까지 확대되면서 EU 정책에 이해관계를 가지는 다양한 수준의 행위자들이 정책과정에 영향을 미치기 위해 노력하여온 결과 다층적 거버넌스의 특성이 EU 정책과정 전반에 걸쳐 확산되는 경향이 나타나고 있음을 지적한 바 있다.[13] 하지만 주요 정책분야에서의 거버넌스의 구체적인 형태와 특성은 해당 분야에서의 권력관계 등 다양한 변수에 따라 상이하게 나타날 수 있다는 점을 분명히 인정하고 있다. 따라서 주요 정책분야별로 형성된 거버넌스 체계의 구체적 형태 및 특성은 경험적 연구를 통해 검증되어야 하는 과제로 남아 있는 것이다.

특히 그동안 EU의 공동정책분야 중에서도 국가가 주도적 역할

---

13) Gary Marks, *op. cit.*, pp.223~224.

을 담당하여온 대외정책 분야에 대해서는 다층적 거버넌스 이론이 적용되기에 한계가 존재한다는 지적이 있었다.[14] 이는 EU의 외교안보정책분야는 회원국 정부가 정책과정을 주도하여왔기 때문이기도 하며, 다른 한편 다층적 거버넌스 이론의 관점에서 EU의 대외정책과정 및 대외관계를 분석하고자 하는 노력이 부족하였기 때문이기도 하다. 그러나 그간 EU의 대외무역정책 분야는 물론 외교안보정책 분야 역시 중요한 제도적 변화를 경험하여왔던 점을 고려할 때, 대외정책 분야에서의 거버넌스 체계의 형태와 작동원리 그리고 그 특성을 규명하는 연구가 절실히 요구되는 것은 분명하다.

따라서 다음 장에서는 EU의 대외정책에 있어 세부적인 정책분야로 공동통상정책, 공동외교안보정책, 그리고 EU 확대정책 등 세 정책분야를 중심으로 다층적 거버넌스 체계가 작동하는 형태와 그 특징을 연구하고자 한다. 이상의 사례연구를 통해 EU 대외정책의 세부 분야별로 구체적인 형태와 수준에는 차이가 존재하지만 다층적 거버넌스의 원리는 공통적으로 적용되는 측면을 연구, 분석할 것이다. 이와 같은 EU 대외정책과정에 대한 연구는 EU의 다층적 거버넌스 구조 및 이에 대한 이론적 함의를 함께 평가하는 중요한 의미를 지니는 것으로 고려된다.

---

14) 특히 조르단(Jordan)은 EU의 국제적 역할에 대한 다층적 거버넌스 논의가 사실상 부재하였다는 점을 지적하고 이를 다층적 거버넌스 이론의 가장 중요한 한계 중 하나로 평가하고 있다. 다층적 거버넌스 이론의 한계에 대한 비판은 Andrew Jordan, "The European Union: An Evolving System of Multi-level Governance or Government?" *Policy and Politics*, Vol. 29, No. 2 (2001), pp.201～202 참조.

Ⅲ. 유럽연합 대외정책에서의 다층적 거버넌스 형태와 특징

1. 공동외교안보정책과 다층적 거버넌스

1993년 유럽연합조약(일명 마스트리흐트조약)의 발효와 더불어 EU의 공동외교안보정책(Common Foreign and Security Policy)이 수립되었으며, 이후 암스테르담조약 및 니스조약 등을 통해 지속적으로 강화, 발전되어왔다. 이로써 EU는 1970년 이후 추진되어온 유럽정치협력(European Political Cooperation)이 회원국 간 관행적인 협의수준을 벗어나지 못하였던 한계를 극복하며, 정치, 외교, 안보 분야에서 보다 조화롭고도 실질적인 협력을 가능케 하는 제도적 근거를 마련할 수 있었다.[15] 이처럼 EU가 공동외교안보정책을 수립하게 된 배경에는 1990년대 초 국제관계의 급격한 변화에 대해 회원국들이 보다 조화된 입장을 가지고 적절히 대응할 수 있는 제도적 장치를 마련할 필요성이 있다는 인식이 있었기 때문이다.[16] 이에 따라 EU는 마침내 회원국 정부 간 긴밀한 협력에 기초하여 외교안보정책을 수립·적용할 수 있는 법적 권한을 보유하게 된 것이다.

---

15) EU의 공동외교안보정책은 다음과 같은 정책적 목표를 추구하고 있다. 첫째, 유럽연합의 공동의 가치와 이익 그리고 독립성을 보호한다. 둘째, 유럽연합 차원의 안보를 더욱 강화한다. 셋째, 세계의 안보와 평화를 보전, 강화하는데 기여한다. 넷째, 국제협력을 증진한다. 다섯째, 민주주의와 법치주의, 인권, 자유를 보호, 강화하는데 기여한다. 이러한 정책적 목표에 근거하여 EU는 주요 국제문제의 해결에 기여하기 위한 목적에서 회원국 간 대화와 협력을 강화하며 공동의 입장을 수립하고자 노력하여왔다.

16) 공동외교안보정책이 마련되던 당시 각 회원국의 정치적 상황과 이해관계는 Christopher Hill, *The Actors in Europe's Foreign Policy* (London: Routledge, 1996)에 잘 설명되고 있다.

이처럼 EU가 외교안보분야에서 회원국 간 협력에 기초하여 회원국 공동의 이익을 추구할 제도적 근거를 마련한 것은 매우 중요한 의의를 지니는 것은 틀림없지만 이에는 여전히 중요한 한계 요인이 존재하고 있음 역시 사실이다. 이러한 한계요인은 공동외교안보정책이 마련되고 적용되는 정책과정에 잘 반영되어 나타난다. 이후 다시 설명되는 바와 같이 공동외교안보정책을 결정할 수 있는 권한이 기본적으로 회원국에 주어지고 있어 정치외교안보 문제에 대한 회원국 간 이해관계가 상충될 경우 공동의 정책적 입장을 수립하는 것 자체가 한계에 직면할 것이기 때문이다. 이러한 이유로 전통적으로 EU 외교안보 분야에서의 정책수립 및 집행은 회원국 정부를 중심으로 이루어져 왔기에 집행위원회, 유럽의회 등과 같은 초국적 기관들은 매우 제한적인 역할을 담당하는 것으로 고려되어 왔다.[17)]

실제로 공동외교안보정책의 의사결정과정은 EU의 일반적인 정책과정과는 상당한 차이를 보이는 것이 사실이다. 우선 공동외교안보정책의 기본 원칙과 정책방향은 회원국 정상들로 구성된 유럽이사회(European Council)에 의해 제시되며, 이에 근거하여 이사회 의장국과 집행위원회가 구체적인 정책을 제안하고, 최종적으로 외무장관들로 구성된 일반이사회(General Affairs Council)에서 공동조치가 적용되는 범위, 정책실행을 위한 조건과 수단, 그리고 이에 관한

---

17) EU 공동외교안보정책 수립 및 집행과정에서의 회원국 정부간 협력 및 이해관계 상호조정의 중요성에 대해서는 Alfred van Standen, " After Maastricht: Explaining the Movement towards a Common European Defence Policy," Walter Carlsnaes and Steve Smith (eds.), *European Foreign Policy: The EC and Changing Perspectives in Europe* (London: SAGE, 1994), pp.138 ~ 155 참조.

절차 등에 대해 결정을 내리게 된다. 이때 회원국들은 국가 주권에 심각한 영향을 미칠 수 있는 외교안보 분야의 정책 결정은 회원국 상호 간의 전반적인 합의, 즉 만장일치제에 근거하여 이루어지는 경향을 보여 왔다. 결국 EU의 외교안보분야 정책과정의 절차상으로는 회원국 정부가 주도적인 역할을 담당하고 있는 반면 집행위원회의 정책제안 및 집행 권한은 상당히 제한되고 있음을 알 수 있다.

결과적으로 회원국 중심의 정책과정 상의 특성으로 인해 공동외교안보정책 분야에 대해서는 정부 간 협상론의 이론적 논의가 가장 적실성 있는 설명을 제공한다는 인식이 존재하여온 반면, 다층적 거버넌스 이론에 기초한 연구는 활성화되지 않았었다.[18) 그러나 스미스(Smith)는 EU의 공동외교안보정책 분야에서도 다층적 거버넌스 이론이 적용될 수 있다는 점을 강조하고 있다. 외교안보 분야에 대한 정책수단을 채택, 시행할 상당한 권한이 각 회원국 정부에 주어져 있다고 할지라도, 공동외교안보정책의 결정 및 집행과정에서 집행위원회의 정책적 권한이 점차 확대되는 경향을 보여 왔을 뿐 아니라 회원국의 정책적 입장 역시 유럽차원의 공동이익을 고려하여 일부 조정되는 등 공동외교안보정책 분야에서도 다층화된 거버넌스의 요소가 점차 반영되어 나타나는 경향이 있다는 것이다.[19)

스미스(Smith)는 우선 EU의 외교안보분야의 정책이 공동정책화

---

18) EU 외교안보분야 정책과정에 대한 기존 연구는 퍼트넘(Putnam)의 양면게임이론(two-level game theory)에 기초한 모랍칙(Moravcsik)의 '자유주의적 정부 간 협상론'이 설득력 있는 이론으로 널리 수용되는 경향을 보여 왔다. Andrew Moravcsik, "Preferences and Power in the European Community: A Liberal Intergovernmentalist Approach," *Journal of Common Market Studies*, Vol. 31 (1993), pp.473~524 참조.

19) Michael E. Smith, "Toward a Theory of EU Foreign Policy-Making: Multi-Level Governance, Domestic Politics, and National Adaptation to Europe's Common Foreign and Security Policy," *Journal of European Public Policy*, Vol. 11, No. 4 (2004), pp.740~758.

됨으로써 EU의 여타 정책과 조화를 이루는 가운데 정책수립 및 집행이 되어야 하는 제도적 환경이 조성되었다는 측면에 주목한다. 공동외교안보정책의 수립에 따라 회원국들은 유럽차원의 공동의 이익을 염두에 두는 가운데 자국의 정책입장을 정해야 하는 제도적 제약을 경험하게 된다. 또한 의사결정방식으로 가중다수결제도가 적용되는 범위가 점차 확장되는 경향이 나타나고 있으며, 초국적 정치행위자로서의 집행위원회의 정책적 권한과 역할 역시 점차 확대되는 추세에 있는 것이다. 이러한 측면들은 결국 공동외교안보정책의 정치과정에 다층적 거버넌스의 요소가 점차 강화되고 있는 현상을 잘 반영하는 것이다.[20] 이를 보다 자세히 살펴보면 다음과 같은 EU 외교정책과정에도 다층적 거버넌스의 중요한 특성이 나타나고 있음을 알 수 있다.

첫째, 과거 느슨한 형태의 정부 간 협의 수준에 머물렀던 유럽정치협력(European Political Cooperation)이 외교안보 분야에서의 공동정책으로 강화, 발전되었다는 점은 EU의 제도 환경에 질적인 변화가 초래된 것임을 의미한다. 공동외교안보정책 역시 EU의 여타 공동정책과 마찬가지로 다양한 분야의 정책들이 서로 긴밀히 연계된 가운데 각 정책별로 다양한 정치행위자가 함께 영향을 미치며 참여하는 복잡한 정치체계의 일부로 편입된 것이다. 이에 따라 공동외교안보정책 분야에서의 정책결정은 EU의 공동정책 전반과 조화를 이루는 범위 내에서 가능하게 되었다. 즉, 외교안보 분야에 관한 정책을 결정할 때 역외국과의 외교적 관계, 대외무역관계, 역외국

---

20) *Ibid.*, pp.742~745.

에 대한 개발지원정책, EU 확대정책 등 연관된 정책과의 정책적 일관성을 유지하는 범주 내에서 정책결정이 이루어져야 하는 제도 적 환경이 조성된 것이다.

둘째, EU의 공동정책으로서의 공동외교안보정책에 의해 결정된 사안은 회원국에 대해 법적 구속력을 지닐 수 있게 되었으며, 이로 써 EU 차원에서 회원국에 대해 합의된 정책의 이행을 촉구할 제도 적 근거가 마련되었다는 측면 역시 중요한 변화로 인식되어야 한 다. 이 결과 외교안보 분야에서도 EU 차원에서 추구할 '공동의 이 익'에 대한 최소한의 인식이 존재하게 되면서 각 회원국이 EU 공 동이익의 범위를 벗어나거나 여타 회원국의 정책입장에 대해 고려 하지 않고 자국의 이익만을 우선시하는 정책을 독단적으로 추진하 기는 어려운 상황이 전개되어온 것이다. 이에 따라 공동외교안보정 책이 비록 회원국 정부가 중심이 된 정책분야라 할지라도 회원국 들이 초국적 수준에서 수렴되는 공동이익에 관해 지속적으로 고려 하여야 한다는 것은 정책과정에서의 중요한 제도적 제약으로 작용 하게 된다.

셋째, 1997년 암스테르담조약의 체결에 따라 각료이사회가 유럽 이사회에서 합의된 범위 내에서 구체적 정책을 결정하거나 공동입 장(Common Position) 혹은 공동조치(joint action)의 이행문제에 대해 결 정하는 경우에는 가중다수결제도(Qualified Majority voting)에 근거하여 의 사결정을 하도록 허용되었으며, 그 적용범위가 이후 니스조약에 의 해 더욱 확대되었다는 점 역시 공동외교안보분야의 정책과정 전반 에 큰 영향을 미칠 것으로 고려된다. 비록 제한적이라 할지라도 회 원국 간 만장일치제에 근거하지 않고 가중다수결제에 근거하여 의

사결정을 할 수 있는 여지가 확보되었다는 점은 정치외교안보정책 분야에서 초국가적 특성이 더욱 강화될 수 있는 제도적인 기초가 마련된 것으로 고려된다. 더욱이 2004년 EU 회원국이 25개국으로 확대된 점을 고려한다면 만장일치제에 근거한 정책결정은 한층 더 어려워질 것이라 전망된다. 따라서 향후 가중다수결제도를 확대 적용하는 제도적 개선은 불가피할 것이고, 이 경우 공동외교안보정책 분야 정책과정에서의 초국가적 성격은 더욱 강화될 것으로 보인다.

마지막으로, 유럽연합조약은 외교안보정책 분야에서 회원국 정부 이외에도 집행위원회 등 초국적 정치행위자들이 영향력을 행사하며 정책수립과 집행 과정에 관여할 수 있는 경로를 제공하고 있다는 점 역시 주목할 필요가 있다. 이미 지적된 바와 같이 공동외교안보정책 분야에서 집행위원회는 여타 정책분야와 비교하여 상대적으로 제한적인 역할을 담당하고 있다. 하지만 집행위원회는 공동외교안보정책과 관련하여 각료이사회에 질의할 권한을 보유하고 있고, 유럽이사회의 지시에 시초하여 이사회 의장국과 공동으로 정책안을 작성, 제출하는 권한이 있으며, 특히 1997년 암스테르담 조약 체결에 따라 집행위의 대외관계국은 이사회 의장국 및 공동외교안보정책 고위대표(High Representative for CFSP)와 함께 트로이카[21]의 일원으로 외교안보분야에서 유럽연합을 대표하게 되는 등

___

21) 공동외교안보정책 분야에서 유럽연합을 대외적으로 대표하는 그룹을 의미한다. 암스테르담조약이 채택되기 이전까지는 공동외교안보정책 분야에서 유럽연합을 대표하였던 전직, 현직 및 차기 이사회 의장국을 통칭하여 트로이카라 칭하여왔다. 이는 유럽연합이 공동외교안보정책의 일관성을 유지하여 대외적 정책목표를 실현하는데 긍정적으로 기여하려는 목적을 가지고 있었다. 그러나 1999년 암스테르담 조약의 발효와 더불어 공동외교안보정책 분야에서 현직 이사회 의장국이 공동외교안보정책 고위대표 (High Representative for CFSP)를 겸임하는 이사회 사무총장(Council Secretary-General)과 집행위원회 대외관계국의 공동 지원을 받으며 대외적으로 유럽연합을 대표하고 있으며, 현재 이들을 통칭하여 트로이카라 명하고 있다. 이와 더불어 이사회 차기 의장국 역시 현직 의장국과 함께 대외협력 관련 논의 및 협상에 참여하기도 한다.

그 역할의 중요성은 점차적으로 강화되는 추세에 있다.[22] 또한 집행위원회는 공동외교안보정책과 공동통상정책, 인도주의적 지원, 제3국 발전지원정책 등 여타 대외정책 사이에의 정책적 일관성이 유지될 수 있도록 유관정책의 변화를 염두에 두고 필요한 경우 조정하는 역할을 담당하고 있다. 외교안보정책분야에서의 집행위원회의 권한 강화는 외교안보영역에서 기존 국가 중심의 거버넌스 체계가 다층적 거버넌스 체계로 전환되어가는 과정에 있음을 반영하고 있는 것으로 평가될 수 있다.

이상의 특징을 고려하여 볼 때 EU의 공동외교안보정책 분야는 회원국 정부가 주도적인 정치행위자로의 역할을 담당하여 왔으나, 지속적인 제도 변화를 거쳐 초국가 기관인 집행위원회의 역할과 권한이 점차 강화되는 경향을 나타내고 있음을 알 수 있다. 또한 공동외교안보정책의 공동입장과 공동조치의 이행과 관련한 의사결정에 가중다수결제도가 제한적이나마 도입, 확대 적용된다는 것은 정책결정과정에 초국적 특성이 강화되는 현상을 반영한다. 이러한 제도적 변화는 기존의 정부간주의 이론의 관점에서는 분석되기 어려운 측면이 분명히 존재한다. 결국 회원국이 주도적 역할을 담당하는 공동외교안보정책 분야에서도 다층적 거버넌스 개념을 통해 분석, 설명될 수 있는 측면이 확대되어온 것이다.

그러므로 향후 공동외교안보정책 분야에서 가중다수결제도의 확대 적용 등 제도적 개선이 지속될 경우 현재 국가중심의 의사결정

---

22) EU 공동외교안보정책에 대한 집행위원회의 역할에 대해서는 다음을 참조할 것. Commission of the European Communities, "The Common Foreign and Security Policy: Overview," http://www.europa.eu.int/comm/external_relations/cfsp/intro/index.htm#3. (2005년 7월 1일 검색).

체계에서 초국적 성격이 더욱 강화됨으로써 외교안보정책 분야에
서도 다층적 거버넌스의 특성이 더욱 확대, 심화되는 결과를 낳을
것으로 보인다. 특히, 공동외교안보정책 결정 및 집행을 위한 정책
과정에 다층적 거버넌스의 특성이 점차 강화되어 나타나고 있는
측면은 현재 EU의 거버넌스 체계 전반에 걸쳐 다층적 거버넌스 체
계로의 전환이 진행되는 과정에 있음을 반증하는 중요한 의미를
지니고 있는 것이다.

2. 공동통상정책과 다층적 거버넌스

EU의 공동통상정책(Common Commercial Policy)은 1957년 유럽
경제공동체(EEC)의 설립을 위해 체결된 로마조약에 정책적 근거를
두고 있으며, 1968년 관세동맹의 완성으로 역외 교역상 공동관세
가 설정되면서 마침내 유럽차원에서 회원국 공동의 통상정책이 수
립, 적용되어 왔다. 공동통상정책이 출범하면서 과거 회원국별로
상이하게 적용되었던 무역정책이 유럽차원에서 단일화되고 경제적
통합이 심화되어가는 실제적인 변화를 경험하게 된다. 즉, 공동통
상정책은 대외적으로는 회원국의 무역관련 법안 전반에 통일성을
유지하고 대내적으로는 단일시장이 원활히 작동할 수 있는 환경을
마련하는 등 유럽국 간 경제적 통합 수준을 점차로 높여가는 제도
적 기초가 되어온 것이다. 결과적으로 공동통상정책은 급변하는 세
계통상환경으로부터 유럽의 경제적 이익을 보호하면서 대외적으로
유럽국들의 정치경제적 영향력을 강화하는 중요한 정책적 수단이

되어 왔다.

여기서 특히 주목할만한 사실은 EU 공동통상정책의 정책과정에는 다층적 거버넌스의 특성이 두드러지게 나타나고 있다는 점이다. 첫째, EU의 공동통상정책 결정과정에서는 여타 정책분야와 비교하여 집행위원회가 특히 중요한 역할을 담당하고 있다. 일반적으로 EU의 공동정책은 집행위원회에 의해 제안되고, 유럽의회에서 토의되며, 각료이사회에서 최종 결정하는 의사결정 절차를 따라 수립된다. 하지만 공동통상정책 분야에서는 회원국 정상들로 구성된 유럽이사회가 통상정책 및 협상의 전략과 방향을 제시하면, 집행위원회는 위임된 권한의 범위 내에서 통상협상을 수행하고 정책적 제안을 하게 되며, 이후 회원국 각료들로 구성된 각료이사회는 집행위원회에 의해 제출된 정책안과 협상결과를 근거로 최종 정책결정을 하게 된다.23) 이 과정에서 유럽의회는 정책에 대해 질의를 제출하는 등 극히 제한적인 범위 내에서 영향력을 행사하고 있는 반면, 집행위원회는 상대적으로 강화된 실무적 권한을 행사하고 있다는 점은 크게 대비되는 측면이다.

집행위원회가 EU를 대표하여 통상협상을 수행하고 구체적인 정책제안을 하는 등 주도적 역할을 담당할 수 있었던 것은 바로 공동통상정책이 수립되면서 무역정책에 관한 정책적 권한이 회원국 정부로부터 초국적 차원인 EU로 이전되었기 때문이다. 이로 인해 대

---

23) EU 공동통상정책 결정절차 및 주요 기관의 정책권한과 역할에 대한 이해를 위해서는 방청록·이종원, "한국기업의 대 EU 통상로비방안에 관한 연구," 『유럽연구』, 제13권 (2001년 여름), pp.207~214; Sarah Collinson, "Issue-Systems, 'Multi-Level Games' and the Analysis of the EU's External Commercial and Associated Policies: A Research Agenda," *Journal of European Public Policy*, Vol. 6, No. 2 (1999), pp.206~224를 참조할 것.

외통상 분야에서는 초국적 기관인 집행위원회가 실제적인 정책권한과 권위를 지닐 수 있었던 것이다. 이러한 경향은 집행위원회가 서비스분야 및 지적재산권 분야에서 강화된 협상권한을 부여받으면서 더욱 심화되어 왔다. 사실 1990년대 말 이전의 시기까지는 서비스 및 지적재산권 관련 교역에 대해 집행위원회와 회원국이 공동으로 정책적 권한을 공유하여 왔다. 따라서 집행위원회가 대외적으로 EU를 대표하되, 실제 통상협상을 준비, 수행하는 과정에서 집행위원회와 회원국 정부들이 함께 긴밀히 협력하며 공동으로 참여하도록 규정되었던 것이다. 그러나 WTO 출범 이후 상품교역뿐 아니라 서비스 및 지적재산권 관련 교역에 관한 협상이 이른바 일괄타결(Package Deal)의 방식으로 종결되는 경향이 두드러지게 되면서, 집행위원회가 독자적으로 협상권한을 지니는 상품교역분야에서와 회원국과 협상권한을 공유하고 있었던 서비스 및 지적재산권 관련 교역분야에서의 협상전략이 동시적으로 고려되어야 하는 상황에서 EU가 능동적이고도 신속하게 대응하지 못하는 어려움이 존재하였다.[24]

이러한 현실적 어려움을 고려하여 1997년 체결된 암스테르담조약은 주요 통상협상을 앞두고 서비스 및 지적재산권 분야에서 협상주체와 그 권한의 범위에 대해 혼선이 발생할 경우 각료이사회가 이 문제에 대해 만장일치제에 근거하여 해결방안을 결정할 것을 규정하였다. 그러나 이후 각료이사회가 협상주체 문제의 결정을

---

24) EU 대외통상관계에서의 대표성 문제에 대한 보다 자세한 논의를 위해서는 Sophie Meunier and Kalypso Nicolaidis, "Who Speaks for Europe?: The Delegation of Trade Authority in the EU, *Journal of Common Market Studies*, Vol. 37, No. 3 (1999), pp.477~501을 참조할 것.

위한 투표를 한 차례도 행한 사례가 없는 등 기존 문제의 해결에 별다른 진전이 없었을 뿐 아니라 여전히 회원국의 정책적 권한과 집행위원회의 대외적 대표권 사이의 혼란은 지속되었다.[25] 이런 배경에서 2001년 체결된 니스조약은 한 걸음 더 나아가 문화, 교육, 보건서비스 분야 등의 예외적 경우를 제외하고는 서비스 및 지적재산권 관련 교역에 관한 정책을 가중다수결방식으로 의사결정할 수 있도록 규정함으로써 사실상 집행위원회의 정책적 권한을 더욱 강화시키는 방향으로의 변화가 나타나게 된다.[26] 결과적으로 유럽통합 초기로부터 집행위원회가 대외통상분야에서 행사하던 정책권한의 범위가 상품교역을 넘어서 서비스 및 지재권 관련 교역으로까지 확대된 것이다. 이러한 변화는 공동통상정책의 정책과정에서 초국가적 성격이 한층 더 심화되어왔음을 반영하고 있는 것으로 평가된다.

둘째, 공동통상정책의 정책과정에서 집행위원회의 권한이 강화된 결과로 인해 회원국 정부의 역할이 상실된 것은 아니며, 오히려 회원국 정부는 자국의 정책적 이해관계를 추구할 수 있는 다양한 경로를 이미 충분히 확보하고 있다. 우선 통상정책의 전반적인 골격과 통상협상의 주요 전략은 유럽이사회 내에서 국가원수 혹은 정부수반 간의 협의에 의해 결정되고 있으며, 그 범주 내에서 집행

---

25) 스미스(Smith)는 이 시기 EU 통상협상 과정에서의 대표성 문제가 발생하였던 것은 집행위원회와 회원국 정부 사이의 정책적 권한이 분명히 구분되지 않았던 측면이 있었을 뿐 아니라 이미 WTO 등의 국제경제기구에 EU와 회원국이 동시적으로 회원국으로 참여하기에 불가피하게 발생할 수밖에 없었던 문제였다고 지적한다. 이로 인해 EU 대표성은 집행위와 회원국 사이의 혼합된 형태를 띠는 결과를 낳았다고 보고 있다. Michael Smith, "The European Union's Commercial Policy: Between Coherence and Fragmentation," *Journal of European Public Policy*, Vol. 8, No. 5 (2001), p.790.

26) Michele Knodt, "International Embeddedness of European Multi-level Governance," *Journal of European Public Policy*, Vol. 11, No. 4 (2004), pp.701~719.

위원회는 무역정책안을 제안하고, 각료이사회는 세부적 논의를 거쳐 최종결정한다. 즉, 통상정책의 결정과정에서 회원국 간 이해관계의 마찰이 발생할 경우 각료이사회 등의 정부 간 회의를 통해 논의, 조율할 수 있는 절차가 이미 마련되어 있는 것이다.

또한 EU의 통상정책과정에서 중추적인 역할을 담당하는 대표적인 정부간 기구로 각료이사회 산하에 설치된 특별위원회인 133조 위원회(Article 133 Committee)가 있다.[27] 133조 위원회는 각 회원국 및 집행위원회의 실무대표 1인씩으로 구성되며, 여기서 회원국 대표들은 통상정책과 관련한 실무적 차원의 정책협의를 진행하며 상호 간 이해관계를 조정하여왔다. 특히 집행위원회는 통상정책을 수립하고 통상협상을 진행하기에 앞서 반드시 133조 위원회와 협의를 거쳐야 하며 이 과정에서 협상의 전반적 전략과 세부적 지침을 제공받게 된다. 이처럼 133조 위원회는 EU의 통상정책과정에서 회원국간 입장의 차이를 조율하는 동시에, 회원국에 의해 주어진 정책적 권고에 준하여 통상정책이 수립, 운용될 수 있도록 정책과정 전반을 관리, 지원하는 역할을 담당하는 것이다. 이 외에도 각료이사회 하부조직으로 EU에 파견된 회원국 대사와 자문위원으로 구성된 상주대표위원회(Committee of Permanent Representatives: COREPER) 역시 각료이사회의 지시에 따라 통상 관련 실무업무를 수행하면서 회원국 간 이견을 조율하는 역할을 담당하고 있다. 각료이사회가 최종의사결정을 하기에 앞서 상주대표위원회에서 사전

---

27) 133조 위원회는 과거 로마조약 113조에 근거하여 113조 위원회로 구성되었었다. 그러나 1997년 암스테르담조약의 체결에 따라 기존 유럽연합조약 113조가 133조로 변경되면서 113조 위원회 역시 133조 위원회로 바꾸어 호칭되고 있다.

검토와 협의를 거치게 되고, 여기서 합의된 사안은 각료이사회에서 그대로 수용되어 EU의 정책으로 최종 결정될 수 있는 것이다.

이처럼 EU의 회원국들은 유럽이사회, 각료이사회, 133조 위원회, 상주대표위원회 등 여러 경로를 통해 공동통상정책의 의사결정 및 집행과정에서 자국의 이해관계를 추구하며 영향력을 행사할 제도적 권한을 갖추고 있다. 결국 공동통상정책은 EU의 공동정책 중에서도 EU 차원에 정책적 권한이 주어진 가장 대표적인 정책분야라 인식되어왔지만, 실제 정책과정에서는 초국적 기관인 집행위원회와 함께 회원국 정부 역시 EU의 대외통상관계 및 정책수립에 영향력을 행사하는 중요한 정책행위자가 되어온 것이다.

셋째, 공동통상정책의 정책결정과 집행과정에는 회원국 정부와 집행위원회 외에도 다양한 행위자들이 정책과정에 영향을 미치기 위해 적극 참여하여왔다. 현재의 유럽연합조약 제131조와 133조에 따르면 공동통상정책은 EU 차원에서 단일화된 무역정책을 수립, 적용함으로써 세계무역의 조화로운 발전을 실현하는 것은 물론 회원국의 경쟁력을 향상시키는 데 그 정책적인 목적을 두고 있다. 이런 이유로 인해 실제 통상정책이 수립, 적용되는 과정에서 회원국은 물론 유럽의 산업부문이 자신의 이익을 보호하기 위해 적극 참여하는 경향을 보이고 있다. 실제로 EU의 반덤핑정책이나 무역장벽규정(Trade Barriers Regulation: TBR)[28]의 사례를 살펴보더라도

---

28) 1994년 유럽연합(EU)은 역외국과의 교역관계에 존재하는 불공정 교역행위를 시정하기 위한 목적에서 무역장벽규정(Trade Barriers Regulation: TBR)을 제정하여 주요 통상정책수단으로 사용하여왔다. 이를 통해 EU는 유럽의 기업 혹은 산업이 역외국 시장에의 진출을 의도하는 과정에서 경험하는 다양한 형태의 무역장벽을 효과적으로 제거하며 역외국에 대한 시장접근을 강화할 수 있는 제도적 수단을 마련한 것이다. EU 무역장벽규정에 대한 보다 자세한 논의를 위해서는 방청록, "EU의 무역장벽규정이 한국의 통상환경변화에 미친 영향 연구," 『유럽연구』, 제12권 (2000년 여름), pp.67~88 참조.

회원국 정부, 유럽의 산업대표, 기업 등이 특정 역외국과의 교역으로 인해 유럽의 산업부문이 피해를 경험하였거나 심각한 피해가 우려된다는 근거를 제시하면서 정해진 법적 절차가 개시되는 등 주요 산업부문에 연관된 다양한 정책행위자들이 자신의 이해관계를 보호하기 위해 적극적인 노력을 기울여왔다.

따라서 EU의 통상정책과정에는 유럽 및 회원국을 대표하는 경제·산업단체와 기업 등의 역할이 두드러지게 나타나고 있다. 이는 지난 1994년부터 2004년의 기간 동안 무역장벽규정(TBR)이 단 한 차례도 회원국 정부에 의해 제기된 적이 없으며, 총 23회에 걸친 제소 중 13회는 유럽단위의 산업단체, 7회는 국가단위의 산업단체, 그리고 3회는 개별 유럽기업에 의해 제소되었던 사례를 통해서도 잘 알 수 있다.[29] 또한 EU의 통상정책과정에 중차대한 이해관계를 지니고 있는 산업단체 등의 사회경제적 주체들은 특히 집행위원회와 긴밀하게 상호작용하기 위하여 '정책네트워크'를 형성함으로써 안정적으로 정책과정에 참여할 수 있는 경로를 확보하고자 노력하여왔다.[30] 이처럼 통상정책 분야에서 공적 및 사적 행위자 사이에 점차로 제도화된 관계가 형성됨으로써, 상대적으로 큰 영향력을 행사할 능력을 갖춘 유럽 산업 단체 혹은 기업 등의 사적행위자들이 통상정책의 의제 및 내용이 결정되는 과정에서 자신의 이해관계를 반영할 수 있는 가능성이 대폭 강화될 수 있었다. 결국 EU 차원으로의 통상정책 권한 이전이 심화될수록 통상정책과정에서 유럽의

---

29) Michele Knodt, *op. cit.*, pp.710~711.

30) EU 공동통상정책 분야에 형성된 정책네트워크의 유형과 영향에 대해서는 Chung Rok Pang, "Policy Networks and Multiple Lobbying Strategies in EU Trade Policy-Making: A Korean Perspective," *Asia-Europe Journal*, Vol. 2, No. 3 (2004), pp.429~444 참조.

산업계 및 기업, 그리고 정책 실무를 담당하는 집행위원회의 영향력이 더욱 강화되는 경향이 나타나는 것이다. 이러한 변화는 결국 공동통상정책의 정책과정에서 유럽차원으로의 정책적 수렴현상이 심화되는 현상을 반영하고 있는 것임과 동시에, 초국가, 국가, 국가 하위단위의 다양한 정책행위자들이 공식적, 비공식적인 관계를 통하여 상호작용 하는 정치적 분화 현상 역시 심화되고 있는 현실을 잘 반영하고 있는 것이다.

이상에서 살펴본 바와 같이 공동통상정책의 정책과정에는 다양한 측면에서 다층적 거버넌스의 특성이 발견되고 있음을 알 수 있다. 특히 초국적 기관인 집행위원회, 회원국 정부, 그리고 산업 및 사회경제 부문을 대표하는 이익집단 등이 주요 정책행위자로서 통상정책분야의 정책과정에 참여하여왔으며, 그 과정에 나타나는 복합적 정치현상은 기존의 신기능주의 등 초국가주의와 국가 중심의 정부간주의 이론으로 충분히 설명되지 못하는 측면이 있다. 결국 EU의 공동통상정책의 정책과정을 다층적 거버넌스의 관점에서 분석할 때 정책과정의 체계, 주요 정치행위자, 그리고 이들 사이의 상호작용으로서의 정치과정에 대해 보다 설득력 있는 규명이 가능할 수 있을 것으로 본다.

3. 중동부 유럽지역 확대정책과 다층적 거버넌스

EU는 2004년 5월 1일을 기하여 중동부 유럽국가 8개국 및 지중해 지역 2개국의 10개국을 신규회원국으로 받아들임으로써 25개 회원국으로 확대, 발전하였다. 이처럼 EU가 중동부 유럽지역 확대를 준비하며 협상을 진행하여온 과정은 EU의 대내외적 거버넌스 체계의 특징과 그 작동방식을 보여주는 매우 중요한 사례가 된다. 사실 EU의 대내적 거버넌스와 대외적 거버넌스에는 중요한 차이가 있다. 대내적 거버넌스가 EU 내적으로 규칙 및 정책의 창출과 집행과 관련한 문제에 관한 것이라면, 대외적 거버넌스는 비회원국에 대한 EU의 규칙 및 정책의 이전(transfer) 등 외적 영향에 관한 문제인 것이다.[31] 그러나 EU 확대와 관련한 대외적 거버넌스는 대내적 거버넌스와 완전히 분리되어 있는 것은 아니다. EU 확대의 과정은 신규가입국의 거버넌스 체계를 EU 거버넌스 체계 내적으로 편입시키는 과정임을 의미하므로 기존의 EU 거버넌스의 특성을 외연적으로 확장해가는 의미를 지닌다. 이런 관점에서 볼 때 공동외교안보정책과 공동통상정책의 정책과정을 분석하는 것이 대내적 거버넌스에 주로 관련된 문제라면, EU 확대정책의 정책과정을 연구하는 것은 대내적 및 대외적 거버넌스의 문제가 함께 연관되어 있는 것이다. 따라서 EU 확대를 위한 협상과정에서의 EU 내적 정책과정을 분석하고 대외적으로 EU의 거버넌스 체계가 협상대상국으로 이전, 관철되는 과정을 연구하는 것은 EU 대외정책의 거버넌스 문제를 보다 종합적으로 이해하는 데 도움이 될 수 있을 것으로 본다.

---

31) Frank Schimmelfenig and Ulrich Sedelmeier, "Governance by Conditionality: EU Rule Transfer to the Candidate Countries of Central and Eastern Europe," *Journal of European Public Policy*, Vol. 11, No. 4 (2004), pp.661~679.

  이러한 점을 전제로 하여 EU 확대에 관한 정책과정을 분석하여
보면 다음과 같은 EU 거버넌스의 중요한 특징을 발견할 수 있다.
  첫째, EU 확대과정에서의 회원국 정부의 역할이 두드러지게 나
타나지만 집행위원회 역시 매우 중요한 역할을 담당하고 있음을
간과해서는 안 된다는 점이다. 우선 신규회원국 가입절차를 살펴보
면 EU 확대과정은 기본적으로 회원국과 가입후보국 정부를 중심
으로 진행되는 과정이라는 점을 알 수 있다.[32] EU 가입절차는 신
규가입 희망국가의 신청에 따라 시작되며, 이때 각료이사회는 집행
위원회와의 협의 및 유럽의회의 동의를 거쳐 전원합의에 기초하여
가입협상을 개시하게 된다. 구체적인 가입협상은 EU 회원국의 각
료급 정부대표들과 가입후보국의 정부대표 사이의 양자 간 정부협
의에 기초하여 진행된다. 이 과정에서 EU는 가입신청국에 대해 공
동체 법규(acquis communautaire) 등 EU 기존 제도 및 법적 의무를
준수할 능력 및 여타 가입조건 충족 여부를 평가하고, 가입후보국
별로 신규가입에 따른 구체적 조건을 정하는 등 협상대상국별로
협의를 진행하면서 정책적 조언을 한다. 이후 가입협상의 결과는
가입조약(Accession Treaty)에 명시되며, 이 가입조약이 이사회의 승
인과 유럽의회의 동의를 거쳐 EU 회원국 및 가입후보국에서의 비
준절차가 완료될 때 가입후보국은 마침내 EU의 신규회원국이 될
수 있다. 절차적인 측면에서 EU 확대 정책과정은 회원국과 가입후
보국의 정부 간 협상을 중심으로 진행되어온 것이다.
  그러나 제도적 절차상의 권한만을 근거로 EU 확대과정은 회원

---

32) Commission of the European Communities, "EU Enlargement: A Historic Opportunity,"
    http://www.europa.eu.int/comm/enlargement/intro/criteria.htm. (2005년 7월 1일 검색).

국 중심의 절차에 따라 진행된다고 결론짓는 것은 EU의 대외적 거버넌스를 지나치게 단순화하여 평가하는 오류를 범할 수 있다. 오히려 가입협상이 진행되는 과정에서 초국가 기관인 집행위원회의 역할은 두드러지게 나타난다. 실제로 집행위원회는 협상과정에서 가입후보국에 대하여 구체적인 정책 및 이행조건을 정하고 가입후보국의 이행과정을 관리, 평가하는 핵심적 역할을 담당하고 있기 때문이다. 이러한 집행위원회의 역할과 그 의의는 이후 계속되는 논의를 통해 보다 분명히 평가될 수 있을 것이다.

둘째, 가입협상과정에서 EU는 가입후보국의 거버넌스 체계를 전환시키기 위한 목적에서 조건부 전략(conditionality strategy)을 효과적으로 활용하여왔다. 1993년 덴마크 코펜하겐에서 개최된 유럽이사회는 중동유럽국가들과의 가입협상 개시를 앞두고 신청국들이 EU 가입을 위해 충족하여야 할 조건으로 일련의 기준을 제시한 바 있다.[33] 이른바 코펜하겐 가입기준(Copenhagen Criteria)이라고도 불리는 이 기준에 따르면 EU 가입을 희망하는 국가는 다음의 조건을 충족하고 있음을 입증하여야 한다. 첫째, 정치적 기준으로 민주주의와 법치주의 그리고 인권 및 소수민족 보호를 보장할 수 있을 정도의 제도적 안정을 유지하여야 한다, 둘째, 경제적 기준으로 안정적으로 기능하는 시장경제체제를 확립하고 유럽시장 내에서의 경쟁을 감당할 수 있는 경제적 역량을 갖추어야 한다. 셋째, EU 제반 제도 및 법적 의무 준수 기준으로 정치·경제 및 통화동맹의 목표를 포함한 공동체 법규 및 의무(Acquis Communautaire) 등 회원국으로

---

33) EU 가입기준은 European Council, "Conclusion of the Presidency," Copenhagen, 21-22 (June 1993), SN180/1/93 REV1, 7A항 참조.

서의 제반 의무를 준수할 능력을 갖추어야 한다. EU는 이러한 기준에 근거하여 가입후보국과의 가입협상을 진행하게 되며, 그 과정에서 관련 요구사항에 대한 구체적 진전 상황을 평가하며 가입 허용 여부, 가입조건, 가입시기 등을 결정하게 된다.

결국 가입후보국들이 EU 회원국으로 가입하기 위해서는 국내 정치적으로 자유민주주의체제와 안정적인 시장경제질서를 확립하고 있어야 할 뿐 아니라, EU의 제반 제도 및 법적 의무를 준수할 제도적, 행정적 역량을 갖추고 있음을 입증하여야 한다. 여기서 한 가지 주목할 사실은 EU의 제반 공동체 법규 및 의무(acquis communautaire)의 내용은 결코 협상의 대상이 되지 않는 것으로 가입후보국이 무조건 수용하여야만 하는 의무조항이라는 점이다.[34] 이 과정에서 만일 가입후보국들이 EU에 의해 제시된 조건을 무리 없이 충족시킨다면 신규회원국으로 가입이 허용되겠지만, 그렇지 못할 경우 가입후보국들은 이후 EU 회원국으로서의 국제적 위상, EU로부터의 막대한 재정적 지원, 안정적인 체제전환 등 가입에 따른 효과를 향유하지 못하는 상황에 놓이게 될 것이다. 결국 EU는 협상과정에서 회원국 가입에 따라 기대되는 보상에 기초한 조건부 전략을 활용함으로써 가입후보국의 법률 및 제도 개선과정을 효과적으로 관리 혹은 강제할 수 있는 능력을 갖추어왔음을 알 수 있다.[35] 이는 결국 EU가 중동구 유럽 가입후보

---

34) EU 가입후보국의 가입조건 수용문제에 관한 논의에 대해서는 Frank Schimmelfennig and Ulrich Sedelmeier, "Governance by Conditionality: EU Rule Transfer to the Candidate Countries of Central and Eastern Europe," *Journal of European Public Policy*, Vol. 11, No. 2 (2004), pp.661~679; James Hughes, Gwendolyn Sasse and Claire Gordon, "Conditionality and Compliance in the EU's Eastward Enlargement: Regional Policy and the Reform of Sub-national Government," *Journal of Common Market Studies*, Vol. 42, No. 3 (2004), pp.523~551을 참조할 것.

35) EU의 조건부(conditionality) 전략과 관련하여 쉬멜페니히(Schimmelfennig)와 울리치(Ulrich)는 EU가

국에 대한 조건부 전략을 통하여 협상대상국의 거버넌스 체계가 EU의 거버넌스 체계와 상호 조화를 이룰 수 있도록 제도적 개선을 유도하여왔음을 의미하는 것이다.

셋째, EU는 신규가입을 위한 협상과정에서 가입후보국의 지방차원의 행정기관을 강화할 것을 요구하는 등 가입후보국의 정치체제에 다층적 거버넌스의 요소가 반영될 수 있도록 정책적인 영향력을 행사하였다. 실제로 EU는 가입후보국이 최대한 빠른 시일 내에 EU 가입기준을 충족시키며 가입협상을 완료할 수 있도록 가입준비과정을 지원하기 위한 협의와 정책적 제안을 제공하여왔다. 이 과정에서 수립된 대표적 정책이 가입동반자(Accession Partnership) 정책이다. EU는 가입동반자 정책에 기초하여 각 가입후보국에 대한 재정지원의 조건 및 규모, 그리고 EU의 제반 제도 및 법적 의무를 충족시키기 위해 요구되는 정책적 우선순위 등의 다양한 관련사항을 파악한 후 가입후보국에 대해 재정적 및 제도적 지원을 제공하여왔다. 이의 구체적인 실행과정에서 EU는 중동부 유럽지역 가입후보국에 대한 재정적 및 제도적 지원을 제공하기 위한 정책으로 PHARE 프로그램을 운영하였으며, 이 외에도 환경 및 수송분야 인프라 개선을 위한 정책적 조치(ISPA)와 농업분야 개선을 위한 재정지원방안(SAPARD) 등 다양한 형태의 지원정책을 시행하여왔다.

이 중에서도 지난 1989년에 시작되어 2004년 중동구국가의 신규

중동부 유럽지역 가입후보국에 대하여 대외 보상유인모델(external incentives model)의 정책적 입장을 취하는 것이라 설명하고 있다. 이는 EU 가입 이후 재정적 지원 등 막대한 보상이 주어질 것이라는 기대감에 근거하여 후보국의 법률 및 제도를 EU의 요구에 따라 개정하도록 유인함으로써 가입후보국 정치경제적 구조 개혁을 적극 추진할 수 있었다는 것이다. Frank Schimmelfennig and Ulrich Sedelmeier, "Governance by Conditionality: EU Rule Transfer to the Candidate Countries of Central and Eastern Europe," *Journal of European Public Policy*, Vol. 11, No. 2 (2004), pp.661~679.

가입 완료에 따라 종결된 PHARE 프로그램은 가입후보국에 대한 재정적 지원을 조건으로 제도적 개선 및 공공기관 현대화를 유도하는 가장 핵심적인 정책으로 활용되어왔다. 사실 PHARE 프로그램은 1989년 중동부 유럽지역 국가의 정치경제적 체제전환을 지원하기 위한 계획으로 수립, 운영되었지만, 1997년 이래 신규가입 희망국의 가입준비과정을 지원하는 프로그램으로 정책의 목적과 성격이 변화, 운영되게 된다. 이에 따라 EU는 지난 2000년 수립된 예산에 따라 2000년부터 2006년까지의 기간 동안 약 15억 6천 유로의 자금을 PHARE 프로그램에 배정하는 등 사실상 신규 가입이 예상되는 국가에 대해 EU의 구조기금(Structural Funds)을 사전적으로 운영하며 정책적 적응력을 높이고자 하는 정책목표를 추구하여왔다.[36]

여기서 PHARE 프로그램은 실제 운용과정에서 여타 정책과 구분되는 두 가지의 독특한 특징을 지니고 있었다.[37] 우선, EU는 PHARE 프로그램의 중요한 정책적 목적인 제도적 개선과 공공기관의 현대화를 지원하기 위해 이른바 '쌍둥이(twinning)' 정책을 세부정책으로 추진하였으며, 이는 EU의 거버넌스 모델을 가입후보국에 적용시키는 제도적 수단이 되었다. '쌍둥이' 정책은 EU의 충분한 행정경험을 갖춘 관료를 최장 2년간 가입후보국 공공기관의 관련 부서에 배치함으로써 빠른 시일 내에 EU 관련 업무를 배우고 익히도록 지원하는 정책이다. 이를 통해 가입후보국이 필요한 행정

---

36) PHARE 프로그램은 Commission of the European Communities, "Phare," http://www.europa.eu.int/comm/enlargement/pas/phare/index.htm (2005년 7월 1일 검색) 참조.

37) EU 가입협상과정에서의 PHARE 프로그램의 역할과 그 의의에 대해서는 David Bailey and Lisa Propris, "A Bridge Too Phare?: EU Pre-Accession Aid and Capacity-Building in the Candidate Countries," *Journal of Common Market Studies*, Vol. 42, No. 1 (2004), pp.77~98 참조.

적 지식과 경험을 전수받을 수 있도록 함으로써 공공기관의 현대화를 촉진하는 효과를 유발하고자 의도하였던 것이다. 또한, EU는 가입후보국 지역발전을 위한 재정적 지원금을 관리, 집행하는 주체로 수혜지역 내 해당 기관을 설치할 것을 강력히 권고한 바 있다.[38] 이처럼 EU가 가입후보국의 제도개선 및 기구개편을 정책적으로 권고하면서 지방기구의 창설 및 운영여부를 제도적 역량 강화 노력의 평가 근거로 삼았던 것은 신규가입국의 정치체계를 다층적으로 분권화(decentralization)시키고자 하는 정책적 의도가 반영되어 있는 것으로 평가된다. 이에 따라 유럽국가로부터의 재정적 지원이 절실하였던 가입후보국들은 EU 지원의 주요 조건이었던 지방 행정 역량의 강화에 관한 정책적 권고를 수용하고자 많은 노력을 기울였으며,[39] 그 과정에서 이미 언급된 '쌍둥이' 정책 역시 가입후보국 지방정부의 역량 강화와 제도적 개선의 결과가 EU의 거버넌스 모델에 근접하도록 유도하는 실제적인 역할을 담당하였다. 이는 결국 PHARE 프로그램이 과거 사회주의 체제의 국가 중심적 거버넌스에 기초하였던 중동구 가입후보국이 점진적으로 다층적 거버넌스 체계로의 전환을 이루어갈 수 있도록 제도적 개선을 유도하는 중요한 정책적 수단이 되었음을 의미하는 것이다.

---

38) Heather Grabbe, "How Does Europeanization Affect CEE Governance?: Conditionality, Diffusion and Diversity," *Journal of European Public Policy*, Vol. 8, No. 6 (2001), p. 1019.

39) 그러나 가입협상이 마무리되던 시점에 이르기까지 대부분의 가입후보국들에 효율적인 지방기관을 설치하는데 큰 진전을 보지는 못하였다. 이에 따라 EU는 신규가입국들이 EU에 의해 수어진 새정적 지원금을 보다 효율적이고도 체계적으로 관리, 집행하는 것이 무엇보다 중요하다고 인식하기에 이르렀고, 결국 중앙정부의 관련 부처 및 기관에 의해 지원금이 관리, 집행되는 것을 더 선호하는 정책적 전환이 나타나기에 이른다. 이에 관한 구체적인 논의를 위해서는 James Hughes, Gwendolyn Sasse and Claire Gordon, "Conditionality and Compliance in the EU's Eastward Enlargement: Regional Policy and the Reform of Sub—national Government," *Journal of Common Market Studies*, Vol 42, No. 3 (2004), pp.536~539 참조.

넷째, 이상에 언급된 여러 요인들로 인하여 EU 확대를 위한 협상과정에서 EU와 가입후보국 사이에 협상력의 불균형이 존재하였다는 사실이다. 이러한 현상이 발생하였던 근본적인 원인 중 하나는 EU의 주요 조건으로 제시되는 사항들이 지나치게 일반론적이거나 모호하여 가입후보국으로 하여금 조건의 이행에 대해 분명한 기준을 제시해주지 못하였다는 것이다. 가입협상이 진행되는 과정에서 가입후보국이 EU 가입조건을 충족하였는지의 여부는 관련 법규 및 제도의 개선상황과 필요한 기구 개편 현황을 검토함으로써 평가되게 된다. 그러나 현실적으로 가입후보국이 국내법 및 제도적으로 이행하도록 주어진 8만여 쪽에 달하는 제반 공동체 법규 및 의무사항 자체가 과도한 부담이 되었을 뿐 아니라, 제시된 사항을 각 가입후보국 국내적으로 실행하고자 하는 경우 구체적으로 어떻게 적용하여야 하는지 불분명한 경우가 많아 실행과정에서 많은 어려움이 존재하였다. 하지만 이행의 조건이 명확하게 명시되지 않은 경우 가입후보국은 집행위원회에 의한 해석 혹은 정책적 권고에 의존하여 필요한 조치를 취하는 경향을 보여 왔다. 이 과정에서 집행위원회에 의해 제시된 관련 조치들은 부가적으로 주어지는 사실상의 '비공식 조건(informal criteria)'으로 작용하였으며,[40] 따라서 집행위원회의 정책적 자율성 혹은 권한이 상대적으로 강화되는 결과가 발생하였다. 이러한 이유로 EU 확대에 대비한 가입협상 과정에서 EU와 중동부 유럽지역 가입후보국 사이에는 협상력의 불균형이 존재하였으며, 그 결과 EU로부터의 하향식 및 수직적 의사

---

40) *Ibid.*, pp. 524~526.

결정의 특성이 두드러지게 나타나게 되었다. 이는 EU 내적으로 다층적 거버넌스가 심화되면서 수평적이고도 다원적 의사결정의 특징이 강화되는 최근의 경향과 상당히 대비되는 측면임이 분명하다.[41] 결국 EU와 가입후보국 사이에 존재하는 협상력의 불균형은 결과적으로 대외정책 차원에서 역외국과의 관계에 있어서도 이른바 '민주성의 결핍' 문제가 존재하고 있음을 반증하는 것이라 평가될 수 있을 것이다.

이처럼 EU 확대에 관련한 정책과정에는 다층적 거버넌스의 특성이 잘 반영되어 나타나고 있음을 알 수 있다. 대외정책 거버넌스는 일견 회원국 중심의 정책결정구조를 유지하고 있는 것으로 보이지만, 실제 정책과정에서는 초국적 기관인 집행위원회 역시 핵심적인 역할을 담당하여왔다. 특히 협상과정에서 가입후보국에 대한 집행위원회의 의견과 정책적 권고가 매우 중요하게 작용하였던 사실은 집행위원회의 정책적 권한과 영향력이 한층 강화되었음을 반증하는 것이다. 또한 EU가 조건부 전략에 근거하여 가입후보국의 제도적 개선과 경제적 지원을 조건으로 PHARE 프로그램 등의 정책을 활용함으로써 가입후보국의 국내적 제도 개선을 촉진할 수 있었을 뿐 아니라 지방정부의 역할을 강화하는 등 신규가입국에 EU의 거버넌스 체계를 이전, 확립시키기 위한 노력이 있었던 것 역시 사실이다. 이처럼 중동부 유럽지역 확대를 위한 정책과정은 EU의 대내외적 정책과정에 다층적 거버넌스 요소가 이미 중요하게 작용, 관철되고 있음을 보여주는 중요한 사례가 된다.

---

41) Antoaneta Dimitrova, "Enlargement, Institution-Building and the EU's Administrative Capacity Requirement," *West European Politics*, Vol. 25, No. 4 (2002), pp.173~177.

Ⅳ. 결론

유럽의 통합은 이미 완성되어 있는 정태적 실체가 아니라 현재에도 역동적으로 변화, 발전하는 과정에 있다. 즉, 유럽통합은 각 시기의 정치, 경제적 역학관계에 따라 그 통합의 수준 및 형태를 달리하며 진행되어가고 있는 것이다. 이러한 EU의 정치경제적 통합은 한편으로 유럽의 정체(polity)를 형성하는 중요한 의미를 내포하고 있다. 따라서 현재에도 지속적으로 변화, 발전되고 있는 EU의 거버넌스 체계에 대해 연구하는 것은 유럽통합의 방향성, EU 정치체계의 구조 및 특징을 종합적으로 이해하는 데 크게 기여할 수 있을 것으로 고려된다.

이런 관점에서 EU의 대외정책과정에 대한 연구는 EU의 거버넌스 체계의 특성과 작동양식에 관한 이해를 높이는 데 있어 요구되는 중요한 정보를 제공하고 있다. 그동안 공동통상정책 분야를 제외한 EU의 대외정책분야는 회원국 정부 중심의 거버넌스 체계가 형성되어 있다는 인식이 주류를 이루어 왔다. 그러나 공동외교안보정책, 공동통상정책, 확대정책 등 세 정책분야에 관한 사례연구의 결과는 EU 대외정책과정에 공통적으로 초국적, 국가, 국가하위단위 등 다층적 수준에서 다양한 정치행위자들이 참여하며 상호작용하는 다층적 거버넌스 체계의 특성이 심화되고 있음을 반증하고 있다. 즉, EU 대외정책의 발전에 따라 EU 내부의 정치행위자들의 정책적 선호가 유럽차원으로 수렴되는 현상이 나타나고, 동시에 점차 다양한 수준에서의 다수 정치행위자들이 적극적으로 정책결정 및 집행 과정에 참여하는 권력의 분화 현상이 심화되는 다층적 거버넌스의 특성이 발견된다는 것이다.

특히 그간 정책과정에서 국가 주권의 이유로 정부 중심적 상호작용이 중요하게 고려되어 온 공동외교안보정책 분야에서도 정책의 발전에 따라 EU의 공동이익에 대한 인식이 증대하고 가중다수결제와 같은 초국적 성격을 지닌 제도가 도입되는 등 점차 유럽차원의 정책결정이 보다 중요한 의미를 지니게 되었다. 반면 EU 공동정책 중 가장 초국적 성격이 두드러진다고 인식되어온 공동통상정책과정에서는 초국적 기관인 집행위원회와 더불어 회원국 및 다양한 사회적 행위자의 정책 권한이 중요하게 작용하는 등 정책과정에서 초국적 특성과 회원국 정부 중심적 특성이 함께 공존하고 있음을 알 수 있다. 또한 EU 확대정책 역시 회원국 중심의 의사결정구조에 기초하고 있지만, 실제 가입협상이 진행되는 과정에서는 집행위원회의 정책적 판단 및 실무적 정책권고가 매우 중요하게 작용하였을 뿐 아니라 가입기준에 근거하여 협상대상국의 지방정부 강화 및 국내법·제도의 개선을 도모하는 등 대내적 거버넌스가 대외적 거버넌스 영역으로 확장되어 적용되는 현상이 나타나고 있다.

결국 EU의 대외정책분야에서는 EU 제도 및 기구의 개편과 발전에 따라 유럽차원으로의 정책적 수렴현상이 확대되었고, 정책과정에서 초국적 기관인 집행위원회, 회원국 정부, 국가하위행위자인 지방정부 및 이익집단 등 다양한 행위자들의 참여와 개입이 점차로 확대되었으며, 그 결과 EU 대외정책과정의 다수준화 및 권력의 분화 경향이 나타났다. 이는 결국 EU의 대외정책의 정책과정 전반에 다층화된 거버넌스의 특성이 보다 강화되어 나타나는 추세에 있음을 의미하는 것이다. 이러한 현상은 기존의 초국가주의적 혹은 회원국 정부간주의적 이론으로는 충분히 설명하지 못하는 요소를 포함하고 있다. 따라서 EU의 대외정책과정을 다층적 거버넌스의 관점에서 분석할 때보다 체계적이고도 설득력 있는 설명이 가능할 수 있음을 알 수 있다.

그러나 다층적 거버넌스 이론이 EU의 거버넌스 체계에 대한 인식을 넓히는데 유용한 시각을 제공하고 있는 것은 사실이지만, EU의 정체 및 정치과정에 대한 설명을 제공함에 있어 일부 한계를 지니는 측면도 있다. 특히 다층적 거버넌스 이론은 EU 차원에서 초국가적 거버넌스의 체제가 형성될 수 있었던 근본적인 이유와 그 과정에 대한 이론적 설명을 제시하지는 못하고 있다. 또한 다층적 거버넌스의 체계하에서 다양한 정치행위자들 상호 간에 긴밀한 관계를 형성하며 상호작용 하는 일상적 관계에 대해서도 충분한 설명을 제시하지는 못한다. 이러한 측면들은 EU의 정책기구와 회원국 그리고 이익집단 등 다양한 행위자들이 상호작용한 결과 제도와 규칙을 개선하며 EU의 제도화된 수준을 높여왔던 측면에 주목하는 '신제도주의'이론[42]과 EU의 정책과정에서 공식적 혹은 비공식적으로 제도화되어 있는 정치행위자 사이의 일상적 관계를 분석하는 '정책네트워크'이론[43] 등의 이론적 관점이 함께 고려될 경우

---

42) 신제도주의 이론의 시각에서 EU 정체를 분석한 논의의 개관을 위해서는 Alec Stone Sweet, Neil Fligstein and Wayne Sandholtz, "The Institutionalization of European Space," Alec Stone Sweet, Neil Fligstein, and Wayne Sandholtz (eds.), *The Institutionalization of Europe* (Oxford: Oxford University Press, 2001), pp.3~12 참조.

43) 정책네트워크 이론에 관해서는 다음의 논문에 잘 소개되어있다. Grant Jordan, "Sub-Governments, Policy Communities and Networks: Refilling the Old Bottles?" *Journal of Theoretical Politics*, Vol.

상당수준 보완될 수 있을 것으로 본다.

그리고 EU의 거버넌스 체계가 다층화되고 또한 다양한 정치행위자가 정책과정에 참여한다고 해서 정책과정의 민주성 결핍 문제가 해소되었다는 것을 의미하지는 않는다.[44] 비록 정책과정에 참여하는 정치행위자의 범위가 확대되어온 것은 사실이지만, 집행위원회와 이익집단 등 주요 정치행위자 간 관계는 많은 경우 배타적이고도 폐쇄적인 관계에 기초하는 경향이 있다. 이로 인해 EU의 정책과정은 제한적이고도 편향된 이해관계를 반영하는 경향이 특징이 나타나기도 한다. 다른 한편 EU 확대를 위한 협상과정에 나타난 바와 같이 EU와 가입후보국 간의 관계는 상당히 위계적 성격을 지니는 경향이 발견된다. 이에 따라 집행위원회의 의견과 정책권고가 가입후보국 정부에 대해 일방적으로 전달되어 국내적 제도와 법체계를 개선하여온 측면은 EU가 불균형한 상호관계에 기초하여 협상상대국의 거버넌스 체계의 변화를 강제하였던 대외적 거버넌스 방식의 한계로 지적되어왔다. 이처럼 EU의 대내외적 거버넌스 체계에 존재하는 민주적 정당성의 결핍 문제는 향후 EU 거버넌스 체계 발전위해 반드시 개선되어야 할 중요한 과제로 남아 있다.

그러므로 EU의 대외정책과정의 다층적 거버넌스에 관한 본 연구의 결과에 기초하여 보다 다각적인 관점에서의 후속 연구가 지

2, No. 3 (1990), pp. 319~338; Martin J. Smith, "Pluralism, Reformed Pluralism and Neopluralism: The Role of Pressure Groups in Policy-Making," *Political Studies*, Vol. 38 (1990), pp. 302~322. 정책네트워크 이론의 관점에서 EU 정책과정을 분석한 논의를 위해서는 다음의 논문을 참조할 것. John Peterson, "Policy Networks and European Union Policy Making: A Reply to Kassim," *West European Politics*, Vol. 18, No. 2 (1995), pp.389~4.

44) Jan Olsson, "Democracy Paradoxes in Multi-Level Governance: Theorizing on Structural Fund System Research," *Journal of European Public Policy*, Vol. 10, No. 2 (2003), pp.288~289.

속될 필요성이 제기된다. 특히 본 연구가 시론적 성격을 지니고 있
는 점을 감안하여, EU 대외정책의 각 세부정책분야별로 보다 구체
적인 사례연구를 수행함으로써 EU 거버넌스의 형태 및 작용방식
을 심도 깊게 분석하고 더 나아가 거버넌스 개혁과제를 함께 제시,
평가할 필요가 있을 것이다. 이러할 때 EU의 정체 및 거버넌스에
관한 이론적 연구가 추상적인 수준에 머무르지 않고 현실수준에서
도 보다 엄밀하고 설득력 있는 설명을 제공할 수 있을 것으로 고려
된다.

참고문헌

방청록. "EU의 무역장벽규정이 한국의 통상환경변화에 미친 영향 연구." 『유럽연구』. 제12권 (2000년 여름), pp.67~88.

방청록. "유럽연합(European Union) 연구의 현황과 과제: 정치경제학적 분석을 중심으로." 『국제지역연구』. 제6권, 제4호 (2002), pp.25~54.

방청록·이종원. "한국기업의 대 EU 통상로비방안에 관한 연구." 『유럽연구』. 제13권 (2001 여름), pp.207~214.

이종원. "EU 확대의 정치·경제적 이해." 『유럽연구』. 제13권 (2001 여름), pp.63~78.

송병준. 『유럽연합의 선택: 통합에서 다층적 통치로의 전환』. 서울: 청목출판사, 2004.

Bailey, David and Propris, Lisa. "A Bridge Too Phare?: EU Pre-Accession Aid and Capacity-Building in the Candidate Countries." Journal of Common Market Studies. Vol. 42. No. 1 (2004), pp.77~98.

Collinson, Sarah. "'Issue-Systems', 'Multi-Level Games' and the Analysis of the EU's External Commercial and Associated Policies: A Research Agenda." Journal of European Public Policy. Vol. 6. No. 2 (1999), pp.206~224.

Commission of the European Communities. "EU Enlargement: A Historic Opportunity."

http://www.europa.eu.int/comm/enlargement/intro/criteria.htm.

(2005년 7월 1일 검색)

Commission of the European Communities. "The Common Foreign and Security Policy." http://www.europa.eu.int/comm/external_relations/cfsp/intro/index .htm#3. (2005년 7월 1일 검색)

Council of the European Communities. "Council Regulation(EEC) No. 2052/88 of 24 June 1988 on the tasks of the Structural Funds and their effectiveness and on coordination of their activities between themselves and with the operations of the European Investment Bank and the other existing financial instruments." Official Journal. L185, 15/07/1988.

Cram, Laura. "Governance 'to Go': Domestic Actors, Institutions and the Boundaries of the Possible." Journal of Common Market Studies. Vol. 39. No. 4 (2001), pp.595~618.

European Council. "Conclusion of the Presidency." Copenhagen, 21-22 June, SN180/1/1993 REV1.

Dimitrova, Antoaneta. "Enlargement, Institution-Building and the EU's Administrative Capacity Requirement." West European Politics. Vol. 25. No.4 (2002), pp.173~177.

Grabbe, Heather. "How Does Europeanization Affect CEE Governance?: Conditionality, Diffusion and Diversity." Journal of European Public Policy. Vol. 8. No. 6 (2001), pp.1013~1031.

Haas, Ernest. Beyond the Nation State: Functionalism and International Organization. Stanford: Stanford University Press, 1964.

Hill, Christopher. The Actors in Europe's Foreign Policy. London: Routledge, 1996.

Hoffmann, Stanley. "Obstinate or Obsolete?: The Fate of the Nation State and the Case of Western Europe." Daedalus. Vol. 95 (1966), pp.892~908.

Hughes, James, Gwendolyn Sasse and Claire Gordon. "Conditionality and Compliance in the EU's Eastward Enlargement: Regional Policy and the Reform of Sub-national Government." Journal of Common Market Studies. Vol. 42, No. 3 (2004), pp.523∼551.

Jordan, Andrew. "The European Union: An Evolving System of Multi-level Governance or Government?" Policy and Politics. Vol. 29, No. 2 (2001), pp.193∼208.

Jordan, Grant. "Sub-Governments, Policy Communities and Networks: Refilling the Old Bottles ?" Journal of Theoretical Politics. Vol. 2, No. 3 (1990), pp.319∼338.

Knodt, Michele. "International Embeddedness of European Multi-level Governance." Journal of European Public Policy. Vol. 11, No. 4 (2004), pp.701∼719.

Marks, Gary. "Structural Policy in the European Community." Sbragia, Alberta M. (ed). Euro-Politics: Institutions and Policy-Making in the "New" European Community. Washington DC.: Brookings Institution, 1992, pp.191∼224.

Marks, Gary, et al. "Competencies, Cracks and Conflicts: Regional Mobilization in the European Union." Governance in the European Union. London: Sage, 1996, pp.40∼63.

Meunier, Sophie and Nicolaidis, Kalypso. "Who Speaks for Europe?: The Delegation of Trade Authority in the EU." Journal of Common Market Studies. Vol. 37, No. 3 (1999), pp.477∼501

Moravcsik, Andrew. "Negotiating the Single European Act: National Interests and Conventional Statecraft in the European Community." International Organization. Vol. 45. No. 1 (1991), pp.19∼56.

Moravcsik, Andrew. "Preferences and Power in the European Community: A Liberal Intergovernmentalist Approach." Journal of Common Market Studies. Vol. 31 (1993), pp.473∼524.

Olsson, Jan. "Democracy Paradoxes in Multi-Level Governance:

Theorizing on Structural Fund System Research." Journal of European Public Policy. Vol 10, No. 2 (2003), pp.283~300.

Pang, Chung Rok. "Policy Networks and Multiple Lobbying Strategies in EU Trade Policy-Making: A Korean Perspective." Asia-Europe Journal. Vol. 2, No. 3 (2004), pp.429~444.

Peterson, John. "Policy Networks and European Union Policy Making: A Reply to Kassim." West European Politics. Vol. 18, No. 2 (1995), pp.389~400.

Sandholtz, Wayne and Zysman, John. "1992: Recasting the European Bargaining." World Politics (October 1989), pp.95~128.

Schimmelfenig, Frank and Sedelmeier, Ulrich. "Governance by Conditionality: EU Rule Transfer to the Candidate Countries of Central and Eastern Europe." Journal of European Public Policy. Vol. 11, No. 4 (2004), pp.661~679.

Smith, Martin J. "Pluralism, Reformed Pluralism and Neopluraism: The Role of Pressure Groups in Policy-Making." Political Studies. Vol. 38 (1990), pp.302~322.

Smith, Michael. "The European Union's Commercial Policy: Between Coherence and Fragmentation." Journal of European Public Policy. Vol. 8, No. 5 (2001), pp.787~802.

Smith, Michael E. "Toward a Theory of EU Foreign Policy-Making: Multi-Level Governance, Domestic Politics, and National Adaptation to Europe's Common Foreign and Security Policy." Journal of European Public Policy. Vol. 11, No. 4 (2004), pp.740~758.

Standen, Alfred van. "After Maastricht: Explaining the Movement towards a Common European Defence Policy." Carlsnaes, Walter and Smith, Steve. (eds.). European Foreign Policy: The EC and Changing Perspectives in Europe. London: SAGE, 1994, pp.138~155.

Sweet, Alec Stone, et al. "The Institutionalization of European Space."
Sweet, Alec Stone et al. (eds.). The Institutionalization of
Europe. Oxford: Oxford University Press, 2001, pp.3~12.

제9장 탈냉전시대, 유럽통합과 유럽의 안보질서: 현황과 전망

이승근

계명대학교 정치외교학과 교수

I. 서론

1991년 구소련의 붕괴를 정점으로 탈냉전시대로 돌입하게 된 유럽은 냉전기간 동안 부진하였던 유럽통합에 박차를 가하였고, 냉전기간 동안 미국과 구소련에 의해 양분된 유럽질서를 유럽인들 중심으로 되돌릴 수 있도록 최선을 다하였다. 그 결과 1992년 유럽공동체(EC: European Community)를 유럽연합(EU: European Union)으로 이름을 바꾸고 1993년부터 유럽단일시장(ESM: European Single Market)을 출범시키는 등 유럽통합을 심화시키게 된다.

유럽공동체는 그동안의 통합과정에서 약한 분야였던 정치통합을 성숙시키기 위해 냉전종식 이후 외교안보 분야에 대한 활동을 강화한 결과 1992년에 체결된 마스트리흐트조약과 1997년에 체결된 암스테르담조약을 통하여 '공동외교안보정책'(CFSP: Common Foreign and Security Policy)을 추진하게 된다. 그 결과 1992년 6월에 채택된 서유럽동맹(WEU: Western European Union)의 '페테르스부르그 임무'(Petersburg tasks)를 EU가 수행할 수 있도록 하였고, 다른 한편으로 유럽에서의 평화유지와 분쟁방지, 위기관리 임무를 유럽안보협력기구(OSCE: Organization for Security and Cooperation in Europe)나 UN의 안보리의 위임하에서도 수행할 수 있게 되었다. 이후 유럽안보환경의 변화에 발맞추어 2000년 12월 니스조약을 통해 '유럽안보방위정책'(ESDP: European Security and Defense Policy)의 일환으로 EU 내에 상설 정치군사기구를 최종적으로 설치할 수 있도록 하였고, 나토(NATO: North Atlantic Treaty Organization)와 같이 EU도 독자적인 군사 활동이 가능할 수 있도록 유사시 60,000명의 신속대응군을 운용할 수 있는 능력을 2003년까지 갖출 수 있게 되었다. 이는 나토와 더불어 유럽에서 새로운 안보축의 탄생을 의미한다. 한편, 2009년 12월 1일 리스본조약(Treaty of Lisbon)이 발효됨으로써 ESDP가 '공동안보방위정책'(CSDP: Common Security and Defense Policy)으로 바뀜으로써 EU가 더욱 강화된 안보 분야에서의 협력을 할 수 있게 되었다.

탈냉전시대 유럽통합의 심화와 EU 중심으로 안보질서 구축을 위한 노력을 지속한 결과 유럽안보질서는 예전과 비교되는 새로운 모습을 드러내게 된다. 즉 냉전기간 동안 유럽안보 유지에 있어 주도권을 장악하였던 미국 중심의 나토는 EU 안보축의 확대로 인해 설 자리를 잠식당하자 EU 확대에 발맞추어 나토 회원국을 2004년까지 26개국으로 확대하고 러시아와 동구권 국가들과 협력을 강화하는 전략을 구사하게 된다. 이러한 가운데 나토는 유럽에서 새로

운 안보축으로서 EU의 역할을 인정하고 나토-EU 간의 전략적 파
트너십(Strategic Partnership)을 통해 양 기구 간의 투명성과 자율성
을 확보하고 불필요한 기구 간의 중첩된 기능을 회피하여 더욱 협
력적 관계로 발전할 수 있도록 하였다.

　유럽안보문제에 있어 여전히 중요한 역할을 감당하고 있는 미국
은 테러 방지를 위해 국제 협력의 한 축을 이루고자 나토의 회원국
이자 EU의 회원국이기도 한 유럽국가들과의 공조를 필요로 하고
있다. 이러한 점을 인식하여 미국이 EU 회원국들과 여러 분야에서
긴밀한 협력을 유지하고 있는바 이는 나토와 EU 관계의 긴밀화로
이어지는 중요한 징검다리 역할을 하고 있다.

　본 연구에서는 위에서 살펴본 바와 같이 탈냉전시대에 들어와
EU가 유럽통합을 심화시키는 가운데 어떠한 위상을 보여 주고 있
고, 특히 어떠한 과정을 거치면서 유럽안보질서를 재구성하게 되었
는지를 살펴보게 된다. 이를 위해서 탈냉전시대 유럽안보질서의 구
성문제를 구체적으로 알아보고, 유럽통합의 진전 및 CFSP의 성립
과 EU 안보축의 강화문제, ESDP/CSDP의 구축문제를 다룬다. 또한,
신 유럽 안보질서의 모색을 위해 대서양 안보협력의 조정문제와
EU의 확대에 따른 안보축의 변화문제를 중심으로 알아보게 된다.

Ⅱ. 탈냉전시대 유럽안보질서의 구성문제

90년대 초부터 탈냉전시대에 접어들면서 유럽안보질서의 구성문제는 5가지 측면으로 집약된다. 우선 EU가 유럽의 안보 축으로 발전하기 위한 노력의 일환으로 EU가 유럽안보문제에도 깊이 관여해야 한다는 점이다. 둘째, 안보축으로서 EU의 역할 강화에 따라 나토의 입지를 어떻게 조정해야 할 것인지에 대한 문제이다. 셋째, 미국이 제2차 세계대전 이후 유럽안보의 중심을 차지했지만 냉전 종식에 따라 미국의 입지 후퇴를 어떻게 조정하느냐 하는 점이다. 넷째, 기존의 EU국가들과 EU에 편입하게 된 동구권국가 및 EU의 역외지역에 위치하게 되는 러시아 간에 유럽안보문제를 둘러싸고 협력과 갈등문제가 대두된다. 마지막으로 EU 안보축의 발전에 따라 EU 및 유럽국가들이 국제무대에서 발언권을 어떻게 강화하느냐 하는 문제이다.

첫째, 유럽연합은 EC의 초기 발전과정에서 경제통합을 우선적으로 고려하였음에 따라 대외정책 분야와 외교, 안보 영역에서의 협력에 많은 비중을 두지 않았다. 또한, 안보 영역에서는 나토를 중심으로 유럽의 안보를 유지하였음에 따라 EC가 안보 축으로 발전하기에는 이른 감이 있었다. 그러나 1990년 이래 냉전체제의 와해에 따라 유럽의 안보질서가 급격하게 변화되고, 구소련의 붕괴와 상대적으로 유럽에서 미국의 입지가 약화되는 시점에서 유럽의 신질서 구축에 걸맞게 외교안보 분야에서 독자적인 공동의 협력을 강구해야 한다는 인식이 EU 회원국들 사이에 나타나게 된 것이다. 이러한 차원에서 1990년 12월 로마에서 정부간회의(IGC: Inter-Governmental Conference)를 개최하여 냉전 이후 유럽문제의 새로운 정립을 위한 논의를 하게 되었다. 이의 실질적인 결과물이 1992년에 체결된 마스트리흐트조약에서 구체화되어 향후 EU가 안보축으로 어떻게 발전할 것인지에 대한 논의의 물꼬를 트게 된 것이다.

둘째, EU 안보축의 강화를 위한 인식은 결국 유럽에서 나토의 입지를 어떻게 조정해야 할지로 모아지게 되었다. 사실 나토는 냉전 초기인 1949년에 설립되어 그동안 구소련과 동구권 국가에 대항하여 서유럽의 안보를 유지시켜 온 지역 '집단방위기구'로서 그 역할을 충실히 해 왔다. 그러나 냉전종식 이후 소련이 붕괴되고 동유럽 블록이 해체되는 등 대항세력이 사라지자 나토는 군사동맹기구로서 고유의 기능을 수정하는 쪽으로 전략을 변경하게 된다. 이러한 변화 모색은 나토 내부에서뿐만 아니라 나토회원국과 EU 회원국이 일치하는 부분이 많음에 따라 양 기구의 협력 방안을 어느 정도 조율할 것인지가 주요 관심의 대상이 되었다. 이러한 논점은 냉전종식 이후 줄기차게 EU와 나토 내부에서 있어 왔고 양 기구의 조정은 구소련 및 동구권 국가들과의 관계 조정과 더불어 매우 중요한 논제로 등장하게 되었다.

셋째, 미국은 제2차 세계대전 이후 유럽안보문제의 중심축으로 입지를 구축하게 되는데, 구소련에 대항하여 유럽안보를 위해 유럽국가들이 협력할 수 있도록 하는 한편 재정적 · 정치적 · 안보적으로 원조를 강화하게 된다. 이에 대한 후속조치로 1947년 6월 Marshall Plan(경제적 유럽재건 계획)을 통해 경제적으로 유럽국가들을 지원하였고, 1949년 NATO의 수립과 함께 미국 주도로 유럽의 안보 틀을 세우게 된다. 이러한 미국 주도로 이루어진 유럽안보질서는 90년 초 냉전종식 이후 변화하기 시작하는데, 유럽통합의 가속화와 더불어 유럽의 안보문제를 유럽인 중심으로 이끌어야 한다는 통합된 목소리가 유럽에서 미국의 지위를 약화시키게 된다. 또한, 냉전종식 이후 일기 시작한 유럽안보 정체성 수립을 위한 유럽인들의 노력이 진행되면서 유럽안보에서 미국의 비중이 작아지게 되었다. 이에 따라 미국은 유럽전략을 수정하기 시작하여 나토가 냉전 구도의 틀을 벗어나 기구의 목적을 수정할 수 있도록 하였고, 대동구권 확대를 통해 나토가 유럽지역의 '집단안보기구'로서 변화를 꾀하게 되어 나토의 존속이 가능하도록 하였다. 또한 안보축으로서 EU의 위상 변화에 따라 미국은 나토로 하여금 EU의 안보축을 인정할 수 있도록 하였다. 결국 미국은 EU와 안보 분야에서의 전략적 협력을 강화하기 위해 여러 분야에서 노력하였고, 냉전종식 이후 대EU 정책을 더욱 적극적으로 추진할 수밖에 없는 상황에 놓이게 된다.

넷째, 동구권 및 구소련의 붕괴는 국제질서에 엄청난 변화를 초래하게 된다. 탈공산주의시대의 유럽안보질서 재편문제는 가장 논쟁적인 국제적 쟁점들 중의 하나였다. 핵무기로 무장한 초강대국의 분열과 국경과 소수 민족에 대한 잠재적 분쟁 요소들은 EU가 유럽의 안보유지를 위해 극복해야 하는 난제들 중의 하나였다. 이러한 측면에서 러시아와의 협력관계 구축과 동구권국가의 서유럽질서로의 편입문제가 나타나게 된다. EU 회원국들은 동구권의 민주화와 시장경제 도입을 통해 동구권의 안정을 유지함으로써 유럽의 안보를 유지할 수 있도록 하였고, 동구권국가들은 서유럽국가와의 관계 강화의 궁극적인 목표를 서유럽기구에 대한 편입, 즉 유럽통합체에 편입을 원했다.[1] 냉전종식 이후 유럽국가들과 러시아 및 동구권국가들과의 구체적 협력관계는 1991년 '북대서양협력이사회'(NACC: North Atlantic Cooperation Council)의 창설과 1994년 '평화를 위한 동반자'(PfP: Partnership for Peace) 프로그램 실시 등으로 구체화된다. 그러나 이후 EU의 점진적인 대동구권 확대에 따라 이를 크게 반기지 않는 러시아와 EU 간의 마찰이 지속적으로 나타날 가능성이 대두되고 있다.

다섯째, 냉전종식 이후 EU의 위상 증대와 더불어 EU 및 유럽회원국들이 국제무대에서 발언권을 어떻게 강화하느냐 하는 문제가 등장하고 있는데, 이 문제는 냉전종식 이후 국제안보를 위한 EU 회원국들의 역할 확대로 귀결되고 있다. EU의 여러 분야 중에서 CFSP 분야와 1999년부터 구체화된 '유럽안보방위정책'(ESDP) 및 ESDP의 후속으로 2009년 12월부터 실행된 '공동안보방위정책'(CSDP)과 관련된 부분에서 협력이 가장 낮다고 할 수 있다. 이에 따라 CFSP와 CSDP의 실행을 위한 EU의 조직이 초보적 단계라는 점과 운영상의 미숙 및 EU가 독자적으로 안보 분야의 역할을 제대로 수행할 수 있을지에 대한 염려가 제기되고 있는 실정이다. 그러나 EU에서는 다양한 형태의 안보협력을 강조하고 이를 실행에 옮길 수 있는 구체적인 방안들을 강구하고 있다. 이를 위해 1999년부터 EU가 국제분쟁방지 및 위기관리, 인도주의적 지원, 재난구호를 위한 능력을 갖출 수 있도록 하였고, 비군사 부문의 활동도 담당할 수 있게 하

---

1) 임문영 외, "유럽통합의 심화와 대외관계의 변화", 『국제학논총』, 제1집(1996), pp.181~182.

였다. 이에 따라 EU가 유럽 내에서의 분쟁 방지와 위기관리뿐만 아니라 세계 분쟁지역에 대한 군사적·비군사적 개입의 가능성도 열어 놓고 있다.[2)]

이러한 탈냉전시대 유럽안보질서의 구성문제는 유럽통합의 진전과 맞물려 있고, 점진적인 EU 안보축의 발전에 따라 기존 유럽안보의 중심적인 역할을 담당해 왔던 나토와 함께 EU가 유럽안보문제의 주체로 등장할 뿐만 아니라 국제무대에서 활동할 수 있는 범위 또한 넓혀 가고 있음을 알 수 있다.

Ⅲ. 유럽통합의 진전과 유럽안보질서의 새로운 구성

1. 유럽통합의 진전

1990년 유럽에서의 냉전종식 이후 EU 회원국들은 그동안 부진했던 유럽통합을 위한 행보를 강화하여 1992년 2월 냉전 이후 유럽에서 유럽공동체의 출범을 알리는 마스트리흐트조약(1993년 11월 발효)을 체결하게 된다. 본 조약의 체결과 더불어 EC를 유럽연합(EU: European Union)으로 명칭을 바꾸는 한편, 조약을 통해 회원국들은 협력 분야로서 제1기둥인 공동체적 기둥[EC, 유럽석탄철강공동체(ECSC: European Coal and Steel Community), Euratom의 수

---

2) European Security and Defense Policy(ESDP),
    http://europa.eu. int/comm/external_relations/esdp/ index.htm(2002년 12월 23일 검색)

정1과 제2기둥인 공동외교안보정책(CFSP)에 대한 기둥, 제3기둥인 내무·사법 분야 협력에 관한 기둥의 3개 기둥(three pillars)을 수립 하게 된다. 본 조약의 체결은 탈냉전시대에 있어 새로운 유럽의 탄생을 알리는 중요한 계기를 가져다준다.

1997년 6월 17일 암스테르담조약이 맺어지게 되는데(1999년 5월 1일부로 발효, 동 조약은 일명 제2의 마스트리흐트조약이라고도 함), 조약의 개정목적은 고용 및 사회정책의 확대와 마스트리흐트조약에서 규정된 공동외교안보정책(CFSP: Common Foreign and Security Policy) 수립의 구체화, 경찰 및 사법 분야에서의 공동대처, EU의 확대 및 기구 개편을 위한 것이다. 특히 경찰 및 사법 분야에서의 공동협력을 위하여 유럽에서의 자유여행·망명·이민에 관한 장을 새로 신설하였다. 유럽연합기구 개편문제에 있어서 회원국들은 집행위원장의 권한 강화 및 각료이사회의 '가중다수결' 적용 영역의 확대뿐만 아니라, 유럽연합기구 개편문제를 유럽연합 확대 시 구체적으로 논의할 것에 합의하였다.

한편 EU 회원국들은 1999년 12월 10~11일 사이에 헬싱키에서 정상회담을 개최하여 2003년부터 '유럽통합군'을 창설하는 데 합의하고, 1999년 1월 1일부터 유럽단일통화의 시행과 2002년 1월부터 단일통화인 '유로'화를 사용함으로써 EU가 경제통합에 이어 정치통합을 추진할 수 있게 되어 명실상부한 정치·경제·안보 공동체로 도약할 수 있는 계기를 마련하게 되었다.

1993년 1월부터 유럽단일시장의 완성이 가시화되자, 그간 경쟁적 관계를 유지해 왔던 유럽자유무역연합(EFTA: European Free Trade Association)국들은 EU 회원국이 될 수 있도록 협상에 적극적으로 임하였고, 1995년 제4차 확대를 통해 오스트리아 · 스웨덴 · 핀란드가 가입하여 EU는 15개 회원국으로 확대되었다.[3) 또한 동구권의 붕괴로 인해 동 · 서유럽이 적대관계가 아니라 협력관계로 탈바꿈하고, EU의 성공적인 발전에 따라 중 · 동유럽국가(CCEE: Countries of Central & Eastern Europe)를 비롯한 유럽의 비회원국들은 EU에 대한 가입을 희망하였다. 이는 EU 비회원국들이 EU 가입을 자국 경제발전을 위해 절대적으로 필요한 것으로 인식하고 있었기 때문이다. 이에 대해 기존 EU 회원국들은 EU의 대 동구권 확대를 유럽의 평화와 안정의 보장책으로 받아들이게 되었고, 1993년 6월 코펜하겐 유럽이사회(European Council)에서 동유럽 10개국에 대한 회원국 자격심사기준으로 이들 국가들의 민주주의적 합법통치, 인권을 보장하는 제도적 장치 마련, 시장경제체제 유지, 회원국 자격을 수행할 국가적 능력 배양 등을 설정하게 되었다.

이러한 행보를 거치는 가운데 1997년 12월 12~13일에 개최된 룩셈부르크 정상회담에서 동유럽 10개국과 사이프러스에 대한 협상을 1998년 3월부터 개시할 것에 합의하게 된다. 결국, 2000년 12월의 니스조약에 근거하여 가입 대상국에 대해 협상을 진행한 결과 2004년 5월의 확대를 통해 폴란드, 체코, 헝가리, 사이프러스, 에스토니아, 라트비아, 리투아니아, 몰타, 슬로바키아, 슬로베니아 등 10개 동구권 국가들과 지중해 국가들이 EU의 신규 회원국으로 가입하였다. 또한, 2007년 1월부터 루마니아와 불가리아가 EU에 가입함에 따라 EU의 회원국 수가 27개국으로 확대되었다. 현재는

---

3) EU의 발전과 관련하여 Louis Cartou, *L'Union europeenne, Traité de Paris-Rome-Maastricht* (Paris: Dalloz, 1996), pp.53~62 참조.

크로아티아와 마케도니아, 터키가 가입을 위한 협상을 EU와 진행 중에 있다. 한편, 2007년 6월에 있은 정상회담에서 27개 회원국 정상들은 2005년에 부결되었던 'EU 헌법'을 새로운 조약의 형태인 '리스본조약'(Treaty of Lisbon)으로 대체하기로 합의하여 정치통합으로 가는 길을 열어 놓았고,4) 본 조약은 2009년 12월 1일에 발효하게 되었다.

NATO의 대 동구권 확대가 유럽안보의 강화를 위한 것으로 볼 수 있는 반면,5) EU의 확대는 대 동구권과 경제적 결속을 통한 대유럽 건설을 위한 것이라 할 수 있다. EU의 확대 시 실질적인 문제점으로 신규 회원국들에 대한 재정적인 지원을 들 수 있는데, EU 회원국들은 예산추가 배정에 난색을 표하고 있고, 특히 농업정책과 구조기금 관련 예산이 절대 부족한 실정이다. EU의 확대에 따른 어려움으로 불법 이민문제, 고용문제, 재정분담문제, 유로화안정문제, 연방체적인 의무분담 문제 등이 이전보다 더 강하게 대두될 것으로 보인다. 또한, 대외정책 및 안보적인 측면에서는 EU의 발전과정에서도 나타나고 있는 바와 같이 EU 통합의 심화 차원에서 볼 때 어려움이 가중될 것으로 예상되고 있다. 즉 기존의 EU 회원국들의 입장이 신입 회원국들과는 지정학적이고 역사적인 측면에서 달리 나타나고 있고, 신회원국들의 대외정책 또한 기존 회원국들과 다름에 따라 이 분야의 적용에 어려움이 있을 수 있다.6)

---

4) EU의 미래와 관련하여 조홍식, "유럽통합과 21세기: 현주소와 미래", 한국국제정치학회 2008 International Conference(2008년 10월 10일), pp.28~31 참조.

5) 나토의 확대에 대한 동유럽 국가들의 반응과 관련하여 Ian McAllister and Stephen White, "NATO Enlargement and Eastern Opinion", *European Security*, Vol.12, No.1(Spring 2003), pp.47~58.

6) 이승근 · 배규성, "EU 안보축의 변화에 대한 고찰: 유럽안보방위정책(ESDP)의 형성과 쟁점을 중심으로", 『대한정치학회보』, 제14집 1호(대한정치학회, 2006), p.243.

2. CFSP의 성립과 EU 안보축의 강화

냉전종식 이후 유럽통합이 가속화되고 유럽의 안보질서가 급격하게 변하게 되자, 유럽인들은 유럽질서의 변화에 적응하고 EU를 중심으로 기존의 경제적 협력에 더하여 외교 · 안보 분야까지 협력해야 할 필요성을 인식하게 된다. 이는 유럽에서의 신질서 구축과 더불어 외교안보 분야에 있어 유럽인 중심으로 독자적인 공동의 외교안보협력을 강구해야 한다는 필요성으로 발전하게 된다.[7] 이에 따라 EC 회원국들은 1990년 12월 로마에서 정치연합에 대한 정부간회의(IGC: Inter-Governmental Conference)를 개최하고, 신 유럽질서의 수립을 위한 논의를 하는 가운데 냉전종식에 따른 안보문제를 집중적으로 거론하게 된다.[8] 사실 1990년대 이전에는 회원국들이 경제통합을 우선적으로 실행하는 가운데, 대외정책 분야도 소홀히 할 수 없음에 따라 1970년에 '유럽정치협력체'(EPC: European Political Cooperation)를 구축하고 이 분야에서 회원국 간의 협력을 유지해 왔다. 그러나 현실적으로 유럽안보문제는 1949년에 설립된 NATO를 중심으로 다룰 것을 유럽국가들 간에 합의한 터라 유럽공동체 내에서 안보문제를 다루는 데에는 한계가 있었다. 이러한 분위기에서 1990년 초부터 회원국들 간에 안보문제를 포함한 대외정책에 대한 논의를 전개했다는 사실은 매우 의미 있는 것이라 할 수 있다.

---

7) 이종광, "유럽통합의 이상과 현실"(서울: 일신사, 1996), pp.81~84 참조.

8) CFSP를 위한 여러 제안에 관하여 Pierre Lellouche, *L'Europe et sa sécurité*, Rapport d'information, No.1294(Paris: Assemblée nationale, 1994), pp.15~19 참조.

2년여간의 논의 끝에 1992년 2월에 체결된 마스트리흐트흐트조약에는 세 가지의 기둥 중 특히 제2기둥으로서 공동외교안보정책의 기본목표를 첫째, EU의 공동가치, 기본적 이익 및 독자성 보호, 둘째, 공동체 및 회원국의 안보 강화, 셋째, UN헌장의 원칙, 헬싱키협정(1975년)과 파리헌장(1990)에 규정된 유럽안보협력회의(CSCE: Conference on Security and Cooperation in Europe)[9]의 제 원칙과 목적에 따라 세계평화 유지, 국제평화 유지 및 국제사회의 안전보장 강화, 넷째, 국제협력의 증진, 다섯째, 민주주의와 법치주의, 인권 및 기본적 자유의 존중 및 강화 등을 규정하였다.[10] 또한 공동외교안보정책을 추진하기 위해 회원국들 사이에 협력과 안보문제에 있어 공동행동(common action)을 실시할 수 있도록 하였다.[11] 이에 따라 결과적으로 이전과는 달리 구체적인 EU의 대외정책과 더불어 회원국들 간에 공동의 안보정책 수립을 모색할 수 있게 되었고, EU가 차후 안보기구로서의 역할을 수행할 수 있는 토대를 마련하였다 점에서 진일보한 면을 보이고 있다.

EU 회원국들이 CFSP을 수립하고 난 이후 EU의 활동 상황을 살펴보면, EU 차원에서 채택된 공동조치로 1992~1995년까지 구 유고슬라비아에 대한 개입, 1993~1994년에 걸친 아이티 사태에 대한 개입, 수단 및 리비아에 대한 경제제재 조치들을 들 수 있다. 또한, 아프리카의 르완다, 부룬디사태에 대한 공동입장과 우크라이나사태

---

9) 1995년 1월부터 유럽안보협력기구(OSCE: Organization for Security and Cooperation in Europe)로 명칭이 변경되었다. 이에 대해 이승근, "팬유럽 다자간안보 체제 구축 과정에 관한 고찰", 『영남국제정치학회』, 제1집(1998), pp.149~152 참조.

10) "마스트리흐트조약"('Maastricht' Treaty on European Union), 제J 1조 제2항.

11) "마스트리흐트조약"('Maastricht' Treaty on European Union), 제J 1조 제3항.

에 대해서도 공동 입장을 취한 바 있다. 공동행동을 위한 조치로는 1995년에 타결된 보스니아사태에 대한 인도적 차원에서의 원조, 중동평화회담에 대한 지원, '비핵확산조약'(NPT: Non-Proliferation Treaty) 관련 회의 참석, 대인지뢰 통제회의 참석, CSCE와 연계하여 러시아 내 선거감시단 파견 등을 들 수 있다.[12)

마스트리흐트조약 체결 이후 1992~1995년 사이에 걸친 유고사태로 인해 CFSP 강화문제가 제기된다. CFSP를 수립하였지만, 보스니아 사태를 겪으면서 EU는 안보문제를 둘러싸고 회원국 간의 다양한 입장으로 인해 안보상의 공동 조치를 실제로는 제대로 취하지 못했고, 회원국들이 개별 국가 차원에서 NATO를 중심으로 협력함에 따라 CFSP의 안보조항에 대한 강화문제가 대두된 것이다. 이를 위한 논의를 회원국들 간에 지속한 결과 1997년 10월에 체결된 암스테르담 조약을 통해 CFSP를 좀 더 현실적으로 재편하게 된다. 즉 공동외교안보정책 분야와 관련하여 '공동방위정책' 수립을 적극 추진하고, 공동외교 및 안보정책 수립을 관할할 '고위대표자'(HR: High Representative)를 선출하며(초대 고위대표자로 Solana 전 나토 사무총장 선출), 유럽방위를 위한 실질적인 '공동전략'(common security) 수립 및 '공동행동'(common action)을 취할 것에 합의하게 된다. 또한, WEU의 지위 강화 차원에서 EU 내에서 WEU의 지위 및 역할이 마스트리흐트조약에서 보다 분명히 명시되어 EU가 1992년 6월에 채택된 WEU의 '페테르스부르그 임무'(Petersburg tasks)로 불리는 인도주의 활동과 평화유지, 위기관리를 위한 병력 사용 등을 할

---

12) 이승근 · 배규성, *op.cit.*, p.228.

수 있도록 WEU가 EU에 통합될 수 있게 함으로써,[13) 마스트리흐
트조약에서 보다 더욱 실효성 있게 CFSP가 추진될 수 있었다.

3. 유럽안보방위정책(ESDP) 및 공동안보방위정책(CSDP)의 구축

　　마스트리흐트조약에서 수립된 CFSP의 실행 차원에서 유럽 및 중
동, 아프리카 지역 등에서 공동의 외교안보정책을 지속해 왔으나
1998년~1999년 사이에 발생한 코소보 사태를 겪으면서 EU 회원
국들은 미국의 군사력이 유럽에서 여전히 우선적으로 활용되는 것
을 인식하게 된다. 이를 계기로 EU의 안보축을 강화할 필요성을
실감하게 되고, 유럽인이 직접 안보에 대한 책임을 지게 되는 안보
의 정체성 회복 및 EU를 중심으로 독자적인 안보체계 구축이 필요
하다는 것을 깨닫게 된다. 이러한 상황하에 그동안 유럽안보문제에
있어 견해차를 보인 영국과 프랑스가 1998년 12월에 생 말로(Saint.
Malo) 정상회담을 개최하여 EU의 안보축을 강화할 것에 합의하게
되고, 이를 기점으로 하여 1999년 6월 쾰른(Cologne) 유럽이사회에
서는 CFSP를 강화하는 차원에서 공동외교안보정책상의 안보 분야
를 구체화하게 된다. 쾰른 유럽이사회에서 합의된 '유럽공동안보
방위정책'(CESDP: Common European Security and Defense Policy)의
수립으로 EU가 안보 역할을 더욱 강화할 수 있는 초석이 마련되었
으며, CESDP에 따라 이전과는 달리 EU가 국제무대에서 안보문제

---

13) 이승근 · 배규성, *op.cit.*, pp.228~229.

와 관련하여 독자적인 역할을 수행할 수 있게 되었고, NATO와는 별개로 독자적인 '유럽통합군' 구성이 가능하게 되었다.

1999년 12월 헬싱키(Helsinki)에서 개최된 유럽이사회에서는 쾰른 유럽이사회의 결정에 기초하여 최종적으로 '유럽안보방위정책'(ESDP)을 수립하도록 하였고, 군사적·비군사적 위기관리와 분쟁예방임무를 명확히 하게 된다. 이에 따르면 첫째, 군사영역의 위기관리 차원에서 EU가 2003년까지 유사시 60일 이내로 5~6만 명 규모의 '유럽통합군'을 배치 운영할 수 있는 능력을 갖추고, CFSP의 지원과 ESDP의 수행을 위해 유럽이사회의 관할하에 '정치안보위원회'(PSC: Political and Security Committee), 'EU군사위원회'(EUMC: Military Committee), 'EU군사참모부'(EUMS: Military Staff)를 설립할 수 있도록 하였다. 둘째, 비군사적 영역에서도 위기관리 능력을 강화할 수 있도록 하여 집행위원회를 중심으로 하는 분쟁예방임무를 설정하였고, 페테르스부르그 임무와 관련된 WEU 기능이 EU에 편입될 수 있도록 하였다.[14]

ESDP의 수행에 대한 사항들은 2000년 12월 니스(Nice) 이사회에서 채택한 '유럽안보방위정책에 관한 의장 보고서'에서 구체화된다.[15] 이에 따르면 첫째, 군사적 위기관리를 위해 EU가 '유럽통합군'을 활용할 수 있는 능력을 갖출 수 있도록 하였고, 이를 위해 유럽이사회 내에 정치안보위원회와 군사위원회, 군사참모부를 설치할 수 있도록 하였다. 정치안보위원회는 국가별 대표로 구성되어 CFSP하

---

14) EU Security Policy & the role of the European Commission—Chronology in http://europa.eu. int/comm/external_relations/esdp/chrono.htm(2002년 12월 2일 검색)

15) Presidency Report on the European Security and Defense Policy in http://ue.eu.int /Newsroom/loadDoc.asp?max(2003년 3월 19일 검색) 참조.

에서 유럽이사회 사무총장 겸 고위대표자(SG/HR: Secretary General/ High Representative)와 긴밀한 연계를 가지는 가운데 군사위원회에 필요한 정치적 가이드라인을 제시하고 작전실행 감독 등 ESDP 수행의 중심적인 역할을 하는 임무를 부여받았다. 군사위원회는 회원국의 군사대표로 이루어지고 정치안보위원회에 대해 군사고문역할과 권고를 하는 임무를 띠며, 군사참모부에 대한 지휘를 맡게 되었다. 군사참모부는 '페테르스부르그임무' 수행을 위해 조기경보, 상황판단 및 전략수립의 임무를 띠고, 군사위원회의 지휘하에 정책 및 결정사항들을 실행에 옮기는 역할을 맡았다. 둘째, 비군사적위기관리 분야는 경찰력 활용, 법의 지배 강화, 시민행정 및 시민보호의 강화 등 4개 분야에 해당하는데, 비군사적위기관리의 총괄은 집행위원회와의 협력하에 유럽이사회가 맡게 되었다. 특히, 유럽이사회 내에 설치된 '분쟁관리비군사부문위원회'(CCACM: Committee for Civilian Aspects of Crisis Management)는 군과 경찰 등 비군사자원 간의 협력을 유지하는 역할을 맡았고, 집행위원회와 협력하여 주로 경찰력 활용과 법의 지배강화를 주요 임무로 삼는다. 셋째, 분쟁예방임무를 위해서 유럽이사회를 중심으로 집행위원회와 이사회 사무총장 겸 고위대표자(SG/HR)가 담당할 수 있도록 하였다. 특히, 집행위원회가 분쟁예방임무를 위한 주요 역할을 맡게 되고 4개 영역이 주로 다루어지게 되는데, 분쟁방지를 위한 EU 제 수단의 활용 및 연계, 분쟁 발생 초기에 분쟁의 원인 식별 및 분쟁 억제, 발생과정 중에 있는 분쟁에 대한 개입 능력 향상, 분쟁예방 분야에 대한 국제협력 강화 등을 맡게 되었다.[16]

2001년 6월의 게테베르그(Göteborg) 유럽이사회와 2001년 12월의 래켄(Laeken) 유럽이사회의 결정을 거치면서 EU가 군사·비군사 분야에 대해 실질적으로 개입할 수 있도록 하였으며, 2003년 12월 정상회담에서 Solana 고위대표자가 제출한 EU 최초의 안보 독트린인 '유럽안보전략'(ESS: European Security Strategy)을[17] 채택하는 등 군사 분야 및 비군사 분야에서의 균형 잡힌 발전을 하게 되었다. 특히, '유럽안보전략'을 통해 EU의 안보정체성을 강화하고 테러 문제와 대량살상무기(WMD) 확산 등에 직면하여 ESDP를 더욱더 강화시킬 수 있도록 하였다.[18] 또한 ESDP는 2009년 12월 리스본조약이 발효됨으로써 CSDP로 바뀌게 되어 안보 분야에서 EU의 역할이 더욱 강화되었다.

탈냉전기에 들어와 EU를 통해 유럽의 안보축을 강화하였지만, EU의 유럽안보방위정책 수행은 NATO가 개입하지 않는 경우에 한해서 독자적인 활동을 할 수 있다는 점과 EU가 미국과 NATO와의 관계를 고려하여 유럽통합군의 운영이 독자적인 '유럽군'의 창설이 아닌 점을 분명히 밝히고 있어,[19] EU의 유럽안보문제에 대한 개입은 NATO와의 긴밀한 협력을 기반으로 하고 있는 것이 특징이다.

---

16) 이와 관련하여 이승근·배규성, *op.cit.,* pp.230~231 참조.

17) "Presidency Conclusions, Brussels European Council", 12/13December 2003, http://www.consilium.europa.eu/ueDocs/cms_Data/docs/pressdata/en/ec/78364.pdf(2007년 4월 5일 검색) 참조.

18) 이재승, "EU 공동외교안보정책의 동향과 전망", 『주요국제문제분석』(외교안보연구원, 2004. 5. 14), p.4.

19) "ESDP Presidency Report, Copenhagen European Council", 12~13 December 2002, *From Laeken to Copenhagen, European defence: core documents,* Chaillot Papers, No.57 (Paris: ISS, February 2003), pp.172~177 참조.

Ⅳ. 신 유럽안보질서의 모색

1. 대서양 안보협력의 조정

대서양 안보협력의 조정문제와 관련하여 EU 회원국들은 나토를 중심으로 유럽의 안보를 여전히 유지해야 한다는 국가들과 유럽인 중심의 안보 구축이 중요하다고 인식하는 국가들, 그리고 제3의 입장을 견지하는 국가들로 나뉘어 있다. 첫째 그룹에 속하는 국가들은 미국을 위시하여 나토와의 안보 협력을 중요시하는 국가들로서 '대서양주의'(Atlanticism)에 속하는 국가들인데 영국과 덴마크가 이에 해당한다. 그리고 스페인과 네덜란드, 포르투갈, 이탈리아도 이러한 입장을 견지하고 있다. 둘째 그룹에 속하는 국가들은 유럽의 안보를 EU를 중심으로 EU 회원국들이 전적으로 책임을 져야 한다는 '유럽주의'(Europeanism)에 속하는 국가들인데 프랑스와 독일이 해당하고(독일은 미국과의 관계가 긴밀하나 대서양주의보다 유럽주의에 가까운 나라로 분류될 수 있다), 논란이 있을 수 있지만 벨기에도 이에 속한다. 셋째 그룹에 속하는 국가들은 '제3그룹'으로 분류할 수 있는데 유럽의 안보와 관련하여 중립적인 자세를 보이고 있다. 유럽의 소국(룩셈부르크, 그리스)과 중립국(핀란드, 스웨덴, 오스트리아, 아일랜드), 2004년 5월과 2007년 1월 EU에 가입한 중·동구권 국가(폴란드, 체코공화국, 헝가리 등) 및 지중해 국가(몰타, 사이프러스)가 이에 해당한다.[20]

이러한 국가군별로 EU 회원국들은 이른바 'high politics' 분야로 분류되는 유럽안보문제와 관련하여 자국의 입장을 강하게 견지하기 때문에 안보 분야인 ESDP/CSDP와 관련하여 온전한 합의가 쉽지 않다. 일례로, 영국은 2001년의 9 · 11테러 이후 미국과의 공조 하에 테러와의 전쟁에 외교를 집중함에 따라 ESDP보다 미국과의 동맹을 더욱 중요시 여기는 입장을 재확인한 바 있다.[21] 특히 프랑스는 2009년 4월 나토의 통합군사체제로 완전한 복귀를 선언하기 전까지 나토와의 협력을 미온적으로 하는 가운데 ESDP의 발전에 특히 심혈을 기울임에 따라 영국과의 입장 차이가 뚜렷이 나타난 바 있다. 또한, 제3그룹에 속하는 폴란드나 체코, 사이프러스 등 신흥 EU 회원국들은 EU 내에서 프랑스, 영국, 독일 등 강대국 중심으로 안보문제가 처리되는 것에 반대하고 있고, 이를 극복하기 위한 차원에서 미국과의 협력을 오히려 중요시하는 모습도 보임에 따라 EU의 공동안보정책의 발전이 그렇게 순탄하지만은 않다.

대서양 안보협력문제와 관련하여 나토는 나름대로의 내부적 변화와 회원국 확대를 통해 유럽 지역의 '집단안보기구'(collective security organization)로 탈바꿈하는 가운데 기구의 존속을 위해 노력해 온 바 있다.[22] 이러한 상황에서 나토와 평행선상에서 EU도 안보축을 발전시키고 있음에 따라 향후 이들 양 기구가 어떻게 유럽안보문제를 놓고 입장을 조율할 것이냐 하는 문제가 주요 논제로 떠오르고 있고, 더 나아가서 양 기구가 향후 어떻게 변할 것이냐 하는 점

---

20) 이승근 · 배규성, *op.cit.*, pp.241~242.

21) 황영주 · 손무정, "국제주의와 대서양주의의 조화 또는 갈등: 영국 노동당정부의 유럽안보방위정책(ESDP)에 대한 접근(1998~2003)", 『국제정치연구』, 제9집 1호(동아시아국제정치학회, 2006), p.34.

22) 이와 관련하여 이승근 · 황영주, "EU와 유럽안보: EU의 공동안보개념에 대한 분석을 중심으로", 『대한정치학회보』, 제11집 3호(대한정치학회, 2004), pp.100~101 참조할 것.

도 주요 쟁점이 되고 있다. 이에 따라 첫째, 유럽안보문제에 한정하여 EU를 여전히 NATO의 2위로 남게 하는 방안을 상정할 수 있고, 둘째, EU의 CSDP를 최대한 발전시키는 가운데 대나토정책을 강화하여 종국에는 나토를 종식시키는 방안, 셋째, 나토를 종속시키는 가운데 CSDP를 더욱 발전시켜 EU를 NATO의 우위에 두도록 하는 방안, 넷째, EU와 나토가 평등한 입장에서 양기구의 공조가 유지되도록 하는 방안들이 있을 수 있다.[23)]

현재는 여러 번에 걸친 EU와 나토 간의 논의 끝에 첫 번째 방안인 나토가 유럽의 안보우선권을 확보하고 나토가 개입하지 않는 경우에 한하여 EU가 개입하도록 하는 등 EU가 2위로 남아 있는 방안이 지속되고 있는 실정이다. 또한, 현실적으로 나토를 종식시키기가 쉽지 않음에 따라 EU가 CSDP를 추후 강화시키고, EU 회원국들 중 '유럽주의' 국가들의 목소리가 커질 경우 양 기구가 평등한 입장에서 공존할 수 있도록 하는 네 번째 방안도 미래에 충분히 가능할 수 있다.

향후 유럽안보질서의 재편을 염두에 둘 경우 EU의 안보축이 발전함에 따라 나토는 적어도 EU와 협력하는 가운데 기구의 역할 모색을 위해 노력할 것으로 보인다.[24)] EU 또한 나토의 군사자산 활용이 필요함에 따라 나토와의 관계하에 유럽의 안보 유지와 국제사회에서 안보 분야에서의 역할을 강화할 수 있을 것으로 보인다.

---

23) 이 문제와 관련하여 Stanley R. Sloan, *NATO, the European Union, and the Atlantic Community: the Transatlantic Bargain Reconsidered*(Oxford: Rowman & Littlefield, 2003), pp.200~213 참조.

24) "The NATO-EU Strategic partnership"의 Chronology 부분 참조: http://www.nato.int/docu/comm/2006/0611-riga/presskit.pdf(2008년 7월 8일 검색), pp.11~14.

이에 따라 양 기구는 정례회의 개최를 통한 협력을 지속적으로 유지할 것으로 보인다. 현재 양 기구 간에 외무장관회의를 매년 2회 개최하고 있고, 대사급 수준에서 NAC-PSC회의를 매달 1회에 걸쳐 열고 있다. 합동군사위원회 회의의 경우 매 분기별로 2회 개최하고, 양 기구의 각종 위원회와 양 스텝 간에 지속적인 교류가 활성화되도록 노력하고 있다.[25] 또한, 나토 위주의 유럽안보 유지를 위한 역할을 EU에 점진적으로 이양하고 있다. 예를 들어 2003년 3월 유고에서의 나토 임무를 EU에 이양한 바 있고, 2004년 7월에 개최된 이스탄불 나토 정상회담에서 보스니아-헤르제고비나에서의 평화유지임무 수행을 EU가 관여할 수 있도록 나토의 유럽부사령관에 EU의 작전사령관을 임명하도록 하는 등 EU의 안보축 강화를 돕고 있는 실정이다.[26] 다른 한편으로 EU의 실질적인 군사력 강화를 위해 나토가 여러 방면에서 지원하고 있다. 그 예로 2003년 5월에 '나토-EU 가능그룹'(NATO-EU Capability Group)을 창설하였고, 2004년 7월에 창설된 'EU 방위청'(EDA: EU Defence Agency)의 전문가들이 '나토-EU 가능그룹'의 작업에 참석할 수 있도록 하였다. 또한, 2005년 10월 나토와 EU 간에 체결된 '상설군사조정에 관한 합의서'(Agreement on Military Permanent Arrangements)에 기초하여 동년 11월 'EU군사참모부'(EUMS)에 '나토 상설연락팀'(NPLT: NATO Permanent Liaison Team)을 구성하였고, 2006년 3월에는 나토의 '유럽연합군 총사령부'(SAHPE: Supreme Headquarters Allied

---

25) "The NATO-EU Strategic partnership", *op.cit.*, p.9.

26) 박홍규, "NATO 변환의 현황과 전망: 역할 확대를 중심으로", 『주요국제문제분석』(외교안보연구원, 2006. 9. 6), p.5.

Powers Europe) 산하에 'EU 셀'(EU Cell)을 신설하는 등 양 기구 간의 공조를 위한 노력이 진행되고 있다.[27] 이와 더불어 2010년 11월에 채택된 '신전략개념'(New Strategic concept)을 통해 나토는 기구에 새로운 정체성과 기능을 부여함으로써 변화를 시도하고 있다.

EU의 회원국들은 실제로 대부분 나토의 회원국으로 이루어져 있음에 따라 지속적인 EU 안보축의 강화에 따라 유럽기구로서 양 기구 간의 중복된 부분이 많이 발생하므로 양 기구의 조정이 지속적으로 이루어질 것으로 보인다. 또한, 양 기구 간에 안보, 방위 분야뿐만 아니라 대테러 공조 등의 위기관리와 더욱 긴밀한 상호 간 군사능력의 발전 및 민간 긴급구호 등에서도 협력을 해 나가는 등 추후 상호 보완적인 관계에서 유럽안보문제에 관여할 것으로 보인다.

2. EU의 확대와 안보축의 변화

EU 안보축의 발전과 함께 신 유럽안보질서를 구축하는 데 있어 대서양 안보협력의 조정 문제가 제기되고, 이와 더불어 EU의 확대를 두고서도 유럽안보질서의 변화가 예상되고 있다. 2007년 1월부터 27개국으로 EU가 동구권으로 확대됨으로써 냉전으로 동서로 분단된 유럽이 하나가 되고 명실공히 냉전시대에 적대관계에 있던 국가들이 EU의 안보그룹에 합세함에 따라 집단안보의 범위가 더욱 넓어지게 되었고, 공동안보개념이 어떠한 형태로든 바뀌게 되었

27) 이승근, "유럽안보방위정책(ESDP)의 형성과 NATO의 대응", 『유럽연구』, 제25권 3호(한국유럽학회, 2007), pp.16~17.

다. 위에서 살펴본 것과 같이 공동안보의 수행에 있어 EU 회원국들의 입장이 다양한 것을 알 수 있는데, 확대 대상 국가들의 안보인식이 지정학적·역사적으로 상이함에 따라 EU 공동안보의 적용및 발전에 어려움이 뒤따를 수 있다.

첫째, EU의 대동구권 확대로 말미암아 EU의 국경선이 러시아와바로 접하게 됨에 따라 러시아의 안보 불안감이 가장 우선적으로대두되고 있다. EU가 러시아와 우호관계 유지를 위해 노력할 것으로 보이지만 러시아로서는 나토의 확대와 더불어 EU의 확대에 따라 자국의 안보에 위협이 될 수 있어 EU 회원국들이 대러시아 안보 불안감 불식을 위해 여러 대안을 마련할 것으로 예상된다.[28]

둘째, 에스토니아, 라트비아, 리투아니아 등 신입 EU 회원국으로서 발틱 연안 국가들은 러시아와 바로 인접해 있음에 따라 EU 회원국들의 공동안보정책 수행 시 러시아를 의식하지 않을 수밖에없음에 따라 EU로서는 부담이 될 수 있어 이에 대한 논의가 있을것으로 보인다.

셋째, 동구권 국가들 중에서 독일과 인접한 폴란드와 헝가리, 체코 등 3개국은 특히 경제 협력문제에 있어 독일과 관계가 밀접한데, 외교안보문제에서 향후 긴밀한 협력관계로 발전할 수 있음에따라, 이들 국가들이 다른 안보 강대국인 영국이나 프랑스와 관계가 긴밀하지 못할 수 있으므로 추후 EU의 CSDP의 발전에 걸림돌로 작용할 가능성이 있다. 또한, 키프로스, 몰타, 불가리아와 루마

---

28) 이승근·황영주, *op.cit.*, p.114. 러시아와 EU와의 협력관계와 관련하여 Mark Webber, Terry Terriff, Jolyon Howorth and Stuart Croft, "The Common European Security and Defence Policy and the 'Third-Country' Issue", *European Security*, Vol.11, No.2(Summer 2002), pp.88~94 참조.

니아 등 후발 EU 가입국들의 경우 지리적으로 서유럽과 상당히 떨어져 있음에 따라 공동외교안보 수행에 어려움을 가져다줄 수 있어 보완책이 나올 것으로 기대된다.

넷째, 아직 가입 협상이 완료되지 않은 크로아티아와 마케도니아 등 발칸지역의 국가들과 더불어 터키의 EU 가입 여부와 관련하여 공동안보정책의 수행을 위해 많은 논쟁을 촉발시키고 있다. NATO 회원국으로 터키는 지난 30여 년간 EU에 가입하길 원하였으나, 1999년에 가서야 가입협상국 대열에 속하게 되는 등 지리적으로나 인종적·종교적으로 터키가 EU에 가입하기에는 많은 무리가 따르는 것으로 대다수 EU 회원국들이 인식하고 있고, 터키 가입의 경우 공동안보정책의 지속적인 발전에 상당한 도전이 될 것임에 따라 이 점은 터키 가입협상 진행에서 많은 논란거리가 될 수 있다.

다섯째, EU의 확대에 따라 EU 회원국들이 미국과의 관계를 어떻게 정립하느냐에 따라 유럽안보질서에 변화를 가져올 수 있음으로 인해 EU의 공동안보정책의 수립에 있어서 주요 변수가 되고 있다. 미국은 주지하다시피 냉전시절과 비교하여 유럽에서 안보상의 입지를 좁힐 수밖에 없었지만 NATO를 중심으로 여전히 유럽안보 분야와 관련하여 헤게모니를 장악하고 있고, EU의 확대에 따른 새로운 가입국들은 유럽 강대국들에 대한 견제 차원에서 미국과의 협력 강화를 통해 프랑스와 독일의 독주를 견제하길 원하고 있음에 따라[29] EU 강대국들과 신입가입국들 간의 입장 조율도 시급히 대두되고 있다.

---

29) Pierre Magnuszewski, "S'élargir pour s'affaiblir? Non merci!", *Défense Nationale*(décembre 2001), pp.51~52.

Ⅴ. 결론

탈냉전기 시대로 접어들면서 유럽인들은 그동안 무엇보다도 경제적 분야에 주로 통합을 진행시켰던 것과는 달리 냉전기간 동안 더디게 진행되었던 외교안보 분야에서도 통합의 진전을 보여 그동안 유럽통합과정에서 소홀하게 다루어졌던 공동외교안보정책을 마스트리흐트조약을 통해서 수립하게 되었고, 이후 암스테르담 조약을 거치면서 이 분야에서 많은 발전을 보이게 된다. 이후에 발생한 코소보 사태 등을 거치면서 EU 안보축의 강화가 절실함을 깨달은 EU 회원국들은 본격적으로 ESDP를 형성하고 1999년 12월 헬싱키 이사회의 결정으로 관련기구가 신설됨으로써 EU가 실질적으로 군사적 혹은 비군사적인 분야에 개입할 수 있는 길을 열어 놓게 되었다. 이는 그동안 EU 회원국의 노력의 결과라 할 수 있고, 이에 따라 나토의 전략 수정과 함께 미국 또한 EU 국가들과 조력하는 방향으로 유럽의 안보 협력에 참여하게 될 것으로 보인다.

냉전기간 동안 서유럽 국가의 '집단방위기구'로서 중요한 역할을 하였던 나토는 냉전종식 후 전략을 수정하여 지역 '집단안보기구'로 탈바꿈하였고, 기구의 변경과 동구권 국가들을 회원국으로 받아들이는 등 기구로서 존속할 수 있는 기반을 닦았다. 한편, EU의 안보 분야에서 약진하는 것을 목격하면서 나토는 기구로서의 '존재의 이유'를 유지하기 위해 정책 변화를 시도하게 된다. 이에 따라 나토는 기존 전략의 수정과 나토 회원국 및 동반자 국가의 확대, EU와의 협력을 확대하는 차원에서 대EU 정책의 강화에 노력을 경주하게 되었다.

현재에는 무엇보다도 나토가 유럽안보의 실질적인 보장기구로 여전히 역할을 함에 따라 EU는 나토에 앞서지 않고 두 번째로서의 안보역할을 감당하고 있는 것이 실제 EU 안보축의 본 모습이라 할 수 있다. 이에 따라 EU 회원국 중 프랑스와 같은 '유럽주의' 국가들이 주장하는 것과 같이 CSDP를 중심으로 EU를 NATO의 우위에 두도록 하는 방법은 당분간 실현되기 힘들어 보인다. 또한, EU가 CSDP를 중심으로 대나토 정책을 강화하여 유럽에서 EU가 유일하게 안보기구로서 남고 종국에는 나토를 소멸시키는 방안도 실현성이 떨어져 보인다. 결국, 향후 양 기구가 평등한 입장에서 예를 들어 지역별 및 영역별로 특화하여 유지되도록 하는 시나리오를 상정할 수 있는데 이러한 미래의 EU – 나토 간 관계는 종국적으로 양 기구 간 협력의 확대와 자원의 공유, 실질적인 EU 회원국과 나토의 유럽회원국의 일치성 등에 따라 실현될 가능성이 많다고 할 수 있다.

결론적으로, EU는 2000년 12월의 니스조약을 통해 NATO가 유럽안보의 중심인 점을 분명히 하였고, EU 내에 운영되는 유럽통합군이 나토가 개입하지 않는 인도적 분야를 포함한 평화 유지활동만 전개한다는 점을 확인한 바 있어 유럽의 안보 분야에 있어 나토의 우선권이 인정된다고 하겠다. 2001년 12월 래켄 유럽이사회의 결정과 2002년 12월 '코펜하겐선언'에서와 같이 나토의 우위성이 인정되고 있음에 따라 나토의 안보 우선권은 당분간 유지될 것으로 보이지만 추후 점차로 EU의 입지가 넓어지게 되고 양 기구의 협력이 지속될 경우 유럽통합의 성숙과 함께 EU는 NATO와 평등한 입장에서 유럽안보를 책임지게 될 것으로 보인다.

박홍규. "NATO 변환의 현황과 전망: 역할 확대를 중심으로". 『주요 국제문제분석』. 외교안보연구원(2006. 9. 6).

이승근. "팬유럽 다자간안보 체제 구축 과정에 관한 고찰". 『영남국제 정치학회』. 제1집(1998).

이승근·황영주. "EU와 유럽안보: EU의 공동안보개념에 대한 분석을 중심으로". 『대한정치학회보』. 제11집 3호(2004).

이승근·배규성. "EU 안보축의 변화에 대한 고찰: 유럽안보방위정책(ESDP)의 형성과 쟁점을 중심으로". 『대한정치학회보』. 제14집 1호(2006).

이승근. "유럽안보방위정책(ESDP)의 형성과 NATO의 대응". 『유럽연구』. 제25권 3호(2007).

이재승. "EU 공동외교안보정책의 동향과 전망". 『주요국제문제분석』(2004. 5. 14).

이종광. "유럽통합의 이상과 현실". 서울: 일신사, 1996.

임문영 외. "유럽통합의 심화와 대외관계의 변화". 『국제학논총』. 제1집(1996).

조홍식. "유럽통합과 21세기: 현주소와 미래". 한국국제정치학회 2008 International Conference(2008년 10월 10일).

황영주·손무정. "국제주의와 대서양주의의 조화 또는 갈등: 영국 노동 당정부의 유럽안보방위정책(ESDP)에 대한 접근(1998~2003)". 『국제정치연구』. 제9집 1호(2006).

Cartou, Louis. *L'Union europeenne, Traité de Paris-Rome-Maastricht.* Paris: Dalloz, 1996.

Magnuszewski, Pierre. "S'élargir pour s'affaiblir? Non merci!". *Défense Nationale*(décembre 2001).

McAllister, Ian and Stephen White. "NATO Enlargement and Eastern Opinion". *European Security.* Vol.12. No.1(Spring 2003).

Lellouche, Pierre. *L'Europe et sa sécurité.* Rapport d'information. No. 1294, Paris: Assemblée nationale, 1994.

Sloan, Stanley R., *NATO, the European Union, and the Atlantic Community: the Transatlantic Bargain Reconsidered.* Oxford: Rowman & Littlefield, 2003.

Webber, Mark. Terry Terriff. Jolyon Howorth and Stuart Croft. "The Common European Security and Defence Policy and the 'Third-Country' Issue". *European Security.* Vol.11. No.2(Summer 2002).

"마스트리히트조약"('Maastricht' Treaty on European Union).

"ESDP Presidency Report, Copenhagen European Council". 12-13 December 2002. *From Laeken to Copenhagen, European defence: core documents.* Chaillot Papers. No.57. Paris: ISS, February 2003.

European Security and Defense Policy(ESDP), http://europa.eu.int/comm/external_relations/esdp/index.htm(2002년 12월 23일 검색)

EU Security Policy & the role of the European Commission-Chronology in http://europa.eu. int/comm/external_relations/esdp/chrono.htm(2002년 12월 2일 검색)

"Presidency Conclusions, Brussels European Council", 12/13December 2003, http://www.consilium.europa.eu/ueDocs/cms_Data/docs/pressdata/en/ec/78364.pdf(2007년 4월 5일 검색)

Presidency Report on the European Security and Defense Policy in http://ue.eu.int/Newsroom/loadDoc.asp?max(2003년 3월 19일 검색)

"The NATO-EU Strategic partnership".
http://www.nato.int/docu/comm/2006/0611-riga/presskit.pdf(2008
년 7월 8일 검색)

제10장 국제분쟁과 EU의 적극적 개입정책

온대원

한국외국어대학교 국제지역대학원 교수

Ⅰ. 서론

20세기 후반기를 통하여 대다수의 서유럽국가들은 전통적인 외교정책의 수단으로 서의 무력 사용에 대해서 매우 신중하고 유보적인 태도를 취했다. 그와 같은 태도는 일차적으로 근대 이후 유럽 강대국체제(a European great power system), 특히 두 차례의 세계대전의 경험을 통해 군사력 위주의 대외정책이 초래했던 문제점과 부작용에 대한 반성과 성찰의 반영으로 이해될 수 있다.[1] 그에 더하여 20세기 중반 냉전적 국제체제의 도래와 더불어 미 - 소 두 초강대국 사이에 전개된 치열한 핵무기 경쟁과 상호 억제태세가 국제질서의 기본 틀을 결정지으며 전쟁과 무력 사용은 더 이상 국가이익 추구를 위한 일상적인 수단으로 간주되지 않았다.[2] 유럽국가

---

1) 온대원, "유럽연합의 대외정책과 국제적 역할의 모색", 『유럽연구』, 제25권 1호(2007년 봄), pp.30～31.
2) Bernard Brodie, *The Absolute Weapons*(NY: Harcourt, Brace, 1946); Brodie, *Strategy in the*

"

들은 유럽 내외의 문제들을 해결함에 있어서 극히 일부의 예외를 제외하고는 군사적 수단을 배제했고 비폭력적이고 협력적인 방식을 통해 문제를 해결함으로써 바람직한 국제질서 형성에 기여하려 노력했다.[3] 1970년대 중반 유럽안보협력회의(CSCE: Conference on Security and Cooperation in Europe)가 창설되고 동유럽과 서유럽국가 간에 데탕트가 본격화된 이래 유럽은 세계정치 내 가장 모범적인 '평화지대'(zone of peace)로서의 위상을 확보했다. 국제문제에 대한 서유럽국가들의 규범적이고 평화적인 접근방식은 유럽공동체(EC: European Community)와 그 후신인 유럽연합(EU: European Union)의 대외적 정체성 형성에 중요한 역할을 담당했다. 인권, 민주주의, 자유무역 등 자유주의적 가치와 제도의 확산을 통한 전쟁방지 및 평화증진을 강조하는 EU 대외정책의 규범적 요소는 오랜 기간 동안 '문민권력'(Civilian Power Europe)으로서의 EU의 국제정치적 성격을 규정했다.[4]

자유주의와 평화주의에 기반을 둔 유럽의 전통적인 대외적 정체성은 지난 10여 년간 EU가 국제분쟁과 국제문제에 대해 차츰 무력사용과 강압외교를 포함한 적극적 개입정책을 추진함에 따라 근본적인 변화를 경험하고 있다.[5] EU 회원국 정상들은 1990년대 중반 이래 구 유고 지역에서의 분쟁격화를 계기로 각종 국제안보 현안

<hr>

Missile Age(Princeton: Princeton University Press, 1959).

3) Andrew Linklater, "A European Civilising Process?" Christopher Hill and Michael Smith(eds.), *International Relations and the European Union*(Oxford: Oxford University Press, 2005), pp.367~387.

4) Ian Manners, "Normative Power Europe: A Contradiction in Terms?" *Journal of Common Market Studies*, 40:2, June 2002, pp.235~258.

5) Ian Manners, "Normative Power Europe Reconsidered", *CIOEL Working Paper*, Oslo, 22~23 October 2004.

에 대한 적극적 개입을 표방했고, 그를 위한 공동정책을 수립하기 위한 노력을 경주해 왔다. EU는 2000년대 초 유럽안보방위정책 (ESDP: European Security and Defence Policy)을 연합의 공식제도로 채택했고, 2003년 8월에 최초로 역외 분쟁지역에 병력을 파견함으로써 국제정치 내 군사적 행위자로 등장하게 된다.[6] EU의 적극적 개입정책은 같은 해 12월 브뤼셀 유럽이사회에서 승인된 유럽안보 전략(ESS: European Security Strategy)에 명문화되었는데, 그에 따르면 EU는 "안전하고 더 나은 세계를 위해 국제문제에 적극적으로 개입해야 하며, 필요할 경우 강력한 군사력을 동원해서라도 국제분쟁을 예방하거나 질서를 회복시킬 대비태세를 갖춰야만 한다."[7] 이후 EU는 ESS에서 표명된 국제분쟁에 대한 적극적 개입주의에 입각해 ESDP 작전능력을 강화하기 위한 포괄적인 방안을 모색했고, 이러한 노력은 2009년 12월 리스본 조약의 비준과 더불어 공동안보방위정책(CSDP)의 등장으로 귀결되었다.[8]

국제분쟁과 국제안보에 대한 새로운 시각과 정책은 EU가 수십 년간 표방해 왔던 평화주의에 입각한 국제관계 노선에 근본적인 변화가 발생했음을 시사한다. 이 글에서 저자는 국제문제에 대한 유럽국가들의 이전의 입장을 '자유적 평화주의'(Liberal Pacifism)로 규정하고, 그것이 탈냉전 시대 유럽 안팎의 안보환경 변화에 따라 적극적 개입을 강조하는 '자유적 국제주의'(liberal internationalism)

---

6) ESDP는 2009년 12월 1일 리스본 조약의 발효와 더불어 공동안보방위정책(CSDP: Common Security and Defence Policy)로 전환되었다.

7) European Council, "A Secure Europe in a Better World: European Security Strategy", Brussels, 12 December 2003.

8) Giji Gya, "Enacting the Lisbon Treaty for CSDP: Bright Lights or a Tunnel?" *European Security Review*, No.47(December 2009), pp.1∼4.

로 전환되었다고 주장한다.[9] '자유적 평화주의'는 인권, 민주주의, 법치주의, 자유무역 등 자유주의의 핵심 가치의 확산을 통해 전쟁을 방지하고 평화를 확보할 수 있으며, 국제문제의 해결을 위해서 대화와 권유, 협상 등 비폭력적인 수단을 강조하는 입장이다. 반면 '자유적 국제주의'는 국제영역에서 자유주의의 제반 가치를 실현하기 위하여 군사력의 과감한 사용 등 각종 정책수단의 적극적 활용을 통한 개입주의 노선이라 정의된다. 유럽에서의 자유적 국제주의의 등장은 국제기구와 다자주의적 접근법을 중시하는 국제관계 내 전통적인 자유주의적 시각에 바탕을 두고 있으며, 동시에 탈냉전 시대 국제질서에 대한 유럽인들의 새로운 시각을 반영하고 있다.

이 글에서 저자는 2003년 이후 본격화된 EU의 적극적 개입정책을 자유주의적 전통 속에서 갖는 의미와 문제점, 그리고 향후 전망을 다루고 있다. 그를 위하여 먼저 국제관계의 자유주의적 입장을 소개하고, 유럽연합의 평화지향적인 대외적 정체성과 공동외교안보정책의 다양한 측면을 살펴볼 것이다. 다음으로는 유럽연합의 적극적 개입정책이 등장하는 대내외적 배경과 과정, 그리고 그것이 CFSP 및 CSDP의 발전에서 갖는 중요성을 다룰 것이다. 마지막으로 결론 부분에서는 유럽의 자유적 국제주의와 적극적 개입정책에

---

9) 마이클 도일은 자유주의를 '자유적 평화주의'(liberal pacifism), '자유적 제국주의'(liberal imperialism), '자유적 국제주의'(liberal internationalism) 등 3가지 유형으로 분류한다. 그에 의하면 자유적 평화주의는 슘페터(Joseph Schumpeter)의 자본주의와 제국주의에 대한 이론에 따라 자본주의와 민주주의의 상호 작용은 국제영역에서 자유적 평화주의의 토대를 제공한다. 반면 자유적 제국주의는 투키디데스(Thucydides)와 마키아벨리(Niccolo Machiavelli)의 지적 전통에 따라 무정부적 국제질서 속에서 자신의 생존과 이익을 극대화하려는, 공화국들의 '힘의 정치'를 위주로 하는 현실주의적 대외정책 성향을 지칭한다. 도일의 분류에 의하면 자유적 국제주의는 칸트의 영구평화를 위한 '3개의 조건'과 '더 나은' 국제질서를 위한 적극적 개입주의를 의미한다. 자세한 내용은 다음을 참조. Michael W. Doyle, "Liberal Internationalism: Peace, War and Democracy", Nobel Institute, Oslo, 22 June 2004, http://nobleprize.org/(검색일: 2010년 6월 24일)

대한 평가 및 향후 전망을 제시할 것이다.

Ⅱ. 전쟁과 무력 사용: 이론적 논의

칸트의 '영구평화론'(perpetual peace)으로 대표되는 국제관계의 자유주의적 전통의 역사는 상당히 긴 편이다. 그러나 자유주의적 시각에서 전쟁과 평화, 그리고 국제질서의 작동원리를 본격적이고 체계적으로 다룬 연구는 의외로 그 역사가 길지 않다.[10] 오랜 기간 동안 전쟁의 원인을 비롯한 전쟁 및 국제안보에 대한 논의에서 주도적인 위치를 차지해 온 것은 마키아벨리, 홉스, 루소 등의 지적 전통에 기반을 둔 현실주의적 국제관계이론이다. 주지하다시피 제2차 세계대전 이후 국제관계의 연구는 현실주의 이론에 의해 주도되었고 다원주의적 또는 자유주의적 이론은 1980년대 이래 국제정치경제 분야에서의 연구를 중심으로 전개되었다. 1990년대 중반 이래 대두한 '민주평화론'(Democratic Peace Theory)이 아마도 전쟁과 평화 문제에 대한 최초의 본격적인 논의일 것이다. 많은 경우 자유주의 또는 다원주의적 입장을 갖는 이론들은 주류 현실주의 또는 신현실주의 이론과 주장을 비판하거나 보완하는 대응적인 성격을 띠고 있다. 이 장에서는 먼저 전쟁과 국제분쟁에 대한 현실주의 및 신현실주의적 이론을 고찰한 후, 평화와 거버넌스에 대한 자

---

10) Michael W. Dyle, *Ways of War and Peace: Realism, Liberalism, and Socialism*(NY: W. W. Norton, 1997).

유주의적 시각과 입장들을 살펴보고자 한다.

1. 현실주의적 전통

현실주의 국제관계 이론은 인간의 불완전성과 주권국가의 이기적 속성, 그리고 국제체제의 무정부성으로 인해 국제정치의 본질은 힘의 정치일 수밖에 없으며, 따라서 국가 간 전쟁은 일상적이며 매우 자연스러운 현상이라고 간주한다.[11] 그에 따르면, 개별 주권국가들은 국제정치의 가장 기본적인 행위자이며, 이들은 국제영역에서 자신들의 행동을 규율할 수 있는 상위의 권위체가 부재한 무정부적 상태 속에서 자신의 안보와 권력, 그리고 각종 이익을 방어하고 확장시키기 위해 최선을 다하는 합리적 행위자이다. 다른 국가들의 의도 및 국제체제의 무정부성에 내재되어 있는 이러한 불확실성은 국가지도자들로 하여금 주로 단기적인 관점에서 자국의 안보와 이익을 증진시키기 위해 타국과의 끊임없는 경쟁과 투쟁에 몰입토록 강요한다. 월츠(Kenneth Waltz)로 대표되는 신현실주의(또는 구조적 현실주의)의 입장에 따르면, 국제체제의 무정부성은 국가 사이의 전쟁을 촉발하는 중요한 조건을 제공한다.[12] 비록 무정부성이 전쟁발생의 개연성을 증대시키는 하나의 기본요소로 간주되지만, 현실주의(특히 신현실주의)의 근본적인 문제점 중 하나

---

11) Kenneth N. Waltz, *Theory of International Politics*(NY: McGraw-Hill, 1979), pp.79~106; John J. Mearsheimer, *Tragedy of Great Power Politics*(NY: W. W. Noton & Company, Inc., 2001), pp.29~40, 46~53.

12) Kenneth N. Waltz, *Man, the State, and War*(NY: Columbia University Press, 1959), p.232.

는 그것으로 특정 전쟁의 발생 혹은 반복 여부를 예측하거나 논증
할 수 없다는 점이다.[13]

　그럼에도 불구하고 무정부성은 그로부터 전쟁의 인과적 변수를
설명할 수 있는 주요 가정과 분석체계를 구축하는 데 있어서 핵심
적인 개념이다. 현실주의의 가장 중심적인 주장은 권력 분포, 특히
국제체제의 극성(極性, polarity)은 전쟁의 빈도 및 국제영역에서의
국가들의 행태를 효과적으로 설명할 수 있는 분석틀을 제공한다는
것이다.[14] 현실주의자들은 국가들을 국제질서에 대한 보수주의적
(현상유지적) 또는 수정주의적(현상타파적) 세력으로 구분하고 그
에 따라 전쟁이 발생하는 두 가지 주요 경로를 규명한다.[15] 하나는
국가 간 이익을 둘러싼 분쟁발생 시 최소한 한 국가가 예상되는 비
용과 그를 통해 실현될 것으로 기대되는 수익, 그리고 정치적 상황
등 요소들에 대한 합리적 계산을 통해 전쟁을 통한 분쟁해결이 가
장 최선의 방식이라 판단할 때 발생하게 된다. 또 다른 경로는 두
국가 또는 더 이상의 국가가 모두 평화를 원하지만 국제체제의 무
정부성 및 상호 간 안보딜레마라는 구조적 이유로 인해 전쟁이 발
생하는 경우이다. 이러한 여건에서 전쟁은 때때로 상대방의 공격가
능성이 있을 경우 기습공격을 당하기보다 선제공격을 감행하는 것
이, 그리고 상대방 국력의 상대적 증강속도가 자국보다 빨라 시간
이 갈수록 힘의 균형이 불리해질 것으로 예측될 경우 그렇게 되기

---

13) Jack S. Levy, "War and Peace", Walter Carlsnaes, Thomas Risse, and Beth A. Simmons, eds., *Handbook of International Relations*(London: Sage, 2002), p.352.

14) Kenneth N. Waltz, "The Origins of War in Neorealist Theory", *Journal of Interdisciplinary History*, 18:4, 1988, p.620.

15) Levy, *op.cit.*, pp.353~354.

전에 공격하는 것이 유리하다는 판단에 의해 촉발될 수 있다.[16)

이러한 이유로 현실주의자들은 전쟁과 분쟁을 국제관계의 고정변수로 간주했고, 평화에 대한 체계적이며 포괄적인 이론을 결여하고 있다. 아마도 현실주의적 시각에서 제한적이긴 하지만 나름대로 평화의 조건과 이유에 대해 어느 정도 일관된 설명을 제공해 줄 수 있는 것은 '세력균형이론'(balance of power realism)과 '패권이론'(hegemonic realism)일 것이다.[17) 세력균형이론은 일반적으로 현상타파 세력에 의한 패권 수립의 방지가 현상유지를 지향하는 국가들의 주요 목표라고 간주한다. 전쟁은 세력균형정책의 가장 중요한 수단 중 하나이며 국가 간 안정된 세력균형이 달성될 경우 불완전하긴 하지만 국제평화가 달성될 개연성이 높다고 주장한다.[18) 패권이론은 권력전이이론, 패권안정이론, 장주기이론 등을 포함하며, 현실주의의 주요 가정들을 공유하지만 국제체제의 무정부성 대신 위계적인 국제체제 속에서의 질서 관리의 중요성을 강조한다.[19) 이들 이론에

---

16) 그러나 이 주제에 대한 몇몇 사례연구에 따르면, 선제공격은 보통 기존의 갈등이나 적대관계 등 다른 요인들과 결합될 경우에 감행되며 많은 경우 전쟁은 방어적 성격과 공격적 성격이 명확히 분리되지 않는다고 한다. 예방적 전쟁 또는 선제적 전쟁에 대한 다양한 연구로는 다음을 참조. Dan Reiter, "Exploding the Powder Keg Myth: Preemptive Wars Almost Never Happen", *International Security*, 20:2, 1995, pp.5∼34; Jack S. Levy, "The Causes of War: A Review of Theories and Evidence", Pholip Tetlock, Jo L. Husbands, Robert Jervis, Paul C. Stern and Charles Tilly, eds., *Behavior, Society, and Nuclear War*, Vol.1,(NY: Oxford University Press, 1989), pp.209∼333; Fritz Fischer, *War of Illusions*(NY: W. W. Norton, 1975); Jack Snyder and Robert Jervis, "Civil War and the Security Dilemma", Barbara F. Walter and Jack Snyder, eds., *Civil Wars, Insecurity, and Intervention*(NY: Columbia University Press, 1999), pp.15∼37.

17) Levy, *op.cit.*, pp.354∼355.

18) Hans J. Morgenthau, *Politics Among Nations*(NY: Alfred A. Knopf, 1948); Raymond Aron, *Peace and War*(trans. by Richard Howard and Annette Baker Fox)(Garden City, NY: Doubleday/Anchor Press, 1973); Kenneth N. Waltz, *Theory of International Politics*(Reading, MA: Addison-Wesley, 1979).

19) A. F. K. Organski and Jacet Kugler, *The War Ledger*(Chicago: University of Chicago Press, 1980); Robert Gilpin, *War and Change in World Politics*(Cambridge: Cambridge University Press, 1981); Paul Kennedy, *The Rise and Fall of the Great Powers*(NY: Random House,

따르면 국제질서의 안정과 국제평화는 패권국의 존재 여부 및 원활한 안정화 기능의 수행에 의해 달성될 가능성이 높다. 세력균형론이 패권국의 존재를 국가 간 갈등과 전쟁의 주요 원인으로 이해하는 데 반하여 패권이론은 패권의 부재, 약화 혹은 다른 국가로의 패권의 전이가 국제질서의 불안정화와 전쟁의 원인이라고 가정한다는 점에서 커다란 차이를 보이고 있다.

신현실주의자들은 국제질서의 양상이 개별 국가의 평화와 질서에 대한 의도가 아닌 국제체제 내 국가 간 힘의 균형에 의해 결정된다는 입장을 피력한다.[20] 따라서 역설적으로 전쟁을 예방하고 평화를 확립하는 가장 좋은 방법은 적극적으로 '전쟁을 준비'하는 것이다.[21] 즉 강력한 군사력을 확보하고 굳건한 동맹관계를 발전시킴으로써 다른 국가의 공격을 억제하고 전쟁이 불가피하다면 전쟁 승리를 통해 평화를 획득하는 것이 가장 확실한 방법이다. 신현실주의자들은 이러한 가정에 입각하여 냉전시기 게임이론과 핵억제 이론을 발전시켰다.[22] 행위자 간 신뢰의 결핍과 속임수의 가능성은

1987).

20) 반면 카아(E. H. Carr), 모겐소(Hans J. Morgenthau), 화이트(Martin Wight), 불(Hedley Bull) 등 고전적 현실주의에 속하는 학자들은 국제정치의 근본적 속성은 힘에 의해 결정되는 것은 사실이지만 국제법과 기구를 비롯한 다양한 수단들에 의해 전쟁은 어느 정도 회피되거나 예방될 수 있다는 견해를 피력한다. 이러한 견지에서 이들은 월츠를 비롯한 신현실주의자들이 결정론적 주장과는 상당한 차이점을 보이고 있다. 국제관계학에서의 '제2차 대논쟁'은 1960년대 중반 고전적 현실주의자인 불(Bull)과 '과학적 현실주의자'인 캐플란(Morton Kaplan) 간의 논쟁을 계기로 촉발된다. 이에 대한 논의를 위해서는 다음을 참조. Brian C. Schmidt, "On the History and Historiography of International Relations", Carlsnaes et al., eds., *op.cit.*, pp.10~12; Hedley Bull, "International Theory: The Case for a Classical Approach", *World Politics*, 18:3, 1966, pp.361~377; Morton Kaplan, "The New Great Debate: Traditionalism vs. Science in International Relations", *World Politics*, 19:1, 1966, pp.1~20; E.H. Carr, *The Twenty Years' Crisis 1919~1939: An Introduction to the Study of International Relations*(London: Palgrave, 2001).

21) Edward Luttwak, Strategy: *The Logic of War and Peace*(Cambridge, MASS: Belknap Press of Harvard University Press, 1987), p.1.

22) Thomas Schelling, *The Strategy of Conflict*(Cambridge: Harvard University Press, 1960).

국가들로 하여금 상대방의 기습공격이나 다른 예기치 않은 전쟁에 대비하게 만든다. 이러한 측면은 개별 국가들이 대외정책을 수립함에 있어서 타 국가의 선언적 정책(declaratory policy)이 아닌 군사력의 크기와 동맹관계의 견고성 등 실제로 보유하고 있는 능력을 중시한다는 것을 의미한다. 국가 간 대립상황에서 어느 일방의 방어적 목적의 군비증강이나 동맹체결도 상대방에게는 공격적 의도로 비추어질 수 있고 그에 대한 대응은 관련국 간 끊임없는 군비경쟁과 안보딜레마로 귀결된다.[23]

신현실주의자들은 지난 몇 세기간 국제정치의 경험을 통해 양극적 국제체제가 다극적 국제체제에 비해 안정적인 구조를 제공하고 있으며, 특히 냉전시기 미국과 소련을 중심으로 한 양극체제는 상당히 견고한 것이었다고 주장했다. 냉전 시기 양극체제의 견고성은 두 초강대국 간 '공포의 핵균형'에 크게 기인했던바, 어느 일방도 상대방에 대해 압도적인 우위를 점하지 못한 상황에서 한 측에 의한 기습공격은 결국 양자 모두의 공멸, 즉 '확증파괴'를 가져올 것이 확실하므로 양측 간 대규모의 무력충돌은 억제되는 것이다.[24] 이러한 견지에서 냉전시기 두 초강대국 간 존재했던 '오랜 평화'(long peace)는 핵억제에 의한 상호 교전회피에 기인했다고 이해될 수 있다.[25] 두 초강대국은 각기 동맹국들과의 결속을 기반으로

23) Robert Jervis, "Cooperation under the Security Dilemma", *World Politics*, Vol.30, No.2 (January 1978), pp.167~74; and Robert Jervis, *Perception and Misperception in International Politics*(Princeton, NJ: Princeton University Press, 1978), pp.58~13.

24) Henry D. Sokolski, Getting *MAD: Nuclear Mutual Assured Destruction, Its Origins and Practice*(Carlisle, Pennsylvania, 2004).

25) John Lewis Gaddis, *The Long Peace: Inquiries into the History of the Cold War*(Oxford: Oxford University Press, 1987).

제3세계에서 유리한 전략적 고지를 차지하기 위해 수많은 국가와 지역에 대해 군사적 개입을 감행했다. 이들 지역에 대한 초강대국들의 개입은 기본적으로 각자가 표방했던 자유주의적 또는 혁명주의적 이념이나 가치보다는 전략적·정치적 고려에 바탕을 두었다고 이해하는 것이 더욱 정확할 것이다. 초강대국 간의 극한적인 핵군비경쟁과 제3세계에 대한 쟁탈전 속에서 서유럽과 같은 '평화의 제국'(Empire of Peace)이 국제분쟁에 적극적으로 개입한다는 것은 현실적으로 불가능한 일이었다. 서유럽국가들은 냉전기간을 통하여 미국이 제공한 안보우산과 자유주의적 국제정치경제질서 속에서 대내적인 경제발전과 복지확충에 집중하는 한편 국제영역에서 주로 인도적·경제적 측면에서의 개입을 통한 국제발전과 평화에 기여하는 것을 주된 임무로 삼을 수밖에 없었다.

2. 자유주의적 입장들

자유주의자들은 인간의 본성, 국가의 속성, 전쟁의 원인, 그리고 국제평화의 조건에 대하여 현실주의자들과 상당히 대조적인 주장을 펼치고 있다.[26] 인간의 본성에 대하여 자유주의자들은 기본적으로 성선설(性善說)적인 입장을 채택하고 있는데, 그에 따르면 인간은 본질적으로 다른 인간에 대해서 애정과 신뢰를 갖도록 되어 있고 모든 사람이 공감할 수 있는 양심과 규범적인 속성을 갖고 있다. 인간의 본성은 근본적으로 선하지만 빈곤과 적절한 교육의 결핍, 불안

---

26) Levy, *op.cit.*, pp.355~361.

정한 사회정치적 상황 등은 개인의 정서적 불안감과 더불어 방어 및 공격적 성향을 자극하여 사회적 갈등과 범죄를 촉발한다. 이러한 맥락에서 정치의 가장 중요한 기능은 시민들의 물질적 필요를 충족하고, 대내외적인 치안활동을 통해 정치사회적 안정을 도모하며, 교육을 통하여 민주시민으로서의 소양을 배양하는 것이다.[27]

칸트(Immanuel Kant)는 1795년에 저술한 '영구평화론'(Perpetual Peace)에서 입헌공화제를 영구평화를 위한 가장 중요한 조건 중 하나로 제시했다.[28] 그에 따르면 이러한 정치제도하에서 대다수의 국민들은 자기방위가 아닌 침략을 위한 전쟁을 결코 원하지 않으며, 그것은 민주적 의사결정과정에 그대로 반영된다. 따라서 모든 나라가 민주공화제를 채택할 경우 어떤 나라도 침략행위를 하지 않을 것이며 국가 간의 전쟁은 영원히 발생하지 않을 것이다. 칸트가 주장했던 영구평화론은 20세기 말에 들어와 일단의 자유주의 이론가들이 냉전 기간 동안 민주주의 국가 간 전쟁이 발생하지 않았다는 점에 착안하여 경험적인 연구를 진행함에 따라 수면 위로 다시 부각되었다.[29]

자유주의적 국제관계이론은 전쟁과 분쟁에 대한 현실주의자들의 기본 가정과 주장에 대해 특정한 국내외적 상황 및 국가의 전략에 따라 전쟁은 회피될 수 있으며, 분쟁의 강도 또한 완화될 수 있다는 견해를 피력해 왔다. 1990년대 미국 내 학계를 중심으로 진행된

---

27) Harvey Starr, "Democracy and Integration: Why Democracies Don't Fight Each Other", *Journal of Peace Research*, 34:2, 1997, pp.153~162.

28) Michael Doyle, "Kant, Liberal Legacies, and Foreign Affairs", *Philosophy and Public Affairs*, 12, 1983, pp.205~235.

29) Levy, *op.cit.*, pp.358~361.

민주평화론 논쟁에서 자유주의자들은 경제적 상호 의존과 민주주의가 평화를 증진시킨다는 기본가정하에서 민주적 제도, 자유무역, 국제법과 기구의 발전이 국제정치의 안정과 평화에 어떻게 기여하는가에 대한 경험적 연구를 수행했다.[30] 자유주의적 제도주의자들은 국제법과 국제기구가 특히 국제정치경제와 환경 등 이슈영역에서 국가 간 협력에 어떤 영향을 미치는가에 대한 실증적인 연구결과를 제시했다.[31] 탈냉전 시대의 도래와 더불어 일련의 자유주의자들은 자유무역, 상호 의존, 그리고 세계화의 확산이 국제안보에 미치는 긍정적인 효과에 대한 보다 정교한 이론들을 발전시켜 왔다.[32] 예를 들면 자유무역의 긍정적 효과를 입증하기 위해 국내적 수준에서의 인과관계 모델을 구축하려 했는데, 그에 따르면 자유무역은 사회 전체의 활력과 번영을 가져오므로 공황과 같은 정치사회적 불안요인을 완화시키고 궁극적으로 문제해결의 마지막 수단으로서의 전쟁에 대한 의존성을 감소시킨다.[33] 또한 보호무역이 야기할 수 있는 무역분쟁의 상승작용을 억제하고, 국내정치에서 자유무역에 의해 혜택을 받는 세력들의 정치적 위상을 강화시킴으로써 결과적으로 군사적 모험주의를 감소시키는 역할을 한다.[34] 그에 더

---

30) Bruce Russet and John R. Oneal *Triangulating Peace: Democracy, Interdependence, and International Organization*(NY: W. W. Noton, 2001).

31) Robert O. Keohane, *After Hegemony: Cooperation and Discord in the World Political Economy*(Princeton: Princeton University Press, 1984); Robert O. Keohane and Lisa L. Martin, "The Promise of Institutionalist Theory", *International Security*, 20:1, pp.39~51.

32) John R. Oneal and Bruce Russett, "The Kantian Peace: The Pacific Benefits of Democracy, Interdependence, and International Organizations, 1885-1992", *World Politics*, 52:1, pp.1~37; Thomas L. Freedman, *The Lexus and the Olive Tree*(NY: Farrar, Straus, Giroux, 1999).

33) Joseph A. Schumpeter, *Imperialism and Social Classes*(Oxford: Oxford University Press, 1919/51); Ronald Rogowski, *Commerce and Coalitions: How Trade Affects Domestic Political Alignments*(Princeton: Princeton University Press, 1989).

하여 국제무역의 반복은 각국 내 다양한 행위자들 사이의 소통과 상호 이해를 증진시킴으로써 상대방에 대한 인식부족과 오해로 인한 분쟁격화의 가능성을 낮출 수 있다. 자유무역은 전반적으로 경제적 번영과 정치적 민주주의를 초래하며, 그것은 다시 여러 가지 방식으로 평화를 증진시키는 것으로 이해된다.[35]

자유무역과 경제적 상호 의존이 평화를 증진시킨다는 주장은 현실주의자 및 종속이론을 중심으로 한 좌파 이론가들로부터의 다양한 공격과 비판에 직면하게 된다.[36] 예를 들면, 민주주의 국가의 정치 지도자들은 전쟁에 의해 자유무역이 저해되고 경제적 손실이 가해지는 것을 우려하기 때문에 전쟁을 정책의 수단으로 채택하지 않을 것이라는 주장은 경제 이외의 전략적·정치적 고려를 배제한 지나치게 단순화된 논리라고 비판되었다. 또한 교역쌍방이 서로 비대칭적인 상호 의존 관계를 맺고 있을 때 무역의 중요성에 대해 서로 상이한 인식을 가질 수 있으며, 또한 상호 간의 갈등을 해결함에 있어서도 서로 다른 접근방식을 채택할 수 있다는 점을 간과했다는 주장이 제기될 수 있다. 그와 대조적으로 일부 학자들은 공화제 및 민주적 정체에 대한 경험적 연구를 통하여 특정한 조건하에 자유주의 국가가 다른 체제의 국가보다도 더욱 공격적이 될 수 있

---

34) Charles Wilson, *Profit and Power: A Study of England and the Dutch Wars*(The Hague: Martinus Nijhoff, 1978).

35) Eric Weede, "Economic Policy and International Security: Rent—Seeking, Free Trade and Democratic Peace", *American Political Science Review*, 92:1, pp.50~62.

36) James D. Morrow, "How Could Trade Affect Conflict?" *Journal of Peace Research*, 30:4, pp.481~489; Eric Gartzke, Quan Li and Charles Boehmer, "Investing in the Peace: Economic Interdependence and International Conflict", *International Organization*, 55:2, pp.391~438; Katherine Barbieri, "Economic Interdependence: A Path to Peace or Source of Interstate Conflict?" *Journal of Peace Research*, 33:1, pp.29~49.

다는 견해를 제시한다.[37] 자유주의와 비자유주의 국가 간 이념과 체제의 차이, 그리고 민주국가 시민들의 독재자에 대한 적대적인 태도는 때때로 열세한 위치에 있는 비민주국가에 대해 공격적인 행위를 촉발할 수 있기 때문이다.[38] 물론 자유주의 국가 간에도 여러 가지 이유로 갈등이 있을 수 있지만 이러한 갈등은 다른 민주국가에 대해 갖는 동질감과 우호적 태도, 그리고 민주국가 간 제도화된 틀 속에서 평화적인 방법으로 분쟁을 해결하는 관례 등에 의해 극단적인 충돌로 비화되는 사례는 거의 없다. 간혹 선거를 통해 호전적인 정치지도자가 등장하더라도 그의 공격적인 대외정책은 일반국민들의 지지를 획득하는 한도 내에서만 성립될 수 있다. 비록 일반 국민들이 일시적으로 선동적이고 호전적인 정책을 지지할 수는 있겠지만 실제로 민주제하에서 다른 민주주의 국가에 대한 적대적 정책이 전쟁으로 비화된 사례는 거의 없다. 따라서 민주주의의 호전성은 일반적으로 '실패한 국가'(failed state)나 자유주의 국가들에 적대적인 태도를 갖는 폐쇄된 국가들에 지향되는 경우가 많다. 이러한 측면은 자유주의 국가 또한 무력 사용을 대외정책의 주요 수단으로 채택할 수 있다는 것을 의미한다.

무력 사용과 전쟁에 대해 가장 적극적인 태도를 갖고 있는 자유주의적 입장으로 '자유적 제국주의'(liberal imperialism)를 들 수 있다. 자유적 제국주의는 자유적 평화주의와 달리 팽창주의적 성향을 갖고 있으며 자신의 규범적 목표와 실제적 이익을 위해 다른 독재

---

37) Henry S Farber and Joanne Gowa, "Common Interests or Common Polities?: Reinterpreting the Democratic Peace", *Journal of Politics*, 59:2, 1997, pp.393~417.

38) James D. Fearon, "Domestic Political Audiences and the Escalation of International Disputes", *American Political Science Review*, 88:3, 1994, pp.577~592.

국가와 비민주적 정치세력에 대해 '힘의 정치' 방식을 적극적으로 구사한다. 국내 정치과정에서 민주적인 절차를 통해 공유되거나 합의된 국가목표와 이익을 위해 비민주적인 국가와 정권에 대한 강압외교와 무력 사용을 용인한다. 투키디데스나 마키아벨리에 의하면 자유공화국은 평화적이지 않을뿐더러 제국주의적 평화에 가장 적합한 국가형태이다.[39] 마키아벨리의 공화국은 천부인권 사상 등 근대적 의미의 자유주의적 가치에 토대를 두지 않았지만 대중적 자유와 정치참여를 기본적인 내용으로 한다.[40] 이 체제 내에서는 왕과 귀족, 평민은 각자 권력을 분점하고 사안에 따라 서로 대립과 협력관계를 반복한다. 따라서 서로의 이익이 합치된다고 판단할 경우에는 언제든 공동의 이익을 위해 대외팽창정책을 채택할 수 있고 전쟁을 감행할 수 있다. 때로는 전쟁과 제국주의적 팽창으로부터 기대되는 이익이 대중과 집권 엘리트로 하여금 강력한 군사력 건설과 대외팽창을 유도할 수 있다. 자신들의 재산과 자유는 공화주의 정치제도에 의해 보장받을 수 있기 때문에 이들은 어렵지 않게 공격적인 대외정책에 합의할 수 있다. 이러한 점에서 자유적 제국주의는 자유적 평화주의와 본질적인 차이점을 갖고 있으며, 고대 아테네와 로마제국, 영국의 제국주의, 그리고 냉전 시기 미국의 강력한 개입주의를 그 예로 제시할 수 있다.

---

39) Doyle, "Liberal Internationalism", p.2.
40) *Ibid.*

Ⅲ. 유럽의 평화주의

오랜 역사를 통해 드러나듯 자유주의 정치제도에 속한 상당수의 국가들이 적극적으로 전쟁을 감행했고, 20세기 후반에 들어와서도 자유진영의 대표국가인 미국은 냉전적 국제체제하에서 소련과의 경쟁을 위해 제3세계 국가 및 지역들에 대해서 적극적 개입정책을 실행했다. 미국은 결코 폭력적 방식을 동원하여 유럽을 비롯한 자유주의 국가들을 점령하거나 상호 갈등을 해결하려 시도하지 않았다. 또한 서유럽과 아시아－태평양 지역의 자유진영 국가들도 상호 간에 전반적으로 평화로운 관계를 유지했고 설혹 심각한 갈등이 발생했더라도 그 해결을 위해 결코 폭력적인 수단에 의존하려 하지 않았다. 제2차 세계대전의 종전 이후 미국을 제외한 거의 대다수의 민주주의 국가들은 방어적 전쟁을 제외하고 다른 비민주적 국가들에 대하여 영토 점령이나 다른 목적을 위해 독자적으로 전쟁을 감행한 사례는 거의 없다. 그렇다면 냉전 기간 동안 미국이 보여 줬던 적극적 개입을 위주로 한 자유적 제국주의와 서유럽국가들의 비군사적·평화적 방법을 강조하는 자유적 평화주의 사이에는 어떠한 근본적인 차이가 존재하는가? 과연 이 두 종류의 자유주의적 성향은 마이클 도일의 주장과 같이 국제질서에 대해 각기 다른 사상적 근원을 갖는 상이한 세계관과 가정에 근거하고 있는가? 이에 대해 저자는 도일과 다른 견해를 제시한다. 즉 냉전을 통해 서유럽국가들이 보여 줬던 평화주의적 성향은 도일이 말한 바와 같이 슘페터 식의 자본주의와 민주주의 간 상호 작용에 의해 생성된 국제정치적 산물이 아니라고 주장한다.[41] 대신 제2차 세계대전의 종료와 냉전으로 인해 형성된 유럽의 특수한 대내외적 상황 속에서 국제문제에 대한 유럽인들의 합리적 선택을 반영했을 따름이라는 해석을 제시하고자 한다.

제2차 세계대전이 종료된 이후 민주국가의 대다수는 서유럽과 북미지역에 위치했고 서유럽국가들은 소련을 중심으로 한 공산주의 진영의 이념적·정치적·군사적 위협에 노출된 상태에서 미국이 제공하는 안보우산과 자유무역에 기대어 생존과 발전을 도모할 수밖에 없었다. 이들은 초강대국과의 국력 차이를-특히 군사적인-극복하는 것이 어쩌면 영원히 불가능해 보이는 상황에서 기존의 민족국가를 중심으로 한 현실주의적 국제정치 패러다임을 포기하고 미국의 대외정책에 순응적인 태도를 취할 수밖에 없었다. 전후 유럽의 취약한 경제적 상황 속에서 서유럽국가들은 신속한 전후 회복과 발전을 위하여 미국의 경제적 지원과 미국에 의해 주도된 자유주의적 국제정치경제질서에 의존하는 수밖에 없었던 것이다. 미-소 두 초강대국이 지배하는 냉전적 세계질서 속에서 서유럽국가들은 이전과 같은 식민지 경영을 통한 경제적 이익과 국제정치적 영향력, 그리고 강대국 지위의 획득이 더 이상 불가능하다는 것을 확실히 인식했다. 양차 세계대전이 예시하듯 전쟁의 파괴력은 엄청나게 증대했고 식민지의 유지 및 확장을 위해 미-소를 비롯한 다른 국가들과 경쟁하는 것은 전혀 현실적인 선택이 될 수 없었다.[42]

---

41) 이와 유사한 주장으로는 다음을 참조. James Fearon, "Rationalist Explanations for War", *International Organization*, 49:3, 1995, pp.379~414.

42) R. Holand, *European Decolonialisation*, 1918~1981(Basingstoke, Macmillan, 1985).

　　당시 서유럽에서는 제국주의와 전쟁에 대한 부정적 시각이 풍미했고 식민지 수탈에 대한 성찰과 반성이 전 세계 많은 식민지 국가들의 해방을 촉진했던 것은 사실이다. 그러나 이러한 평화주의 추세는 제1차 세계대전 이후 거의 모든 유럽국가에서 대두했던 반전 및 평화주의 사조와 비교할 때 그다지 큰 차이점은 없는 것으로 보인다. 가장 현격한 차이는 아마도 전후처리의 주체와 방법, 그리고 과정일 것이다. 제1차 세계대전 이후 모든 유럽국가들은 전쟁 재발 방지를 위한 평화주의 정책노선을 천명했지만 평화를 위한 조건을 구축함에 있어서 실패했다. 즉 미국이 고립주의 노선을 선택함에 따라 프랑스를 중심으로 한 유럽 내 전승국들이 전후처리를 주도했고, 이들이 전범국들에 대해 과도한 배상을 청구함으로써 자유주의 경제질서의 회복에 매우 부정적인 작용을 했다. 역내 국가 간 보호무역주의와 무역전쟁이 확산되는 추세 속에서 미국은 유럽 내 전후 재건에 소극적인 태도를 취했고 그것은 경제불황과 대공황의 발생, 그리고 결국은 대규모의 전쟁으로 비화했던 것이다.[43] 제2차 세계대전의 종전 처리는 그와 비교할 때 여러 가지 측면에서 대조적이었다. 우선 미국과 소련이 유럽 내 전후 처리의 주역이 되었다는 점이다. 두 초강대국은 주축국의 패망으로 힘의 진공상태에 빠진 유럽을 양분하면서 각기 동유럽과 서유럽에서의 전후 질서 회복과정에 깊이 관여했다. 소련은 동유럽국가들에 대한 군사적 점령과 동시에 사회주의 정권을 수립한 반면, 미국은 서유럽의 점령지역에서 민주적 방법을 통해 국가를 재건하고 질서를 회복하도록

---

43) A. J. P. Taylor, *The Origins of the Second World War*(London: Hanish Hamilton, 1961).

지원했다. 1947년 초 트루먼 독트린에 의해 소련에 대한 전면적인 봉쇄정책이 단행됨에 따라 서유럽에 대한 대대적인 개입과 지원이 실행되었다.

마샬플랜과 북대서양 동맹을 통해 피폐한 경제를 재건하고 대내 외적인 안정 기조를 겨우 확보하게 된 서유럽국가들은 제3세계에서 식민지를 유지·확대하려는 의지도 능력도 완전히 결여한 상태였다. 결국 이들은 과거의 식민지 경영방식을 포기할 수밖에 없었으며, 냉전적 위기상황이 제공하는 역설적 평화 속에서 경제회복과 복지모델 구축, 그리고 민주적 가치와 규범에 기반을 둔 국내적·지역적 수준에서의 공동체 건설에 매진했다. 이러한 과정을 거쳐 유럽은 '평화지대'(zone of peace)의 위상을 확보했고, 그를 바탕으로 냉전과 탈냉전 시대를 통하여 자유주의적 가치를 전 세계로 확산시키는 '문명화 사명'(civilising missions)을 수행해 왔다.[44] 그러나 서유럽국가들이 대외정책을 추진함에 있어서 규범적 목표와 방법만을 채택했던 것은 결코 아니었다. 1950년대 초 이래 경제통합이 서서히 진행되고 서유럽국가 간 정치통합의 전망이 증대되고 있던 와중에서도 영국과 프랑스를 비롯한 주요 국가들은 기존의 제국적 유산에 강한 향수를 느꼈고, 이후로도 오랜 기간 강대국주의 성향을 계속 견지했다. 이러한 측면은 1950년대 이래 이들 국가들이 전후 파괴로부터 회복됨에 따라 독자적으로 핵무기를 보유하고 강대국 지위에 부응하는 군사력을 건설하려 한 시도에서 잘 드러났다. 물론

---

44) P. Tsakaloyannis, "The EC: from Civilian Power to Military Integration", J. Lodge, *The European Community and the Challenge of the Future*(London: Pinter Publishers, 1989), pp.241〜255.

이러한 시도들은 일차적으로 소련의 군사적 위협에 대한 억제력 확보를 위한 방어적 성격을 띤 것이 분명했지만, 그를 통하여 국제정치적 영향력과 강대국으로서의 위상 확보를 추구했다는 점은 의문의 여지가 없었다. 그에 더하여 서유럽의 주요 국가들은 제3세계의 많은 분쟁지역에 많은 양의 무기를 수출했는데 이 과정에서 정책결정자들은 인권이나 분쟁지역의 정치적 상황을 어느 정도 고려하긴 했지만 미국을 포함한 다른 무기수출국과의 경쟁과 자국 방위산업 육성 등 현실적 이익에 더 큰 주안점을 둔 것 또한 사실이었다.[45] 1970년대 두 차례의 오일쇼크 이후 서유럽국가들은 특히 에너지와 각종 광물자원을 비롯해 자국의 중대한 이익이 걸린 사안에 대해 세계 각 지역의 비민주적 세력과도 활발하게 거래했고 때로는 그러한 목적을 위해 이들 지역에 대한 결코 도덕적으로 볼 수 없는 다양한 형태의 개입을 시도했던 것도 명확한 사실이었다.

서유럽국가들은 미국과는 달리 비록 제한적이긴 했지만 자신들이 보유한 군사력을 가지고 '문명화 사명'을 위해 비민주국가 — 공산주의 체제 및 제3세계 독재정권 — 에 개입한 사례는 거의 없었다. 이들은 인권탄압과 국지적 분쟁의 당사자들에게 주로 외교적 성명 발표, 경제원조와 제재, 그리고 UN 등 국제기구에서의 결의안 주도 등을 통해 자신들의 입장을 표명했고 온건한 방식으로 영향력을 행사하고자 했다. 그러나 1982년 영국과 아르헨티나 간에 발생한 포클랜드 전쟁이 예시하듯 자신의 중대한 이익이 걸린 사안에 대해서는 필요하다고 판단할 경우 과감한 군사력 사용을 결코 포

---

45) 예를 들면 다음을 참조. D. G. Kiely, ed., *The Future for the Defence Industry*(Portsmouth, UK: Carmicahel and Sweet Limited, 1990).

기하지 않았다.[46] 즉 서유럽국가들은 개입정책을 수립함에 있어서 개입의 대상, 분쟁의 성격과 유형, 위험과 비용의 정도, 초강대국들의 입장, 그리고 국내정치적 상황 등을 고려하여 개입의 방법과 규모를 결정했다고 보는 편이 더 정확할 것이다.[47] 따라서 국제문제에 대한 서유럽국가들의 신중하고 평화적인 접근은 규범적 이유 외에도 다른 여러 가지 현실적인 요인들을 반영했었다는 해석이 보다 타당하다고 사료된다. 예를 들면, 두 초강대국과의 국력격차, 냉전적 대립구도와 무정부적 상황 속에서 끊임없이 분출했던 세계 각 지역에서의 분규와 혼란, 전반적으로 극히 낮은 세계정치의 제도화 수준 등을 열거할 수 있을 것이다. 이러한 상황에서 서유럽 각국의 시민들은 일부 핵심적인 국가이익이 걸린 사안 이외에 광범위한 국제문제에 대해 자국 정부가 위험하고 높은 비용을 요구하는 적극적 개입 - 특히 군사적인 - 을 원치 않았던 것은 극히 자연스러운 현상이었다.

마이클 도일은 자유적 국제주의가 일반적으로 다른 민주주의 국가의 국제적 권리를 존중하고 서로 간의 분쟁을 평화적이고 제도적인 방법으로 해결하려는 성향을 보이지만, 대의제에 의해 억제되지 않는 독재정권에 대해서 때로는 자신의 경제적 손실을 감수하고서라도 개입하려는 성향을 갖고 있다고 주장한다.[48] 이들은 해외

---

46) Lawrence Freedman and Virginia Gamba-Stonehouse, *Signals of War*(London: Faber and Faber, 1990); Richard Ned Lebow, "Miscalculation in the South Atlantic: The Origins of the Falklands War", Robert Jervis, Richard Ned Lebow, Janice Gross Stein, *Psychology & Deterrence*(Baltimore, MD: Johns Hopkins University Press, 1985), pp.89~124.

47) EU 및 주요 회원국들의 이전 식민지 국가들에 대한 대외정책에 있어서 국가이익과 권력 측면의 중요성에 대해서는 다음을 참조. James Mayall, "The Shadow of Empire: The EU and the Former Colonial World", Christopher Hill and Michael Smith, eds., *International Relations and the European Union*(Oxford: Oxford University Press, 2005), pp.292~316.

의 불합리한 정치체제에 의해 탄압받는 개인들의 자유와 인권 개선을 위하여 노력할 책무가 있다고 믿고 있으며, 그를 통해서 국제사회의 정의와 발전을 도모할 수 있다고 확신한다. 전쟁은 해외의 탄압받는 개인들을 구제할 수 있지만, 동시에 커다란 비용과 위험, 그리고 부작용을 수반하는 극도로 어려운 업무이다. 도일에 의하면 자유적 국제주의는 이러한 어려움에도 불구하고 대외 개입에 대해 때때로 지나치게 낙관적이고 감상적인 태도를 보이는데, 그것은 그에 내재되어 있는 '민주적 경솔성'(democratic imprudence) 때문이다.[49)] 즉 민주주의는 다른 민주주의 국가와의 관계에서 자연스럽게 평화적인 자기억제의 기능을 발휘하지만 여타 국가들에 대해서는 적대적인 태도를 갖기 쉬우며, 흔히 다른 민주국가들과 '자유평화동맹'을 결성하여 이들에게 변화를 강요하거나 전쟁을 감행할 수도 있다. 독재국가나 부패된 국가들은 국민의 이익과 권리를 대의하지 않으므로 국제적인 불간섭과 불개입을 요구할 권한을 갖고 있지 않다고 간주된다.[50)] 실제에 있어 여러 연구에서 밝혀진 바로는 민주국가는 권위주의 체제와 비교하여 그다지 평화롭지 못하며 오히려 양자 간 전쟁이 발생할 시 상대방보다 더 공격적일 수 있다고 한다. 이러한 측면은 국제관계의 자유주의가 항상 평화적이고 다원적이지 않을 수 있다는 점을 보여 주고 있으며, 때로는 자유주의 국가들이 문화적 · 규범적 우월감을 바탕으로 다른 국가들을 압박하고 간섭하기 위한 자기 합리화의 도구로 이용될 수도 있다는 점을 보여 준다. 그

---

48) Doyle, *op.cit.*, pp.3~4

49) *Ibid.*

50) 이에 대한 비판적 견해로는 다음을 참조. JoséE. Alvarez, "Do Liberal States Behave Better?" *European Journal of International Law*, 12:2, 2001, pp.183~246.

러나 다른 한편으로 특히 20세기 후반기를 통하여 미국주도의 자유주의 연대는 중장기적 과정에서 민주주의와 시장경제의 전 세계적 확산에 지대한 역할을 담당한 것은 명백한 사실이다. 미국과 같은 자유주의적 패권국가조차도 레이몽 아롱이 설파했듯이 전 지구적 수준의 '제국'(empire)으로 등장했음에도 불구하고, 미국은 소련과 대조적으로 전통적 의미의 '제국주의적 제국'(an imperialist empire)이 아닌 '호의적인 제국'(a benevolent empire)으로 분류되었다.[51] 이러한 측면은 민주적 정체가 국가이익과 국력 등 현실주의적 목표 추구경향과 인기 영합적인 의사결정의 패턴에도 불구하고 일반적으로 무력 사용에 있어서 독재체제와 비교하여 상당한 정도의 절제력을 발휘하는 것으로 이해되기 때문이다.

Ⅳ. EU의 적극적 개입정책

1990년대를 통하여 발칸 반도의 위기상황 등 유럽 주변의 정세 변화는 국제분쟁에 대한 EU의 인식과 태도, 그리고 대응방식에 근본적인 변화를 초래했다. 특히 구소련 및 동유럽 공산권의 붕괴로 인해 서유럽과 미국 간 북대서양 동맹관계의 미래에 대한 회의적 시각이 대두됐고, 때로는 국제관계 전반에 대해서 양자 간에 심각한 입장차가 노출됐다.[52] 이러한 변화는 한편으로 국제영역에서 유

---

51) Aron, *op.cit.*

52) Steven McGuire and Michael Smith, *The European Union and the United States: Competition*

립의 독자노선과 외교안보 분야에서의 정책통합을 촉진하는 작용을 했고, 일부 유럽주의자들은 유럽통합군의 창설과 방위공동체 설립의 필요성을 주창했다. 그러나 이에 대해 회원국 정부와 유럽 내 다양한 정치사회세력들은 상호 현격한 입장차를 표출했고, 정책통합에 대해서도 국가주권의 손상 가능성에 대한 우려로 거의 별다른 진전을 보이지 못했다. 서유럽 각국의 일반국민과 정치지도자들은 외교안보 이슈들에 상대적으로 낮은 정책 우선순위를 부여했고 당시의 현실적 여건을 고려할 때 이 분야에서 높은 수준의 정책통합이 달성되는 것은 그리 쉽지 않은 일이었다. 미국과의 관계 재설정 및 NATO의 미래를 둘러싼 '대서양주의' 국가와 '유럽주의' 국가 간 심각한 대립으로 교착상태에 빠진 외교안보방위 분야 협력은 1990년대 중반 이래 코소보 위기의 증폭 속에서 극적인 전기를 맞게 되었다. 1998년 생말로에서의 영불 정상 간 합의는 CSDP 발전의 최대 걸림돌을 제거하는 결과를 가져왔고, 이듬해 12월에 개최된 헬싱키 유럽이사회는 유럽안보방위정책(ESDP)을 EU의 공식 개념으로 채택했다.[53] 2000년 12월 니스조약의 체결과 더불어 ESDP는 EU 제도의 일부로 편입됐고, 그로부터 EU는 분쟁지역에서의 평화유지 및 평화조성(peace-keeping and peace-making)을 위한 각종 군사적·비군사적 개입정책을 실행하기 위한 단초를 확보하

---

and Convergence in the Global Arena(London: Palgrave Macmillan, 2008), pp.29~33.

53) 1999년 12월의 헬싱키 유럽이사회에서 유럽정상들은 EU의 안보 및 방위구조를 어떻게 발전시킬 것인가에 대한 방향을 설정했다. 이 회의에서 EU는 PSC를 포함한 각종 정치군사기구의 설치를 결정했고 HHG 가이드라인을 설정했다. 헬싱키 정상회담 이후 2000년 3월의 페이라 유럽이사회를 거쳐 동년 12월에 프랑스가 의장국이 되어 니스에서 개최된 유럽이사회의 결정에 따라 ESDP는 마침내 마스트리흐트히트 조약 및 암스테르담 조약으로 성립된 CFSP의 틀 내에서 EU의 공식 제도로서의 위상을 확보했다.

게 되었다.

헬싱키이사회에서는 EU의 개입정책을 세 가지 유형 – 군사적 위기관리, 비군사적 위기관리, 분쟁예방 – 으로 분류하고 각 유형별로 작전을 수행하는 데 필요한 병력, 군사력의 구조, 무기의 종류 및 수량 등을 적시한 '헬싱키 헤드라인 목표'(HHG: Helsinki Headline Goals)를 제시했다.[54] 반면에 이듬해 12월에 개최된 니스이사회는 ESDP를 위한 제도적 틀을 제공했다. 이때 등장한 것이 정치안보위원회(PSC: Political and Security Committee)로 이 위원회는 동시에 설립된 EU군사위원회(EUMC: European Union Military Committee), 군사참모부(Military Staff), 정치군사실무그룹(Politico-Military Working Group), 그리고 민간부문 위기관리위원회 등이었다. 민간 부문의 ESDP는 1999년 6월 페이라 이사회와 2001년 6월 괴텐부르크 이사회에 의해 도입됐는데 UN 등 국제사회와 중첩되지 않는 각종 연성안보문제(soft security problems)를 다루는 것을 주요 목적으로 하고 있다. 2000년 12월 니스이사회는 이들 국제안보문제들에 대한 개입을 원활히 하기 위해 민 – 군위원회(Civil-Military Committee)에 의해 보좌되는 4개의 제도적 장치를 도입했다(<표 1> 참조).

---

54) 이에 따르면 EU는 2008년까지 6만 명의 병력과 100척의 함정, 그리고 400기 정도의 항공기를 확보하고, 그들을 분쟁지역에 60일 이내에 파견하고 현지에서 1년 이상 군사 및 비군사적 활동을 수행할 수 있도록 보급과 지원체계를 구축해야 한다. 이 계획은 이후 2000년대 초 회원국 간 몇 차례의 논의를 거쳐 목표와 방법, 추진일정 등에서 수정안이 채택되었다.

〈표 1〉 EU의 민간부문 위기관리

종 류	주요 내용
경찰협력	5,000명의 경찰병력을 창설하여 분쟁지역의 현지경찰 훈련과 질서 회복을 위한 군사 활동에 대한 지원 업무 등
법치(Rule of Law)	분쟁 및 위기지역에 최대 200명의 판사와 검사, 그리고 기타 전문 사법 인력을 제공
민간 행정	분쟁지역 내 교육, 선거, 인프라 건설 등 정부의 기본업무 수행을 지원하기 위한 행정인력을 파견
민간 보호	인도적 지원을 위해 3~8시간 내에 위기상황을 판단할 수 있는 2~3개의 평가팀을 제공하고, 2,000명으로 편성된 개입팀을 파견할 수 있는 능력 확보

출처: http://europa.eu.esdp(검색일: 2010년 6월 20일)

2002년 이후 유럽헌법 도입을 위한 논의가 본격화되면서 EU회원국들은 CFSP 분야에서의 정책통합을 촉진하고 CSDP의 도입을 추진했다. 2003년 이라크 전쟁과 대미정책을 둘러싼 회원국 간 갈등이 CFSP를 넘어서서 공동체의 존립기반 자체를 위협할 정도로 심각한 상황이 초래됐지만, 그러한 갈등상황은 아이러니하게도 회원국들로 하여금 이 분야에서 정책통합을 촉진토록 하는 계기를 제공했다. 그것은 2003년 12월 브뤼셀 유럽이사회에서 '유럽안보전략'(ESS)의 채택으로 귀결됐다.[55] ESS는 탈냉전 시대 국제영역에서 EU와 회원국들이 추구해야 할 기본적인 가치와 이익, 그리고

---

55) ESS의 등장은 일차적으로 2002년 미국의 이라크 침공을 둘러싼 회원국 간 갈등과 분열을 완화하고 국제문제와 관련된 공동의 입장을 확립해야 할 절박한 필요성을 반영했다. ESS에 따르면 근대 이후 국제질서 불안정화의 주요 요인이었던 주권국가 간 전쟁의 빈도는 급격히 떨어지고 있는 반면에, 주변적인 안보문제로 인식됐던 빈곤과 부패, 국가운영의 실패, 자원 및 에너지 등과 관련된 갈등과 분쟁이 크게 증대하고 있다. ESS는 테러리즘, 대량살상무기, 각종 지역분쟁, 실패한 국가, 마약 및 조직범죄 등을 유럽에 대한 주요 위협으로 규정하고, 그에 대해서 어떻게 대응할 것인가에 대한 전략적 · 정책적 가이드라인을 제공한다(제2장). 유럽의 안보를 강화하기 위해서는 테러리즘 등 각종 위협요인에 대한 대응능력을 확보하고, 동유럽을 비롯한 주변지역 안보환경을 개선하며, UN을 중심으로 각종 국제기구와 주요국간 '효과적인 다자주의'를 육성해야 한다고 주장한다. ESS는 또한 EU가 기존의 안보위협요인들에 대한 소극적인 대응방식에서 벗어나 국제정치 및 국제안보 영역에서 위상과 영향력을 증대하기 위한 적극적 정책방안들을 도입해야 한다는 점을 강조한다(제3장).

그들에게 제기될 수 있는 제반 위협요인들을 규명하고 있다.[56] EU는 이들 도전 및 위협요인들에 대하여 자유주의적 가치에 기반을 둔 적극적인 개입정책을 추진함으로써 유럽의 안보와 이익을 증진하고 국제정치 내 영향력을 제고하려 의도했다. EU는 ESS의 도입을 계기로 국제안보 및 국제문제들에 대한 적극적 개입 원칙을 수립하고 각종 국제분쟁의 예방과 해결을 위해 군사력 사용을 포함한 적극적 개입정책을 모색하기 시작했다. 이후 몇 년 동안 EU는 유럽연합전투단(EU Battle Groups)의 창설 등 각종 군사적·비군사적 정책수단과 자원을 확보하기 위한 노력을 경주해 왔다. EU의 이러한 적극적 개입정책은 냉전기간 동안 견지해 왔던 '자유적 평화주의'가 국제영역에서 무력 사용을 포함한 적극적 개입을 강조하는 '자유적 국제주의'로 전환되었음을 시사한다.

EU의 국제역할 증대와 적극적 개입정책의 추구에 대하여 유럽 내 제반 정치세력과 시민들은 그다지 부정적인 시각을 표출하지 않았다. 비록 2004년에 프랑스와 네덜란드에서 유럽헌법조약안이 부결됨에 따라 이러한 구상이 벽에 부딪히긴 했지만, 유럽 내 분위기는 유럽평화주의의 변질 및 무력 사용에 대한 우려보다는 대중들의 삶과 동떨어져 진행되는 것으로 인식된 유럽통합에 대한 불안감과 밀접한 관련성을 갖고 있었다. 즉 2000년대 초반 시장 및 화폐통합의 가속화는 외국인 이민 증가와 고용 및 복지에서의 불확실성을 증대시켰고, 많은 일반시민들은 유럽통합이 자신들의 이익 및 의사와 동떨어져 진행될지 모른다는 두려움을 갖게 되었다.

---

56) Alyson J.K. Bailes, "The European Security Strategy: An Evolutionary History", SIPRI Policy Paper No.10, Stockholm, Stockholm International Peace Research Institute, Feb. 2005, p.1.

이러한 흐름과는 별도로, EU는 국제문제와 국제분쟁에 대한 적극적 개입을 통해 EU의 국제적 위상과 영향력을 증진하기 위한 노력을 꾸준히 강화해 왔다. <표 2>는 2001년부터 2005년까지 EU의 대외정책 패턴의 변화추세인데 이것이 보여 주는 것은 정치안보위원회를 포함한 EU의 초국가적 기구들의 활동이 빠른 속도로 증대하고 있다는 것이다. 또한 이전과 같이 단순한 선언이나 항의 또는 정치대화 같이 의례적인 활동들은 제자리에 머물거나 잠소하고 있는 반면, 어느 정도 실제적인 의무를 수반하는 제3국과의 협정이나 ESDP 관련 정책결정은 그 수가 크게 증대하는 모습을 보인다. 이러한 측면은 아직 미흡하긴 하지만 외교안보방위 분야에서의 정책통합이 계속 진행되고 있으며 국제문제에 대한 EU개입정책이 점차로 심화, 확대되고 있다는 것을 예시한다.

<표 2> EU의 대외정책 패턴의 변화추세

	2001	2003	2005
활동(실행결정 포함)	19	20	42
공동입장(실행결정 포함)	20	20	29
제3국과의 협정(TEU 제24조 관련)	2	16	15
정치안보위원회(PSC)에 의한 ESDP 결정	–	–	13
ESDP와 관련된 기타 각료이사회 결정	–	–	5
CFSP와 관련된 기타 각료이사회 결정	6	13	10
선언(Declaration)	196	150	153
항의(Demarches)	442	606	292
정치대화	306	228	134
제3국 주재 외교사절단으로부터의 공동보고	278	391	258

출처: Elfriede Regeslberger, "The EU as an Actor in Foreign and Security Policy: Some Key Features of CFSP in an Historical Perspective", *Fornet CFSP Forum*, Vol.5, No.4, p.7.

2009년 12월 리스본 조약의 비준과 더불어 EU는 다시 본격적인 재정비 작업에 착수했다. 이 작업은 현재 외교안보정책 고위대표 겸 유럽집행위원회 부위원장인 애쉬턴(Catherine Ashton)에 의해 주도되고 있으며, 약 2,000여 명으로 구성될 유럽대외관계청(European External Action Service)의 설립 및 CSDP 능력의 확보, 그리고 신속하고 효율적인 의사결정체계의 도입이 그 핵심적인 내용이 될 것이다.57) 이 분야에서의 제도개혁은 2008년 이후 진행되고 있는 경제/금융위기로 인해 EU의 정책 우선순위에서 상대적으로 낮은 위치에 처해 있다. 그러나 지난 60년간 유럽통합의 역사를 통해 보듯이 유럽의 정치지도자들은 특히 위기상황에서 통합을 위한 주요한 결정을 내릴 가능성이 높다고 사료된다. 즉 위기는 단지 위기로서 존재하는 것이 아니고 그것이 제기하는 도전에 대한 범유럽 차원에서의 응전을 초래했고 그것은 일반적으로 국가의 주권을 제약하고 공동체의 초국가적 권한을 강화하는 방향으로 전개되어 왔다는 점이다. 비록 CSDP 분야에서의 정책의 통합정도가 아직 상대적으로 매우 낮은 상황이고 여러 가지 제약요소들이 존재하지만, 그에 못지않은 유인요인 또는 촉발요인 또한 무시할 수 없는 정도이다. 예를 들면, 세계 방위산업 현황과 동태, 개별 회원국 위주로 구축된 기존 방위태세의 지나친 중복성과 영세성, 비효율성 등을 들 수 있다. 그에 더하여 또 한 가지 중요한 측면은 국제분쟁 및 국제안보 영역에서의 EU와 NATO의 협력 가능성이다.58) 양자 간 협력은 오

---

57) 리스본 조약에 의해 변화될 CFSP와 CSDP 분야의 주요 내용은 다음을 참조. Giji Gya, *op.cit.*

58) EU-NATO 관계를 다룬 연구로는 다음을 참조. 온대원, "ESDP와 EU-NATO - 미국 관계", 『국제지역연구』, 2009년 여름호, pp.31~60.

랜 기간 여러 가지 이유로 매우 미약한 상태에 머물러 왔다. 그러
나 EU의 관점에서는 군사적 대비태세의 미비와 예산 부족의 이유
로, NATO의 입장에서는 점증해 가는 민간 분야 분쟁관리 및 각종
평화조성활동(peace-making/building operations)에 대한 수요와 이들
영역에서 EU가 갖고 있는 장점을 고려할 때 양자 간 긴밀한 협력
체제 구축은 여러 가지 측면에서 상호 긍정적인 작용을 할 수 있을
것으로 보인다.[59]

V. 결론

1990년대 말 CSDP가 처음 도입된 이후 EU는 국제분쟁 지역에
서 다양한 민간 및 군사작전을 수행하면서 국제안보 현안들에 적
극적인 개입정책을 수립하기 시작했다. 지난 10여 년간 안보방위
분야에서의 회원국 간 협력 강화는 국제영역에서의 EU의 역할에
대한 기대를 크게 증대시켰지만, CSDP 작전의 대다수는 아직 전반
적으로 매우 미미한 상황에 머물러 있다.[60] 또한 회원국 간에는 아

---

59) 예를 들면 다음을 참조. Andrew Moravcsik, "Europe, the Second Superpower", *Current History*, March 2010, pp.91~98.

60) 니스이사회 이후 EU는 1~2년간의 준비기간을 거쳐 2003년부터 다양한 분쟁지역에 대해서 본격적으로 개입하게 시작한다. EU는 2003년 3월 구유고 마케도니아에서의 평화유지활동(PKO: Peace-keeping Operations)을 위해 NATO 대신 EU의 깃발 아래 '콩코디아 작전'(Operation Concordia)이라는 명칭으로 병력을 파견했다. 뒤이어 콩고에서의 '아르테미스 작전'(Operation Artemis)과 발칸지역에서의 두 개의 경찰임무(Police Missions), 그리고 그루지야에서의 법치임무(Rule of Law Missions) 등 지금까지 3개 대륙에서 17개의 민간, 군사, 민-군을 어우르는 광범위한 위기관리 작전을 수행해 오고 있다. EU는 비록 HHG의 원래 목표치에는 크게 미달됐지만 일정한 규모의 신속대응군(Rapid Reaction Forces)과 전투단연합(Battle Group Coalitions)을 창설하여 이들 분쟁지역들에 투입하기 시작했다. 자세한 내용은 다음을 참조.

직도 국제문제와 대외정책에 대한 근본적인 인식과 입장 차이가 존재하고 있다. 예를 들면, 회원국들은 각종 국제안보 문제에 대한 미국과의 협력관계, NATO의 정치적 중립성, 분쟁지역과의 지리적·역사적 연계성과 조건 등에 대해서 상당한 의견불일치를 보이고 있다. 이러한 측면은 좀 더 근본적으로 역외에서의 민간 및 군사력 사용을 통한 개입정책에 대한 유럽국가 간 공동 인식 및 경험의 결여와 깊은 관련성을 갖는다. 2009년 12월 1일 리스본조약의 발효와 더불어 EU는 CSDP 분야에서 또 다른 본격적인 변화를 시작했지만, 공동의 유럽전략문화가 부재한 가운데 EU가 국제분쟁에 대해 기존 규모와 방식을 뛰어넘는 본격적인 군사적 개입을 시도하기는 극히 어려울 것이다. 다른 한편으로 유럽 안팎의 여러 상황들은 비록 오랜 기간에 걸친 점진적인 것이겠지만 EU가 외교안보방위 분야에서 더욱 본격적인 공동정책 수립과 궁극적으로는 정책통합을 압박할 것으로 예상된다. 회원국들의 방위비를 모두 합할 경우 그 총액은 미국방위비의 절반을 상회하는 수준으로 매우 큰 편이다. 그러나 서유럽국가들의 방위력은 대부분 냉전시기 구소련의 군사적 위협을 염두에 둔 편제와 장비로 구성되어 있으며, 해외에서의 군사작전을 수행하기에는 전반적으로 매우 부적절한 상태이다. 이들 국가들의 군사력은 대부분 서로 중복된 형태로 전체적인 균형과 조화가 결여되어 그를 유지·운영하기 위해 쓰이는 예산들의 효율성은 매우 낮은 것으로 평가되고 있다. 미국 등 다른 주요 국가들의 군사기술혁신 추세를 감안할 때 유럽국가들이 현 상황에서 예산을

http://www.consilium.europa.eu/cms3fo/showPage.asp?id=268&lang=en&mode=g(2010년 6월 25일 검색)

크게 증액하지 않고 필요한 방위력을 육성하기 위한 거의 유일한 방법은 아마도 군의 포괄적인 구조조정과 정책통합일 것이다. 그러나 이 작업은 매우 어렵고 많은 시간이 소요되며 회원국 간 의견수렴이 극히 어려운 분야이다. 앞으로 몇 년 동안 유럽대외관계청의 수립 등 CFSP와 CSDP의 강화를 위한 일련의 제도 개혁이 진행될 것이고 EU는 아직 미흡하지만 차츰 국제안보적 역할을 강화하기 위한 노력은 계속될 것이다. 비록 2008년 이래 유럽을 휩쓸고 있는 금융위기가 이러한 노력을 지연시키겠지만, 지난 60년간의 유럽통합의 역사를 돌이켜 볼 경우 대내외적인 난관이나 위기의 심화는 국가들의 주권에 대한 집착을 약화시키고 특정 분야에서의 정책통합에 긍정적인 작용을 한 사례가 많이 존재한다. 이러한 견지에서 현재 유럽국가들이 겪고 있는 어려움과 딜레마는 역으로 경제와 금융뿐 아니라 외교안보방위 분야에서의 통합을 촉진시키는 중요한 계기로 작용할 수도 있을 것이다.

그럼에도 불구하고 EU의 자유적 국제주의는 몇 가지 측면에서 아직 많은 문제점과 한계를 갖고 있다. 자유주의 국가들은 흔히 일반적으로 이해되는 것과는 달리 국제문제나 다른 국가와의 관계에 있어서 항시 평화적인 태도를 취하지 않으며, 경우에 따라서는 비민주적 국가보다도 오히려 더 공격적인 정책을 채택하기도 한다. 단기적인 관점에서 EU가 그동안 견지해 왔던 평화주의적인 정체성과 국제영역에서의 행동패턴에 극적인 변화가 발생할 가능성은 매우 낮아 보인다. 중장기적인 관점에서 EU 방위력의 발전방향과 예산상황, 그리고 정책통합의 정도에 따라 더욱 크고 복잡한 국제분쟁에 좀 더 중심적인 행위자로 개입할 수 있는 가능성은 어느 정도 있는 것으로 보인다. 그러나 여러 가지 사례에서 드러난 바와 같이 거의 대부분의 회원국과 상당수의 유럽시민들은 외견상 대외정책 영역에서 EU가 표방하는 규범적·도덕적 가치를 지지하지만, 문제는 모든 회원국들이 자신의 주권을 스스로 제한하고 때로는 값비싼 비용과 위험을 감수하면서까지 일관되게 추구해야 할 공동의 이익과 가치가 과연 존재하는지이다. 방위 분야에서의 정책통합과 국제안보역할의 적극적인 수행은 그에 부합하는 정책적 수단과 자원을 필요로 하며, 그것은 다시 강력한 정치적 의지와 시민들의 지지, 그리고 효과적인 의사결정 구조를 요청한다. 현재 정부간상호주의를 근간으로 한 CFSP와 DSDP 분야의 정책결정구조는 전반적으로 매우 비효율적이며 일반 시민들의 일상적인 관심사 밖에 존재한다.[61] 이들 영역에서의 정책결정권은 아직도 거의 전적으로 개별 회원국들에 속해 있고 이들 국가들은 각자의 안보인식과 전략문화의 전통 속에서 독자적인 행동을 선호한다. 이러한 이유로 EU는 국제영역에서 단결력과 일관성을 갖춘 강력한 단일행위자가 되기 위해서는 오랜 기간에 걸친 일관되면서도 점진적 접근방법이 필요할 것이다.

---

61) 이규영, "공동외교안보정책과 유럽시민권의 상관성 연구", 『유럽연구』, 제19권(2004년 여름), pp.1~30.

참고문헌

온대원. "유럽연합의 대외정책과 국제적 역할의 모색". 『유럽연구』.
　　제25권 1호(2007년 봄), pp.29~54.
______, "ESDP와 EU-NATO – 미국 관계". 『국제지역연구』. 2009년
　　여름호, pp.31~60.
이규영. "공동외교안보정책과 유럽시민권의 상관성 연구". 『유럽연구』.
　　제19권(2004년 여름), pp.1~30.
Alvarez, JoséE. "Do Liberal States Behave Better?" *European Journal of
　　International Law*. 12:2(2001), pp.183~246.
Aron, Raymond. *Peace and War*(trans. by Richard Howard and Annette
　　Baker Fox). Garden City, NY: Doubleday/Anchor Press, 1973.
Bailes, Alyson J. K. "The European Security Strategy: An Evolutionary
　　History". SIPRI Policy Paper No.10(2005). Stockholm, Stockholm
　　International Peace Research Institute.
Brodie, Bernard. *The Absolute Weapons*. NY: Harcourt, Brace, 1946.
Brodie, Bernard. *Strategy in the Missile Age*. Princeton: Princeton University
　　Press, 1956.
Bull, Hedley. "International Theory: The Case for a Classical Approach".
　　World Politics. 18:3(1966). pp.361~377.
Carlsnaes, Walter and Risse, Thomas and Simmons, Beth A. eds.
　　Handbook of International Relations. London: Sage, 2001.
Carr, E. H. *The Twenty Years' Crisis 1919~1939: An Introduction to the*

Study of International Relations. London: Palgrave, 2001.

Doyle, Michael W. "Liberal Internationalism: Peace, War and Democracy". Nobel Institute, Oslo, 2004. http://nobleprize.org/(검색일: 2010년 6월 24일)

Dyle, Michael W. *Ways of War and Peace: Realism, Liberalism, and Socialism*. NY: W. W. Norton, 1997.

Doyle, Michael. "Kant, Liberal Legacies, and Foreign Affairs". *Philosophy and Public Affairs*, 1983, pp.205~235.

European Council. "A Secure Europe in a Better World: European Security Strategy". Brussels, 2003.

Farber, Henry S. and Gowa, Joanne. "Common Interests or Common Polities?: Reinterpreting the Democratic Peace". *Journal of Politics*. 59:2(1997), pp.393~417.

Fearon, James D. "Domestic Political Audiences and the Escalation of International Disputes". *American Political Science Review*. 88:3(1994), pp.577~592.

Fearon, James. "Rationalist Explanations for War". *International Organization*. 49:3(1995), pp.379~414.

Fischer, Fritz. *War of Illusions*. NY: W. W. Norton, 1975.

Freedman, Lawrence and Gamba-Stonehouse, Virginia. *Signals of War*. London: Faber and Faber, 1990.

Freedman, Thomas L. *The Lexus and the Olive Tree*. NY: Farrar, Straus, Giroux, 1999.

Gaddis, John Lewis. *The Long Peace: Inquiries into the History of the Cold War*. Oxford: Oxford University Press, 1987.

Gilpin, Robert. *War and Change in World Politics*. Cambridge: Cambridge University Press, 1981.

Gya, Giji, "Enacting the Lisbon Treaty for CSDP: Bright Lights or a Tunnel?" *European Security Review*. No.47(December 2009), pp.1~4.

Hill, Christopher and Smith, Michael eds. *International Relations and the*

European Union. Oxford: Oxford University Press, 2005.

Holand, R. *European Decolonialisation, 1918～1981*. Basingstoke: Macmillan, 1985.

http://www.consilium.europa.eu/cms3fo/showPage.asp?id=268&lang=en &mode=g(2010년 6월 25일 검색)

http://europa.eu.esdp(검색일: 2010년 6월 20일)

Jervis, Robert. "Cooperation under the Security Dilemma". *World Politics*. Vol.30, No.2(January 1978), pp.167～174.

＿＿＿＿＿. Perception and Misperception in International Politics. Princeton, NJ: Princeton University Press, 1978.

＿＿＿＿＿. and Lebow, Richard Ned and Stein, Janice Gross. *Psychology & Deterrence*. Baltimore, MD: Johns Hopkins University Press, 1985.

Kaplan, Morton. "The New Great Debate: Traditionalism vs. Science in International Relations". *World Politics*. 19:1(1966), pp.1～20.

Kennedy, Paul. *The Rise and Fall of the Great Powers*. NY: Random House, 1987.

Keohane, Robert O. *After Hegemony: Cooperation and Discord in the World Political Economy*. Princeton: Princeton University Press, 1984.

Lebow, Richard Ned. "Miscalculation in the South Atlantic: The Origins of the Falklands War". Jervis, Robert and Lebow, Richard Ned and Stein, Janice Gross. *Psychology & Deterrence*. Baltimore, MD: Johns Hopkins University Press, 1985, pp.89～124.

Levy, Jack S. "The Causes of War: A Review of Theories and Evidence". Tetlock, Pholip and Husbands, Jo L. and Jervis, Robert and Stern, Paul C. and Tilly, Charles. eds. *Behavior, Society, and Nuclear War*, Vol.1. NY: Oxford University Press, 1989, pp.209～333.

Levy, Jack S.(2002). "War and Peace". Carlsnaes, Walter and Risse,

Thomas and Simmons, Beth A. eds. *Handbook of International Relations*. London: Sage. pp.350~368.

Linklater, Andrew. "A European Civilising Process?" Hill, Christopher and Smith, Michael eds. *International Relations and the European Union*. Oxford: Oxford University Press, 2005, pp.367~387.

Luttwak, Edward. *Strategy: The Logic of War and Peace*. Cambridge, MASS: Belknap Press of Harvard University Press, 1987.

Manners, Ian. "Normative Power Europe: A Contradiction in Terms?" *Journal of Common Market Studies*. 40:2(2002), pp.235~258.

__________. "Normative Power Europe Reconsidered". CIOEL Working Paper. Oslo, 2004.

Mayall, James. "The Shadow of Empire: The EU and the Former Colonial World". Hill, Christopher and Smith, Michael eds. *International Relations and the European Union*. Oxford: Oxford University Press, 2005, pp.292~316.

McGuire, Steven and Smith, Michael. *The European Union and the United States: Competition and Convergence in the Global Arena*. London: Palgrave Macmillan, 2008.

Mearsheimer, John J. *Tragedy of Great Power Politics*. New York: W. W. Noton & Company, Inc., 2001.

Moravcsik, Andrew. "Europe, the Second Superpower". *Current History*. March 2010, pp.91~98.

Morgenthau, Hans J. *Politics Among Nations*. NY: Alfred A. Knopf, 1948.

Oneal, John R. and Russett, Bruce. "The Kantian Peace: The Pacific Benefits of Democracy, Interdependence, and International Organizations, 1885-1992". *World Politics*. 52:1(1997). pp.1~37.

Organski, A. F. K. and Kugler, Jacet. *The War Ledger*. Chicago: University of Chicago Press, 1980.

Regeslberger, Elfriede. "The EU as an Actor in Foreign and Security

Policy: Some Key Features of CFSP in an Historical Perspective".
Fornet CFSP Forum. 5:4(2007), pp.1～8.

Reiter, Dan. "Exploding the Powder Keg Myth: Preemptive Wars
Almost Never Happen". *International Security*. 20:2(1995), pp.5～
34.

Rogowski, Ronald. *Commerce and Coalitions: How Trade Affects Domestic
Political Alignments*. Princeton: Princeton University Press, 1989.

Russet, Bruce and Oneal, John R. *Triangulating Peace: Democracy,
Interdependence, and International Organization*. NY: W. W. Noton,
2001.

Schelling, Thomas. *The Strategy of Conflict*. Cambridge: Harvard University
Press, 1960.

Schmidt, Brian C. "On the History and Historiography of International
Relations", Carlsnaes, Walter and Risse, Thomas and Simmons,
Beth A. eds. *Handbook of International Relations*. London: Sage,
2001, pp.3～22.

Schumpeter, Joseph A. *Imperialism and Social Classes*. Oxford: Oxford
University Press, 1951.

Sloan, Stanley R. *NATO, the EU, and the Atlantic Community*. Oxford:
Rowman & Littlefield, 2003.

Snyder, Jack and Jervis, Robert. "Civil War and the Security Dilemma".
Walter, Barbara F. and Snyder, Jack. eds. *Civil Wars, Insecurity,
and Intervention*. NY: Columbia University Press, 1999, pp.15～37.

Sokolski, Henry D. *Getting MAD: Nuclear Mutual Assured Destruction, Its
Origins and Practice*. Carlisle, PA: Strategic Studies Institute, 2004.

Starr, Harvey. "Democracy and Integration: Why Democracies Don't
Fight Each Other". *Journal of Peace Research*. 34:2(1997). pp.153～
162.

Taylor, A. J. P. *The Origins of the Second World War*. London: Hanish
Hamilton, 1961.

Tetlock, Pholip and Husbands, Jo L. and Jervis, Robert and Stern, Paul C. and Tilly, Charles. eds. *Behavior, Society, and Nuclear War*, Vol.1. NY: Oxford University Press, 1989.

Tsakaloyannis, P. "The EC: from Civilian Power to Military Integration", Lodge, J. *The European Community and the Challenge of the Future*. London: Pinter Publishers, 1989, pp.241～255.

Walter, Barbara F. and Snyder, Jack. eds. *Civil Wars, Insecurity*, and Intervention. NY: Columbia University Press, 1999.

Waltz, Kenneth N. *Man, the State, and War*. NY: Columbia University Press, 1959.

Waltz, Kenneth N. "The Origins of War in Neorealist Theory". *Journal of Interdisciplinary History*. 18:4(1988). pp.615～628.

Waltz, Kenneth N. *Theory of International Politics*. Reading. New York: McGraw-Hill, 1979.

Wilson, Charles. *Profit and Power: A Study of England and the Dutch Wars*. Hague: Martinus Nijhoff, 1978.

제11장 유럽연합의 확대 개편과 지역과제 및 방향

한형서

중원대학교 경찰행정학과 교수

Ⅰ. 급속한 환경 변화와 대응

오늘날 세계는 국경이 무너진 무한 경쟁시대로 들어섰다. 또한 모든 국가는 급속한 정치적, 경제적 환경 변화와 함께 국가 간 상호경쟁과 협력을 통한 협력적 거버넌스 구축이 필요하게 되었다. 이렇게 급변한 국제적 환경 변화는 대부분 유럽국가에서 새로운 정치적, 경제적, 사회·문화적 이슈로 발전하게 되었다. 따라서 유럽연합의 확대는 회원국 사이에 정치적, 경제적 이해관계로 여러 가지 문제점을 안고 있다. 특히 각 유럽회원국은 정치적, 경제적 이해득실을 계산하면서 보이지 않는 지역화와 경제블록화를 강화하는 경향이 강하게 나타나고 있다. 이러한 맥락에서 유럽연합의 확대는 아직까지 회원국이 기대했던 경제적, 정치적 결과들이 성공적으로 잘 운영되고 있다고 설명하기란 쉽지 않다. 그럼에도 불구하고 유럽연합의 확대는 지속 가능한 정치적, 경제적 문제해결과 공동목표를 추진하는 데 시너지 효과를 기대할 수 있는 긍정적인 측면도 있다. 한편, 일부 회원국들에 있어서는 지역발전의 불균형과 국가경제의 격차로 상당한 어려움을 겪을 수 있다.

2011년 현재 유럽연합은 기존 25개 회원국에서 27개국으로 확대·개편되었고,[1] 이에 따른 정치적 현안과 국가 간 균형발전 및 지역현안 등이 주요 쟁점으로 부각되고 있다. 특히 최근 유럽연합은 제3세계에서 끊임없이 유입되는 정치적 망명자와 불법체류자의 증가로 유럽국가 간 문제와 국내정치의 소용돌이에 직면해 있다. 이러한 문제는 단지 특정국가의 문제만이 아니라 유럽 전체의 문제로 확산되면서 회원국들이 긴급한 과제로 생각하고 있으며, 이에 대한 공동대책을 마련하고 있다.[2] 게다가 계속된 유럽국가의 경기침체와 실업증가 및 사회복지비 증가는 지역발전의 새로운 도전이며 위기라고 생각된다. 따라서 유럽연합의 확대는 국가 간의 유기적인 협력과 공동목표를 달성하기 위하여 균형된 국가발전과 지역발전을 위한 다양한 정책을 추진하는 기반이 된다.

현재 유럽연합의 확대에 따른 신규회원국의 국가발전과 경제수준은 아직까지 기존 회원국에 비하여 상당히 낙후되어 있지만, 이들 신규 회원국이 기존 회원국의 경제수준까지 도달되기 위해서는 일정 기간 동안 경제적·기술적 지원을 통한 연계성이 필요하다. 특히 1990년 이후 유럽연합은 회원국 간 정치적인 협력과 경제적

---

1) 2007년에 루마니아와 불가리아가 가입함에 따라 EU의 회원국은 총 27개 국가로 확대·개편되었다. 유럽연합에 가입하는 조건으로 각 국가는 일반적으로 '코펜하겐 기준'이라고 알려진 경제적·정치적 기준을 충족시켜야 한다. 또 마스트리히트조약에 따라 유럽연합의 확장은 각 회원국의 동의뿐만 아니라 유럽의회의 승인을 받아야 한다.

2) Christoph Gusy & Hans Arnold, "Die· Rechts—und Asy politik der Europäischen", Werner Weidenfeld(ed.), *Europa Handbuch*(Bonn, 2002), pp.538~539.

인 지원을 통해서 상호 간 주요 관심사와 공동정책을 추진하는 데 노력하고 있다. 또한 회원국들은 상호 간 경제블록화와 지역주의(Regionalism)를 극복하고 국가 간 자유로운 경제활동과 정보교류 및 네트워크 구축을 통해 국가경쟁력을 강화하고 있다.

이와 같이 유럽연합은 법·제도적 장치를 바탕으로 국적에 관계없이 혹은 시간과 공간에 구애받지 않고 어디서나 정치적·경제적·문화적·사회적 활동을 자유롭게 할 수 있는 삶의 기회를 제공하게 된다. 따라서 유럽연합의 확대는 독특한 정치·행정·문화적 환경 속에서 지역주의 한계를 극복하고 회원국 간 균형 잡힌 발전과 주요 정책과제를 원활히 해결하는 것이 중요하다.[3]

여기서 유럽연합의 확대는 학자에 따라 혹은 보는 시각에 따라 다양하게 논의될 수 있다. 특히 유럽연합의 확대에 따른 회원국의 자율권은 유럽연합의 틀 안에서 제한적으로 규제받을 수 있으나, 경우에 따라 자국의 이익보다는 유럽연합의 공동목표와 관심사를 우선적으로 선택해야 하는 제한적인 통제와 규제를 받을 수 있다. 하지만 회원국은 기본적으로 유럽연합의 틀 속에서 주요 정책현안을 조정·관리하며, 유럽연합정책에 위반되지 않는 범위에서 국가발전과 지역정책을 추진해야 한다.[4] 따라서 유럽연합의 확대에 따른 대응은 각 회원국 사이에 균형발전과 주요 현안을 가능한 한 행정학적 측면에서 분석해 보고, 또 지역발전과 한계점에 대한 새로

---

3) Siegfried Magiera, "Kommunale Selbstverwaltung in der Europäischen Union", Klaus Grupp/ Michael Ronellenfitsch(eds.), *Kommunale Selbstverwaltung in Deutschland und Europa* (Berlin: Drucker & Humbolt, 1995), pp.13~14.

4) Vgl. Horst Heberlein, "Kommunen und Europa", http://www.kas.de/db_files/dokumente/ materialien_ fuer_die_arbeit_vor_ort/7_dokument_dok_pdf_3535_1.pdf(2003년 9월 30일 검색)

운 패러다임이 어떠한 방향으로 진행되어야 하는지 정책적 시사점
을 찾는 데 그 목적을 두고 있다.

Ⅱ. 유럽연합(EU)에 대한 이론적 논의

1. 유럽연합의 배경

유럽연합의 기원은 영국 수상 윈스턴 처칠의 1946년 9월 19일
스위스 취리히 연설에서 찾고 있다. 그 당시 윈스턴 처칠은 그의
연설에서 유럽에 국제연합과 유사한 기구의 필요성을 제기하였다.
또한 제2차 세계대전 이후 전 유럽국가들은 경제발전과 전후복구
라는 대과제를 수행하기 위하여 보다 체계적이고 장기적인 경제정
책을 추진하게 되었다. 특히 미국의 마샬정책(Marshallplan)[5]은 황
폐한 유럽을 재건하는 데 결정적인 역할을 했을 뿐만 아니라 유럽
경제발전에 지대한 영향을 주었다. 그 당시 미국은 유럽국가의 경
제부흥이라는 명목 아래 막강한 경제력을 바탕으로 주변국가에 대
한 커다란 영향력을 행사하였다. 이러한 과정에서 주변 유럽국가들
은 미국에 대한 부정적인 시각 혹은 보이지 않는 위협 및 경계심을

---

5) 그 당시 미국은 1948~1951년 사이에 서유럽에 약 1,360억 달러를 유럽재건을 위하여 투자하였다.
   김영준, "유럽 통합에 대한 비전과 갈등", 『유럽연구』, 2001년 여름(통권 13호), p.309 참조; 황영주
   ·이승근, "초기 유럽통합과 정에서 냉전의 영향 – 마샬플랜과 슈만플랜을 중심으로", 『국제지역연구』,
   제7권, 제1호(2003), pp.261~262; 더 자세한 것은 J. Bradford De Long & Barry Eichengreen,
   "The Marshal Plan: History's Most Successful Structural Adjustment Program" 참조,
   http://www.j-bradford-delong.net/pdf_files/Marshall_Large.pdf(2005년 2월 28일 검색)

불러일으키게 되었고, 연합하지 않으면 거대한 미국과 경쟁해서 이
길 수 없다는 절박감을 인식하게 되었다.

이와 같이 유럽국가들은 두 차례의 세계대전을 경험하면서 세계
평화와 상호 공존에 지대한 관심을 가졌다. 다른 한편으로 유럽국
가들은 정치적·경제적 이해관계 때문에 자국만을 위한 국제적 관
계를 선호하였고, 동시에 국가이익에 따른 영역에서는 상호 간 첨
예한 갈등과 분열이 확산되었다. 이처럼 유럽국가의 발전은 역사적
으로 주변국가와의 정치적인 갈등과 경제적인 이해관계로 상호 간
반목이 거듭되었고, 이런 과정에서 서유럽에서는 끊임없는 정치적
소용돌이가 지속되었다.

이러한 맥락에서 볼 때 유럽연합의 역사적 배경은 다음과 같이
몇 가지 사건들을 중심으로 분석해 볼 수 있다. 예를 들면 1951년
프랑스의 주도로 파리조약을 통하여 유럽석탄철강공동체(European
Coal and Steel Community)가 결성되었고,[6] 그 이후 주도적 역할을
했던 국가는 프랑스와 독일, 이탈리아, 베네룩스 3개국 등이다. 또
세계대전 이후 상실된 국제적 영향력과 경제발전을 위하여 공동의
노력과 대응을 하자는 데 그 목적이 있었다.

1957년 3월 25일 프랑스, 서독, 이탈리아, 벨기에, 네덜란드, 룩
셈부르크 등 6개국 대표들은 로마의 회담에서 유럽경제공동체
(European Economic Community) 창설을 위한 로마협정에 조인하였
다.[7] 그 당시 유럽경제공동체의 목적은 회원국 간 부족한 자본, 상

---

6) 프랑스는 1870년 보불전쟁 이후 75년 동안 3차례나 독일과 대규모 전쟁이 있었으므로 상호 불신이 깊
   어져 근본적인 평화 대책을 필요로 하였다. 그 당시 양국은 경제적·안보적 공동이익을 목적과 양국의
   평화정착을 하는 데 유일한 방법이라고 생각했다. 그래서 양국 대표인 프랑스의 로버트 슈만과 독일의
   아덴아워가 유럽석탄철강공동체에 대한 구상을 발표하였다.

품, 노동력 등을 해결하는 데 있었으며, 동시에 상호 간 자유로운 시장경제활동과 공동이익을 위하여 협력하자는 것이었다.

1967년 7월에는 기존의 유럽석탄철강공동체(ECSC), 유럽경제공동체(EEC), 유럽원자력공동체(Euratom) 등을 하나의 유럽공동체(European Community)라는 거대기구로 확대·통합하면서 회원국 사이에 긴밀한 결속과 협력을 강조하였다. 여기에서 소외된 영국은 유럽공동체에 대응하기 위한 전략으로 스칸디나비아와 오스트리아 및 포르투갈 등이 참여한 유럽자유무역연합(European Free Trade Association)이라는 단체를 새롭게 결성하였다. 그러나 1972년 파리에서 개최된 유럽회담에서 유럽정상들은 기존의 모든 조약을 그대로 유지하면서 통합된 유럽연합체를 만들어 강력한 유럽국가를 건설하자는 기본이념에 합의했다.

이러한 기본이념을 바탕으로 1984년 2월 유럽의회라는 의사결정기관이 창설되었고, 유럽의회가 유럽통합을 하는 데 기초적인 틀을 마련하였다. 그럼에도 불구하고 유럽연합 회원국 간의 이해관계와 복잡한 정치적 갈등은 하나의 유럽으로 통합하는 데 많은 걸림돌이 되었다. 또한 1992년 2월 마스트리히트조약(Maastrichtvertrag)[8]과 1999년 유럽통화동맹의 결과는 거대 유럽연합을 출범시키는 데 핵심적인 모태가 되었다. 그러나 일부 국가에서는 거대 유럽연합의 결성과 경제블록화를 가속화하여 시장경쟁원칙을 위반하고 주변국과 교역상대

---

7) Gerd Schmidt–Eichstaedt, "Die Kommunen zwischen Autonomie und(Über–)Regelung durch Bundes– und Landesrecht sowie durch EG–Normen", Roth/Wollmann(eds.), *Kommunalpolitik*(Bonn, 1993), p.97.

8) 유럽공동체를 유럽연합으로 만들기 위한 정치통합과 경제통합 및 단일 화폐통합을 위한 유럽통합조약이며, 1993년 11월 1일 발효되었다.

국의 경제활동을 제한할 수 있다는데 많은 우려를 표명하였다.

2004년 유럽연합은 독일, 영국, 프랑스, 이탈리아, 네덜란드, 벨기에, 룩셈부르크, 스웨덴, 덴마크, 핀란드, 아일랜드, 오스트리아, 스페인, 포르투갈, 그리스 등 유럽 25개 국가로 구성되었다. 그러나 유럽연합은 장기적으로 동유럽까지 확대·개편되어야 한다는 필요성을 강조하면서 동구권으로 회원국의 확대·편입 개편을 주장하였다. <표 1>에서 보는 바와 같이 유럽의원 수와 각료이사회의 투표수는 회원국의 인구규모에 비례하여 결정된 것이다. 따라서 유럽의회와 각료이사회는 독일, 영국, 프랑스, 이탈리아 등이 막강한 영향력을 행사하고 있으며, 그 밖에 스페인과 폴란드가 다수표를 유지하면서 자기 목소리를 내고 있지만, 대부분 다른 회원국들은 상대적으로 독자적 영향력을 행사하는 데 제한적이다.

2011년 현재 유럽연합의 회원국은 기존 25개국에서 2007년부터 불가리아와 루마니아가 추가되면서 27개국으로 증가되었다. 이와 같이 유럽회원국의 증가는 기존 유럽연합에서 볼 수 없었던 거대 유럽국가의 출범으로 초국가적인 연합체국가로 탄생하게 된 것이다.[9) 유럽연합은 회원국외 다른 국가들에게 정치적·경제적으로 막강한 영향력을 행사할 수 있는 거대 규모로 발전하였다. 현재 유럽연합의 주요 기관은 유럽이사회, 각료의사회, 집행위원회, 유럽의회, 유럽법원 등으로 분류되어 있다.[10) 여기서 유럽의회는 회원국 국민들에 의해서 직접 선출되고, 또한 집행기관은 27명으로 구

---

9) "Die Erweiterung Fortsetzen" http://europa.eu.int/comm/enlargement/report_2003/pdf/strategy
_paper2003_full_de.pdf(2004년 2일 30일 검색)

10) 자세한 설명은 한종수, 『유럽연합(EU)과 한국』(서울: 동성사, 1998), pp.50~62; 이희범, 『유럽통합론』(서울: 박영사, 1997), pp.86~94 참조.

성되어 있으며, 이들을 유럽연합의 '집행위원회'라고 칭하고 있다.

유럽연합은 지방정치에 대한 자율성을 보장하고 가능한 한 유럽연합의 틀 안에서 지역발전과 성장을 원활히 지원하기 위하여 '지역자문위원회'를 두고 있다. 동시에 유럽연합의 회원국들은 지역발전과 자치권을 보호하기 위한 방법으로 '지방자치의 유럽헌장'[11]을 제도화하였고, 이러한 제도를 통해서 지방정치의 목적을 훼손하지 않도록 노력하고 있다.

앞으로 유럽연합은 유럽통합과 함께 지역정책, 경제정책, 사회복지정책, 문화정책, 환경정책, 여성정책 등에 대한 상호 공동관심사와 정책방향을 만들어 나가는 데 중요한 역할을 할 것이다. 이와 같이 유럽연합은 회원국들의 광범위한 정치참여와 정치개방을 통하여 공동의 관심사와 목표를 유럽연합의 틀 안에서 해결하는 것이 중요하다. 또한 지역발전에 대한 정책과 전략은 단지 회원국에만 국한된 것이 아니라 인접 국가들과 긴밀한 협력관계를 유지하면서 지역글로벌화를 목표로 정치적 변화를 모색하는 것이 필요하다.[12] 지금까지 유럽연합의 확대는 각 회원국과 자국 내의 정치적·경제적 이해관계 및 갈등으로 많은 어려움을 극복해야 하는 과제를 안고 있으나, 동시에 상호 간에 공동목표와 협력을 통해서 정치적 영향력을 행사하는 데 긍정적인 작용을 기대할 수 있다. 한편 거대 유럽국가의 출범은 동시에 막강한 경제력을 바탕으로 경제블록화를 할 수

---

11) 유럽연합은 1985년 지방자치의 헌장을 유럽이사회에 의해서 통과시켰다. 이 헌장에 따르면 자국의 지방자치법과 헌법 속에서 지방자치의 자율성을 인정하고 있으나, 일부 회원국들은 이 헌장에 대한 비판적인 시각을 보이고 있다. 그 대표적인 나라로 영국을 들 수 있다.

12) Horst Heberlein, *op.cit.*, p.1 ; Klaus Müller, *Globalisierung*(Frankfurt/Main: Campus Verlag, 2002), p.156.

있다는 부정적인 시각도 예측해 볼 수 있다.[13]

〈표 1〉 각 국가의 유럽의회 의원 수 및 각료이사회 투표수

분류 국가별＼가입국가	회원국의 의원 수 배정(명)		각료이사회 투표(수)	
	EU-25	EU-27	EU-25	EU-27
독일	99	99	29	29
영국	78	72	29	29
프랑스	78	72	29	29
이탈리아	78	72	29	29
스페인	54	50	27	27
폴란드	54	50	27	27
루마니아	-	33	-	14
네덜란드	27	25	13	13
그리스	24	22	12	12
포르투갈	24	22	12	12
벨기에	24	22	12	12
체코	24	20	12	12
헝가리	24	20	12	12
스웨덴	19	18	10	10
오스트리아	18	17	10	10
불가리아	-	17	-	10
슬로바키아	14	13	7	7
덴마크	14	13	7	7
핀란드	14	13	7	7
아일랜드	13	12	7	7
리투아니아	13	12	7	7
리트비아	9	8	4	4

---

13) 석철진, "유럽연합 확대의미와 전망", 『통일한국』, 통권 제246호(2004년 6월), p.70.

슬로베니아	7	7	4	4
에스토니아	6	6	4	4
키프로스	6	6	4	4
룩셈부르크	6	6	4	4
몰타	5	5	3	3
총원(투표)	732	732	321	345

자료: "Erweiterung und Reform der Institutionen", MEMO/04/61, Brüssel. 2004. 05. 16.
재구성. http://www.eu-kommission.de/html/aktuell/thema.asp?id=221(2005년 2월 24일 검색)

2. 유럽연합과 지역발전의 관계

유럽연합의 확대는 모든 회원국들의 상호 간 지역발전에 밀접한 영향을 받는다. 이것 때문에 유럽연합은 주요 정책결정을 하는 데 있어서 회원국들의 정치적·경제적·지역적 상황을 면밀히 분석해야 한다. 또한 모든 회원국의 시민들이 자유로운 정치활동과 경제활동을 보장받고, 국적으로 인해 부당한 대우를 받거나 불이익을 받지 않도록 정치적 역할을 재정립하는 것이 긴요하다. 현재 각 회원국들은 지역의 복잡한 현안문제를 해결하기 위하여 상호 유기적인 협력체제와 네트워크를 구축하는 것이 무엇보다 중요하다는 것을 인정하고 있다. 따라서 국가 간 국경이 무너지면서 지역 간의 개방을 통한 지역적·사회적 불균형을 해소하고 균형 잡힌 지역발전을 이룩하는 것이 당면과제로 남아 있다.

이와 같이 유럽연합의 틀 속에서 지역발전은 각 회원국 간의 공동체적 협의체 기능을 갖고 하나의 수레바퀴가 공동의 이익을 추구하는 공동체의식으로 강화되고 있다.[14] 그럼에도 불구하고 유럽연합의 지역발전은 회원국의 다양한 이해관계로 지역발전의 위기와 갈등이 고조되고 있다. 따라서 유럽연합은 지역위원회라는 기구를 만들어 가능한 한 지역의 현안문제와 갈등을 원만히 해결하기 위한 수단으로 사용하고 있다. 예를 들면, 지역위원회는 유럽연합의 틀에서 정해진 영역에 대한 지역정책의 자문기구인데, 특정지역의 이해관계가 있을 때, 자신들의 의견을 자유롭게 표명하는 기구이다. 좀 더 구체적으로 말하면 지역위원회는 교육, 문화, 공중보건, 범유럽의 교통망, 경제적·사회적 결속, 결속기금, 구조기금의 사용 등 필요하다고 판단될 경우에 위원회의 제안이 가능하다.

<표 2>에서 보는 바와 같이 각 유럽연합의 회원국들은 지역위원회를 구성하였으며, 그 구성원은 각 회원국의 인구규모에 따라 지역위원회 수를 배정받고 있다. 여기서 지방정부는 자국의 지역단체대표들에게 다양한 정책적 제안을 하고 싶지만 주어진 의석수의 한계 때문에 많은 어려움에 직면하게 된다. 즉 지방정부는 회원국과 지역위원회의 구성원을 통하여 자국의 정치적 이슈와 문제점을 설득하거나 이해시키는 데 한계가 있다는 것이다. 또한 지역위원회의 기능과 역할을 좀 더 구체적으로 설명한다면, 지역위원회는 단지 지역에 대한 자문기능만을 한다고 볼 수 있으나, 유럽연합의 협약범위 안에서 유럽연합이 주요 정책결정을 하기 전에 반드시 의무적인 청취를 해야 한다. 따라서 지역위원회는 각 회원국 간 주요 과제를 다룰 경우, 발생 가능한 갈등과 사전조율을 하는 것이 중요하다. 또한 지역위원회는 유럽의회에 대해서도 필요하다고 판단될 경우, 지역정책에 대하여 자유롭게 청취를 할 수 있다.

---

14) 이종광, 『유럽통합의 이상과 현실』(서울: 일신사, 1996), p.216 참조.

현재 지역위원회의 구성원은 27개 회원국을 포함해서 총 345명
으로 구성되어 있으며, 각 회원국가의 지역정책은 지역단체들이 공
동예산으로 재정지원을 받는 지역개발계획에 참여할 수 있도록 되
어 있다. 또 지역단체들이 브뤼셀에 사무소를 두고 대표자를 상주
시키면서 지역단체 사이에 필요한 협력과 주요 지역정책을 논의하
며, 새로운 정책제안과 지역발전을 위하여 노력하고 있다.[15]

유럽에서의 지방정치는 하나의 국가적 과제를 초월하여 하나의
공동체 기능을 복합적으로 수행하기 위하여 회원국 간 상호 협력과
정보교환을 전제조건으로 하고 있다. 또한 자국 내에서 일어나는 모
든 문제가 회원국 상호 간에 영향을 주고받기 때문에 정책결정을
하는 데 신중해야 한다는 것이다. 예를 들면, 회원국과 자국의 노동
시장에서부터 관광문화·스포츠 등 다양한 지방정책에 이르기까지
유럽공동체 프로그램을 결정하거나 혹은 법률문서로 사용되는 것을
회원국들에게 적용하는 문제들까지도 생각할 수 있다. 즉 1987년에
만들어진 단일유럽법에서 모든 유럽연합의 회원국들은 상호 경제적
·정치적·문화적 공동정책뿐만이 아니라 지역사회의 문제에 관한
정책까지 광범위하게 포함시키는 것을 보면 알 수 있다.[16]

이와 같이 유럽에서의 지역발전은 기존의 제한된 틀에서 벗어나
범유럽지역으로 확대되고 있음을 의미한다. 즉 지역발전이 국가와
지역을 초월한 회원국 간 공동의 관심사와 목적 달성을 위하여 새
로운 변화와 도전을 받고 있다는 것이다. 이러한 시대적 환경 변화

---

15) Vgl. Bundeszentrale für Politische Bildung(ed.), *Die Europäische Union*(Bonn, 1998), p.122.

16) 특히 환경문제는 1972년 10월 파리 EC정상회담에서 공동선언이 채택된 이래 폐기물처리, 오염방지, 환경기준 설정 등 많은 법률이 입법화되면서 회원국은 단일국가적 차원이 아니라 공동체적 차원에서 다루고 있다.

에 잘 적응하기 위하여 지역의 기능은 단지 단일국가의 지역정책에서 벗어나 회원국 상호 간의 이해관계와 다양한 정책 추진의 연계성을 수반해야 한다.

<표 2> 유럽연합의 지역위원회 구성

국가별 분류	국가별 위원 수	임기
몰타	5명	
룩셈부르크, 키프로스	6명	
에스토니아, 슬로베니아, 라트비아	7명	
덴마크, 아일랜드, 핀란드, 리투아니아, 슬로바키아	9명	
벨기에, 그리스, 네덜란드, 포르투갈, 오스트리아, 스웨덴, 체코, 헝가리, 불가리아(*)	12명	4년
루마니아(*)	15명	
스페인, 폴란드	21명	
독일, 프랑스, 이탈리아, 영국	24명	
총 27개국	344명	

자료: AdR-Studien I-I/2004, Die Auswahl der AdR-Mitglieder. Verfahren in den Mitgliedstaaten, Brüssel, 2004, pp.99~100;(*) 2007년 유럽연합에 가입됨.

3. 유럽연합에 대한 이론적 고찰

유럽연합에 대한 이론은 제2차 세계대전 이후 경제재건을 위한 전개과정에서 찾을 수 있으나, 이미 과거 18, 19세기 유럽의 많은 지식인들과 사상가들이 유럽통합에 대한 필요성을 제시했다는 주장도 있다. 초기 종교적 유럽통합을 주장한 막스미밀리안(Maximilien de Bethune), 그리고 영국의 윌리엄 펜(William Penn)과 제레미 벤덤(Jeremy Bentham) 등이 유럽의회와 공동군(Common Army) 창설에 많은 영향을 주었다.[17) 그 밖에 장 자크 루소(Jean-Jacques Rousseau)

와 임마누엘 칸트(Immanuel Kant)도 유럽통합의 사상을 주도한 인물로 평가된다. 그리고 립겐스(Walter Lipgens)는 유럽통합에 대한 이론을 연방주의(Federalism), 유니오니즘(Unionism), 기능주의(Functionalism) 등으로 분류하고 있다.[18] 이와 같이 유럽통합에 대한 논의는 학자에 따라 다양한 접근을 하고 있으나, 여기서는 기능주의와 협상주의에 대한 이론적 접근을 중심으로 살펴보고자 한다.

먼저 유럽통합에 대한 접근을 기능주의적 관점에서 본다면, 유럽연합은 다원화, 다원주의, 복합사회의 성격을 띠기 때문에 어느 특정영역에 국한된 것이 아니라 상호 협력적 의존성을 강조하고 있다. 하나의 대표적인 예로 제3세계로부터 유입되는 정치적 망명자 처리와 불법체류자 문제,[19] 그리고 구소련 붕괴 이후 동유럽으로부터 끊임없이 유입되는 밀입국문제 혹은 지역의 균형발전과 긴급한 환경정책 등이 상호 의존적 협력적 기능을 필요로 하고 있다.

이와 같이 유럽연합은 어느 특정 영역에서 상호 의존적 역할과 협력을 필요로 하지만, 반면에 국경이 무너진 무한 경쟁 속에서 유럽연합은 자국의 이익을 위하여 통합된 정치와 경제적 이해관계 속에서 정부 간 협상주의에 그 대안을 찾고 있다. 즉 특정국가에서 긴급한 상황이 발생하거나 국가적 위기가 발생하였을 경우, 개별적으로 위기상황에 대처하기보다는 초국가적 기구를 통해서 문제해결을 하는 것이 필요하다. 따라서 국제적 문제가 대두되면 일단 유

---

17) 양오석, 『유럽정치경제 연구의 이해』(서울: 푸른길, 2002), p.247 참조.

18) 이승렬, "유럽통합 초기(1945-1957)에서 '기능주의(functionalism)'에 대한 논쟁", 『EU학 연구』 (2000), p.5; 최진우, "지역통합의 국제정치론", 『현대 국제관계이론과 한국』(서울: 사회평론, 2004), pp.259~261.

19) Christopf Gusy & Hans Arnold, *op.cit.*, p.538.

럽연합을 중심으로 초국가적 기구가 형성되고, 이에 관련된 국가들은 보다 신속하게 위험부담을 줄이고 자신들의 목적 달성을 위하여 협력적 기능주의를 선호하게 된다.

따라서 기능주의 측면에서의 유럽연합은 어느 특정영역을 바탕으로 제기된 문제해결을 위하여 새로운 범유럽기구를 만들거나 혹은 광범위하게 확대될 수 있다. 또한 정치적인 측면에서의 유럽연합은 복잡한 국제사회질서 속에서 고도의 정치적 해결을 필요로 하는 경우 가능한 한 국가 간 협력적 기능과 신속한 대응력을 강화하기 위하여 기능적 역할분담을 강조하게 된다. 그 좋은 예로 구소련의 붕괴 이후 사회주의 붕괴와 세계평화 및 탈냉전시대 도래 등은 국제적 불안과 유럽국가의 안전 및 평화를 위한 기능주의적 대안에서 찾는다.

또 다른 하나는 유럽통합에 대한 접근을 국가 간, 정부 간 협상주의 형태로 보고 있다. 즉 어떤 특정문제는 정부 간 이해관계와 상호 협력을 통한 문제해결을 위하여 정부 간 협상주의를 최우선으로 채택해야 한다는 것이다. 그리고 유럽연합은 급변하는 환경에 신속히 대응하기 위하여 통일된 의사결정과 신속한 통합정책을 원만히 추진하고 있으나, 경우에 따라 회원국 사이에 이해관계가 첨예하게 대립될 경우 혹은 미래의 불확실성과 국내 여론 때문에 국가 간에 통합 추진이 쉽지 않을 경우, 정부가 협상을 통한 합리적인 해결방안을 찾는 것이 중요하다.

따라서 국가 간의 협상주의는 유럽통합의 내용과 방향에 따라 그 역할과 기능을 달리할 수 있다. 이것은 유럽연합 내에서도 강대국의 힘의 논리에 따라 자국이익을 대변하기 위한 이해관계를 중심으로 주요 정책이 조정될 수 있고, 동시에 공동의 관심사와 유럽 정책들이 객관적인 측면에서 협상하기보다는 자국 이익 중심으로 논의될 가능성을 배제할 수 없다.

이와 같이 유럽연구에 대한 이론적인 논의에서 얻는 결과는 특정 상황에 따라 기능주의와 국가 간 협력주의가 적절히 양립할 수 있으며, 상황에 따라 선택적으로 운영될 수 있다는 것을 알 수 있다. 그럼에도 불구하고 이 연구에서는 유럽연합의 확대를 통한 논의의 쟁점을 볼 때 국가 간 갈등과 이해관계가 심화될 경우 정부 간 협상주의에 초점을 맞추고 문제해결을 하는 것이 바람직하다고 본다.

Ⅲ. 유럽연합의 확대와 지역과제 및 방향

1. 지역발전

유럽연합은 각각 독특한 정치·행정체제와 다양한 역사적·문화적 배경을 바탕으로 구성되어 있다. 지금까지 국가의 정치체제와 행정구조는 국가에 따라 많은 차이점을 갖고 있으나, 대부분 국가들은 대의 및 의회 민주주의를 채택하여 과거의 권위주의 폐단을 극복하기 위한 보완적 기능을 강화하고 있다. 그래서 각 회원국들은 민주국가의 기본원칙인 국가권력의 균형을 유지하고 삼권분립의 원칙과 풀뿌리 민주주의 실현을 중시하고 있다.[20] 지금과 같이 다양한 국가형태와 행정체제하에서 지역발전을 고려한다면, 유럽연합에서 균형 잡힌 지역발전은 낙후한 국가들에 대한 희망과 미래의 발전을 약속하는 상호 협력적 관계를 만들어야 한다. 또한 유럽연합의 균형발전은 다양한 국가의 행정체제와 지역의 특수성을 고려하여 각 회원국의 다원성과 복합성 및 정체성 등을 최대한 수용하는 것이 필요하다. 이와 같이 유럽연합은 지역발전과 회원국 간 상호 협력과 조화를 이루는 것이 중요한 과제라고 볼 수 있다. 최근 유럽연합은 균형 잡힌 지역발전의 일환으로 주요 5개 정책목표를 선정하였다. 이에 대한 주요 5대 정책사항을 보면 다음과 같이 요약된다.[21]

첫째로, 낙후한 개발지역의 촉진과 조정정책
둘째로, 퇴보하는 산업발전 지역의 촉진정책
셋째로, 실업대책
넷째로, 직업활동을 할 수 있도록 젊은이의 편입 및 수용
다섯째로, 농업구조의 조정정책, 그리고 공동농업정책의 개혁에 대한 지역개발정책 등이다.

위에서 언급된 유럽연합의 주요 5대 정책사항은 지역정책에서 아주 중요한 과제로 간주된다. 왜냐하면 유럽연합의 27개국 회원국 중에 경제적 격차와 상대적으로 불균형을 지닌 지역별·나라별·지방별 등으로 분류해 본다면 다양한 문제점을 안고 있기 때문이

---

20) 서병철, 『유럽통일』(서울: 평민사, 1996), pp.33~37.

21) Dietrich Thränhardt, "Die Kommunen und die Europäische Gemeinschaft", Roth & Wollmann (eds.), *Komunalpolitik*(Bonn, 1993), p.73.

다. 예를 들면, 지역별로는 지중해 지역과 기타 지역, 나라별로는 독일과 프랑스, 그리스와 포르투갈, 그리고 지방별로는 남부 이탈리아와 북부 이탈리아 등을 비교해 본다면 심각한 불균형 현상을 쉽게 알 수 있다. 현재 불균형적인 지역발전을 바로잡기 위해서는 사회구조적 개혁과 경제·사회정책의 균형 및 지원 등을 지속적으로 강화해야 한다.[22]

그 밖에도 주요 현안들이 산재해 있지만, 위에서 제시된 5개 분야를 지역정치의 최우선과제로 고려하고 지속적으로 발전 가능한 분야부터 지역적 현안과 문제해결이 필요하다. 특히 낙후한 지역개발의 촉진정책은 회원국 간의 지역적 불균형 발전과 성장을 수정하는 것이며, 회원국 상호 간 최대한 지역격차를 줄여 유럽연합의 기준이 될 수 있는 균형 잡힌 발전을 만들어 가야 한다. 또한 유럽연합 주민들의 삶의 질을 향상시키는 것도 기초적인 과제라고 볼 수 있다. 특히 낙후한 지역과 산업 분야는 지역발전과 연계시켜 지역 간 소득격차 해소와 주민의 삶의 질을 향상시키는 데 필수적이다. 그럼에도 불구하고 유럽연합의 지역발전은 지역불균형과 소득격차, 그리고 지역의 다양성 및 정치·문화·환경적인 차이점을 고려해야 하기 때문에 균형발전을 하는 데 많은 어려움에 직면할 수 있다.

최근 유럽연합은 경기침체와 실업증가로 연결되어 광범위한 위기에 빠져 있다. 즉 유럽연합의 경기침체와 실업문제는 한 국가의 당면문제가 아니라 모든 유럽연합의 문제로 간주되고 있으며, 지역

---

22) 서병철, *op.cit.*, p.46.

발전에 새로운 장애요인이 되고 있다. 이것은 지방정부의 차원에서 해결하기보다 중앙정부의 차원에서 혹은 유럽연합의 틀에서 국가 간 협약모델을 찾는 것이 더 바람직하다. 정부는 실업정책의 일환으로 노동인구의 탄력적 운영과 전문직업인 교육훈련 등을 보다 체계적으로 관리하고 있다. 또한 낙후한 유럽지역의 균형발전은 취약한 분야에 새로운 교육프로그램을 설치하고 산업분산정책을 통하여 훈련된 고급노동인력을 창출하고, 값싼 노동력을 고급인력으로 전환하는 것이 중요하다. 그래서 유럽연합의 회원국들이 당면한 공동목표를 달성하고 장기적인 대응전략과 종합적 시스템 구축을 마련하는 것이 긴요하다.

유럽연합의 주요 고용정책은 고용능력의 개선, 기업성장, 일자리 창출, 기업과 노동자의 적응력 촉진, 남녀 기회균등을 위한 정책강화 등을 최우선으로 하고 있다. 또한 유럽연합은 젊은이에게 필요한 일자리 제공을 위하여 회원국 상호 간의 정보교환과 긴밀한 협력을 바탕으로 유럽 어디서나 자유로운 경제활동을 가능케 하며, 동시에 여성들의 고용확대정책을 추진하고 있다.[23] 그 밖에 농업구조의 조정정책과 지역개발을 통한 전반적인 농업정책의 변화를 시도하고 있다. 이와 같이 지역정책은 유럽연합의 출범과 함께 다양한 분야에서 공동목표(예를 들면 자연보호, 보건 및 재난보호, 망명법 등)를 달성하기 위하여 공동의 노력을 하고 있다.[24] 실질적으로

---

23) Monika Wolff, "Europäische Beschäftigungsstrategie und Gender Mainstreaming 2002/2," Niedersächsische Kanzlei(ed.), *Europäische Förderpolitik heute und in der Zukunft* (Niedersächsischen, 2002), p.9.

24) Vgl. Klaus M. Nutzenberger, "Weiterentwicklung auf sicherer Grundlage", http://www.stadt-und-gemeinde.de/magazin/frei/04sg0602.html(2004년 10월 20일 검색)

유럽연합의 주요 정책결정은 유럽의회심의를 거쳐 최종적인 결정을 하게 된다. 이와 같은 정책결정이 공동협의체적인 성향이 강하기 때문에 지역발전에 대한 지속적인 재정지원을 필요로 한다. 따라서 유럽연합의 출범 이후 지역정책의 행정절차는 보다 복잡해졌다. 과거에는 어떤 주요 정책결정을 할 때, 한 국가 내부에서 신속한 정책 결정과 집행을 할 수 있었지만, 이제는 유럽연합의 의회를 통해 정책결정을 하기 때문에 정책결정과정에 대한 거래비용이 증가한다고 볼 수 있다.

게다가 어떤 특정현안이 자국문제라 할지라도 유럽연합의 회원국에 막대한 영향을 미친다면 공동의 과제로 다뤄지기 때문에 유럽의회와 유럽이사회 및 유럽집행위원회 등을 통한 심의를 거치는 동안 지역의 자율권에 많은 제약과 영향을 받는다. 이처럼 지역정책의 범위가 한 국가를 넘어 유럽연합의 회원국의 의사를 반영한다는 측면에서 지역발전도 점진적으로 유럽연합의 주요 현안으로 변화되고 있음을 의미한다. 다시 말하면 지역발전도 유럽연합이라는 공동체의 운명으로 간주되어 광범위한 정책 조율과 집행을 필요로 하기 때문에 지역의 균형발전을 하는 데 보다 복잡·다양성을 고려해야 한다. 또한 지역 균형발전은 분권화, 지역성, 상호 보충성 등을 기본으로 새로운 패러다임이 요구된다.[25] 결국 유럽연합은 낙후한 지역발전과 안락한 주민들의 삶을 높이기 위하여 지속적인 재정지원과 지방 간의 정보교류를 필요로 하며, 다른 회원국가의 지역과 자매결연, 지방과 다른 기업과의 창조적 협력관계를

---

25) Uwe Zimmermann, "Der EU-Konvent-Kommunale Zukunft in Europa?",
　　http://www.stadt-und-gemeinde.de/magazin/frei/03sg0602.html(2004년 11일 15일 검색)

결성하는 것이 필요하다.

2. 유럽시민의 통합정책

유럽연합의 탄생과 함께 회원국의 국민들은 어디서나 살 수 있는 거주권의 제약이 해제되었고, 국적과 인종차별이 없이 각 회원국 안에서 정치적 · 경제적 · 사회적 활동을 자유롭게 할 수 있게 되었다. 유럽시민권 제도는 이미 로마조약 정신에 따라 유럽경제공동체(ECC)의 조약 체결 당시 가족을 제외한 근로자만이 가능하다는 제한을 두었으나, 유럽연합 이후 자국에서 획득한 권리를 다른 유럽연합의 회원국에서도 제한 없이 국경을 넘어 동등한 권리와 혜택을 보장받을 수 있도록 확대하였다. 그럼에도 불구하고 유럽연합의 각 회원국들은 여러 가지 법률적 규정을 제한하고 있기 때문에 장기적으로 회원국 사이에 많은 문제점을 보완해야 한다고 보고 있다.[26] 최근 마스트리흐트조약(Maastrichtsvertrag)의 제8조 1항에 의한 유럽연합의 시민권제도가 도입됨으로써 법률적 제한은 없어졌지만, 각 유럽연합의 주요 정치적 현안문제의 하나로 유럽시민의 통합정책을 지속적으로 전개해야 한다는 것이다.

유럽시민의 통합정책은 단지 정치 · 경제적인 측면뿐만이 아니라, 오히려 사회 · 문화적인 측면에서 보다 많은 문제점이 노출되고 있기 때문에 지역발전을 위해서는 반드시 내국인과 유럽연합의 국

---

26) 유럽 시민권에 대한 사항을 보다 효율적으로 집행하기 위한 방법으로 유럽연합집행위원회는 유럽의회, 이사회, 그리고 경제사회위원회에 3년마다 유럽 시민권의 행사내용 및 그 결과에 대하여 보고서를 제출하도록 하고 있다.

민 사이에 지속 가능한 갈등을 최소화하기 위한 준비가 되어야 한다. 특히 일부 국가이긴 하지만 지금과 같이 외국인에 대한 차별정책과 적대정책을 실시한다면 장기적으로 유럽연합의 확대정책에 대한 많은 부작용과 악영향을 줄 수 있으며, 인접 국가들로부터 강력한 저항과 반유럽주의를 확산시키는 계기가 될 수 있다.[27]

이러한 부작용을 최소화하기 위해서 유럽연합은 주변국가들에 대한 강력한 신뢰를 바탕으로 회원국 간의 시민통합정책을 보다 체계적으로 추진해야 한다. <표 3>에서 보는 바와 같이 독일의 경우를 보면 다양한 유럽연합의 국민들이 거주하고 있기 때문에 장기적으로 시민통합정책을 위해서 보다 유연한 제도적 장치와 시민의식 변화가 필요하다. 왜냐하면 유럽의 시민통합정책은 단기간에 이루어질 수 있는 사항이 아니라, 장기적이고 체계적인 교육과 지방정부 간의 지속적인 인적·문화적 교류를 통해서 가능하다고 보기 때문이다. 최근 독일의 니더작센(Niedersachsen) 주에서는 유럽연합의 연구프로젝트를 다양한 분야에서 분석했는데, 회원국의 시민들에게 동질성을 찾기 위한 전략적인 연구프로그램을 하나의 좋은 예로 들고 있다.[28]

---

27) 유럽통합의 주요한 분열요인은 종교, 문화, 인종적인 차원 등에서 볼 수 있다. 유럽연합의 확대정책에 가장 큰 요인으로 종교문제는 1990년대 초에 구소련과 중동부 유럽에서 인종적인 갈등과 함께 나타났다. 또한 서유럽 내에서도 반유럽주의 성향을 보이고 있는 여러 가지 움직임이 나타나고 있다는 것을 간과해서는 안 된다. 유럽연합의 반유럽주의를 대표히는 조직으로는 독일의 신나치주의자, 벨기에의 플레미쉬 블록, 오스트리아의 자유당과 스웨덴의 신민주주의당, 덴마크의 진보당 등이 유럽통합을 반대하는 목소리를 높이고 있다. 이헌근, 『현대 유럽의 정치』(부산: 신지서원, 2000), pp.204~208 참조.

28) Peter Forer, "Gute Beteiligung niedersächsischer Hochschulen am 5. Forschungsrahmenprogramm, 2002/2", Niedersaechsische Kanzlei(ed.), *op.cit.*, p.19.

<표 3> 유럽연합(EU) 회원국 중 독일거주실태(2005년 2월 현재)

각 회원국	총 거주인구	자국출생	독일출생
벨기에	23,649	20,292	3,357
덴마크	21,568	20,031	1,537
핀란드	15,748	14,995	753
프랑스	113,023	101,525	11,498
그리스	354,630	259,886	94,744
아일랜드	15,478	14,662	816
이태리	601,258	428,074	173,184
룩셈부르크	6,904	5,996	908
네덜란드	118,680	83,330	35,350
오스트리아	189,466	160,941	28,525
포르투갈	130,623	105,126	25,497
스웨덴	19,404	18,177	1,227
스페인	125,977	96,026	29,951
영 국	113,578	102,784	10,794
에스토니아	4,220	4,059	161
라트비아	9,341	8,899	442
리투아니아	13,985	13,583	402
폴란드	326,882	309,991	16,891
슬로바키아	19,567	19,112	455
슬로베니아	21,795	17,695	4,100
체코	30,186	29,372	814
헝가리	54,714	52,230	2,484
불가리아*	44,300	43,363	937
루마니아*	89,104	86,856	2,248
총 계	2,464,080	2,017,005	447,075

자료: "Ausländische Bevölkerung nach Geburtsland am 31.12.2003."(자료 정리)
　　　http://www.destatis.de/basis/d/bevoe/bevoetab10.php(2005년 3일 1일 검색)
　　　* 2007년에 유럽연합 가입 예정

　　이러한 교육프로그램은 유럽연합의 장기적인 정책과제로서 국가 간 혹은 지방 간의 파트너, 그리고 학생들의 교환방문을 통해 상호 동질성을 갖도록 종합적이고 체계적인 프로그램을 만들어 상호 이해와 신뢰를 증진하는 데 새로운 모델로 제시하고 있다. 결국 유럽연합의 시민통합정책은 다양한 교육프로그램을 통하여 초등학교, 중등학교, 고등학교 및 대학교 등에서 보다 체계적인 학습과 연속성을 가지고 제도화하는 것이 바람직하다고 생각된다.

3. 시장개방화

유럽연합은 각 회원국들의 상호 공동이익과 지역발전을 위하여 제도적·환경적 변화를 개선하고 있다. 지역의 개방화는 상호 간에 국경이 없는 경제교류와 지역발전에 맞는 제도적 보완을 필요로 하며, 동시에 시장개방과 지역경제의 관계는 여러 지역을 기반으로 기업 상호 간의 수평적 협력과 네트워크를 중심으로 보다 강력한 시너지 효과를 기대할 수 있다. 그럼에도 불구하고 유럽에서의 시장개방과 지역경제의 연계는 지역 간 혹은 국가 간의 산업격차와 경쟁력의 약화를 우려하여 소극적으로 대응해 왔다. 여기에서 각 회원국의 태도는 지역발전에 있어서 첨예한 이해관계와 갈등을 야기하고 시장개방화를 하는 데 커다란 장애요인으로 작용할 수 있다.

최근 지역발전을 위한 시장개방화에 대한 필요성의 주된 배경은 유럽공동체가 설립된 1967년 이후 회원국 간의 이해관계로 계속되는 갈등과 대립 및 무역장벽을 원만히 제거하는 것이었다. 이러한 이유로 경쟁국인 미국, 일본 및 신흥공업국들과의 경쟁에서 실패하고, 이에 대한 대처방안으로 시장개방과 지역경제의 활성화는 유럽연합의 최대 당면과제로 간주되어 왔다. 또한 시장개방을 통한 회

원국 간에 통관절차의 간소화, 공산품 규격의 표준화, 복잡한 법률
적 규제완화 및 탈관료주의 등 시장개방에 저해되는 여러 가지 요
인들을 개선함으로써 경제적 효과를 극대화하자는 것이다.[29]

그 밖에 회원국의 국민들이 어느 곳에서나 자유롭게 영업활동을
할 수 있도록 허락하며, 동시에 기업인은 어디서 기업활동을 하든
지 법적으로 자국기업과 동등한 자격으로 자회사를 설립하게 하고
경영참여권을 개방하며, 내부적인 체질 개선과 경쟁력 강화를 하는
것이다. 이와 같이 시장개방은 지역사회의 침체된 경기와 산업발전
에 긍정적으로 작용을 할 수 있다. 그 대표적인 예로 은행과 변호
사, 해양과 항공사업, 세무사, 약국개업 및 건축사의 자유경쟁, 그
리고 전기공급 등 다양한 분야에서 경쟁력을 갖춘 인력과 기업들
이 새로운 고용창출과 지역발전을 위한 변화된 모습으로 전환될
수 있다. 그러나 이것은 회원국 간의 첨예한 이해관계 및 갈등으로
인하여 여러 가지 문제점을 내포하고 있으며, 낙후한 지역경제와
일자리 창출을 하는 데 새로운 도전이자 기회로 간주되고 있다.[30]

현재와 같은 시장개방화로 기업은 고도로 훈련된 고급인력을 값
싼 임금으로 손쉽게 제공받고, 반면에 근로자들은 낙후한 지역 개
방화를 통하여 기업유치와 지역발전을 활성화시키는 데 보다 적극
적으로 활동할 수 있다는 장점이 있다. 그러나 일부 국가에서는 시
장개방에 대한 부정적인 시각도 상당히 있다. 예를 들면, 일부 기업

---

29) Curt Gasteyger, *Europa zwischen Spaltung und Einigung 1945 bis 1993*(Bonn, 1994),
pp.364~365.

30) Dietrich Thränhart, "Die Kommunen und die Europäische Gemeinschaft", Roth/Wollmann(eds.),
Kommunalpolitik(Bonn, 1993), p.69; Peter-Christian Müller-Graf, "Die Kompetenzen in der
Europäischen Union", Werner Weidenfeld(ed.), *Europa Handbuch*(Bonn, 2002), pp.382~383.

들이 싼 노동임금을 바탕으로 수익성이 강한 국가에만 투자함으로 써 자국의 실업증가, 경기불안정 및 임금하락 등을 가져올 수 있다 는 것이다. 또한 고도로 훈련된 전문인력이 국경 없는 노동시장의 개방으로 임금이 비싼 국가로 유출된다면 단기적으로 고용정책의 유연성을 생각할 수 있으나, 장기적인 측면에서는 노사 간에 새로 운 고용불안과 갈등을 예측해야 한다.[31]

다른 한편으로 시장개방은 유럽연합의 회원국 간에 높은 관세장 벽을 철폐하며, 국가 간의 자유로운 무역거래와 지역발전을 위한 촉매역할을 기대할 수 있다. 그러나 단지 유럽연합의 회원국만 참 여할 수 있도록 시장개방을 제한한다면 기술적으로 앞서 있는 다 른 나라의 기업참여를 제한함으로써 자유시장체제의 붕괴와 지역 블록화를 더욱 가속화시킬 수 있다. 예를 들면, 항공우주산업, 컴퓨 터 개발, 의료산업, 최첨단 IT산업 등 산업 분야에서 다국적 기업의 참여가 상대적으로 제한된다면 후진국에 필요한 기술이전과 지역 발전을 하는 데 많은 제약요인이 될 수 있다. 이것은 바로 경제블 록화를 가능케 하고 있다. 따라서 유럽연합의 시방개방은 제한된 지역개방화보다 다양한 영역에서 침체된 지역경제의 활성화와 시 장메커니즘을 통해서 회원국 간 상호 경제적 도움이 될 수 있도록 하는 것이 중요하고, 또 지역발전에 시너지 효과를 기대할 수 있다.

---

31) Hugo Dicke, "Der Europäische Binnenmarkt", Werner Weidenfeld(ed.), *ibid*, p.449.

4. 신뢰성 확보

신뢰성 확보는 고도의 정치적 전략과 국가 간 공동목표를 달성하는 데 기초적인 자산이다. 지금과 같은 유럽연합의 틀에서는 신뢰를 바탕으로 국가 간 협력과 공동의 목표를 달성해야 한다. 이미 유럽연합의 확대에 따른 국가 간 신뢰는 여러 가지 정책적 과제와 현안을 추진하는 데 중요한 변수로 작용할 수 있다. Delhey에 의하면 신뢰성은 국경을 추월한 국가 간 교섭과 정치적·사회적·경제적 통합을 위한 중요한 지표라고 주장하고 있다.[32] 최근 유럽연합의 확대정책은 동구권 국가들의 신규가입으로 국가 간 혹은 국민 사이에 불확실한 미래와 불안을 이유로 신규 회원국들에 대한 불신이 팽배해지고 있는 것이 사실이다. 따라서 유럽연합의 확대는 회원국과 국민들 사이에 신뢰성 확보가 무엇보다 중요한 과제라고 생각된다. 왜냐하면 유럽연합은 단지 한 국가를 위한 정책이 아니라 모든 회원국의 공동목표와 이익을 추구하고 있기 때문에 상호 간 신뢰와 믿음이 전제되어야 한다. 이처럼 신뢰성에 대한 문제는 기존 유럽연합의 회원국과 동구권 국가 사이에 많은 차이점을 보이고 있다. <표 4>에서 볼 수 있듯이 1997년과 1996년에 실시된 한 설문조사에 따르면 국가 간 신뢰도의 평가를 100으로 계산했을 때, 기존 유럽연합의 국가들이 신규로 가입된 동구권 국가들에 대한 신뢰도는 매우 낮은 것으로 나타나 있다. 이와 같이 낮은 신뢰성은 유럽연합의 주요 정책과제와 향후 정치적·경제적·군사적 전략을 추진하는 데

---

32) Jan Delhey, "Transnationales Vertrauen in der erweiterten EU", *Aus Politik und Zeitgeschichte,* B 38(2004), p.6.

많은 이려움을 예견할 수 있게 한다.[33]

대부분 EU국가들은 터키와 슬로바키아 및 폴란드에 대한 신뢰도가 낮으며, 특히 그중에서도 터키에 대한 신뢰가 낮다. 그에 반하여 헝가리와 체코에 대해서는 상당한 신뢰도를 보이고 있다. 최근에는 폴란드와 슬로바키아에 대한 신뢰도가 많은 변화를 보이고 있다. 일반적으로 동구권의 유럽연합 가입국가 중 헝가리와 체코, 폴란드, 그리고 슬로바키아는 유럽연합에 장기적인 발전 가능성과 정책현안을 추진하는 데 긍정적인 평가를 받고 있지만, 유럽연합의 가입대상국으로 터키는 종교적·문화적·경제적인 측면을 고려해 볼 때, 대부분 유럽연합의 국가들이 회원국으로서 가입하는 데 부정적인 견해를 보이고 있다.[34]

〈표 4〉 동유럽의 가입국가와 신청국가에 대한 15개 유럽연합의 국민신뢰도

분류	신뢰도 평가대상국				
	헝가리	체코	폴란드	슬로바키아	터키*
평가국가	신뢰지수(+100/−100)**				
벨기에	−18	−20	−19	−19	−48
프랑스	+8	0	+8	−22	−48
독일	+4	−18	−47	−54	−55
이태리	−3	−8	-2	−32	−54
룩셈부르크	−12	−16	−26	−34	−51
네덜란드	+23	+22	+10	-3	−25
덴마크	+14	+16	-1	+1	−39
영국	−18	+20	+30	+11	−20
아일랜드	−6	+15	+24	+10	−10

---

33) *Ibid.*, p.11.

34) Jürgen Gerhards, "Europäische Werte–Passt die Türkei kulturell zur EU?" *Aus Politik und Zeitgeschichte*, B 38(2004), pp.16~17.

그리스	+12	−12	−18	-9	−82
포르투갈	−3	−5	−17	−45	−57
스페인	+35	+17	+10	−10	−34
오스트리아	−3	−33	−45	−41	−55
핀란드	+35	+18	−6	+2	−37
스웨덴	+30	+30	+3	+18	−10
설문연도	1997	1997	1997	1996	1996

자료: Jan Delhey, "Transnationales Vertrauen in der erweiterten EU", *Aus Politik und Zeitgeschichte*, B. 38(2004), p.11; * 유럽연합의 가입을 위한 신청국가임; ** +100에 접근할수록 신뢰지수가 높고,-100에 접근할수록 신뢰지수가 낮음을 의미함.

이와 같이 신뢰성의 확보는 유럽연합의 정책과 전략을 성공적으로 수행하는 데 무엇보다 중요한 의미를 갖는다. 왜냐하면 현재와 같이 상호 간에 불신이 만연될 경우 국가 간의 정책적 협력은 물론, 중요한 유럽의 공동이익과 공동과제를 수행하는 데 많은 문제점이 제기될 수 있기 때문이다. 그래서 무엇보다 신뢰성 확보는 유럽연합의 공동목표를 성공적으로 달성하기 위한 기본적인 사항으로 간주되고 있다.

Ⅳ. 유럽연합의 한계와 전망

유럽연합은 회원국 간에 첨예하게 대립되는 정치적 · 경제적 이해관계와 자국 내의 정치적 · 사회적 갈등으로 많은 어려움을 예상할 수 있다. 여기에서 유럽연합의 확대에 따른 몇 가지 부작용과 한계를 본다면, 지금까지 신규회원으로 가입된 국가들은 기존 회원국에 비하여 상대적으로 경제적 격차와 국민소득의 차이를 극복하기 위하여 엄청난 재정적 지원과 사회복지 비용을 필요로 하고 있다. 그러나 현실적으로 이러한 재정적인 지원과 재원 확보를 위한 정책적 대안과 재정문제를 해결하는 데 특별한 정책적 대안이 충분하지 않다는 것이다. 또한 지역의 균형발전과 사회 인프라 구축은 회원국의 경제발전과 산업개발을 위하여 긴급한 과제로 생각된다. 그럼에도 불구하고 기존 회원국들은 이러한 재정적 지원과 비용을 충당하는 데 정치적·경제적 이해관계로 인하여 특정국가에 대한 지원과 협력적 사업을 추진하는 데 많은 한계가 있다는 것이다. 그 대표적인 예가 낙후지역의 농업개발보조금이나 지역인프라 구축을 추진하는 데 비용분담과 재정지출을 어떻게 공평하게 배정해야 하느냐 또한 현재와 같이 유럽연합의 틀 속에서 주요 정책결정이 이뤄질 경우, 연방주의를 채택하고 있는 국가에서는 지방자치권에 제한이 따를 수 있다는 것이다.[35] 왜냐하면 지방자치의 영역도 경우에 따라 중요한 정책사업이나 환경문제와 관련된 경우에는 유럽의 헌법과 규정된 범위에서 집행해야 하기 때문이다. 그래서 유럽연합의 확대에 따른 지역 균형발전도 다양한 국가체제와 문화·사회적 구조 아래 여러 가지 문제점을 안고 있는 것이 현실이다. 특히 국가 간의 산업구조격차와 자국우선주의 때문에 지역발전에 상호협력적 체제를 유지하는 데 제한적일 수밖에 없다. 이것은 단일국가체제가 아닌 상호 협력적 의존성이 강하게 작용하기 때문이다. 특히 연방주의 체제의 형태를 지닌 국가는 유럽연합이란 범주에서 벗어

---

35) Dietrich Thränhart, *op. cit.*, pp.72~73.

나 독자적인 의사결정을 하는 데 불만을 제기할 수 있다.[36]

그 밖에 시민통합정책은 미래 유럽연합의 발전과 성장을 위하여 매우 중요한 과제이다. 하지만 시민통합문제는 어떤 정치적·경제적 분야보다 통일된 정책이 나오기란 쉽지 않다. 이러한 이유는 각 회원국의 정치·문화·사회·종교적 측면을 고려해야 하기 때문이다. 즉 종교적인 경우를 본다면, 회원국민들의 종교적 다양성이 시민통합을 하는 데 가장 큰 장애요인으로 생각된다. 국가의 종교정책이나 국민들의 종교관은 지역적인 교류와 국가적 합의를 넘어 시민통합을 하는 데 중요한 변수로 작용할 수 있기 때문에 이러한 종교적 현안을 어떻게 극복하느냐가 중요하다. 그리고 유럽연합의 시장개방화는 회원국들 사이에 경제적 교류와 산업기술의 이전이 자유롭게 이뤄진다면 회원국 간에 상호 보완적 기능을 기대해 볼 수 있다. 반면에 상대적으로 기술수준이 낮은 회원국들은 주요 기간산업에 대한 보호정책이 불가능하여 독자적인 기술개발을 하는 데 많은 어려움이 예상된다.

이러한 맥락에서 유럽연합의 전망은 국가 간에 경제적 교류와 민주적인 정치발전을 기대할 수 있지만, 지역 간에 균형발전에 대한 전망은 상당한 기간 동안 유럽연합의 광범위한 재정투자와 지원이 없이는 불가능하다. 또한 시민통합정책은 장기적으로 지역 간 혹은 지방정부 간 협력방안과 파트너 관계를 체결한 후 지속적인 교육프로그램을 개발하는 것이 중요하다. 그 밖에 시민통합정책은 단기적으로 국가 간에 협약을 통하여 유럽연합의 시민으로 인정할

---

36) Klaus Stern, "Europäische Union und kommunale Selbstverwaltung", Michael Nierhaus(ed.), *Kommunale Selbstverwaltung*(Berlin, 1996), pp.36~37.

수 있는 유럽연합시민증제(가칭) 같은 것을 도입할 수 있다. 그리고 지역개방화는 아직까지 정부 차원에서 제한적으로 이루어지고 있지만, 앞으로 사회·문화적인 측면에서는 지역 간의 교류와 지역발전을 위하여 보다 광범위하게 이뤄질 것으로 전망되고 있다.

Ⅴ. 정책적 함의와 시사점

지금까지 위에서 언급된 내용에서 보듯이 유럽연합의 확대에 따른 정책적 함의는 한국과 일·중·싱가포르 등을 중심으로 동남아의 지역연합체를 추진할 수 있는 여러 가지 시사점을 주고 있다. 특히 유럽연합의 확대에 따른 문제는 각 회원국 간의 정치적 이해관계와 복잡한 정책현안에 대한 해결책을 찾는 데 많은 어려움이 있다는 것이다. 이러한 맥락에서 지역발전에 대한 국가 간에 정보교류와 재정지원은 지역불균형이 심각한 나라에 어떠한 균형적 지원을 할 것인가? 또한 유럽연합에서 경험했던 것처럼 동남아연합체국가(가칭)가 출범된다면 국가 간 경제수준과 소득수준의 격차는 매우 크다고 볼 수 있다. 따라서 동남아연합체국가(가칭)는 낙후한 국가에 대해서 장기적으로 지역경제의 지원과 산업설비투자를 선정하는 데 많은 어려움이 수반될 수 있다.

현재 유럽연합의 확대에 따른 지역문제는 외견상으로 전혀 큰 문제가 없는 하나의 종속변수로 생각될 수 있지만, 유럽연합의 전체적인 균형발전과 지역 간 불균형을 해소하기 위하여 '보충성 원리’와 ‘상호 협력적 거버넌스 구축’을 바탕으로 지역 간의 인프라 구축을 필요로 하였다. 따라서 동남아연합공동체(가칭)의 구성도 지역의 균형발전과 공동의 관심사를 원활히 추진하기 위해서는 국가적 협력과 참여를 기본으로 지역주민들에게 발전가능성과 희망을 제시하는 것이 전제되어야 한다. 또한 시민통합정책은 국가적인 차원에서 제도적 장치를 마련하는 것도 중요하지만, 지역 간의 자매결연과 문화적인 교류 및 다양한 교육프로그램을 통하여 장기적인 전략으로 연속성을 가져야 한다. 그 밖에 시장개방화는 국가적 차원에서 보다 적극적으로 지원하고 기업의 영업활동이 자율적으로 이뤄질 수 있도록 규제 완화와 신규 투자여건 조성 및 다양한 세제혜택 등을 제공해야 한다. 이것과 함께 여기에 참여하는 국가는 상호 간의 Win-Win 전략으로 지역 균형발전이 이루어질 수 있도록 신뢰성이 전제되어야 한다. 결국 유럽연합처럼 동남아의 연합공동체가 성공하기 위해서는 지역발전, 시민통합, 시장개방화, 신뢰성 확보 등을 바탕으로 범국가적 네트워크와 정보교류 및 협력적 동반자의 관계를 구축하는 것이 바람직하다.

참고문헌

김영준. "유럽통합에 대한 비전과 갈등". 『유럽연구』. 통권 13호(2001
    년 여름), pp.301~322.
서병철. 『유럽통일』. 서울: 평민사, 1996.
석철진. "유럽연합 확대의미와 전망". 『통일한국』. 통권 제246호(2004
    년 6월), pp.68~70.
양오석. 『유럽정치경제 연구의 이해』. 서울: 푸른길, 2002.
이승렬. "유럽통합 초기(1945~1957)에서 기능주의(functionalism)에
    대한 논쟁". 『EU학 연구』. 제5권 제1호(2000), pp.5~36.
이종광. 『유럽통합의 이상과 현실』. 서울: 일신사, 1996.
이헌근. 『현대 유럽의 정치』. 부산: 신지서원, 2000.
이희범. 『유럽통합론』. 서울: 법문사, 1997.
이희범. 『유럽통합론』. 서울: 법문사, 1997.
최진우 외. 『현대 국제관계이론과 한국』. 서울: 사회평론, 2004.
한종수. 『유럽연합(EU)과 한국』. 서울: 동성사, 1998.
황영주 · 이승근. "초기 유럽통합과정에서 냉전의 영향 – 마샬플랜과
    슈만플랜을 중심으로". 『국제지역연구』. 제7권, 제1호(2003),
    pp.257~278.
Bundeszentrale für Politische Bildung.(ed.). *Die Europäischen Union*.
    Bonn, 1998.
Delhey, Jan. "Transnationales Vertrauen in der erweiterten EU". *Aus
    Politik und Zeitgeschichte*. B 38(2004), pp.6~13.

Dicke, Hugo. "Der Europäische Binnenmarkt". Weidenfeld, Werner.(ed.). *Europa Handbuch*. Bonn, 2002.

Forer, Peter. "Gute Beteiligung niedersächsischer Hochschulen am 5. Forschungsrahmen-programm 2002/2". Niedersaechsische Kanzlei.(ed.). *Europäische Förderpolitik heute und in der Zukunft*. Niedersächsischen, 2002.

Gasteyger, Curt. *Europa zwischen Spaltung und Einigung 1945 bis 1993*. Bonn, 1994.

Gerhards, Jürgen. "Europäische Werte-Passt die Türkei kulturell zur EU?" *Aus Politik und Zeitgeschichte*. B 38(2004), pp.14～20.

Gusy, Christopf/Arnold, Hans. "Die Rechts-und Asylpolitik der Europäischen Union". Weidenfeld, Werner.(ed.). *Europa Handbuch*. Gütersloh: Verlag Bertelsmann Stiftung, 2002.

Magiera, Siegfried. "Kommunale Selbstverwaltung in der Europäischen Union". Grupp, Klaus./Ronellenfitsch, Michael.(eds.). *Kommunale Selbstverwaltung in Deutschland und Europa*. Berlin: Duncker & Humbolt, 1995.

Müller, Klaus. *Globalisierung*. Frankfurt/Main: Campus Verlag, 2002.

Müller-Graf, Peter-Christian. "Die Kompetenzen in der Europäischen Union". Weidenfeld, Werner.(ed.). *Europa Handbuch*. Bonn, 2002.

Schmidt-Eichstädt, Gerd. "Die Kommunen zwischen Autonomie und (Über-)Regelung durch Bundes-und Landesrecht sowie durch EG-Normen". Roth/Wollmann.(eds.). *Kommunalpolitik*. Opladen: Verlag Leske＋Budrich, 1993.

Stern, Klaus. "Europäische Union und kommunale Selbstverwaltung". Nierhaus, Michael.(ed.). *Kommunale Selbstverwaltung*. Berlin, 1996.

Thränhardt, Dietrich. "Die Kommunen und die Europäische Gemeinschaft". Roth/Wollmann.(eds.). *Komunalpolitik*. Bonn, 1993.

Wolff, Monika. "Europäische Beschäftigungsstrategie und Gender Mainstreaming". Niedersächsische Kanzlei.(ed.). *Europäische Förderpolitik heute und *in der Zukunft*. Niedersächsischen, 2002.

"Bevölkerung-Bevölkerung nach Staatsangehörigkeit".

http://www.destatis.de/basis/d/ bevoe/bevoetab10.htm(2005년 3월 1일 검색)

"Die Erweiterung Fortsetzen"

http://europa.eu.int/comm/enlargement/report_2003/pdf/strategy_ paper2003_full_de.pdf(2004년 2월 30일 검색)

"Erweiterung und Reform der Institutionen". MEMO/04/61, Brüssel. 2004. 05. 16.

http://www.eu-kommission.de/html/aktuell/thema.asp?id=221(2005년 2월 4일 검색)

Heberlein, Horst. "Kommunen und Europa".

http://www.kas.de/db_files/dokumente/materialien_ fuer_die_arbeit_ vor_ort/7_dokument_dok_pdf_3535_1.pdf(2003년 9월 30일 검색)

J. Bradford De Long & Barry Eichengreen. "The Marshaal Plan: History's Most Successful Structural Adjustment Program".

http://www.j-bradford-delong.net/pdf_files/ Marshall_Large.pdf(2005년 2월 28일 검색)

Nutzenberger, Klaus M. "Weiterentwicklung auf sicherer Grundlage".

http://www.stadt-und-gemeinde.de/magazin/frei/04sg0602.html(2004년 10월 20일 검색)

Zimmermann, Uwe. "Der EU-Konvent-Kommunale Zukunft in Europa?".

http://www.stadt-und-gemeinde.de/magazin/frei/03sg0602.html(2004년 11일 15일 검색)

제12장 EU의 전략적 동반자 관계 구축 현황과
한 - EU 관계

최진우

한양대학교 정치외교학과 교수

Ⅰ. 서론

유럽의 통합은 꾸준한 지리적 확대와 정책적 심화의 과정을 거쳐 왔다. 초기 6개 회원국으로 출범한 유럽연합은 지금까지 모두 여섯 차례의 확장을 통해 2009년 현재 회원국이 27개국으로 늘어났으며, 머지않은 장래에 회원국 수가 30개국을 넘을 전망이다. 이와 더불어 유럽연합은 1968년 관세동맹(customs union)을 완성하고, 1993년에는 상품과 용역은 물론이요 자본과 노동의 이동까지 자유로워지는 단일시장(Single Market)을 출범시켰으며, 마침내 1999년 단일통화를 도입함으로써 명실상부한 '하나의 경제권'을 형성하게 되기에 이르렀다.

아울러 EU는 '규범세력'으로서의 외교안보정체성을 구축하며 국제사회에서의 영향력을 증대하고 있다. 이는 유럽이 이른바 전 지구적 보편성을 주장할 수 있는 핵심적인 규범적 가치를 다른 어느 국가에 비해서도 성공적으로 구현하고 있기 때문이다. 평화, 자유, 법치주의, 차별 철폐, 환경 보호, 인권 옹호 등에 있어 유럽은 지구상의 다른 국가들에 대해 모범적 실천자로서의 위상을 확고히 하고 있으며, 타 국가와의 관계에 있어서도 쉽사리 무력을 사용하거나 국제제도를 우회하는 일방주의적 외교 행태를 보이기보다는 주로 다자주의적 틀 속에서 외교적 수단을 활용한 설득과정을 통해 외교정책의 목표를 실현시켜 나가는 방식을 택하고 있다는 이미지를 구축하고 있다. 미국이 힘의 외교를 통해 영향력을 행사하는 반면 유럽은 규범의 외교를 통해 세상을 변화시키는 세력이라는 것이다.[1]

세계 최대의 경제규모와 규범세력으로서의 외교적 정체성을 가진 EU는 우리에게 있어서 과연 무엇인가? 우리에게 있어 EU의 의미는 다차원적이다. 우선 EU는 우리가 국제무대에서 상대하는 하나의 행위자로서 우리의 파트너이자 때로는 경쟁자이기도 하다. EU는 우리의 제2위 교역 상대국이고, 우리나라로 유입되는 해외자본투자 주체로는 1위이다. EU 기업들은 세계 시장에서 우리 기업들과 치열한 경쟁을 벌이고 있고, 다자경제기구에서는 각자의 이익을 관철시키기 위해 첨예하게 대립하는 경우도 있다.

또한 EU는 우리에게 있어서 하나의 모델이기도 하다. EU는 무엇보다도 민주국가의 클럽이다. 다양한 형태의 민주주의 정치제도를 운영하고 있는 거대한 실험실이기도 하다. 뿐만 아니라 EU 국가들은 지구상에서 가장 잘 발달한 복지국가로서 자본주의경제가 수반

---

1) 유럽연합의 외교안보 정체성을 규범세력으로 규정하는 것에 대한 논의로는 Bichi 2006; Hyde-Price 2006; Manners 2002; Sjursen 2006a; 2006b; Youngs 2004 등을 참조할 것.

하는 불평등의 문제에 대한 다양한 대응 방법을 실천하고 있다. 나아가 EU는 성공적인 지역통합을 이루어 냄으로써 평화지대를 구축하고 있다. EU 회원국들은 1945년 이전 끊임없는 전쟁과 갈등에 시달려 왔지만, 유럽통합이 시작된 이후 이들 국가들 사이에는 이제 더 이상 전쟁이 하나의 외교정책 수단으로 사용될 가능성은 전무한 이른바 '안보공동체'(security community)가 건설된 것이다. 지역통합으로서 평화적 통합 구축의 좋은 사례가 아닐 수 없다.

끝으로 EU는 우리가 활용할 수 있는 외교적 자산이기도 하다. EU는 북한에 대한 인도적 지원을 꾸준히 제공하면서도 북한의 핵문제와 인권문제에 대해서는 비판의 목소리를 높이며 한반도 문제에 대한 관심을 지속적으로 표명하고 있다. 또한 EU는 우리와 민주주의, 인권, 법치, 다자주의 등 가치를 공유하며 테러와 범죄, 환경과 질병 등 글로벌 이슈의 해결에 파트너십을 발휘할 수 있는 가치와 이익의 동반자이기도 하다. 경제협력 관계의 증진, 정무 및 사회문화 부문에서의 협력 강화, 글로벌 이슈 대응에 있어서의 공조체제 구축을 통해 긴밀한 협력 파트너로서의 관계를 정립해 가고 있는 것이다.

이러한 바탕 위에서 2009년 10월 15일 한국과 EU는 한-EU FTA와 한-EU 기본 협력협정 개정안에 가서명하였으며, 한-EU 기본협력협정 개정안은 2010년 5월, 그리고 한-EU FTA는 2010년 10월 각각 정식으로 서명되었다. 무역과 투자의 활성화를 통한 경제적 교류의 증진을 위한 FTA, 그리고 정치, 사회, 문화 등 다양한 분야에서의 파트너십을 강화시키기 위한 기본협력협정 개정안이 마련됨으로써 한국과 EU는 2009년 5월 서울에서 개최된 양측 간의 정상회담에서 천명했던 '전략적 동반자 관계'로 상호 관계를 격상시키기 위한 제도적 기반을 구축하게 되었다. 그렇다면 과연 전략적 동반자 관계란 무엇을 의미하는 것인가? EU가 전략적 동반자 관계를 맺고 있는 나라는 어떤 나라가 있으며, EU와 이들 국가들 간의 관계는 어떤 양상으로 전개되고 있는가? 전략적 동반자 관계의 형성은 향후 한-EU 양자관계에 어떤 영향을 미칠 것인가?

II. EU의 전략적 동반자 관계 구축의 현황

EU가 본격적으로 주요국들과 전략적 동반자 관계를 구축하기 시작한 것은 2000년대 들어서이다. 이는 2000년대 들면서 EU가 국제정치적 위상을 제고하기 위한 적극적인 노력을 경주하겠다는 의지를 천명하면서 나타난 현상인 것으로 판단된다. 특히 EU는 2003년 유럽이사회에서 채택된 '유럽안보전략: 더 좋은 세계에서의 안전한 유럽'(European Security Strategy: A Secure Europe in a Better World)에서 일본, 중국, 캐나다, 인도를 비롯해 EU와 공통의 가치와 목표를 공유하는 국가들과 전략적 동반자 관계를 구축하겠다는 의지를 표명하면서 이들 국가와의 관계 발전을 도모하고 있다. 이에 따라 이들 국가들과는 모두 전략적 동반자 관계를 구축했고, 최근에는 여기에 더해 2006년 남아프리카 공화국, 2007년 브라질, 2008년 멕시코와 전략적 동반자 관계를 출범시켰으며, 2009년 5월에는 한-EU 정상회담에서 양자관계를 조만간 전략적 동반자 관계로 격상시킬 것을 합의하게 된 것이다.

그런데 EU의 전략적 동반자 관계 구축과정은 반드시 일정한 패턴을 따르는 것은 아니며, 전략적 동반자 관계의 구축 이후의 관계 심화 또한 케이스별로 많은 편차를 보이고 있다. 예컨대 EU는 한국, 일본 등과는 상당 기간 동안 정기적인 정상회담을 비롯한 일련의 제도화된 상호 교류 및 접촉의 메커니즘을 유지하던 상태에서 양자관계를 전략적 동반자 관계로 격상시켰지만, 브라질과는 최초의 정상회담에서 전략적 동반자 관계의 출범을 선언했으며, 남아프리카 공화국의 경우에는 전략적 동반자 관계가 구축되고 나서 비로소 정상회담이 개최되기 시작했던 것이다. 나아가 일본과 중국은 거의 비슷한 시기에 EU와 전략적 동반자 관계를 구축했지만, EU－일본 관계는 EU－중국 관계에 비해 EU의 관심 강도가 현저히 떨어져 지금까지도 양자관계가 충분히 성숙하지 못하다는 불만이 토로되고 있기도 하다.[2]

지금까지 EU와 전략적 동반자 관계를 구축한 나라는 총 9개국이다. 미국, 러시아, 캐나다, 중국, 일본, 인도, 남아공, 브라질, 멕시코가 바로 이들 국가이다. 특기할 만

한 점은 이들 국가들이 모두 이른바 하일리겐담 프로세스(Heiligendamm Process)에 참여하고 있는 나라들이라는 점이다. 하일리겐담 프로세스는 G-8 국가들과 대표적인 신흥 경제(emerging economies)국가 간의 대화 메커니즘으로 2007년 처음 시작되었다.

---

2) Axel Berkofsᄆ, "The EU and Japan: a Partnership in the Making", EPC Issue Paper No.52, February 2007. EU의 중국과 일본에 대한 비대칭적 관심과 더불어 일본의 미국과의 안보 유대 관계가 EU－일본 관계의 질적 도약을 가로막는 장애물인 것으로 보인다.

여기에 참여하고 있는 신흥 경제국가는 중국, 인도, 브라질, 멕시코, 남아공 5개국이다. 이들은 O-5(Outreach 5) 또는 G-5로 불리고 있다. 2009년 현재 EU는 G-8 국가 중 비유럽국가인 미국, 러시아, 일본, 캐나다, 그리고 G-5 국가 모두와 전략적 동반자 관계를 맺고 있어 우리나라가 EU와 전략적 동반자 관계를 구축하게 될 경우 대한민국은 하일리겐담 국가들을 제외하고는 처음으로 EU와 전략적 동반자 관계를 맺는 나라가 된다.

〈표 1〉 EU의 전략적 동반자 관계 구축 현황

상대 국가명	연도	비고
미국	1990s(?)	전략적 동반자 관계의 출범을 명시화한 문서 부재
러시아	2000	
캐나다	2003(?)	'유럽안보전략' 외의 문서에서 공식적 언급 없음
중국	2004	
일본	2004	
인도	2004	전략적 동반자 관계 구축을 위한 공식 절차 처음으로 시작
남아공	2006	
브라질	2007	
멕시코	2008	

EU의 전략적 동반자 관계 구축은 크게 두 차례 주기에 걸쳐 진행되어 왔다고 할 수 있다. 첫 번째 주기는 미국, 러시아, 캐나다, 중국, 일본에 해당된다. 첫 번째 주기에서는 전략적 동반자 관계 구축을 위한 명시적인 제도적 절차를 거쳤다기보다는 EU가 상대국을 지칭함에 있어 전략적 동반자라는 표현을 사용함으로써 양자관계가 자연스럽게 전략적 동반자 관계로 자리를 잡게 되는 양상을 보인다. EU가 중국과의 관계를 전략적 동반자 관계라고 칭하면서

도 그 표현이 무엇을 의미하는지 밝힌 적이 전혀 없었다는 지적이
바로 EU가 전략적 동반자 관계를 제도적 의미를 부여한 공식적인
용어로 사용하지 않았음을 보여 준다.3) 미국과는 전략적 동반자 관
계로 일컫기에도 부족할 정도로 심화된 관계를 갖고 있기 때문에
양자관계는 당연히 전략적 동반자 관계 또는 그 이상의 관계를 맺
고 있다고 할 수 있고 캐나다와도 마찬가지이다. 한편 러시아와는
2000년 전략적 동반자임을 선언한 이래, 양자관계가 체첸 사태 등
으로 부침을 겪으며 지금도 긴장관계를 면치 못하고 있어 러시아
와의 관계에 있어 EU는 전략적 동반자 관계라는 표현을 수사학적
수준에서 사용하는 데 그치고 있는 것으로 보인다. 러시아와는 1994
년 동반자 협력관계 협정(Partnership and Cooperation Agreement)을
체결한 이후 2007년 협정 만료 기한을 앞두고 2005년부터 양자관
계를 더욱 심화시키기 위한 의욕적인 협상을 개시했지만, 2007년
러시아의 그루지야 침공, 우크라이나와의 가스 분쟁 등을 계기로
EU 회원국들과의 관계가 크게 악화되면서 EU와 러시아의 관계 개
선을 위한 시도도 답보상태를 면하지 못하고 있는 상태이다. 중국
및 일본과의 관계에 있어서도 앞서 소개한 2003년의 '유럽안보전
략: 더 좋은 세계에서의 안전한 유럽'에서 EU가 중국, 일본을 포함
한 국가들과 전략적 동반자 관계를 추구할 것이라고 언급한 것이
이들과의 전략적 동반자 관계의 시작이었던 것으로 보인다.

  아울러 EU의 관점에서 전략적 동반자 관계가 구체적으로 무엇
을 의미하는지 사실 뚜렷하지 않다. EU의 어느 공식 문헌에서도

---

3) Jing Men, "The EU–China Strategic Partnership: Achievements and Challenges", Policy
   Paper No.12, November 2007, European Studies Center, University of Pittsburgh, p.6.

대외정책을 추진함에 있어 전략적 동반자 관계가 무엇을 뜻하는지를 명쾌하게 정의하고 있지 않고 있다. EU가 '전략적 동반자 관계'의 의미를 조금이나마 더 구체화하고, 관계의 구축과 이에 따른 제반 실행방안의 마련에 좀 더 체계성을 부여하기 시작한 것은 비교적 최근의 일로써, 이를 전략적 동반자 관계 구축의 제2차 주기라고 할 수 있을 것이다.

최근 EU는 타국과 전략적 동반자 관계를 구축하는 과정에서 집행위원회가 전략적 동반자 관계의 구축을 권고하는 커뮤니케이션을 이사회와 유럽의회에 전달하면 이사회에서 결정을 내리고 상대국과의 공동 선언을 통해 관계 구축을 공식화한 다음 양자 간의 합의하에 구체적인 실행계획(Action Plan)을 수립하는 순서를 밟는데, 이러한 절차를 거치기 시작한 것은 2004년 인도와의 전략적 동반자 관계 구축과정에서 처음 나타난 현상이다.

이후 남아공, 브라질, 멕시코와의 전략적 동반자 관계 구축과정도 같은 절차를 밟아 왔으며, 우리나라와도 같은 패턴을 따를 것으로 예상된다. 유럽연합과 우리나라에서 머지않아 상호 간의 전략적 동반자 관계를 공식화하기 위한 후속작업이 진행될 것으로 보이는데, 따라서 유럽연합 측에서는 앞으로 집행위에서의 권고안 준비, 이사회에서의 결정, 우리나라와의 공동 선언, 그리고 행동계획의 수립 등 순서로 한-EU 전략적 동반자 관계의 구축이 진행될 것으로 생각되며, 우리나라에서도 이에 상응하는 절차를 밟을 것으로 생각된다. 하지만 2010년 말 현재까지는 아직 이러한 절차가 진행되지 않고 있다. 이는 유럽연합이 2009년 리스본조약 발효 이후 대외관계 업무와 관련된 대대적인 제도적 변화 및 조직 개편이 이루어지고 있다는 점, 그리고 양자관계의 1차적 관심이 한-EU FTA 비준 절차에 집중되고 있다는 점 등으로 인해 2010년 말 현재까지도 한국, EU 양측 모두 양자 간의 전략적 동반자 관계 구축을 위한 공식절차를 적극적으로 추진하지 못하고 있는 것으로 추측된다.

그렇다면 전략적 동반자 관계는 무엇을 의미하는 것인가? 앞서 언급한 바와 같이 2000년대 초반만 하더라도 EU는 이 표현의 구체적인 의미를 밝히지 않았다. 하지만 최근 EU는 '전략적 동반자 관계'라는 표현을 수사적 수준에서만 사용하는 것이 아니라, 글로벌 이슈에 대한 대응에 있어서의 입장을 조율해 공동보조를 맞추는 데 초점을 두고 있다는 인상을 강하게 주고 있다. 즉 EU는 '전략적'이라는 표현을 글로벌 수준의 이슈에 대한 대응이라는 의미로 사용하고 있는 것으로 보인다. 인도, 남아공, 브라질, 멕시코와의 전략적 동반자 관계 구축을 권고하는 집행위원회 커뮤니케이션의 상당 부분이 다자간 세팅에서의 협력을 강조하는 데 할애되고 있으며, 각국과 합의된 행동계획에서도 이것이 반복되고 있음을 볼 수 있다. 집행위의 권고안이나 공동행동계획에 '효과적인 다자주의'(effective multilateralism) 또는 '규칙에 근거한 다자주의'(rule-based multilateralism), '다자주의의 중요성에 대한 공동의 신념'(a common belief in the fundamental importance of multilateralism), 국제평화와 안보에 있어서의 UN의 역할 등을 강조하는 부분이 빠지지 않고 있는 것도 전략적 동반자 관계가 곧 글로벌 동반자 관계를 의미하는 것임을 잘 보여 주고 있다.4)

---

4) 사실 EU는 전략적 동반자 관계 구축의 1차 주기에서도 이러한 의미를 염두에 두고 있었던 것으로 보인다. 2003년에 나온 EU의 대중국 정책 페이퍼에서 EU와 중국이 '글로벌 거버넌스를 활성화시키는 책

전략적 동반자 관계의 구축은 그간 축적된 양자관계를 반영하는 것이기도 하거니와 한편으로는 향후 관계 발전에 대한 기대와 의지의 표명이기도 하다. 전략적 동반자 관계라는 표현은 한편으로는 지금까지의 양자관계에 대한 평가이자 양자관계의 발전 방향에 대한 희망의 표현인 것이다. 이러한 희망이 여러 가지 요인으로 현실과 부합되지 않는 상황이 발생할 때 전략적 동반자 관계라는 표현은 그야말로 수사적 표현에 불과한 것이 되어 버리게 된다. 러시아와의 관계가 좋은 예이다.

이하에서는 EU와 주요 국가들 간의 '전략적 동반자 관계'의 현황을 살펴보되, 그 범위를 전략적 동반자 관계 구축의 2차 주기, 그 중에서도 남아공, 브라질, 멕시코에 국한한다. 앞서 밝힌 바와 같이 우리나라와 EU와의 전략적 동반자 관계의 구축은 보다 최근의 양상인 2차 주기의 패턴을 따를 것으로 예상되기 때문이다.

Ⅲ. EU의 전략적 동반자 관계의 사례

1. EU - 인도 전략적 동반자 관계[5]

EU와 인도는 이미 1960년대에 외교관계를 수립했다. EU - 인도 협력관계의 법적 기반은 1994년의 협력협정(Cooperation Agreement)

임'을 공유하고 있으며 아울러 "지속 가능한 발전, 그리고 평화와 안정을 추구함에 있어 공동의 노력을 경주"해야 함을 지적하고 있다는 것이 바로 그 예이다. *Ibid.*

과 1993년의 공동정치선언(Joint Political Statement)이다. 이미 1994
년의 협력협정에서는 양자관계가 단순히 무역과 경제협력의 수준을
뛰어넘는 포괄적 협력관계를 지향하고 있으며, 1993년의 공동정치
선언과 함께 양자 간 각료급 회담을 비롯한 광범위한 정치대화가
이루어질 수 있는 제도적 기반을 제공해 왔다. 이러한 법적 기반 위
에서 발전해 온 양자관계는 2000년 최초로 이루어진 EU - 인도 정
상회담에서 그 중요성에 대한 평가가 이루어지고 이후 연례적으로
정상회담이 개최되면서 이를 바탕으로 마침내 2004년 헤이그에서
개최된 제5차 정상회담에서 공식적으로 전략적 동반자 관계를 출범
시키게 된다. 뒤이어 2005년에는 뉴델리에서 개최된 정상회담에서
공동행동계획(Joint Action Plan)이 채택되어 양자 간의 전략적 동반
자 관계는 구체적인 실행 방안을 갖추게 된다.

　EU와 인도는 2005년 행동계획에서 정상회담과 각료급 회담에서
모든 상호 관심사에 대한 대화를 지속할 것과 양측의 각료급 인사
들의 접촉 기회를 최대한 활용해 양자 간의 관심사를 토의할 것,
실무급 인사들 간에도 지역 이슈와 국제 상황에 대한 의견 교환을
꾸준히 지속할 것, 그리고 고위실무자급 회담과 공동위원회에서 양
자 간 협의를 통한 결정사항의 이행 실태를 점검할 것 등을 정하고
있으며, 나아가 2005년에 수립된 행동계획의 실행 진전 상황을
2008년 정상회담에서 점검하도록 정하고 있다.

---

5) EU-인도 전략적 동반자 관계의 배경과 내용에 대해서는 Commission of the European Communities,
"An EU-Indea Strategic Partnership: Communication from the Commission to the Council,
the European Parliament and the European Economic and Social Committee, Brussels,
16.6.2004. COM(2004) 430 final; "The India-EU Strategic Partnership Joint Action Plan",
September 7, 2005 참조.

EU－인도의 전략적 동반자 관계는 크게 네 가지 과제를 협력 분야의 초점으로 삼고 있다. 효과적인 다자주의를 구현하기 위한 협력, 에너지 안보와 기후 변화 문제에 있어서의 협력, 안보문제 관련 협력, 경제 교류의 강화가 그것이다.

EU와 인도는 연례정상회담, EU 트로이카와 인도의 각료급 회담, 고위실무회담(SOM) 등을 비롯한 광범위한 정치대화를 갖고 있으며, 전략적 동반자 관계로의 격상을 계기로 기존의 대화 메커니즘을 더 강화하고 더 효율화하는 한편 새로운 협력 분야에서의 대화 채널을 신설함으로써 양자관계를 더욱 돈독하게 하려는 노력을 지속적으로 경주하고 있다. 그러한 노력의 일환으로 EU와 인도는 2006년 5월 양자 간 전략 대화(Strategic Dialogue)를 개최하게 되는데 이후 이 전력대화는 (1) 글로벌 수준과 지역 수준에서의 안보 상황 및 안보 문제, (2) 대테러 정책 수행을 위한 협력과 첩보 공유, (3) 문제 발생 지역에 있어서의 갈등 해결과 공동 보조, (4) 대량살상무기 확산 문제, (5) 갈등 지역에서의 정치적 안정을 위한 기반으로서의 민주주의와 인권 등에 대한 토론과 의견 교환의 장을 마련해 주고 있는 것으로 평가되고 있다.[6]

2. EU－남아공 전략적 동반자 관계[7]

EU와 남아공의 관계는 남아공이 1994년 오랜 기간의 인종차별

---

6) Subhash Kapila, "European Union–India Strategic Partnership", South Asia Analysis Group Paper no.2661, April 7, 2008.

7) EU－남아공 전략적 동반자 관계의 배경과 내용, 향후 계획에 대해서는 Commission of the European

정책을 끝내고 민주국가로 거듭나면서부터 빠른 속도로 발전해 왔다. 이후 10년간의 양자관계 발전의 결과 2004년에는 '무역, 개발, 협력에 관한 협정'(TDCA: Trade, Development and Cooperation Agreement)을 체결해 양자관계의 법적 기반을 마련했다.[8]

TDCA에서 주로 다루어지던 협력 분야는 개발협력, 무역과 투자를 포함한 경제협력, 과학 및 기술에 집중되어 있고, 부차적으로 근로자와 아동의 권리 등을 포함한 사회적 이슈, 돈 세탁 등 범죄 문제, 기후 변화를 포함한 환경문제, AIDS 문제 등 보건 위생 문제에 대한 협력도 포함되어 있다. 아울러 TDCA는 양자관계의 지속적 발전을 위해 제도 규정을 두고 있기도 하다. 여기에는 협정의 원활한 이행을 위한 협력위원회의 설립이 포함되어 있으며, 나아가 양측의 의회 교류, 그리고 EU의 경제사회위원회(Economic and Social Committee)와 이에 상응하는 남아공의 국가기관인 국가경제발전노동위원회(National Economic Development and Labour Council) 간의 정기적인 접촉이 이루어질 것을 정하고 있다.

그러나 TDCA는 협정의 명칭에서도 나타나듯이 협력의 분야가 대체로 경제 분야에 국한되어 있어 EU와 남아공 간의 정치대화는 주변적 지위만을 갖고 있었을 뿐이다. 그러던 것이 양측의 공감대 형성에 힘입어 2007년 양자관계가 전략적 동반자 관계로 격상되고

Communities, "Towards and EU–South Africa Strategic Partnership: Communication from the Commission to the Council and the European Parliament, Brussels, 28.6.2006. COM(2006) 347 final; Council of the European Union, "The South Africa–European Union Strategic Partnership–Joint Action Plan", Brussels, May 15, 2007, 9650/07(Presse 105) 참조.

8) TDCA는 1999년 체결되어 양측의 비준과정을 거쳐 2004년 발효되었다. TDCA는 세 개의 추가협약으로 보완되고 있다. 과학기술협정(Science and Technology Agreement), 포도주 협정(Wine Agreement), 주정 협정(Spirits Agreement)이 그것이다.

그 관계의 실천을 위한 공동행동계획(JAP: Joint Action Plan)이 마련되면서 제도화된 정치대화의 창구가 만들어진다. TDCA에 비해 JAP에서는 협력 분야가 확대되고 양자 간의 대화를 위한 제도적 장치가 새롭게 만들어지고 있다.

우선 양측은 JAP에서 기후 변화, 생물다양성, 오물 관리, 대기오염, 재생에너지, 남남 협력, 환경 거버넌스 등 이슈를 포괄하는 환경문제를 다루기 위한 고위급 대화 채널의 설립에 합의하고 있다. 아울러 EU 지역정책의 경험 공유, 정보통신 기술 협력, 고용과 사회문제에 관한 대화, 범죄 퇴치, 거시경제 대화, 교육 훈련, 문화 협력, 스포츠와 여가 활동 등 사안에 있어서의 협력을 위한 대화 창구를 둘 것을 정하고 있다.

EU－남아공 전략적 동반자 관계의 공동행동계획에서 가장 특기할 사항은 협력 분야 전체를 모고바고바 대화(Mogôagôa Dialogue)라는 포괄적 구조 안에 두고 있다는 점이다.9) 모고바고바 대화는 공동협력위원회(Joint Cooperation Council), 트로이카와의 각료급 회담,10) 그리고 정규적인 정상회담을 포함한 모든 형태의 양자 간 대화와 협력을 관장하는 다양한 형태의 회의체를 모두 포괄하는 의미를 갖는다. 이러한 구조하에서 EU와 남아공은 연 2회의 정상회담이

---

9) 모고바고바는 우리나라의 무궁화와 같이 남아공의 상징 나무이다. 포괄적 조직을 모고바고바로 명명한 것은 전통적으로 아프리카에서는 나무가 사람들이 대화를 통해 갈등을 푸는 장소를 상징하기 때문이라고 한다. Council of the European Union, "The South Africa–European Union Strategic Partnership Joint Action Plan", Brussels, May 15, 2007, 9650/07(Presse 105), p.2.

10) EU 트로이카는 EU의 공동외교안보정책 수행 시 EU를 대표하는 주체로서 암스테르담 조약에 의하면 EU 이사회 의장국 외무장관, 집행위원회의 대외관계 담당 집행위원(Commissioner for External Relations), EU 외교안보정책 고위대표(High Representative of the European Union for Foreign Affairs and Security Policy)로 구성된다. 그러나 2009년 12월 1일 리스본 조약의 발효와 함께 이사회 상임의장과 대외정책 고위대표(집행위원회 부위원장 겸임)가 선임되면서 향후 트로이카 체제가 어떻게 작동하게 될지는 불투명한 상태이다.

양측을 오가며 개최할 것, 공동의 이익이 걸려 있을 경우 필요할 때마다 특별정상회담을 가질 것, 공동위원회, 고위실무자급 회의 또는 각료급 회담은 양측에서 번갈아 개최할 것, 상호 관심사에 대해 남아공과 EU의 각료들은 접촉 기회를 최대한 활용할 것, 지역과 대륙, 그리고 글로벌 이슈를 논의하기 위해 고위실무자와 전문가들의 주기적으로 만날 것, 양측의 외교사절들은 주재국의 외교 담당부서와 정기적인 대화 채널을 지속적으로 가동하고 강화할 것, 결정사항의 이행 여부를 정상회담, 각료회담, 공동위원회 회의에서 검토할 것, 의회 간 교류 협력을 제도화할 것 등을 다짐하고 있다.

3. EU - 브라질 전략적 동반자 관계[11]

2007년 5월 30일 EU 집행위원회는 2007년 7월 4일로 계획된 브라질과의 정상회담에서 양자 간에 전략적 동반자 관계를 구축할 것을 제안한다. 집행위원회는 브라질이 국제무대에서 수행하는 역할이 확대되고 있으며 남미 지역에서의 브라질의 리더십 비중이 커지고 있다는 점, 그리고 유럽과의 관계가 더욱 밀접해지고 있다는 점에 주목해 양자관계를 전략적 동반자 관계의 틀 속에서 강화시킬 것을 권고한 것이다.

이에 따라 EU와 브라질은 2007년 7월 4일 리스본에서 처음으로

---

11) EU - 브라질 전략적 동반자 관계의 배경과 내용, 향후 계획에 대해서는 Commission of the European Communities, "Towards an EU-Brazil Strategic Partnership: Communication from the Commission to the Council and the European Parliament, Brussels, 30 May 2007 COM(2007) 281; "Brazil-European Union Strategic Partnership Joint Action Plan", 22 December 2008 참조.

개최된 양자 간 정상회담에서 EU – 브라질 간의 전략적 동반자 관계를 선언하게 된다. 이 정상회담에서 양측은 상호 간의 경제협력 관계의 강화는 물론이요, 기후 변화, 에너지 안보, 질병 확산 방지, 기아와 빈곤 등 주요 글로벌 이슈에 대한 고위급 정치대화를 가질 것을 천명하고 있다. 아울러 EU와 브라질은 공동의 가치를 공유하고 있으며 UN이 평화와 국제안보를 위한 주된 도구임을 확인하고 있다.

EU 집행위원회는 브라질과의 전략적 동반자 관계를 제안한 커뮤니케이션에서 브라질의 중요성을 크게 세 가지로 꼽고 있다. 첫째, 브라질은 남미 지역뿐만 아니라 글로벌 수준에서도 리더의 역할을 수행하는 국가임을 상기시키면서 EU와는 쌍무적 관계뿐만 아니라 지역 수준과 글로벌 수준에서의 다양한 포럼에서 포괄적이고 전략적인 대화를 나누어야 할 필요성을 강조하고 있다. 둘째, 브라질은 남미 지역에서 경제적 리더십을 발휘하는 국가이며 EU와 메르코수르와의 관계에 있어 중추적인 역할을 할 것임을 기대하고 있다. 셋째, 브라질은 EU의 기업에 있어 중요한 시장이며 막대한 양의 자원을 보유하고 있고, 탁월한 과학기술을 보유하고 있다는 점에서 EU의 경제 파트너로서의 중요성이 매우 크다는 것이다.

이러한 취지에서 EU 집행위는 광범위한 분야에서 양자 간에 보다 긴밀한 협력과 동반자 관계를 구축할 것을 제안하고 있다. 그중에서도 특히 집행위가 중점적인 협력 분야로 주목하고 있는 것은 UN 체제의 발전과 인권의 고양을 위한 다자주의의 강화이다. EU는 UN 개혁, 기후 변화, 군비축소, 무역 등 사안에 있어 브라질이 국가 간의 이견을 좁히는 데 있어 많은 기여를 해 왔음을 인지하고 향후 제반 글로벌 이슈에 대응함에 있어 다층적 수준에서의 협력과 조율을 통해 EU와 브라질의 견해를 수렴시켜 나갈 것을 촉구하고 있다. 보다 구체적으로 집행위는 각종 국제회의 이전에 사전 의견 조율을 통해 서로의 입장을 지원하고 공동의 이니셔티브를 발휘할 것을 제안하고 있기도 하다. 그 밖에도 집행위는 인권, 민주주의, 새천년개발계획(MDG: Millenium Development Goals), 빈곤과 불평등, 환경문제(기후 변화, 삼림, 수질, 생물다양성 등), 에너지, 라틴아메리카의 안정과 번영, 메르코수르를 중심으로 하는 남미의 지역통합, EU－메르코수르 협정의 진전, 항공, 항해, 과학 기술, 부패 및 범죄, 교육, 문화 등의 글로벌 또는 지역 이슈에 대한 양자 간의 긴밀한 협력이 필요함을 지적하고 있다.

이를 위해 EU와 브라질은 2008년 12월 공동 행동 계획(Joint Action Plan)을 채택하여 구체적인 실행안을 마련한다. 이 행동계획에서 양측은 크게 다섯 분야에서의 협력 강화를 천명한다.

① 효과적인 다자주의적 틀을 통한 평화와 포괄적 안보의 제고
② 지속 가능한 발전을 촉진하기 위한 경제, 사회, 환경 파트너십 강화
③ 지역 협력의 고양
④ 과학, 기술, 혁신의 촉진
⑤ 인적 교류의 강화

아울러 행동 계획에서 명시된 여러 분야에서의 협력을 실행하기 위한 제도적 장치로서 EU와 브라질은 연례 정상회담과 각료회담을 개최할 것을 규정하고 있다. 이 회담들은 전 세계적으로 안정과

지속 가능한 발전을 위협하는 글로벌 수준의 도전과 위기에 대한 논의를 주된 의제로 삼을 것이며, 이를 위해 고위급회담(SOM)과 EU - 브라질 공동위원회는 회담 준비의 역할을 수행하고 양자 간 대화의 진행과 공동행동 계획의 실행 상황을 점검하도록 되어 있다. EU는 브라질과 이전에는 EU - Mercosur 간의 대화의 틀 속에서 주로 브라질을 접촉해 왔으나, 양자 간의 전략적 동반자 관계의 출범을 선언하는 2007년 리스본 정상회담을 계기로 양자 간의 대화 채널을 제도적으로 대폭 확대 강화하기로 한 것이다.

4. EU - 멕시코 전략적 동반자 관계[12]

EU와 멕시코는 1997년 양자 간에 이른바 '글로벌 협정'을 체결함으로써 양자관계의 법적 토대를 마련한다. 2000년도에 발효된 이 협정의 정식명칭은 '경제적 파트너십과 정치협력 협정'(Economic Partnership and Political Coordination and Cooperation Agreement)이다. 이 협정은 크게 세 축으로 이루어져 있다. 정치대화(political dialogue), 무역(trade), 그리고 협력(cooperation)이 그것이다. 이 협정에 의거해 양측은 교류 협력을 위한 제도적 장치를 아래와 같이 마련하게 된다.

---

12) EU - 멕시코 전략적 동반자 관계의 배경과 내용에 대해서는 Commission of the European Communities, "Towards and EU-Mexico Strategic Partnership: Communication from the Commission to the Council and the European Parliament, Brussels", 15.7.2008 COM(2008) 447 final 참조.

- 2년에 한 차례씩 각료급 공동이사회(Joint Council)와 연 1회 차관급 또
  는 고위관리급 공동위원회(Joint Committee) 개최
- 2년에 한 차례 정상회담 개최
- 연 2회 의회 교류 공동위원회(Inter-Parliamentary Joint Committee)

최근 들어 EU와 멕시코는 국제기구와 다자 간 포럼에서 논의되는 글로벌 이슈에 대한 양자 간의 입장 조율을 위해 정치대화의 틀을 격상시킬 필요성에 공감하게 되어 양자관계를 전략적 동반자 관계로 격상시키는 방안을 고려하게 된다. 기존의 글로벌 협정이 양자관계 발전을 위한 매우 유용한 도구로 활용되어 왔다면, 전략적 동반자 관계로의 격상은 양측이 글로벌 이슈에 관한 상대방의 영향력을 활용하기 위한 포석으로 활용하겠다는 의도를 담고 있다.

말하자면 전략적 동반자 관계 구축의 주된 목적은 EU 집행위가 밝히고 있듯이 "멕시코와 EU가 모든 주요 국제기구와 다자 간 회의에서 글로벌 동맹(global allies)으로 행동하도록 하는 것"이다. EU의 입장에서 멕시코와의 전략적 동반자 관계란 곧 "글로벌 이슈에 대한 EU와 멕시코의 강화된 협력을 의미"하는 것이며, 멕시코의 입장에서는 EU와의 관계 강화는 곧 "정치적 협력관계의 다변화와 국제관계에 있어서의 균형성 유지를 위한 필수 요소"인 것으로 파악된다.[13] 특히 EU는 멕시코가 수행할 수 있는 '가교 역할'에 주목하고 있다. EU의 관점에서는 멕시코는 선진국과 개도국, 북미와 남미 간의 인식 차이를 연결시켜 주는 교량이 되어 줄 수 있다고 본다. 따라서 EU는 남아메리카 국가들과의 관계를 발전시킴에 있어

---

13) Commission of the European Communities, "Towards an EU-Mexico Strategic Partnership", Communication from the Commission to the Council and the European Parliament, COM(2008)447 final, July 15, 2008, p.4.

멕시코의 활용 가치가 매우 큰 것으로 인식하고 있으며, 멕시코와의 긴밀한 협력관계는 남미의 주요 지역 이슈들에 대해 남아메리카 국가들과의 합의 구축을 크게 촉진시킬 수 있을 것으로 판단하고 있다.

이러한 목적을 가진 EU – 멕시코 전략적 동반자 관계는 크게 두 가지의 효과가 있을 것으로 기대되고 있다. 첫째, 양자 간의 전략적 동반자 관계는 다자 간 회의와 국제기구에서 글로벌 이슈에 대한 EU와 멕시코의 입장 조율을 증진하는 한편, 둘째, 전략적 동반자 관계는 양자관계의 발전을 위한 정치적 동력을 제공하리라는 것이다.

EU와 멕시코의 전략적 동반자 관계는 크게 네 가지 쟁점 분야에서 다자 간 회의와 국제기구에서의 EU – 멕시코 간 협력을 크게 증진시킬 것으로 기대되고 있다. 정치, 안보, 환경, 사회경제적 이슈가 그것이다. EU는 이와 같은 다자 간 틀에서의 협력 강화는 쌍무적 관계 속에서의 협력에도 긍정적인 영향을 미칠 것으로 관측하고 있다. 사회경제적 협력, 인권, 문화교류, 교육, 무역, 경쟁, 민간 항공 등이 이에 포함된다.

EU – 멕시코의 전략적 동반자 관계로의 격상은 양자관계의 기존 제도적 틀을 크게 변화시킬 것으로 보이지 않는다. 집행위원회의 커뮤니케이션은 불요불급한 경우를 제외하고는 새로운 위원회나 조직을 만들 필요는 없을 것임을 밝히면서 기존의 공동이사회(Joint Councils)와 공동위원회(Joint Committees)가 양자 간 입장 조율의 메커니즘으로 적절하게 효율적으로 기능하고 있음을 지적하고 있다.

EU – 멕시코 정상회담은 현행대로 지속해 2년마다 개최하고 이를 제도화할 것임을 밝히고 있다. 그리고 의제와 회담 일정을 확대조절해 양측 간의 정치대화가 충분히 이루어질 수 있도록 하는 한편 당면 이슈에 대한 정치적 조율이 적절히 이루어질 수 있도록 할 것을 다짐하고 있다.

EU는 정상회담의 제도화와는 별도로 실무 수준에서의 보다 빈번한 교류가 필요함을 상기시키고 있다. 이를 위해 EU와 멕시코의 대사들은 주재국 정부와 보다 빈번한 접촉을 가지는 것을 일상화해야 할 것임을 강조하고 있으며, 양국의 대사들은 남미와 유럽 이외의 지역에 파견되어 있는 경우에도 상호 간의 접촉을 강화할 필요가 있음을 지적하고 있다. 아울러 유엔에 파견된 대사, 사절, 전문가들은 UN 회의에서의 입장 조율에 각별한 관심을 가질 것을 당부하고 있으며, 외교관들과의 보다 빈번한 접촉은 장기적으로 양자 간의 협력을 가치 공유(like-mindedness)의 기반 위에서 이루어질 수 있도록 할 것으로 전망하고 있다.

요약하자면 EU는 멕시코와의 전략적 동반자 관계의 구축을 통해 국제기구와 다자 간 회의에서 멕시코와의 공조체제를 강화시킴으로써 EU의 영향력을 제고하려는 의도를 가지고 있는 것으로 파악되며, 이를 위해 새로운 제도적 장치를 만들기보다는 기존의 제도적 기반을 보다 활성화시킴으로써 소기의 목적을 달성하려는 구상을 하고 있는 것으로 보인다.

Ⅳ. 한국과 EU: 전략적 동반자 관계를 위한 협력의 제도화

우리나라는 2010년 한－EU 기본협력협정 개정안과 한－EU 자유무역협정에 잇달아 서명함으로써 향후 양자관계의 폭과 깊이가 크게 넓어지고 깊어질 것으로 기대한다. 아울러 한국과 EU는 2009년 5월 서울에서 개최된 정상회담에서 양자 간의 관계를 '전략적 동반자 관계'로 격상하는 데 합의했으며, 상기한 두 협정의 발효와 함께 양자관계가 전략적 동반자 관계로 격상되었음을 알리는 선언을 채택할 것으로 기대하기도 한다.

지금까지 한－EU 관계의 제도적 기반은 1996년 체결되어 2001년부터 효력이 발생한 '대한민국과 구주공동체 및 그 회원국 간의 무역과 협력을 위한 기본협정'(Framework Agreement for Trade and Cooperation between the Republic of Korea, on the One Hand, and the European Community and Its Member States on the Other Hand)이었다. 이 기본협력협정에 따라 한국과 EU는 그동안 무역과 정치 분야에서 많은 협력을 진행해 왔다. 그러나 기본협력협정의 체결과 발효 이후 한국과 EU는 많은 대내외적 변화를 경험하게 됨에 따라 한－EU 관계의 재정립을 필요로 하게 되었고, 그 결과 양자 간의 협력관계를 더욱 발전·심화시키기 위한 제도적 틀로서 기존의 기본협정을 개정하기에 이르렀다. 이와 더불어 한국과 EU는 3년간의 협상 끝에 자유무역협정을 체결해 양자 간의 경제적 교류 또한 크게 증가할 것으로 전망된다. 현재 한국과 EU가 당면하고 있는 변화는 크게 네 가지이다. 첫째, 한국의 변화, 둘째, EU의 변화, 셋째, 양자관계의 변화, 넷째, 거시적 국제환경의 변화가 그것이다.

첫째, 한국은 1997년 발생한 외환위기를 완전히 극복하고 2007년 마침내 국민소득 2만 불을 달성하는 등 세계 경제의 성장 동력인 동아시아의 경제적 역동성 창출에 중요한 역할을 하고 있다. 아울러 한국은 외환위기 극복의 경험을 바탕으로 현재 진행 중인 글로벌 경제위기를 가장 빨리 벗어나 경제 성장의 정상궤도에 다시 진입할 유력 후보로 거론되고 있기도 하다. 한국은 1996년 한-EU 기본협력협정의 체결을 전후한 시점과 비교했을 때 시장의 규모도 커졌거니와 국제경제에서 차지하는 비중이 현저히 높아졌으며, 무엇보다도 1990년대 말의 경제위기를 거치면서 경제적 체질 개선이 이루어져 위기에 대한 내성이 선진 경제 어느 나라보다도 더 강해져 있는 상태이기도 하다. 따라서 이제 이와 같은 한국의 변화된 위상을 적절히 반영하는 제도적 기반이 마련됨으로써 한-EU 양자관계는 더욱 건설적인 발전이 이루어질 수 있을 것이다.

둘째, EU 또한 과거의 EU가 아니다. EU는 1996년 당시 회원국이 15개국이었으나, 2004년과 2007년 두 차례에 걸쳐 중동부 유럽의 국가들과 지중해상의 국가들을 회원국으로 받아들여 현재 총 27개국에 달하는 회원국을 거느리게 됨으로써 과거에 비해 영토, 인구, 경제 규모가 크게 확대된 상황이다. 이와 같이 EU가 차지하는 글로벌 경제에서의 위상이 커졌을 뿐 아니라, EU의 국제정치적 영향력 또한 강화되고 있다. 특히 EU는 9·11 테러사건 이후 미국이 일방주의적 외교정책의 기조하에 이라크 전쟁을 강행함에 따라 도덕적 리더십을 상실하게 되면서, 실추된 미국의 리더십을 적어도 일부나마 메워 주는 역할을 할 수 있는 가장 유력한 대안으로 주목 받고 있기도 하다. EU는 규범세력(normative power)으로서의 외교 안보 정체성을 구축하여 국제적 영향력을 크게 제고하고 있는 상황인 것이다.

셋째, 이상에서 설명한 바와 같이 한국과 EU는 지난 십여 년에 걸쳐 많은 변화를 겪어 왔다. 이에 따라 한국과 EU 양자관계에도 근본적인 변화가 초래되어 양측 간 상호 협력의 필요성이 크게 증가하고 있다. 무엇보다도 EU 국가들은 1998년 한국의 외환위기가 발생한 이후 회복 기간 동안 한국에 대해 가장 많은 금융 지원을 제공했고, 한국에 있어 제2위의 교역 상대국으로 부상했으며, 1999년 이래 제1위의 대한국 투자국이기도 하다. 이와 같은 경제적 교류가 빠른 속도로 증가 및 심화됨에 따라 양자관계의 제도적 기반을 재검토 및 재정립할 필요성이 더욱 커져 왔던 것이다.

넷째, 오늘날의 글로벌 정치경제의 환경은 1996년과는 현저히 다르다. 우선 현재 전 세계를 강타하고 있는 경제위기의 조속한 극복을 위해 주요 경제 주체들 간의 긴밀한 협력이 필요한 시점이다. 따라서 한국과 EU는 양자 간 협력구도는 물론이요, OECD나 G-20과 같은 다자주의적 국제제도의 틀을 활용해 긴밀한 공조체제를 구축함으로써 경제위기의 극복에 박차를 가할 수 있을 것으로 생각된다. 비단 경제위기 극복을 위한 공조체제의 구축뿐만 아니라 한국과 EU 양측은 테러, 기후 변화, 이민, 대량살상무기, 국제범죄, 인신매매 등 국가 간의 협력을 통해서만 해결할 수 있는 새로운 의제에 대해 문제해결의 능력과 해결의 방향성에 대한 가치관을 서로 공유하고 있는 만큼, 상호 간의 긴밀한 협조가 요청되고 있기도 하다.

　21세기 들어 이상과 같은 변화가 더욱 두드러지게 진행되고 있음에도 불구하고 한국과 EU의 관계를 규정하는 제도적 틀은 아직 20세기의 수준에 머물러 있었다. 따라서 한국과 EU는 앞으로 글로벌 경제위기의 극복, 한반도 평화 정착, 양자관계의 지속적 발전, 기후 변화, 대량살상무기 등 새로운 쟁점에 대한 공동대응 등을 효과적으로 수행하기 위해서는 보다 강화된 협력구도의 창출이 필요했던 것이다. 이러한 필요성에 부응하고 현재 진행 중인 대내외적 변화에 능동적으로 대응하기 위해서는 한－EU 간의 전반적 관계를 업그레이드시켜 양자 간의 경제협력관계를 지속적으로 발전시키고 정치협력관계를 더욱 확대시킬 수 있는 법적·제도적 기반이 필요했고, 2010년 정식 서명된 한－EU FTA와 한－EU 기본협력협정 개정안은 바로 이러한 필요성에 대한 인식에서 비롯된 결과물인 것이다. 요약하자면,

(ⅰ) 한－EU 간의 정치적 협력관계의 제도적 틀을 개편하여 한－EU FTA와 함께 한－EU 관계의 발전을 견인할 축으로 삼을 필요성이 제기됐으며,
(ⅱ) 양측 간의 정치경제적 협력 강화를 위한 다양한 방안의 강구가 요청되었고,
(ⅲ) 국제사회의 책임 있는 일원으로 글로벌 공동체의 평화와 번영에 기여할 수 있는 공조체제 구축 필요성이 제기되고 있다는 한국과 EU의 공동인식이 형성되면서, 한－EU 관계를 도약단계로 이끌기 위한 법적·제도적 기반의 구축으로 이어진 것이다.

Ⅴ. 결론

이상에서 서술한 바와 같은 상황의 전개는 2009년 12월 1일을 기해 발효된 리스본조약과 맞물려 한-EU 관계에 큰 변화를 가지고 올 것으로 기대된다. 특히 지금까지 EU는 국제정치무대에서 그다지 주목을 받지 못하는 행위자였으나, 앞으로는 자신의 목소리를 적극 개진하겠다는 의지를 밝히고 있어 우리나라의 EU와의 전략적 동반자 관계는 우리나라의 대외정책 추진에 있어 매우 큰 의미를 가질 것으로 보인다.

앞에서도 언급했지만 EU는 보편적 규범과 다자주의에 대한 강조를 통해 자신의 고유한 외교정책적 정체성을 구축하려고 노력하고 있다. 최근에 진행되고 있는 EU의 전략적 동반자 관계 구축 노력은 이러한 맥락에서 이해될 수 있다. 위에서 소개한 일련의 사례에서 나타나듯이 EU는 주요 신흥경제국가들과 다자 간 회의나 국제기구에서의 협력을 특히 강조하고 있다. EU가 구상하는 다자 간 무대에서의 협력은 구호에만 그치는 협력이 아니다. 단기적으로는 중요한 결정을 내리는 회의를 앞두고 사전에 입장을 조율하고 의견을 일치시키는 메커니즘을 구축할 뿐만 아니라, 보다 장기적으로는 다양한 글로벌 이슈를 담당하는 각급 관리와 전문가, 나아가서는 민간 레벨의 NGO 간의 교류 협력을 꾸준히 강화하고 활성화시켜 서로의 인식과 세계관을 수렴시킴으로써 국제사회에서 가치동맹을 형성하고 이를 기반으로 각종 글로벌 이슈에 대해 한목소리를 내게 되기를 희망하고 있는 것이다. EU의 이러한 구상은 전략적 동반자 관계의 범위가 점차 인도와 남아공, 그리고 브라질과 멕시코로 확대되면서 점차 그 내용이 뚜렷해지고 있다는 느낌이다. 특히 멕시코와의 전략적 동반자 관계 구축을 제안하는 집행위의 커뮤니케이션은 거의 처음부터 끝까지 글로벌 이슈에 대한 공동대응에 관련된 내용이라는 점에서도 EU가 전략적 동반자 관계의 구축을 통해 글로벌 파트너십을 형성하려고 한다는 점이 확인된다.

EU의 이러한 움직임은 우리에게는 어떤 의미를 갖는가?

일단 현재 국제무대에서 발휘할 수 있는 영향력이 지극히 제한된 우리의 입장에서는 EU와의 전략적 동반자 관계 구축을 통한 원군을 갖는 것은 바람직한 일일 것으로 보인다. 어느 하나 또는 둘 정도의 초강대국이 국제정치를 좌우하는 일방주의적 구도하에서 우리의 이익을 실현시키기 위해 목소리를 낸다는 것은 사실상 어려운 일이다. 따라서 EU가 추구하는 다자주의적 국제질서가 확립되고, 그 가운데 EU와 같이 막대한 연성 권력을 가진 행위자와 연대할 경우 우리의 운신 폭도 커질 여지가 있는 것이다.

그러나 다만 유의해야 할 점은 과연 EU가 구상하는 국제질서가 현실화될 수 있는가의 문제와, EU와 다른 주요국, 특히 미국과 중국의 이해관계가 불일치할 경우 어떤 상황이 전개될 수 있는가의 문제이다. 2009년 12월 코펜하겐에서 개최된 UN 기후 변화 당사국 회의에서 EU는 기대했던 리더십을 발휘하지 못한 채 구속력 있는 합의안을 도출하는 데 실패하고 말았다. 그러한 실패의 이면에는 G-2로 부상하고 있는 미국 및 중국과의 견해 차이었다. 말하자면 힘과 영향력에서 차이를 보이는 행위자 앞에서 보편적 가치를 지향하고 다자주의적 방법에 의거한 문제해결을 지향하는 EU의 목소리는 왜소화되어 버리고 말았던 것이다. 결국 코펜하겐 회의에서는 EU가 구상하는 국제질서가 구현되지 않았고, 그러한 상황하에서 EU가 규범세력으로서 발휘할 수 있는 영향력은 매우 제한적일 수밖에 없었던 것이다. EU가 희망하는 다자주의적 국제질서가 현실화되지 못한 상황에서 EU와 미국, EU와 중국 간의 이해관계가 일치하지 않을 때 EU와 글로벌 이슈에 대한 동반자 관계를 구축하고 유지하는 것이 우리에게 어떤 결과를 가져올지에 대해서도 고려하지 않을 수 없을 것이다.

그럼에도 불구하고 우리나라는 EU와의 전략적 동반자 관계를 잘 발전시킬 필요가 있다. 그 이유는 다자주의적 국제질서의 형성이 아직도 바람직한 가능태로 남아 있고, EU의 영향력은 코펜하겐에서의 실패에도 불구하고 앞으로 계속 커질 것으로 전망되기 때문이다. 무엇보다도 우리나라는 현시점에서 EU와 직접적으로 갈등하는 주요 현안이 없는 가운데 우리와 이익을 공유하는 EU와 민주주의, 인권, 법치, 시장경제 등을 존중하는 가치동맹으로서 EU가 구상하는 국제질서의 건설에 동참할 때 국제적 영향력을 제고할 수 있을 것이다. 물론 EU와의 전략적 동반자 관계가 우리의 안보 이익이나 경제적 이익을 심각하게 훼손한다면 이를 재고해 봐야 할 것이다. 예를 들어 EU와의 전략적 동반자 관계가 한-미 군사동맹 관계와 충돌하거나 한-중 경제관계에 걸림돌이 된다면 이를 적극적으로 추진할 필요가 없을 것이다. 그러나 EU와의 전략적 동반자 관계가 그러한 결과를 가져올 가능성은 거의 없을 것으로 보인다. EU는 동아시아의 안보문제에 있어서 미국의 주도권을 인정하고 있고, 중국과는 별도로 전략적 동반자 관계를 맺고 있으면서 경제적 교류의 증진에 힘쓰고 있기 때문이다. 이념과 가치의 동맹인 미국과 EU와의 관계, 그리고 날로 중요성이 더해 가는 EU와 중국의 교역 및 투자관계를 고려할 때 한국과 EU 간의 전략적 동반자 관계는 한미, 한중 관계가 가져다주는 한국의 사활적 이익을 침해하기보다는 오히려 장기적으로 한국의 교량적 역할을 강화시킴으로써 우리의 국제적 위상을 높이는 효과가 있을 것으로 전망된다.

참고문헌

Berkofsky, Axel. 2007. "The EU and Japan: a Partnership in the Making", EPC Issue Paper No.52, February.

Bichi, Federica. 2006. "Our Size Fits All: Normative Power Europe and the Mediterranean", *Journal of European Public Policy*, vol. 13, no.2, pp.286~303.

Commission of the European Communities. 2004. "An EU-India Strategic Partnership: Communication from the Commission to the Council, the European Parliament and the European Economic and Social Committee", Brussels, 16.6.2004 COM(2004) 430 final.

Commission of the European Communities. 2006. "Towards an EU-South Africa Strategic Partnership: Communication from the Commission to the Council and the European Parliament", Brussels, 28.6.2006 COM(2006) 347 final.

Commission of the European Communities. 2007. "Towards an EU-Brazil Strategic Partnership: Communication from the Commission to the Council and the European Parliament", Brussels, 30 May 2007 COM(2007) 281.

Commission of the European Communities. 2008. "Towards an EU-Mexico Strategic Partnership: Communication from the Commission to the Council and the European Parliament", Brussels, 15.7. 2008 COM(2008) 447 final, July 15.

Council of the European Union. 2005. "India-EU Strategic Partnership Joint Action Plan", September 7.

Council of the European Union, 2007. "South Africa-European Union Strategic Partnership-Joint Action Plan", May 15, 9650/07(Presse 105).

Council of the European Union. 2008. "Brazil-European Union Strategic Partnership Joint Action Plan", 22 December.

Council of the European Union. 2010. "Mexico - uropean Union Strategic Partnership Joint Executive Plan", 16 May, 9820/10(Presse 126).

Hyde-Price, Adrian. 2006. "'Normative' Power Europe: A Realist Critique", *Journal of European Public Policy*, vol.13, no.2, pp.217~234.

Kapila, Subhash. 2008. "European Union-India Strategic Partnership", South Asia Analysis Group Paper no.2661, April 7.

Manners, Ian. 2002. "Normative Power Europe: A Contradiction in Terms?" *Journal of Common Market Studies*, vol.40, no.2, pp.235~258.

Men, Jing. 2007. "The EU-China Strategic Partnership: Achievements and Challenges", Policy Paper No.12, November, European Studies Center, University of Pittsburgh.

Sjursen, Helene. 2006a. "What Kind of Power?" *Journal of European Public Policy*, vol.13, no.2, pp.169~181.

Sjursen, Helene. 2006b. "The EU as a 'Normative' Power: How Can This Be?" *Journal of European Public Policy*, vol. 13, no.2, pp.235~251.

Youngs, Richard. 2004. "Normative Dynamics and Strategic Interests in the EU's External Identity", *Journal of Common Market Studies*, vol.42, no.2, pp.415~435.

김두수 ───────────────────────────────────

한국외국어대학교 강사
EU 통합과정상 회원국 국내법원의 역할 / 유럽연구, 제22호(2005년 겨울)

이종광 ───────────────────────────────────

계명대학교 유럽학과 교수
유럽연합의 리스본조약 체결과 제도적 개혁 / 유럽연구, 제26권 제1호(2008년 봄)

배정생 ───────────────────────────────────

전북대학교 법학전문대학원 교수
유럽인권협약의 사법적 보장에 관한 연구: 최근 변화와 개정작업을 중심으로
/ 유럽연구, 제25권 2호(2007년 여름)

채형복 ───────────────────────────────────

경북대학교 법학전문대학원 교수
유럽개혁조약을 둘러싼 법적 쟁점: 브뤼셀 유럽이사회의 IGC 위임 사항을 중심으로
/ 유럽연구, 제25권 3호(2007년 겨울)

송병준 ───────────────────────────────────

한국외국어대학교 EU연구소 연구교수
유럽연합의 커미톨로지: 유럽적 문제해결을 위한 다층화된 정책과정의 양면성
/ 유럽연구, 제28권 1호(2010년 봄)

한종수 ───────────────────────────────────

원광대학교 사회과학대학 교수
EU의 내적 안전과 유로폴 / 유럽연구, 제26권 3호(2008년 겨울)

김민정 —————————————————————————————————

서울시립대학교 국제관계학과 교수
2004년 유럽의회 선거를 통해 본 유럽의회의 민주성 / 유럽연구, 제22호(2005년 겨울)

방청록 —————————————————————————————————

한동대학교 국제어문학부 교수
유럽연합의 대외정책과 다층적 거버넌스에 관한 연구 / 유럽연구 21권 2005년 여름호

이승근 —————————————————————————————————

계명대학교 정치외교학과 교수
탈냉전시대, 유럽통합과 유럽의 안보질서: 현황과 전망 / 유럽연구 제26권 3호(2008년 겨울)

온대원 —————————————————————————————————

한국외국어대학교 국제지역대학원 교수
국제분쟁과 EU의 적극적 개입정책 / 유럽연구, 제21호(2005년 여름)

한형서 —————————————————————————————————

중원대학교 경찰행정학과 교수
유럽연합의 확대 개편과 지역과제 및 방향 / 유럽연구, 제21권(2005년 여름)

최진우 —————————————————————————————————

한양대학교 정치외교학과 교수
EU의 전략적 동반자 관계 구축 현황과 한 - EU 관계 / 유럽연구 제28권 3호(2010년 겨울)

유럽학연구총서 1

유럽연합의 법, 정치와 대외관계

초판인쇄 | 2011년 10월 7일
초판발행 | 2011년 10월 7일

엮 은 이 | 한국유럽학회
펴 낸 이 | 채종준
펴 낸 곳 | 한국학술정보㈜
주　　소 | 경기도 파주시 문발동 파주출판문화정보산업단지 513-5
전　　화 | 031) 908-3181(대표)
팩　　스 | 031) 908-3189
홈페이지 | http://ebook.kstudy.com
E-mail | 출판사업부　publish@kstudy.com
등　　록 | 제일산-115호(2000. 6. 19)

ISBN　　978-89-268-2703-1 94340 (Paper Book)
　　　　978-89-268-2704-8 98340 (e-Book)
　　　　978-89-268-2701-7 94340 (Paper Book Set)
　　　　978-89-268-2702-4 98340 (e-Book Set)